Travailler et vivre en Allemagne

Guide pratique pour les expatriés, détachés, contrats locaux et frontaliers

Barbara Pasquier est journaliste depuis 10 ans sur les questions d'emploi, de protection sociale, de droit du travail et de formation. Elle est spécialisée sur les systèmes administratifs allemands.

Olivier Mormin s'est spécialisé sur la recherche d'emploi et les questions de la vie quotidienne en Allemagne après s'être expatrié en 2005.

Remerciements

Relecture et traduction des termes français et allemands par TradoSphere-translations : b.ahn@tradosphere.eu

Brigitte Ahn	Marc M. Kürten
Odile Auvray	Flavie Maurat
Annette Batard	Céline Michel
Frédérique Blanc-Minaud	Thorsten Mühlberg
Maxime Bleuzé	Thérèse Oudet
Gilles Boquien	Dieter G.Pape
Elisabeth Bricard	Olivier Pasquier
Aurélie Clénet	Katia Perret-Koch
Sandrine Cuadrado	Valérie Pinot
Christelle Cronenberg	Nathalie Planès-Mahnke
Thomas Desray	Charlotte Rappeneau
Emmanuel Diette	Sophie Renault
Fabien Dumas	France Skov
Annette Heinike	Katrin Sturm
Isabelle Hesse	Hélène Tavier
Valérie Giansily	Marie Tora
Sandrine Glorieux	Christine Torin
Mark Grobien	Gilles Untereiner
Salomé Huster	Christoph Wittekindt
Olivier Jacquemont	Catherine Zavard
Petra Kleining	

Barbara Pasquier
avec la collaboration d'Olivier Mormin

Travailler et vivre en Allemagne

Guide pratique pour les expatriés, détachés, contrats locaux et frontaliers

Dans la série **Expatriation**
de la collection **CITY&YORK**

- Travailler et vivre en Suisse – 3ᵉ édition – David Talerman
- Travailler et vivre en Angleterre – Loïc Vennin
- Travailler et vivre en Allemagne – Barbara Pasquier

Retrouvez tous nos titres
Defrénois - Gualino - Joly
LGDJ - Montchrestien
sur notre site
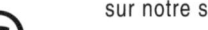 www.lextenso-editions.fr

 © Gualino éditeur, Lextenso éditions, 2011
33, rue du Mail 75081 Paris cedex 02
ISBN 978 - 2 - 297 - 00302 - 5

SOMMAIRE

Chapitre 1 - Questions sur une installation en Allemagne......... 27
   1. Comment se porte l'économie allemande ?......... 28
   2. L'Allemagne est-elle ouverte aux travailleurs étrangers ?......... 28
   3. Combien y-a-t-il de Français qui vivent et travaillent en Allemagne ?......... 29
   4. Quelle est la qualité de la vie en Allemagne ?......... 29
   5. Quel est le niveau des prix en Allemagne ?......... 30
   6. Les impôts sont-ils plus élevés en Allemagne ?......... 31
   7. Parler allemand est-il indispensable pour s'installer en Allemagne ?......... 31
   8. Quel est le niveau des salaires en Allemagne ?......... 32
   9. Comment passer du brut au net en Allemagne ?......... 34
   10. L'Allemagne en chiffres......... 36

Chapitre 2 - Les informations spécifiques à votre statut/situation......... 37
   1. Salarié d'une entreprise allemande (contrat local)......... 37
      - Définition......... 38
      - Questions pratiques......... 38
   2. Expatrié......... 39
      - Définition......... 39
      - Questions pratiques......... 40
         A. Immatriculation......... 40
         B. Assurance-maladie......... 40
         C. Impôts......... 41
         D. Assurance-chômage......... 41

E. Retraite	41
F. Allocations familiales	42
3. Détaché	42
- Définition	42
- Questions pratiques	43
A. Immatriculation	43
B. Assurance-maladie	43
C. Impôts	44
D. Assurance-chômage	44
E. Retraite	44
F. Allocations familiales	45
4. Frontalier	45
- Définition	45
- Questions pratiques	46
A. Assurance-maladie	46
B. Impôts	47
C. Arrêt maladie, maternité et accident du travail	48
D. Assurance-chômage	49
E. Retraite	49
F. Allocations familiales	49
- Contacts et réseaux pour les frontaliers	50
A. Le réseau Eures	50
B. Infobest	50
C. Les comités de défense des frontaliers	51
5. Le statut d'indépendant	51
- Définitions	51
- Artisans et commerçants	52
- Formalités préalables	53
A. Formulaire de l'administration fiscale	53
B. Selon la forme d'entreprise	53
- Questions pratiques pour les indépendants	54
A. Assurance-maladie	54
B. Impôts	55
C. Assurance-chômage	56
D. Retraite	56
- Modalités de facturation	58
A. Facturation de petits montants jusqu'à 150 €	58
B. Facturation au-delà de 150 €	58
- Contacts et réseaux pour les professions libérales	59

SOMMAIRE

6. La situation de conjoint 59
   - Quitter une activité professionnelle en France 60
     A. Démission pour suivre son conjoint 60
     B. Prendre un congé parental 61
     C. Prendre un congé sabbatique ou sans solde 62
   - Activités professionnelles et associatives en Allemagne 63
     A. Travailler en Allemagne 63
     B. Les activités associatives 64
     C. (Ré)apprendre l'allemand 65
   - Questions pratiques pour le conjoint 67
     A. Immatriculation 67
     B. Assurance-maladie 68
     C. Impôts 68
     D. Retraite en Allemagne et en France 68
     E. Allocations familiales 69
   - Contacts et réseaux pour les conjoints 69
7. Demandeur d'emploi à l'arrivée en Allemagne 69
   - Percevoir des allocations chômage à votre arrivée en Allemagne ... 70
     A. Déjà allocataire en France 70
     B. Suivre son conjoint 70
   - S'installer en Allemagne en tant que demandeur d'emploi 71
   - Maintien des droits au chômage à son retour en France 71
8. Étudiant 72
   - Étudier en Allemagne 72
   - Questions pratiques 72
     A. Immatriculation 72
     B. Assurance-maladie 72
     C. Impôts 73
9. Stagiaire en Allemagne 74
   - Trouver un stage et une bourse de stages 74
     A. Les sites dédiés aux stages en Allemagne 74
     B. Bourses et programmes de stages 75
   - Questions pratiquess 76
     A. Immatriculation 76
     B. Convention de stage 76
     C. Rémunération 76
     D. Cotisations sociales 76
     E. Assurance-maladie 77
     F. Impôts 77

10. Volontariat international en entreprise (VIE) en Allemagne 78
   - Présentation du volontariat international 78
   - Questions pratiques 80
      A. Immatriculation 80
      B. Assurance-maladie 80
      C. Impôts 81
11. Volontariat franco-allemand 81
   - Présentation du volontariat franco-allemand 81
   - Questions pratiques 82
      A. Immatriculation 82
      B. Assurance-maladie 82
12. Assistants de langues 82
   - Présentation des assistants de langue 83
   - Questions pratiques 84
      A. Immatriculation 84
      B. Assurance-maladie 84
      C. Impôts 84
13. Jobs et mini-jobs 85
   - Présentation des mini-jobs 85
   - Questions pratiques 85
      A. Immatriculation 85
      B. Assurance-maladie 86
      C. Assurance-chômage 86
      D. Impôts 86
      E. Accident du travail 86
      F. Retraite 86

Chapitre 3 - Marché du travail et recherche d'emploi 87
1. Les secteurs qui recrutent et les profils recherchés en Allemagne 89
   - Les secteurs qui recrutent 89
   - Comment avoir des informations actualisées sur le marché ? .. 90
      A. Informations en allemand 90
      B. Informations en français 91
2. Quelles opportunités pour les francophones ? 92
   - Les marchés à la recherche de profils francophones 92
   - La maîtrise de l'allemand : quasiment indispensable 93
3. Les services publics de l'emploi en Allemagne et en France 94
   - Le service public de l'emploi en Allemagne 94
      A. L'Agence fédérale pour l'emploi 94
      B. L'Office fédéral de placement à l'étranger 95

SOMMAIRE

    - Le service public de l'emploi en France 96
        A. Le Pôle emploi 96
        B. Le Pôle emploi International 96
    - Service public de l'emploi européen 97
  4. Chambres de commerce, fédérations et salons 97
    - La Chambre franco-allemande de commerce et d'industrie.... 97
    - Les fédérations professionnelles 98
    - Les salons professionnels en Allemagne 98
  5. Les sites emplois sur Internet 99
    - Les sites emploi franco-allemands 99
    - Les sites généralistes ou jobboards 100
    - Les sites spécialisés par secteur d'activité économique 101
    - Les petites annonces de la presse 102
  6. Les cabinets de recrutement 103
    - Les cabinets franco-allemands 103
    - Les cabinets de recrutement en Allemagne 104
  7. Les réseaux sociaux professionnels 104
    - Les réseaux sociaux interprofessionnels 105
        A. Quel réseau social utiliser ? 105
        B. Usage gratuit ou payant ? 106
    - Les réseaux et associations francophones en Allemagne 107
  8. Les agences de travail temporaire 107
  9. Contacter les entreprises en Allemagne 108
    - Les entreprises d'origine française présentes en Allemagne 108
    - Les grandes entreprises allemandes 110

Chapitre 4 - Candidature en Allemagne 113
  1. Le dossier de candidature 113
    - Un dossier de candidature à soigner 114
    - L'envoi du dossier de candidature 115
  2. Le CV allemand 117
    - Le CV allemand dans la forme 117
        A. Présentation du CV 117
        B. L'importance de la photo 118
    - Le contenu du CV 119
        A. Informations personnelles 119
        B. Vos formations 119
        C. Votre parcours 121
        D. Compétences particulières 122
  3. La lettre de motivation 123

4. La question des langues dans le CV 124
   - Quelle langue choisir ? 125
   - Présenter son niveau de langues 125
      A. Termes couramment employés 125
      B. Le cadre européen commun de référence 126
5. Faire reconnaître ses diplômes 127

Chapitre 5 - Droit du travail et dialogue social 131

1. Le droit du travail et votre situation 131
   - Salarié d'une entreprise allemande 132
   - Expatrié 132
   - Détaché 133
2. Rémunération, contrat, congés…
   l'essentiel de ce qu'il faut connaître 133
   - Rémunération 134
   - Temps de travail 135
      A. Durée du travail 135
      B. Âge minimal 135
      C. Période d'essai 135
      D. Congés payés 135
      E. Congés maladie 136
      F. Jours fériés 136
   - Convention collective et convention d'entreprise 136
      A. Les conventions collectives (Tarifverträge) 136
      B. La convention d'entreprise 137
   - Le contrat de travail 138
   - Quelles sont les principales questions à se poser
     au moment d'accepter un poste en Allemagne ? 139
   - Préavis de fin de contrat et licenciement 140
      A. Préavis de fin de contrat 140
      B. Motifs de licenciement 141
      C. Salariés protégés en cas de licenciement 141
      D. Indemnités de licenciement 141
      E. Délai pour assigner son employeur 142
      F. Tribunal compétent 142
      G. Droit de grève 142
3. Les contrats ou emplois « spéciaux » 143
   - Contrat à durée déterminée 143
   - Contrat à temps partiel 144
   - Le travail temporaire 144

SOMMAIRE

- Le mini-job 145
4. Représentation du personnel dans l'entreprise
   et syndicats en Allemagne 145
   - Représentation et cogestion dans l'entreprise 145
   - Les syndicats de salariés et d'employeurs en Allemagne 146
     A. Les syndicats de salariés 146
     B. Les syndicats employeurs 148
5. Santé et sécurité au travail 149
   - La médecine du travail en fonction de l'activité 149
   - La sécurité au travail 149

Chapitre 6 - Différences culturelles en entreprise et au quotidien 151
1. La culture de l'efficacité et de la productivité 151
2. La ponctualité 152
3. Des horaires de travail concentrés,
   laissant plus de place à la vie privée 153
4. Le sens de l'ordre et de la préparation 154
5. Un management collégial 154
6. Le but à atteindre collectivement est plus important que l'individu. 155

Chapitre 7 - (Ré)apprendre l'allemand 157
1. Prendre des cours d'allemand en France 157
   - Le Goethe-Institut 157
   - Les maisons de l'Allemagne 158
   - Les centres habilités par le Goethe Institut 158
   - Les Greta 158
   - Les communes, comités de jumelage
     et associations franco-allemandes 159
   - Autres institutions ou organismes de formation 160
   - Cours à domicile et échanges de compétences 161
2. Prendre des cours d'allemand en Allemagne 162
   - Le Goethe-Institut 162
   - Volkshohschule 163
   - Autres centres et organismes de formations 163
   - Vacances et séjours linguistiques 164
   - Les cours à l'Université 165
   - Cours individuels 165
3. Cours à distance, sites internet et logiciels 166
   - Les cours à distance 166

- Les offres gratuites du net 166
- Les logiciels et ressources numériques 167
4. Le niveau des cours et des certificats en langue allemande 168
- Le cadre européen commun de référence (CECR) 169
- Les principaux certificats de langue allemande 169
- Où passer les examens d'allemand ? 170
   A. En France 170
   B. En Allemagne 171
5. Des outils pour progresser au quotidien 172
- Manuels et livres de langues 172
   A. Éditeurs français 172
   B. Éditeurs allemands 172
- Magazines spécialisés 173
- La télévision 173
- DVD sous-titrés 174
- La radio 174

Chapitre 8 - Formalités d'installation 177
1. L'arrivée en Allemagne 177
- Visa et titre de séjour 177
- La déclaration de domicile ou immatriculation (Anmeldung) ... 178
- La carte d'imposition (Lohnsteuerkarte) 179
2. Inscription au registre des Français établis hors de France 180
- Comment s'inscrire au registre ? 180
- À quel consulat s'adresser ? 181
- Validité et renouvellement 181
3. Formalités douanières 182
- Déménagement des biens personnels 182
- Tabac et alcools 183
4. Animaux domestiques 183

Chapitre 9 - Trouver un logement 187
1. Les prix de l'immobilier 187
2. Chercher un logement à louer 189
- Les sites Internet 189
- Les annonces presse 190
- Agents immobiliers 191
- Les agences de relocation 192
3. Bail, état des lieux et loyer 193
- Informations à fournir pour une location 193

SOMMAIRE

- Le contrat de location 194
　A. Location à durée indéterminée 194
　B. Location à durée déterminée 195
- La colocation 196
- L'état des lieux 197
　A. À faire avant de signer l'état des lieux 198
　B. Quand vous quittez l'appartement 198
- Le loyer 198
　A. Paiement 199
　B. Les charges locatives 199
　C. Les charges dans le détail 200
- Le dépôt de garantie 200
　A. Paiement 201
　B. Récupération du dépôt de garantie 201
4. S'installer dans un logement 201
- Eau, gaz et électricité 201
- La cuisine 202
- Espaces de lavage communs (buanderie) 203
5. Quitter un logement 203
- Préavis et repreneur 204
- Remise en état de votre logement 204
- Récupération du dépôt de garantie 204
- Que faire de votre cuisine ? 205
6. Associations de locataires 206
- Adhésion à une association 206
- Quelle association contacter ? 206
7. Acquérir un logement en Allemagne 207
- La recherche d'un bien immobilier à acheter 207
- Le financement 208
- Actes chez le notaire 208
　A. Avant la signature de l'acte de vente 208
　B. La signature du contrat de vente 208
8. Les allocations logement 209

Chapitre 10 - Téléphone et Internet 211
1. Téléphone fixe et Internet 211
- Installation d'une ligne téléphonique 211
- Les offres téléphone + Internet 212
2. Téléphone portable 215
- Les opérateurs de téléphonie 215

- Forfaits ou cartes prépayées.. 216
  A. Les forfaits 216
  B. Cartes prépayées 216
- Comment utiliser un téléphone portable
  acheté en France en Allemagne ? 217

Chapitre 11 - Choisir sa banque.. 219
1. Ouvrir un compte en Allemagne 219
   - Le compte-courant : indispensable 219
     A. Coût d'un compte-courant... 219
     B. Les formalités à remplir pour l'ouverture 220
     C. Coût des services associés au compte-courant 220
   - Le compte d'épargne 221
2. Choisir une banque 221
   - Votre utilisation personnelle des services bancaires........... 221
   - Banques en lignes 222
3. Moyens de paiement en Allemagne...................................... 223
   - L'argent liquide... 223
   - La carte de débit (EC-Karte) 224
   - Le porte-monnaie électronique (Geldkarte) 225
   - Les cartes de crédit 226
   - Le virement bancaire 226
     A. Comment réaliser un virement ? 227
     B. Formulaire de virement pré-rempli à signer.................... 227
   - Virement et prélèvement automatique................................ 227
   - Le chèque : le mal aimé 228
4. Virements internationaux 228
   - Virements entre deux pays européens 229
     A. Coût d'un virement transfrontalier en Europe 229
     B. Comment réaliser un virement transfrontalier ? 229
   - Virements en dehors de l'Union européenne 230
5. Services bancaires pour les frontaliers................................... 230
   - Rapatriement du salaire 231
   - Carte de paiement internationale.. 231
6. Financer un bien immobilier en Allemagne 232

Chapitre 12 - Les assurances obligatoires et conseillées... 233
1. Le paysage des assurances en Allemagne 233
   - Quelles assurances souscrire ?... 234
   - Où souscrire une assurance ? 234

SOMMAIRE

    A. Un agent d'assurances 235
    B. Un courtier en assurances 235
    C. Les sociétés d'assurances 235
  2. L'assurance responsabilité civile 236
    - Votre assurance responsabilité civile 236
    - L'assurance RC pour vos animaux 237
  3. L'assurance habitation : locataire et propriétaire 237
    - L'assurance habitation (biens et meubles) 238
    - L'assurance bris de glace 238
    - L'assurance bâtiment d'habitation (les murs) 239
  4. Assurance des véhicules (autos et vélos) 239
    - Calcul du coût de l'assurance et bonus 240
    - Trois niveaux de couverture différents 240
    - La question de la franchise 241
    - Quelle couverture en cas de panne sur la route ? 242
    - Assurance-vol pour votre vélo 242
  5. L'assurance protection juridique 243
    - Qu'est-ce qui est couvert et à partir de quand ? 243
    - Quelle couverture pour quel tarif ? 243
  6. Accident du travail, invalidité et décès 244

Chapitre 13 - Véhicule, permis, immatriculation, conduite 245

  1. Permis de conduire 245
    - Vous avez déjà le permis de conduire 245
      A. Permis délivré par un pays de l'Union européenne 246
      B. Permis délivré dans un pays hors Union européenne 247
    - Passer son permis de conduire en Allemagne 249
  2. Immatriculer son véhicule en Allemagne 249
    - Liste des pièces à fournir 250
    - Contrôles technique et pollution 251
    - Certificat d'assurance temporaire 252
    - Certificat de conformité européen 252
    - Certificat de non-objection 253
    - Les plaques d'immatriculation 253
    - Les nouveaux papiers de votre véhicule 253
    - Par qui se faire aider pour l'immatriculation ? 254
  3. La taxe automobile 255
    - Voiture immatriculée avant le 1er juillet 2009 255
    - Voiture immatriculée après le 1er juillet 2009 255

4. Vignette obligatoire dans les zones environnementales
   (Umweltzone) 256
   - Plusieurs couleurs de vignettes 256
   - Où se procurer la vignette ? 256
5. Conduire en Allemagne 257
   - Règles et code de la route 257
   - Pneus neiges en hiver 258
   - Constats effectués en présence de la police 258

Chapitre 14 - Comprendre et payer ses impôts 261
1. Où payer ses impôts ? 261
   - Vous êtes salarié d'une entreprise allemande 262
   - Vous êtes expatrié 262
   - Vous êtes détaché 262
   - Vous êtes frontalier 263
   - Vous êtes indépendant (selbständig) 263
   - Vous êtes étudiant et stagiaire 263
   - Vous êtes VIE 264
   - Vous êtes assistant de français 264
   - Vous travaillez en mini-job 264
2. L'impôt sur le revenu en Allemagne 264
   - Le calcul de l'impôt sur le revenu 265
   - Le barème pour célibataires et couples mariés 265
   - couples non mariés 266
   - Carte fiscale et numéro d'imposition unique 267
   - Les classes d'imposition 267
   - Impôts et enfants 268
   - Prélèvement à la source de l'impôt 269
   - Si vous habitez un Länder de l'Ouest 269
   - Votre religion fait varier votre impôt sur le revenu ... 269
3. Les revenus en provenance de l'étranger 270
   - L'impôt est calculé sur le total des revenus 270
   - Première année d'imposition en Allemagne 271
4. La déclaration d'impôts (Steuererklärung) 271
   - Déclaration obligatoire 271
   - Déclaration facultative 272
   - Quand faire sa déclaration ? 272
   - Première déclaration en Allemagne 273
   - Retard, contrôle et redressement 274
5. Baissez vos impôts en déclarant vos frais 274

SOMMAIRE

- Frais non plafonnés (Werbungskosten) 275
- Déductions plafonnés (Sonderausgaben) 276
- Enfants, logement, frais exceptionnels 277
6. Par qui se faire aider ? 278
- Le centre des impôts de votre ville 278
- Un professionnel du droit fiscal 278
- Une association d'aide aux contribuables salariés (Lohnsteuerhilfeverein) 279
7. Les autres impôts 280
- Revenus financiers 280
- Redevance audiovisuelle (GEZ) 281
- Revenus fonciers (location) 281
- Achat d'un bien immobilier 282
- Impôt sur les chiens 282
- Héritage et succession 282
8. L'imposition en France pour les non-résidents 283
- Impôts à payer en France 283
- Exonérations pour les non-résidents fiscaux en France 283

Chapitre 15 - Assurance-maladie et couverture sociale. 285
1. L'assurance-maladie selon votre situation 286
- Vous êtes salarié d'une entreprise allemande 286
- Vous êtes expatrié 286
- Vous êtes détaché 286
- Vous êtes frontalier 287
- Vous êtes indépendant (selbständig) 287
- Vous êtes étudiant 287
- Vous êtes stagiaire 287
- Vous êtes VIE 287
- Vous êtes assistant de français 288
- Vous travaillez en mini-job 288
2. Le système d'assurance-maladie allemand 288
- Le paysage des caisses de sécurité sociale 289
   A. Les caisses publiques 289
   B. Les caisses privées 289
   C. Les couvertures complémentaires 290
- Les caisses d'assurance-maladie publiques 291
   A. Cotisations : combien ça coûte ? 291
   B. Quelle différence entre les caisses ? 291
   C. Quelle participation financière de l'assuré aux soins ? 292

  D. Critères de choix 292
 - Les caisses d'assurance-maladie privées 293
  A. Qui peut y adhérer ? 293
  B. Coût de l'adhésion 293
  C. Participation de l'employeur 294
  D. Critères de choix 294
  E. En cas de baisse de revenus 295
3. Accès aux soins et détail des prestations 295
 - Médecin généraliste 296
  A. Assuré public 296
  B. Assuré privé 296
 - Médecin spécialiste 297
  A. Assuré public 297
  B. Assuré privé 297
 - Dentiste 297
  A. Assuré public 297
  B. Assuré privé 298
 - Pharmacie 298
  A. Assuré public 298
  B. Assuré privé 298
 - Hospitalisation 298
  A. Assuré public 298
  B. Assuré privé 299
 - Indemnités journalières 299
  A. Assuré public 299
  B. Assuré privé 299
 - Soins à l'étranger 299
  A. Assuré public 300
  B. Assuré privé 300
4. Accident du travail, incapacité longue durée et décès 300
 - L'assurance accident du travail obligatoire 300
 - L'assurance incapacité de travail facultative 301
 - Capital-décès 301
5. L'assurance dépendance 302

Chapitre 16 - La retraite : cotiser et faire valoir ses droits. 305
1. Des cotisations selon votre situation 306
 - Vous êtes salarié d'une entreprise allemande 306
 - Vous êtes expatrié 306
 - Vous êtes détaché 306

SOMMAIRE

- Vous travaillez en mini-job 306
- Vous êtes salarié avec une activité inférieure
  à 2 mois ou 50 jours 307
- Vous êtes frontalier 307
- Vous êtes indépendant 307
- Périodes d'éducation des enfants 307
2. Le système de retraite allemand 307
- Le régime de retraite obligatoire 308
  A. Le montant de la cotisation 308
  B. Âge de départ en retraite et calcul de la pension 308
  C. Les autres prestations 309
  D. Le partage des droits retraite 309
- L'épargne retraite volontaire 309
  A. L'épargne retraite d'entreprise 310
  B. L'épargne retraite individuelle 310
3. Quelles démarches au moment de liquider sa retraite ? 311
- Une retraite cotisée dans plusieurs pays 311
  A. Pays de l'UE et de l'EEE 312
  B. Hors UE et EEE 312
- Où déposer sa demande ? 312
  A. Si vous habitez en France 313
  B. Si vous habitez en Allemagne 313
  C. Si vous habitez dans un autre pays de l'Union européenne 313
  D. Si vous habitez hors Union européenne 313
4. Cotisations complémentaires volontaires en France 314
- Régimes complémentaires Arrco et Agirc 314
  A. Cotisations à la retraite de base 315
  B. Cotisations Arrco et Agirc 315
- Assurances privées 315

Chapitre 17 - Formalités : naissance, mariage, papiers d'identité, nationalité et élections 317

1. Naissance d'un enfant : déclaration et nom de famille 318
- Déclaration d'un enfant 318
- Le nom de famille de l'enfant 319
  A. Le nom par défaut 320
  B. Le choix volontaire d'un nom 320
2. Mariage et Pacs 320
- Le mariage civil 320
  A. Devant quelle autorité se marier ? 321

B. Mariage devant les autorités allemandes 321
   C. Mariage devant les autorités françaises 322
   - PACS français et partenariat de vie allemand 323
      A. Le PACS devant les autorités françaises 323
      B. Le partenariat de vie pour les personnes du même sexe .. 323
   3. Carte d'identité et passeports 324
   - Carte d'identité 324
   - Passeports 325
   - À quel consulat s'adresser ? 325
   4. Actes d'état civil, actes notariés et casier judiciaire 326
   - Extrait d'acte d'état civil 326
   - Actes notariés 327
   - Extrait de casier judiciaire 328
   5. Questions de nationalités 329
   - Acquérir la nationalité française 329
   - Acquérir la nationalité allemande 330
      A. À la naissance de l'enfant 330
      B. Par la vie en couple 331
      C. Vivre en Allemagne depuis 8 ans 331
   - Formalités pour acquérir la nationalité allemande 332
      A. La procédure de naturalisation 332
      B. Le test de connaissances pour les étrangers 332
   - Zoom sur la double nationalité franco-allemande 333
      A. Double nationalité à la naissance 333
      B. Double-nationalité à l'âge adulte 334
   6. Les élections allemandes et françaises 334
   - Voter aux élections allemandes 334
   - Voter aux élections françaises 335
      A. Qui peut participer aux élections françaises ? 335
      B. Modalités de vote 336
   - L'Assemblée des Français de l'étranger 337

Chapitre 18 - Gérer les imprévus 339
   1. Accident du travail 339
   - Quelle couverture selon votre situation ? 339
   - L'assurance accident du travail (obligatoire) 340
   - L'assurance incapacité de travail 340
   2. Allocations chômage 340
   - Votre couverture selon votre situation 340
      A. Vous êtes détaché 340

SOMMAIRE

    B. Vous êtes expatrié 340
    C. Vous êtes salarié d'une entreprise allemande 342
    D. Vous êtes frontalier 343
    - Le formulaire E301 343
    - L'assurance-chômage en Allemagne 344
        A. Cotisations 344
        B. En cas de chômage total 344
        C. Chômage partiel 345
    3. Divorce (Scheidung) 345
    - Devant quelle juridiction ? 345
    - Le divorce en droit français 346
    - Avance sur la pension alimentaire 346
    4. Décès (Sterbefall) 347
    - Formalités légales 347
    - Transcription de l'acte de décès 347
    - Déclarations aux assurances 347
    - Pensions 348
    5. Difficultés financières 348
    - Aides du système allemand 349
    - Aide aux Français en difficultés 349

Chapitre 19 - Vie quotidienne 351
    1. Les médias français et allemands 351
    - Médias et livres français en Allemagne 351
    - Médias francophones et multilingues en Allemagne 352
    - La presse allemande 354
        A. Quotidiens régionaux d'envergure nationale 354
        B. Quotidiens locaux 354
        C. Presse hebdomadaire 354
    2. Les transports 355
    - Autoroutes 355
    - Transports en communs 355
    - Réductions pour le train 356
    - Billets de trains 356
    - Trajets nationaux en bus 357
    - Trajets en avion 357
    - Covoiturage 358
    3. Jours fériés et vacances scolaires en Allemagne 358
    - Les jours fériés en fonction des Länder 358
    - Les vacances scolaires 359

4. Téléphoner 360
   - Téléphoner de l'Allemagne vers l'Allemagne 360
   - Téléphoner de l'Allemagne vers la France 360
   - Téléphoner de la France vers l'Allemagne 361
5. Courriers 361
6. Trier ses déchets 361
7. Échange de services et d'objets 362
   - Le système d'échange local 362
   - Dons d'objets inutiles 363

Chapitre 20 - Attendre un enfant, congés et allocations.. 365
1. Congé et allocation maternité (femmes qui travaillent) 365
   - Prévenir l'employeur de la grossesse 366
   - Le congé maternité (Mutterschaft) 366
   - L'allocation pour congé de maternité (Mutterschaftsgeld) 366
      A. Assurée publique 366
      B. Assurée privée 367
2. Le suivi de la grossesse et préparation de la naissance 368
   - Le suivi de la grossesse 368
   - Choisir une maternité ou une maison de naissance 369
3. L'accouchement et le suivi post-grossesse 370
   - La péridurale 370
   - L'allaitement 370
   - Suivi médical de l'enfant de sa naissance à ses 6 ans 371
   - Accompagnement à domicile 371
4. Formalités liées à la naissance 371
   - Prévenir son employeur pour un congé parental 371
   - Contacter sa caisse d'assurance-maladie 372
   - Les impôts 372
   - Les allocations familiales 373
5. L'allocation enfant (Kindergeld) 373
6. Congé parental (Elternzeit)
   et allocation congé parental (Elterngeld) 374
   - Prendre un congé parental (Elternzeit) 374
   - L'allocation de congé parental (Elterngeld) 375
7. Travailler à temps partiel après la naissance d'un enfant 376

SOMMAIRE

Chapitre 21 - Modes de garde et activités de 0 à 6 ans 379
1. Les crèches (Krippe) 380
   - Les différentes structures pour les moins de 3 ans 380
   - Les crèches en pratique 381
2. Les jardins d'enfants (Kindergarten) 382
   - Différents types de structures pour les enfants de 3 à 6 ans 382
   - Les jardins d'enfants en pratique 383
     A. Horaires 383
     B. Contrats 383
     C. Tarifs 383
     D. Organisation 383
     E. Activités 384
     F. Langues 384
3. Les écoles françaises ou internationales 384
4. Les assistantes maternelles (Tagesmütter) 385
   - Un métier en développement 385
   - Tarifs et contacts 385
5. Les nourrices à domicile (Kinderfrau) 386
6. Les babysitters 386
7. Les jeunes filles au-pair (Au-Pair-Mädchen) 387
   - L'allemand est parlé couramment dans votre famille 387
   - L'allemand n'est pas parlé couramment dans votre famille 388
8. Les groupes de jeux (Spielgruppen) 388
   - Fonctionnement 388
   - Groupes de jeux franco-allemands 389

Chapitre 22 - L'école en Allemagne 391
1. L'école publique allemande 391
   - De 6 à 10 ans : l'école primaire (Grundschule) 392
   - Après 10 ans : plusieurs filières 392
     A. L'orientation à l'âge de 10 ans 393
     B. Le Gymnasium (lycée) 393
     C. Collège d'enseignement général (Realschule) 393
     D. École secondaire générale (Hauptschule) 394
     E. Écoles polyvalentes (Gesamtschule) 394
2. L'enseignement franco-allemand 394
   - L'AbiBac en Allemagne 395
     A. L'AbiBac dans les lycées français en Allemagne 395
     B. L'AbiBac dans les lycées allemands en Allemagne 395

- Zoom sur les sections bilingues des établissements allemands 396
- Les établissements franco-allemands 397
3. Les écoles françaises en Allemagne 398
- Paysage des écoles françaises en Allemagne 398
   A. Qu'appelle-t-on une école française ? 398
   B. Les écoles françaises en Allemagne 398
   C. La place de l'allemand dans l'enseignement 400
- Les différents types d'établissements 400
   A. Les établissements gérés directement par l'AEFE 400
   B. Les établissements gérés par des associations de parents.. 401
   C. Les établissements franco-allemands 401
- Les frais de scolarité 401
   A. Prise en charge des frais de scolarité 402
   B. Bourses 402
4. Les écoles européennes 402
5. Les écoles anglophones 403
6. Les écoles privées allemandes 405
- Les écoles confessionnelles 405
- Les écoles Montessori 405
- Les écoles Waldorf (Waldorfschulen) 405

Chapitre 23 - Étudier en Allemagne 407
1. Accéder à l'enseignement supérieur en Allemagne 407
- Vous étiez préalablement élève ou étudiant en France 408
- Vous étiez préalablement élève ou étudiant en Allemagne 408
- Vous reprenez des études en Allemagne 409
   A. Faire reconnaître ses études en France 409
   B. Déduire ses frais de formation de ses impôts 409
- À qui s'adresser ? 410
2. L'enseignement supérieur en Allemagne 411
- Les universités et les écoles supérieures spécialisées 411
   A. Les universités 411
   B. Les écoles supérieures spécialisées (Fachhochschulen) 412
   C. Où étudier quelle matière ? 412
- Des numerus clausus pour certaines disciplines 413
- Comment trouver une formation ? 413
- Classement des universités allemandes 414
3. Niveau d'allemand exigé et reconnaissance
du niveau d'études en France 414
4. Coût des études, inscriptions et bourses 416

S O M M A I R E

- Vous réalisez des études en dehors d'un échange 416
  A. Droits universitaires 416
  B. Modalité d'inscription 416
  C. Bourses pour les résidents en Allemagne 417
- Vous réalisez un échange universitaire 417
- Les bourses pour étudier en Allemagne 418

Chapitre 24 - Quitter l'Allemagne : check-list 421

Annexes 425
Annexe 1. Foire aux questions 426
  1. Quels sont les anciens et les nouveaux Länders allemands ? 426
  2. Où trouver un professionnel francophone ? 427
  3. Des questions sur la langue allemande 428
Annexe 2. Carnet d'adresses 429
  1. Les institutions allemandes 429
  2. Les organismes franco-allemands 432
  3. Les institutions françaises 432
  4. Les associations ou réseaux de Français en Allemagne 434
  5. Les associations professionnelles franco-allemandes 439
  6. Les associations politiques 440
  7. Les institutions de recherche 441

Bibliographie 442

Index 443

Chapitre 1

Questions sur une installation en Allemagne

Travailler ou s'installer en Allemagne est une décision qui peut résulter d'un grand nombre de circonstances : proposition de poste au sein d'une filiale de votre entreprise, recherche d'emploi avec une envie d'étranger, proposition d'emploi dans la zone transfrontalière, transformation d'un VIE (volontariat international en entreprise) en emploi, rencontre de l'âme sœur en Allemagne pendant ses études... Si aucune histoire n'est identique, vous n'êtes dans tous les cas pas les premiers à avoir sauté le pas. Plus de 150 000 Français vivent en Allemagne, pour quelques années ou pour toute une vie, et plusieurs dizaines de milliers de Français travaillent chaque jour en Allemagne, tout en résidant en France.

Bien que proches géographiquement, les pays ont des organisations administratives et juridiques très différentes. Si la construction européenne facilite les déplacements en Europe, les systèmes sociaux continuent à fonctionner de manière autonome. De nombreuses étapes de l'installation ou de la vie quotidienne peuvent apparaître comme des casse-tête à celui qui n'a pas les clés pour entrer dans le système allemand.

1. Comment se porte l'économie allemande ?

Si la crise économique n'a pas épargné l'Allemagne en 2009, le pays reste un leader sur de nombreux marchés économiques, tant au niveau de l'industrie que des services. Si la Chine lui dispute la place de premier exportateur mondial, sa place et son poids restent incontestés en Europe et l'Allemagne a connu de bons résultats dès le début de l'année 2010 grâce, notamment, à ses exportations.

Il est difficile de prédire les évolutions à venir en matière de santé de l'économie allemande, mais il est certain que l'Allemagne va continuer à recruter des compétences au niveau desquelles elle connaît des pénuries de main-d'œuvre (commerciaux, par exemple) ou sur des secteurs en fort développement (énergies renouvelables). La France étant le premier partenaire économique de l'Allemagne, des profils franco-allemands sont en permanence recherchés par les entreprises qui sont implantées ou diffusent leurs produits dans les deux pays.

> **Où trouver des informations complémentaires ?**
>
> Le site France diplomatie du ministère des Affaires étrangères et européennes réalise régulièrement une analyse économique de l'Allemagne : *www.diplomatie.gouv.fr*, rubrique « Pays – zones géo », puis « Allemagne », puis « Présentation de l'Allemagne ».

2. L'Allemagne est-elle ouverte aux travailleurs étrangers ?

Du fait d'un fort déficit démographique, dû notamment à un faible taux de natalité, l'Allemagne fait partie des pays qui misent toujours sur l'immigration pour alimenter son marché du travail. 9 % de la population vivant en Allemagne est étrangère, sans compter les immigrés naturalisés. Si certaines nationalités sont dominantes parmi les immigrés (turcs et italiens notamment), la diversité des nationalités rencontrées est extrêmement importante tant dans les entreprises que dans les lieux de socialisation (écoles, cours de langues…).

3. Combien y-a-t-il de Français qui vivent et travaillent en Allemagne ?

Le nombre de Français en Allemagne est estimé à 163 000 personnes d'après le ministère des Affaires étrangères et européennes français. C'est une estimation car l'inscription au répertoire des Français établis hors de France n'est pas obligatoire. 109 500 Français sont inscrits au répertoire des Français établis hors de France pour l'Allemagne (au 31/12/2009). Après la Suisse et le Royaume-Uni, c'est la troisième communauté de Français installés à l'étranger.

Les Français installés en Allemagne vivent principalement dans la région frontalière (Stuttgart, Fribourg, Mannheim…), autour des grands pôles économiques du pays (Munich, Hambourg, la région de Düsseldorf et de Cologne, Francfort), ainsi que dans la région de Berlin, mais en nombre moins important.

Où trouver des informations complémentaires ?

– Pour vous donner une idée des endroits où sont implantés les Français en Allemagne, vous pouvez consulter la « carte des membres », accessible sur la page d'accueil du site Connexion française : *www.connexion-francaise.com*.

– Le ministère des Affaires étrangères et européennes publie régulièrement des chiffres sur les Français à l'étranger : *www.diplomatie.gouv.fr*, rubrique « Les Français à l'étranger », puis « Les Français établis hors de France ».

---

4. Quelle est la qualité de la vie en Allemagne ?

Les villes allemandes sont réputées pour être agréables à vivre et offrir une très bonne qualité de vie. Si ce constat est à pondérer en fonction des villes, il est confirmé par l'enquête Mercer qui classe chaque année plus de 200 villes dans le monde entier. Trois villes allemandes, Düsseldorf, Francfort et Munich arrivent dans le top 10. Berlin est au 17e rang et Hambourg au 23e rang, tandis que Paris arrive au 34e rang et Lyon au 38e rang.

> **3 villes allemandes parmi les 10 villes les plus agréables à vivre dans le monde**
>
> L'enquête de Mercer porte sur 215 villes réparties sur les cinq continents. Parmi les données prises en compte figurent la stabilité politique, l'éducation, la santé, la criminalité, les loisirs ou encore la circulation, les services bancaires et l'accès aux meubles et l'électroménager dans le commerce.
> 1. Vienne (Autriche)
> 2. Zurich (Suisse)
> 3. Genève (Suisse)
> 4. Vancouver (Canada)*
> 4. Auckland (Nouvelle-Zélande)
> 6. Düsseldorf (Allemagne)
> 7. Francfort (Allemagne)
> 7. Munich (Allemagne)
> 9. Bern (Suisse)
> 10. Sydney (Australie)
>
> *Vancouver et Auckland sont ex-aequo, tout comme Francfort et Munich.
>
> Source : Enquête « Quality of living ranking » (classement par niveau de qualité de vie) réalisée par Mercer : www.mercer.com

5. Quel est le niveau des prix en Allemagne ?

Pour se faire une idée du niveau des prix en Allemagne, il est nécessaire d'avoir deux éléments en tête. Le niveau des prix n'est pas uniforme en Allemagne et la ville la plus chère n'est pas la capitale, mais les grands pôles économiques (Munich, Francfort, Hambourg, Düsseldorf…). Le coût de la vie est moins élevé à Berlin, mais on y trouve aussi moins d'opportunités professionnelles et les salaires y sont plus bas que dans les grands pôles économiques. Si le coût de la vie entre les grandes villes françaises et allemandes est au final très proche, les prix varient d'un poste à l'autre. L'électroménager, les transports publics et l'entretien de sa voiture sont plus chers en Allemagne, alors que l'alimentation, les vêtements et les loyers sont moins élevés.

QUESTION SUR UNE INSTALLATION EN ALLEMAGNE

> **Où trouver des informations complémentaires ?**
> L'étude UBS « Prix et Salaires » propose une comparaison du pouvoir d'achat dans le monde. Elle est consultable sur le site Internet : *www.ubs.com*.
> Le chemin d'accès étant complexe, voici le lien direct :
> *http://www.ubs.com/1/f/wealthmanagement/wealth_management_research/prices_earnings.html*

6. Les impôts sont-ils plus élevés en Allemagne ?

La population résidant en Allemagne est en moyenne plus imposée que la population résidant en France. La pression fiscale est estimée en moyenne à 45 % en Allemagne contre 40 % en France en 2009. L'écart s'est creusé entre la France et l'Allemagne. En 2003, la pression fiscale était estimée à 48,1 % en France et 48,5 % en Allemagne.

> **Où trouver des informations complémentaires ?**
> Consulter l'étude KPMG « Individual Income Tax and Social Security Rate 2009 » (en anglais) sur le site *www.travailler-en-suisse.ch*, rubrique « Fiscalité », puis « Impôt sur le revenu en Suisse : comparaison internationale ».

7. Parler allemand est-il indispensable pour s'installer en Allemagne ?

Il n'existe pas de réponse simple à cette question. Tout dépend de vos objectifs et de votre contexte personnel. Si la pratique de l'allemand est préférable pour s'intégrer dans le pays, il est également possible de participer à de nombreuses activités en français ou en anglais si vous vous installez dans une grande ville.

Pour travailler : c'est le plus souvent nécessaire, mais pas toujours. Il y a des entreprises allemandes ou internationales qui recrutent des personnes spécialisées, dès lors qu'elles maîtrisent l'anglais couramment. Connaître et apprendre l'allemand s'avérera ensuite un vrai plus pour s'intégrer dans l'entreprise, mais ce n'est pas toujours un critère de recrutement.

Pour gérer le quotidien : plus vous maîtrisez l'allemand, plus vos démarches et formalités du quotidien seront facilitées. Dès lors que vous voulez acheter ou vous abonner à quelque chose, l'usage de l'anglais est souvent possible. Lorsqu'il faut gérer des problèmes (coupure Internet, souci d'appartement), l'allemand s'impose plus naturellement.

Pour rencontrer des Français : pas besoin d'une autre langue que le Français ! Dans les grandes villes, les communautés françaises sont importantes. Il est facile à travers les associations et clubs francophones en tout genre de nouer des liens et de se faire des amis si affinités.

Pour participer à des activités associatives (pour les adultes ou les enfants) : tout dépend de votre lieu d'installation et de votre souhait de vous intégrer. Les réseaux français proposent de nombreuses activités dans les grandes villes. On peut ne pas parler allemand et pour autant ne pas être isolé. Par contre, pour prendre part aux activités allemandes, notamment si vous habitez dans une petite ville, une pratique minimale est nécessaire.

Consultez le carnet d'adresses en fin d'ouvrage pour prendre contact avec les associations de Français et francophones en Allemagne et connaître les activités proposées.

Pour socialiser avec des Allemands : tout dépend dans quelle langue vous souhaitez le faire. De nombreux Allemands parlent français et sont ravis de pratiquer la langue de Molière. Pour participer à des conversations avec des Allemands, qui plus est, dans une brasserie (Kneipe) un peu bruyante, acquérir un bon niveau d'allemand sera indispensable.

8. Quel est le niveau des salaires en Allemagne ?

Plusieurs points sont à retenir en matière de salaires :
– les différences entre les villes allemandes sont très importantes. Un salaire pour le même poste peut être plus élevé de 50 % dans une grande ville (Francfort, Munich, Düsseldorf, Hambourg, Cologne) que dans une ville de taille plus petite ou qu'à Berlin. Les moyennes nationales ne donnent pas une bonne représentation de la réalité du marché du travail qui est propre à chaque bassin d'emploi. Quand le

QUESTION SUR UNE INSTALLATION EN ALLEMAGNE

taux de chômage est plus élevé (à Berlin par exemple), les salaires sont plus bas ;
- **pour comparer un salaire français avec un salaire allemand,** il faut au préalable prendre en compte les différences en matière de cotisations sociales et d'imposition. Si les salaires annoncés en brut en Allemagne paraissent plus élevés que les salaires français, les prélèvements sur le salaire sont plus importants. Pour un salaire net équivalent (après impôts), le salaire brut annoncé est en moyenne 20 % supérieur en Allemagne ;
- à part certaines exceptions sur des métiers particulièrement recherchés, **le niveau des salaires net en Allemagne n'est pas, d'une manière générale, plus élevé que le niveau français.** Et là où les salaires sont plus élevés, notamment dans les grandes villes, le coût de la vie est également plus élevé.

Plusieurs études salariales sont menées régulièrement sur un type de fonction, un secteur, une région ou un pays. Ces études concernent parfois même plusieurs pays simultanément. Parmi les sources intéressantes :
- Fédération des employeurs européens : *www.fedee.com* ;
- Salary.com : *http://europe.salary.com* ;
- Mercer : *www.mercer.com* ;
- Institut Arbeit und Qualifikation : *www.iaq.uni-due.de.*

Les sites de recrutement réalisent régulièrement des enquêtes sur les niveaux des salaires proposés dans les offres qu'elles diffusent.

**Les fourchettes de salaires en Allemagne
pour les jeunes diplômés**

Le cabinet de recrutement alma mater publie chaque année une étude sur les salaires bruts médians proposés par les entreprises allemandes aux jeunes diplômés de l'enseignement supérieur.
Achat (Einkauf) : entre 37 500 et 44 000 €*
Marketing : entre 35 000 et 42 266 €
Commercial (Vertrieb) : entre 36 000 et 44 000 €
Recherche et développement (Forschung und Entwicklung) : entre 38 000 et 45 000 €
Secteur IT (IT Bereich) : entre 36 000 et 43 000 €
Production (Fertigung) : entre 38 000 et 44 000 €
Finances (Finanzen) : entre 37 000 et 44 000 €
Ressources humaines (Personal) : entre 35 000 et 42 000 €

> * Cette fourchette ne comprend pas les salaires maximum et minimum proposés. La fourchette reflète ce qui se pratique le plus couramment dans les entreprises.
> Source : *Étude sur les salaires (Gehaltsstudie) du cabinet alma atmer publié en 2010.*
> Vous pouvez consulter la nouvelle édition de l'étude sur les salaires (Gehaltsstudie) des jeunes diplômés d'alma ater en vous enregistrant comme candidat sur le site Internet : *www.alma-mater.de.*

9. Comment passer du brut au net en Allemagne ?

Le calcul du brut au net n'est pas identique en France et en Allemagne. En France, il y a une différence d'environ 20 % entre le salaire brut annoncé et le salaire net. Le salaire net annoncé ne tient pas compte de l'impôt sur le revenu qui est payé une fois par an et qui correspond à une fourchette de un à trois mois de salaire en moyenne.

En Allemagne, il peut y avoir une différence jusqu'à plus de 50 % entre le salaire brut annoncé et le salaire net perçu. La majorité de l'impôt sur le revenu est prélevé à la source par l'employeur (il peut y avoir un ajustement au moment de la déclaration à l'avantage ou au désavantage de la personne imposée). Le montant de l'avance sur l'impôt sur le revenu prélevé chaque mois par l'employeur varie selon la situation personnelle et familiale du salarié. Le net restant sera plus élevé pour un couple marié dont le conjoint ne travaille pas, que pour un célibataire.

Il existe deux autres critères importants à prendre en compte pour comparer les salaires :

– **la prévoyance en cas d'incapacité de travail.** En Allemagne, le versement d'un revenu de remplacement en cas d'incapacité de travail de longue durée n'est pas garanti par l'employeur ou l'assurance-maladie. Elle peut être prévue dans le package de rémunération, mais ce n'est pas toujours le cas. Le plus souvent, une assurance incapacité de travail (Berufsunfähigkeitsversicherung) doit être souscrite à titre personnelle (voir page 301) ;

– **les cotisations retraite.** En France, les cotisations retraite prélevées sur le salaire concernent le régime général et le ou les régimes complémentaires obligatoires (Agirc et Arrco). En Allemagne, la cotisation retraite obligatoire ne couvre que le régime général de base. Des solutions complémentaires doivent être envisagées pour compléter le régime de base en vue de préparer sa retraite (voir page 314).

Il existe des sites Internet qui permettent d'estimer le niveau de salaire auquel vous pouvez prétendre dans votre profession, en tenant compte des différents critères relatifs à votre situation personnelle. Ces sites peuvent cependant s'avérer difficiles à utiliser si vous n'êtes pas encore familier du système allemand :

– *www.gehalts-check.de* : Rubrique « Gehaltsdatenbank » ;
– *www.arbeitsrecht.de* : Rubrique « Lohnspiegel » ;
– *www.lohnspiegel.de/main* : Rubrique « Lohn- und Gehaltscheck ».

Les salaires des cadres dirigeants dans les secteurs les mieux rémunérés

Les salaires moyens ci-dessous sont ceux des cadres dirigeants (top-managers) ayant des fonctions de direction dans les secteurs d'activité les mieux rémunérées. Il s'agit de repères permettant de se faire une idée du niveau des rémunérations dans les hautes sphères du marché de l'emploi.

Directeur technique (Ingenieur in Manager-Position)
Conseil (Beratung) : 114 562 €
Biens d'équipement (Investitionsgüter) : 110 735 €
Composants électroniques (Halbleiter) : 109 742 €
Génie chimique (Chemie und Verfahrenstechnik) : 109 098 €

Manager informatique et télécommunication (Manager IT)
Chimie et technologie (Chemie und Verfahrenstechnik) : 113 260 €
Pharmaceutique (Pharma) : 112 245 €
Conseil (Beratung) : 101 061 €
Biens de consommation (Konsum- und Gebrauchsgüter) : 99 658 €

Directeur financier (Manager im Finanzwesen)
Pharmaceutique (Pharma) : 118 520 €
Biens de consommation (Konsum- und Gebrauchsgüter) : 111 765 €
Industrie automobile (Autoindustrie) : 103 605 €
Aéronautique (Luftfahrt) : 94 662 €

Directeur commercial (Manager im Sales)
Produits et services financiers (Finanzdienstleistung) : 122 520 €
Composants électroniques (Halbleiter) : 121 560 €
Logiciels (Software) : 119 860 €
Immobilier (Immobilien) : 114 420 €

> Directeur marketing (Manager im Marketing)
> Composants électroniques (Halbleiter) : 117 717 €
> Pharmaceutique (Pharma) : 117 616 €
> Biens de consommation (Konsum- und Gebrauchsgüter) : 107 707 €
> Aéronautique (Luftfahrt) : 102 232 €
> Source : Enquête menée par le cabinet de recrutement « Personalmarkt » (www.personalmarkt.de) à partir des salaires bruts de 2009.

10. L'Allemagne en chiffres

Source : ministère des Affaires étrangères et européennes

Superficie : 356 959 Km²
Population : 82 400 000
Croissance démographique : - 0,3 % (2009)
Espérance de vie : 77 ans pour les hommes et 82 ans pour les femmes
PIB (2009) : 2 395 milliards d'euros
PIB par habitant (2008) : 30 310 €
Taux de chômage (2009/2010) : 7,3 %
Balance commerciale (2009) : 134 milliards d'euros
Principaux clients (2009) : France (10 %), Pays-Bas (8,6 %), États-Unis (6,6 %)
Principaux fournisseurs (2009) : Pays-Bas (8,8 %), Chine (8,2 %), France (8 %)
Exportations de la France vers l'Allemagne (2009) : 49,6 milliards d'euros
Importations françaises en provenance d'Allemagne (2009) : 63,5 milliards d'euros
Vous trouverez plus d'informations sur le site *www.diplomatie.gouv.fr* à la rubrique « Pays – zones géo », puis « Allemagne », puis « Présentation de l'Allemagne ».

Chapitre 2

Les informations spécifiques à votre statut/situation

Nous souhaitons aborder dans ce chapitre un certain nombre d'informations qui ne sont pas à appréhender de la même façon, selon votre situation en Allemagne. Si vous êtes expatrié, détaché, frontalier, salarié en contrat local, travailleur indépendant, demandeur d'emploi, conjoint, étudiant, stagiaire, VIE... il y a tout à la fois des informations qui vous sont propres, et d'autres pour lesquelles vous entrez dans le cadre « commun » du résident en Allemagne.

Ce chapitre est conçu comme une seconde porte d'entrée dans l'ouvrage et utilise par conséquent un certain nombre de renvois vers les autres chapitres de l'ouvrage.

1. Salarié d'une entreprise allemande (contrat local)

Quand un Français ou un étranger est salarié local, ou « en contrat local », en Allemagne cela signifie qu'il est dans la même situation que n'importe quel salarié allemand (ou d'une autre nationalité) pendant qu'il travaille en Allemagne. Sa situation est différente seulement s'il change de pays, par exemple s'il rentre en France au moment de sa retraite, situation qui est détaillée dans le chapitre sur la retraite.

Définition

On appelle dans cet ouvrage « salarié local » le salarié d'une entreprise basée en Allemagne, quelle que soit sa nationalité. Un Français qui est salarié local est dans la même situation professionnelle que ses confrères allemands ou d'une autre nationalité. À la différence des détachés et des expatriés, il n'est pas lié à une entreprise basée en France. Contrairement aux frontaliers, il réside en Allemagne de manière permanente.

Il n'y a pas de différence entre un salarié local qui travaille pour une filiale d'une entreprise française installée en Allemagne et un salarié local qui travaille pour une entreprise 100 % allemande. La « nationalité » du siège de l'entreprise n'a aucune influence sur le statut du salarié dans le pays. Dès lors qu'une entreprise, quelle que soit sa nationalité, est basée en Allemagne, ses salariés sont soumis à la législation allemande.

En comparaison, le Français expatrié en Allemagne est également salarié d'un employeur allemand, souvent filiale d'une entreprise française basée en France. Cependant, à la différence du « salarié local », l'expatrié a gardé un lien juridique avec un employeur français. Si le salarié expatrié en Allemagne est soumis aux mêmes obligations qu'un « salarié local » vis-à-vis de la législation (cotisations, droit du travail, prestations…), il bénéficie souvent d'avantages supplémentaires conclus dans le cadre du contrat d'expatriation (logement, scolarité, complémentaire santé…).

Questions pratiques

Tous les chapitres de cet ouvrage visent à apporter des réponses aux différentes questions que peut se poser un salarié en contrat local en Allemagne. Les chapitres sur les formalités d'installation, l'assurance-maladie, les impôts, la retraite, les imprévus de la vie (accident du travail, licenciement, chômage) ou encore sur les allocations familiales sont à consulter pour toutes les questions pratiques liées à l'arrivée et à l'installation en Allemagne.

LES INFORMATIONS SPÉCIFIQUES À VOTRE STATUT/SITUATION

2. Expatrié

Le terme d'expatrié est à appréhender avec beaucoup de précautions. Il est souvent utilisé dans le langage courant pour parler d'une manière générale d'une personne qui vit dans un autre pays que le sien. Il a pourtant une définition très précise en matière de protection sociale qui ne correspond pas toujours à l'image que l'on se fait de l'expatrié. Dans cet ouvrage, nous parlons d'expatrié pour le salarié qui part travailler dans une entreprise basée en Allemagne, tout en gardant un lien juridique avec une entreprise basée en France.

Définition

L'expatriation est une notion de protection sociale qui signifie que le salarié envoyé par une entreprise française à l'étranger ne bénéficie plus, à la différence du détachement, du régime français de protection sociale. Un salarié expatrié dépend donc obligatoirement du système de protection sociale du pays d'accueil. Le rattachement au régime général français, via la CFE (Caisse des Français de l'étranger) est seulement une option que peut proposer l'entreprise « mère » à son salarié expatrié, ce n'est pas une obligation.

Concrètement, le salarié expatrié est salarié d'une filiale d'un groupe français, filiale qui est basée en Allemagne. Son employeur en Allemagne est soumis aux règles de droit allemand. À la différence du salarié en contrat local, l'expatrié reste lié juridiquement à l'employeur français et il est courant que la situation d'expatriation prévoie des avantages importants (couverture santé complémentaire, cotisation optionnelle au régime de retraite français, prise en charge du logement, scolarité des enfants, prime pour le conjoint qui quitte son emploi, cours de langues…).

Nous vous conseillons de conclure ces avantages au sein d'un contrat spécifique à la situation d'expatriation, car sans trace écrite, l'expatrié ne bénéficie pas *a priori* de ces avantages qui sont accordés au cas par cas par l'entreprise française.

Questions pratiques

Le salarié expatrié a le plus souvent les mêmes obligations que les salariés en contrat local en Allemagne. Son entreprise peut cependant lui faciliter grandement son installation en lui allouant l'aide d'une agence de relocation qui s'occupe pour lui de nombreuses questions pratiques (logement, formalités d'installation…).

A. Formalités d'installation

Le salarié expatrié doit réaliser une déclaration de résidence (Anmeldung), voir page 178, pour lui et sa famille, comme tout nouveau résident en Allemagne.

B. Assurance-maladie

Le salarié expatrié adhère obligatoirement à une caisse d'assurance-maladie en Allemagne, que celle-ci soit privée ou publique. Les cotisations sont directement prélevées sur le salaire mensuel par l'employeur qui prend à sa charge 50 % de la cotisation, comme pour tout salarié en Allemagne (voir à ce sujet le chapitre 15 sur l'assurance-maladie et la couverture sociale en Allemagne).

À la différence des salariés en contrat local, votre employeur peut vous proposer – mais ce n'est pas automatique – d'adhérer au régime de sécurité sociale français (en complément des cotisations en Allemagne, ce qui représente un coût important pour l'entreprise) via la caisse de sécurité sociale des expatriés en France, la CFE.

Souvent, les entreprises proposent aux expatriés Français en Allemagne de souscrire une assurance complémentaire (type mutuelle) pour prendre en charge les frais de santé qui ne seraient pas remboursés par la caisse d'assurance-maladie allemande.

Où trouver des informations complémentaires ?

Sur son site Internet, la caisse des Français de l'étranger présente toutes les situations spécifiques pour une adhésion au régime de sécurité sociale français pour les salariés expatriés. Les entreprises peuvent adhérer pour certains risques ou pour tous (maladie, maternité, invalidité, accident du travail) : *www.cfe.fr*.

C. Impôts

Le salarié expatrié règle l'impôt sur le revenu en Allemagne. Il peut également, comme tout Français installé en Allemagne, verser des impôts en France s'il a des revenus qui sont imposables en France, comme des revenus locatifs (voir à ce sujet le chapitre sur l'impôt en Allemagne, page 261).

D. Assurance-chômage

En tant que salarié expatrié en Allemagne, vous adhérez obligatoirement au régime d'assurance-chômage allemand. En étant expatrié en Allemagne, vous ne pouvez pas adhérer, ni vous ni votre entreprise même de manière volontaire, au régime d'assurance-chômage français. Vous pouvez cependant bénéficier d'allocations chômage à votre retour en France (voir à ce sujet les informations sur l'assurance-chômage page 341).

E. Retraite

En tant que salarié expatrié, vous cotisez, comme tout salarié en Allemagne, à l'assurance vieillesse invalidité en Allemagne. C'est une obligation pour tous les salariés expatriés. Votre employeur peut également cotiser aux régimes de retraite français par l'adhésion à la caisse des Français à l'étranger. Attention : cela n'est absolument pas automatique, du fait du coût élevé des cotisations qui s'ajoutent aux cotisations en Allemagne. Il n'est pas rare que certains salariés expatriés croient qu'ils cotisent encore au régime de retraite français, alors que ce n'est pas le cas. Il est important de préciser ce point dans votre contrat d'expatriation et de vérifier régulièrement les justificatifs des cotisations versées.

Vous pouvez aussi cotiser à vos frais au régime de retraite français, sous certaines conditions, mais le coût reste relativement élevé pour un particulier (voir à ce sujet le chapitre sur la retraite page 305).

Où trouver des informations complémentaires ?

Le site de la caisse des Français de l'étranger présente sur son site Internet les modalités d'adhésion des salariés expatriés au système de retraite français : *www.cfe.fr*, rubrique « Nos assurances », puis « Entreprise », puis « Vieillesse ».

F. Allocations familiales

En tant que salarié expatrié, vous pouvez bénéficier des prestations familiales en Allemagne, comme tout résident en Allemagne. Vous ne pouvez pas, par contre, bénéficier des prestations familiales en France. À savoir : il existe en Allemagne une allocation familiale dès le premier enfant (Kindergeld) sans condition de ressources, que tout résident en Allemagne peut solliciter.

3. Détaché

La situation de salarié détaché est généralement proposée pour des périodes courtes de travail dans les pays de l'Union européenne comme l'Allemagne. À la différence du salarié en contrat local ou de l'expatrié, le salarié détaché reste principalement attaché au système français.

▬ Définition

Le détachement est une notion du droit de la sécurité sociale. On entend par détachement le fait de maintenir au régime de protection sociale du pays habituel d'emploi un travailleur, salarié ou non salarié, qui va, durant un temps déterminé, exercer son activité professionnelle sur le territoire d'un autre pays.

Le salarié détaché est envoyé en Allemagne par un employeur français et continue à être rémunéré par cet employeur français. Sa mission est temporaire. Le salarié détaché reste rattaché au système français et son employeur verse les cotisations aux organismes français. Le salarié détaché est dispensé de cotiser aux organismes en Allemagne pour un détachement de moins de deux ans.

Pour les missions urgentes ou ne dépassant pas trois mois, les procédures de détachement sont simplifiées et sont à réaliser auprès de la CPAM. Dans les autres situations, une demande de détachement spécifique doit être réalisée auprès du Cleiss (Centre de liaisons européennes et internationales de sécurité sociale).

LES INFORMATIONS SPÉCIFIQUES À VOTRE STATUT/SITUATION

La durée normale de détachement dans un pays de l'Union européenne est de 12 mois. Au-delà, une demande de prolongation doit être réalisée. L'entreprise peut aussi prévoir que la mission durera plus de deux ans, la période maximale autorisée est de six ans. Pour une période supérieure à deux ans, l'entreprise doit s'acquitter des cotisations en France et en Allemagne.

> **Où trouver des informations complémentaires ?**
>
> Consulter le site du Cleiss (Centre de liaisons européennes et internationales de sécurité sociale) qui détaille toutes les situations possibles du détachement : *www.cleiss.fr*.

▬ Questions pratiques

En tant que salarié détaché, vous avez des formalités à accomplir à votre arrivée en Allemagne comme tout nouveau résident même si vous restez rattaché à la France pour la majorité de votre situation.

A. Immatriculation

En tant que salarié détaché vous devez, comme tout nouveau résident en Allemagne, réaliser les formalités de déclaration de résidence (Anmeldung), voir page 178, dans les huit jours suivant votre installation. Vous devez préciser dans ce formulaire si votre résidence en Allemagne est votre résidence principale ou secondaire.

B. Assurance-maladie

En tant que salarié détaché, vous dépendez toujours du système de sécurité sociale français *via* la caisse des Français à l'étranger.

> **Où trouver des informations complémentaires ?**
>
> – Sur le site de la caisse des Français de l'étranger : *www.cfe.fr*.
> – Consulter le site *www.cleiss.fr*, rubrique « Particuliers », puis « Je pars à l'étranger pour y travailler », puis « Vous résiderez dans votre pays de détachement » ou « Vous résiderez en France », puis « En cas d'arrêt de travail ».

C. Impôts

Le pays dans lequel vous payez l'impôt sur le revenu en tant que salarié détaché dépend du temps passé dans l'un et l'autre pays :
- si vous résidez plus de 183 jours en Allemagne, vous payez vos impôts en Allemagne (voir page 264) ;
- si vous résidez moins de 183 jours en Allemagne, vous payez vos impôts en France.

Il existe des dispositions fiscales particulières pour les travailleurs détachés, selon que sa famille l'accompagne ou non. C'est un point que nous vous conseillons d'étudier avec un professionnel de la fiscalité internationale.

> **Où trouver des informations complémentaires ?**
>
> Pour un premier niveau d'information, vous pouvez consulter le site : *www.impots.gouv.fr*, rubrique « Particuliers », puis « Vos préoccupations », puis « Vivre hors de France », puis « Où se situe votre foyer fiscal ? ».

D. Assurance-chômage

Les salariés qui bénéficient du détachement en termes de sécurité sociale (assurance-maladie, retraite…) ne peuvent pas adhérer au régime d'assurance-chômage français pour un détachement en Allemagne. En matière d'assurance-chômage, vous êtes dans la même situation que les travailleurs expatriés. Vous pouvez cependant bénéficier d'allocations chômage à votre retour en France (voir à ce sujet les informations sur l'assurance-chômage page 341).

E. Retraite

En tant que salarié détaché en Allemagne, vous cotisez au régime français de l'assurance vieillesse via une adhésion à la caisse des Français à l'étranger *(www.cfe.fr)*.

LES INFORMATIONS SPÉCIFIQUES À VOTRE STATUT/SITUATION

F. Allocations familiales

Vos droits aux prestations familiales en tant que détaché sont déterminés par le lieu de résidence de vos enfants, la situation professionnelle de votre conjoint et la nature des prestations perçues.

> **Où trouver des informations complémentaires ?**
> Consulter le site du Cleiss : *www.cleiss.fr*, rubrique « Particuliers », puis « Je pars à l'étranger pour y travailler », puis « Vous résiderez dans votre pays de détachement » ou « Vous résiderez en France », puis « Prestations familiales ».

4. Frontalier

D'une manière globale, dans cet ouvrage et dans ce chapitre, nous appelons frontaliers les personnes qui travaillent en Allemagne et résident en France.

Définitions

La définition du terme frontalier est différente en matière de sécurité sociale et de fiscalité. Autrement dit, les dispositions qui s'appliquent en matière d'assurance-maladie et d'impôts ne s'imposent pas toujours aux mêmes personnes. Pour l'assurance-maladie, c'est la définition du règlement CEE n° 1408/71 qui s'applique : « est travailleur frontalier, tout travailleur salarié ou non salarié qui exerce son activité professionnelle sur le territoire d'un État membre et réside sur le territoire d'un autre État membre, dans lequel il retourne en principe chaque jour ou au moins une fois par semaine ». En matière d'imposition, les dispositions réservées aux frontaliers sont soumises à une localisation géographique spécifique.

Questions pratiques

Le travailleur frontalier ne résidant pas en Allemagne, il n'a pas besoin de réaliser de déclaration de résidence en Allemagne (Anmeldung).

A. Assurance-maladie

Si vous résidez en France et travaillez en Allemagne, vous devez cotiser à une caisse d'assurance-maladie allemande, publique ou privée selon vos revenus. Vous avez cependant la possibilité de vous faire rembourser certaines prestations de santé par la caisse d'assurance-maladie française (CPAM) de votre lieu de domicile.

Définition : il n'y a pas de zone spécifique d'habitation ni de travail pour bénéficier des dispositions réservées au frontalier en matière d'assurance-maladie. C'est la définition du règlement CEE n° 1408/71 qui s'applique en matière d'assurance-maladie : « est travailleur frontalier, tout travailleur salarié ou non salarié qui exerce son activité professionnelle sur le territoire d'un État membre et réside sur le territoire d'un autre État membre, dans lequel il retourne en principe chaque jour ou au moins une fois par semaine ».

Où cotiser ? Le travailleur frontalier qui réside en France et travaille en Allemagne doit cotiser à une caisse d'assurance-maladie allemande. Il a, comme les résidents en Allemagne, la possibilité d'adhérer à une caisse publique ou privée, selon ses revenus (voir page 292).

Où se faire soigner ? Le frontalier qui est assuré dans une caisse d'assurance-maladie publique en Allemagne peut se faire soigner en Allemagne et en France. Pour l'assuré privé, tout dépend du contrat signé et il n'est pas possible de généraliser la situation.
- **Se faire soigner en Allemagne :** le travailleur frontalier assuré auprès d'une caisse d'assurance-maladie publique en Allemagne et ses ayants droit peuvent consulter un médecin en Allemagne, ou bénéficier du système de soins, comme tout assuré allemand ;
- **Se faire soigner en France :** pour vous faire soigner en France, en étant assuré en Allemagne auprès d'une caisse d'assurance-maladie publique, vous devez demander auprès de votre caisse allemande les

LES INFORMATIONS SPÉCIFIQUES À VOTRE STATUT/SITUATION

formulaires E 106 (pour l'assuré) et E 109 (pour les ayants droit) et les remettre à la caisse d'assurance-maladie de votre lieu de résidence en France, c'est-à-dire la CPAM.

Les prestations en nature (consultations, examens) que vous faites réaliser en France sont facturées par la CPAM à votre caisse allemande. Le remboursement des soins s'effectue au taux de 90 % ; les frais d'hospitalisation et le forfait journalier sont pris en charge à 100 %.

Pour certaines prestations comme les cures ou les appareillages, la CPAM peut demander l'accord préalable de la caisse allemande. Les prestations en espèces (indemnités journalières maladie ou maternité…) sont par contre versées directement par votre caisse allemande.

> **Où trouver des informations complémentaires ?**
> Consulter le site de l'Assurance-maladie française : *www.ameli.fr*. Taper « frontalier » en mot-clé.

B. Impôts

Il peut être intéressant pour un travailleur frontalier de payer ses impôts en France, et non pas en Allemagne. C'est notamment le cas pour les couples non mariés car l'administration fiscale allemande applique le barème de célibataire (ce qui n'est pas favorable) à tous ceux qui ne sont pas mariés, même s'ils sont pacsés.

Qui peut payer ses impôts en France ? Si vous travaillez en Allemagne, vous pouvez payer vos impôts en France si :
– vous résidez en France dans la zone frontalière française constituée des trois départements : Moselle (57), Bas-Rhin (67), Haut-Rhin (68) ;
– vous travaillez dans la zone frontalière allemande, constituée des villes et communes situées dans une zone de 30 km à partir de la frontière.

À savoir :
– le travailleur frontalier qui ne rentre pas à son domicile pendant 45 jours ou travaille en dehors de la zone frontalière plus de 45 jours par an (ou 20 % de son temps de travail) perd le bénéfice de ces dispositions. Vous devez dans ce cas verser vos impôts en Allemagne ;
– si vous exercez une activité libérale en Allemagne et résidez en France, vous devez régler vos impôts en Allemagne.

> **Où trouver des informations complémentaires ?**
> La situation du frontalier en matière fiscale est définie par la convention dite de double imposition signée entre la France et l'Allemagne en 1959 (modifiée par l'avenant du 21 décembre 2001), qui est disponible sur le site : *www.impot.gouv.fr*.
> Le plus simple pour consulter le document est de taper « Convention fiscale avec l'Allemagne signée à Paris le 21 juillet 1959 » dans un moteur de recherche de type Google.

Comment faire pour payer ses impôts en France ? Pour ne pas payer deux fois vos impôts, il faut que votre employeur allemand obtienne l'autorisation du centre des impôts allemand (Finanzamt) de ne pas prélever l'impôt sur le revenu sur votre salaire mensuel. C'est à vous de réaliser la demande en temps voulu auprès de votre employeur :
– vous demandez le formulaire n° 5011 auprès du centre des impôts allemand ;
– vous remplissez le formulaire n° 5011 et faites signer le document par votre employeur ;
– vous transmettez le formulaire au centre des impôts dont vous relevez en France ;
– le centre des impôts français vous renvoie le document ;
– vous en donnez une copie à votre employeur ;
– l'employeur allemand transmet ce formulaire au centre des impôts allemand (Finanzamt) ;
– le centre des impôts allemand délivre à l'employeur une attestation d'exonération ;
– l'employeur cesse de retenir l'impôt sur votre salaire.
Bien que l'attestation d'exonération soit délivrée pour 3 ans par le centre des impôts allemand (Finanzamt), vous devez envoyer chaque année à votre centre des impôts en France le formulaire signé par votre employeur.

C. Arrêt maladie, maternité et accident du travail

Le travailleur frontalier bénéficie des mêmes dispositions que le salarié résidant en Allemagne en matière d'arrêt maladie (voir page 299), de congé maternité (voir page 366) ou d'accident du travail (voir page 300).

D. Chômage

Vous bénéficiez du régime d'assurance-chômage de l'Allemagne pour le chômage partiel et de la France pour le chômage total (voir à ce sujet les informations sur l'assurance-chômage page 341).

E. Retraite

Le travailleur frontalier cotise à l'assurance retraite en Allemagne, comme tout salarié résidant en Allemagne. Au moment de solder votre retraite, vous relevez des dispositions des salariés ayant travaillé dans plusieurs pays de l'Union européenne (voir page 310).
Il faut retenir que le régime de retraite de base est moins généreux en Allemagne qu'en France. Les cotisations retraite versées en Allemagne sont comptabilisées pour la retraite française, mais seulement au niveau du régime de base et non pas au niveau du régime complémentaire obligatoire. Il est important d'anticiper ce différentiel et de prévoir un dispositif d'assurance retraite volontaire.

F. Allocations familiales

Les allocations familiales sont versées par l'un ou par l'autre pays, selon votre situation familiale. La réglementation évolue très rapidement sur ces questions et il est difficile d'établir les droits de manière complète.
La CAF vous verse les allocations familiales si :
– vous êtes seul(e) et travaillez en Allemagne ;
– vous travaillez en Allemagne et votre conjoint travaille en France (ou perçoit un revenu de remplacement : chômage, congé parental).
Les allocations familiales sont versées par l'Allemagne si :
– vous travaillez en Allemagne et que votre conjoint n'exerce pas d'activité ;
– vous travaillez tous les deux en Allemagne.
Vous pouvez cependant recevoir une allocation différentielle pour certaines prestations, lorsque leur montant est inférieur en Allemagne. Vous devez pour cela faire remplir un formulaire E 411 par la caisse d'allocation familiale en Allemagne et la transmettre à la CAF en France.
À savoir : depuis le 1er avril 2010, la prime à la naissance ou à l'adoption, l'allocation de base de la PAJE (prestation d'accueil du jeune enfant) jusqu'aux 4 mois de l'enfant et le complément libre choix du mode de garde

de la PAJE ne se cumulent plus avec les allocations familiales perçues en Allemagne.

> **Où trouver des informations complémentaires ?**
> – Nous vous conseillons de contacter directement la CAF des départements de la Moselle (57), du Bas-Rhin (67) et du Haut-Rhin(68) qui traitent directement les dossiers des frontaliers.
> Vous pouvez trouver leurs coordonnées sur le site national : *www.caf.fr*.
> – Contacter les réseaux et associations d'aide aux frontaliers (voir ci-dessous) pour toute question pointue sur ce sujet.

Contacts et réseaux pour les frontaliers

Il existe des réseaux spécialisés sur l'information aux frontaliers ainsi que des associations qui organisent la défense des droits des frontaliers.

A. Le réseau Eures

Les Eures (EURopean Employment Services) constituent un réseau de coopération entre la commission européenne et les services publics de l'emploi des États membres de l'EEE : *www.ec.europa.eu*.
- EURES-T Rhin Supérieur :
www.eures-t-oberrhein.eu (en français et en allemand)
- EURES-T Sarre-Lorraine-Luxembourg-Rhénanie Palatinat :
www.eures-sllr.org (en français et en allemand)
- CRD EURES Lorraine : Centre de Ressources et de Documentation des EURES Transfrontaliers de Lorraine :
www.frontalierslorraine.eu (en français et en allemand).

B. Infobest

- Infobest (INFOrmations- und BeratungsSTelle) est le Réseau des instances d'information et de conseil sur les questions transfrontalières du Rhin supérieur (Netzwerk der Informations- und Beratungsstellen für grenzüberschreitende Fragen am Oberrhein) :
www.infobest.eu (en français et en allemand).

Les informations spécifiques à votre statut/situation

C. Les comités de défense des frontaliers

– Comité de défense des frontaliers du Haut-Rhin : *www.cdtf.org*
– Comité de défense des frontaliers de Moselle : *www.frontaliers-moselle.com*

5. Le statut d'indépendant

Le statut d'indépendant (Selbständige(r)) est utilisé à la fois par des professions libérales (freie Berufe) – traducteurs, professions de santé, professions du droit – et des professionnels tels que des artisans, ou commerçants… Dans cette partie, nous détaillons plus particulièrement la situation des professions libérales exercées par des personnes ayant le statut d'indépendant (Selbständige(r) oder Freiberufler) sans création de structure juridique dédiée. Le statut d'indépendant est un cadre juridique et fiscal qui est notamment intéressant pour des personnes qui exercent une activité d'appoint (cours de langue, guide touristique, conseil…).

Définitions

Les professions libérales sont des professionnels qui fournissent des prestations essentiellement intellectuelles. Les activités libérales englobent les activités scientifiques, artistiques, littéraires ou d'enseignement exercées à titre indépendant (et non pas exercées au sein d'une société). On peut citer notamment les professions suivantes : médecin, dentiste, vétérinaire, avocat, notaire, agent en brevets, ingénieur, architecte, conseil-fiscal, expert-comptable, commissaire aux comptes, conseil en gestion ou assimilé, journaliste, interprète, traducteur.
Si un certain nombre de professions libérales sont réglementées, c'est-à-dire qu'il faut avoir un diplôme précis pour l'exercer (médecin, avocat, expert fiscal), d'autres ne nécessitent pas de diplôme comme pour les journalistes indépendants, les guides-interprètes ou encore les traducteurs.

> **Où trouver des informations complémentaires ?**
> – **Sur les professions libérales :** Association fédérale des professions libérales (Bundesverband der Freien Berufe) : *www.freie-berufe.de* (site en allemand)
> – **Sur les professions réglementées :** « Guide pour l'utilisateur du système général de reconnaissance des qualifications professionnelles » en français : *http://ec.europa.eu/internal_market/qualifications/docs/guide/guide_fr.pdf*

Artisans et commerçants

Les artisans et les commerçants ne font pas partie des professions libérales (freie Berufe), bien que pouvant exercer leur métier sous le statut d'indépendant (Selbständige(r)). Le choix de la forme juridique et les formalités à accomplir sont plus complexes pour les artisans et commerçants. Il n'est pas possible de les détailler ici car un grand nombre de critères entrent en ligne de compte (type d'activités, volume…). Les artisans sont par exemple obligatoirement inscrits au registre de l'artisanat tenu par les chambres de métiers (Handwerkskammer) en précisant la profession qu'ils occupent.

> **Où trouver des informations complémentaires ?**
> – « Portail de la création d'entreprise » du ministère fédéral de l'Économie et de la technologie (Bundesministerium für Wirtschaft und Technologie) : *www.existenzgruender.de* (site en français)
> – **Pour les commerçants et créateurs d'entreprise :**
> Chambre de commerce et d'industrie (Deutscher Industrie und Handelskammertag (DIHK) : *www.dihk.de* (site en allemand et en anglais)
> – **Pour les artisans :**
> Union de l'artisanat allemand (Zentralverband des Deutschen Handwerks - ZDH) : *www.zdh.de* (site en français)
> À lire : dans la rubrique « Code de l'artisanat », la liste des métiers pour lesquels l'accès au statut d'indépendant est soumis à un brevet professionnel.

> *Lexique*
>
> **Selbständige(r) :** *l'indépendant(e)*
> **Freiberuflich sein ou Freiberufler sein :** *exercer une profession libérale*
> **Die freien Berufe :** *les professions libérales*
> **Gewerbebetrieb :** *entreprise*
> **Der Unternehmer :** *l'entrepreneur*
> **Der Kaufmann :** *le commerçant*
> **Der Handwerker :** *l'artisan*

LES INFORMATIONS SPÉCIFIQUES À VOTRE STATUT / SITUATION

Formalités préalables

Les démarches pour travailler comme indépendant sont relativement simples dès lors qu'il ne s'agit pas d'une activité commerciale, industrielle ou artisanale et que vous n'employez pas vous-même du personnel.

A. Formulaire de l'administration fiscale

La première étape consiste à remplir un formulaire obtenu auprès de votre centre des impôts (Finanzamt). Cette administration vous enverra en retour un numéro fiscal (Steuernummer). À réception de ce document, vous pouvez émettre des factures sur lesquelles vous indiquerez votre numéro fiscal (Steuernummer).

Le formulaire que vous devez remplir s'intitule « Fragebogen zur steuerlichen Erfassung ». Vous devez fournir un certain nombre d'informations portant sur votre situation familiale et professionnelle, ainsi qu'une estimation des revenus futurs. C'est à partir de cette estimation que le centre des impôts calculera les avances sur l'impôt sur le revenu que vous devrez verser au cours de l'année qui suit votre première année d'activité. Si vous avez sous-estimé vos revenus, une régularisation sera effectuée en fin d'année. Le montant de l'avance sur l'impôt sur le revenu n'est pas définitif.

Où trouver des informations complémentaires ?

Contactez le centre des impôts (Finanzamt) de votre ville en indiquant que vous souhaitez recevoir un formulaire pour travailler comme indépendant (Selbständige(r)). La demande peut se faire par téléphone et le formulaire vous est envoyé par voie postale.

B. Selon la forme d'entreprise

Les formalités sont simplifiées pour les entreprises individuelles. Pour toute autre forme d'entreprise, vous devez prévoir des formalités plus complexes.

1) L'entreprise individuelle

Dès lors que vous demandez un numéro fiscal auprès du centre des impôts, une entreprise individuelle est automatiquement créée. Pour information, il en est de même si vous déclarez une activité commerciale ou industrielle auprès du bureau des activités industrielles, commerciales et/ou artisanales (Gewerbemeldeamt) et que vous gérez seul l'entreprise.

2) Les autres formes d'entreprise

Il existe d'autres formes d'entreprise à étudier selon votre projet comme la société unipersonnelle à responsabilité limitée (die Einmann-GmbH) ou la société d'entrepreneur à responsabilité limitée (Gesellschaft mit beschränkter Haftung – GmbH), proche de la SARL française.

> **Où trouver des informations complémentaires ?**
> – Consulter le « Portail de la création d'entreprise » du ministère fédéral de l'Économie et de la technologie (Bundesministerium für Wirtschaft und Technologie) : *www.existenzgruender.de* (site en français)
> – Lire l'ouvrage *Les clés pour s'implanter en Allemagne ou y exporter* aux éditions Francis Lefebvre, 2007, 84 €

Questions pratiques pour les indépendants

À la différence des salariés, et comme en France, les cotisations sociales des travailleurs indépendants (assurance-maladie, retraite...) ne sont pas prélevées automatiquement sur les revenus.

A. Assurance-maladie

Les indépendants peuvent souscrire une assurance-maladie publique ou privée. À la différence des salariés, il n'est pas nécessaire de dépasser un certain seuil de revenu pour adhérer à une assurance-maladie privée.

B. Impôts

L'imposition des indépendants comprend l'impôt sur les revenus (Einkommensteuer) et, pour certains, l'impôt sur le chiffre d'affaires (Umsatzsteuer) lié à l'activité exercée.

1) Impôt sur les revenus (Einkommensteuer)

Vous versez des impôts sur le revenu dès la première année d'activité, en fonction de vos prévisions de gain. Tous les trois mois, vous versez ainsi une avance sur vos impôts. L'administration vous envoie pour cela un avis d'imposition (Steuerbescheid). Comme pour les salariés, le montant exact à payer en plus (ou qui doit vous être reversé) est ajusté au moment de la déclaration d'impôts annuelle (lire page 271). Les années suivantes, cette avance est calculée en fonction de vos revenus de l'année précédente.

Si vos gains sont inférieurs à 8 004 € en 2009 (déclarés en 2010), vous ne paierez pas d'impôts. Vous n'aurez pas non plus d'avance d'impôts à verser si vous avez déclaré des prévisions de gains inférieurs à cette somme.

Attention : si vos revenus augmentent fortement d'une année sur l'autre, n'oubliez pas de provisionner de l'argent pour les impôts réels, et non ceux payés tous les trois mois qui sont calculés en fonction de vos revenus de l'année précédente.

2) Impôt sur le chiffre d'affaires (Umsatzsteuer)

L'impôt sur le chiffre d'affaires (Umsatzsteuer) peut être comparé à la TVA en France. Il est également appelé « Mehrwertsteuereffekt » dans la langue courante.

Le taux normal de l'impôt sur le chiffre d'affaires est de 19 % en Allemagne (en 2010). Il est réduit à 7 % pour certaines activités (artistes, journalistes…). Certaines professions sont exonérées.

L'impôt sur le chiffre d'affaires n'a pas à être versé au centre des impôts si le chiffre d'affaires de l'année civile précédente, toutes taxes comprises, n'a pas dépassé 17 500 € et que le chiffre d'affaires de l'année civile en cours, toutes taxes comprises, ne dépassera probablement pas 50 000 €

Il suffit alors d'indiquer sur ses factures :
« Als Kleinunternehmer weise ich gemäß § 19 UStG keine Umsatzsteuer aus » c'est-à-dire littéralement : « Conformément à l'article 19 UStG (Umsatzsteuergesetz- loi relative à l'impôt sur le chiffre d'affaires), alinéa 1, je ne perçois pas l'impôt sur le chiffre d'affaires en raison de mon statut de petit entrepreneur ».

> **Récupérer l'impôt sur le chiffre d'affaires sur vos achats**
>
> Pour récupérer l'impôt sur le chiffre d'affaires que vous payez lorsque vous effectuez des achats pour votre activité d'indépendant, vous devez :
> – d'une part, y être assujetti ;
> – d'autre part, exiger des factures où l'impôt sur le chiffre d'affaires est indiqué séparément.
> Vous règlerez ensuite la différence au centre des impôts. On parle également d'impôt préalable (Vorsteuer) pour désigner l'impôt sur le chiffre d'affaires que vous versez au moment de l'achat, mais récupérez en déduction de l'impôt sur le chiffre d'affaires que vous versez.

3) Taxe professionnelle et autres impôts

La taxe professionnelle (Gewerbesteuer) est due si vous exercez une activité commerciale ou industrielle. Les professions libérales en sont le plus généralement exclues. Il existe d'autres impôts pour les entreprises, mais qui ne concernent le plus souvent pas les professions libérales.

C. Assurance-chômage

L'adhésion à l'assurance-chômage pour les indépendants n'est pas obligatoire. Il est cependant possible pour certaines professions d'adhérer à titre volontaire à l'assurance-chômage légale dans certaines conditions. Adressez-vous à l'Agence pour l'emploi (Arbeitsamt) de votre lieu de domicile au cours du premier mois d'exercice de votre activité comme indépendant : *www.arbeitsagentur.de* (recherche de l'agence compétente en tapant votre code postal).

D. Retraite

Certaines professions exerçant comme indépendant adhèrent de manière obligatoire ou volontaire à l'assurance-retraite légale (gesetzliche Rentenversicherung – GRV). Les artistes et les professions libérales organisées en Ordre professionnel ont des caisses de retraite spécifiques.

Les informations spécifiques à votre statut/situation

1) Qui adhère à l'assurance-vieillesse allemande (régime de retraite allemand) ?

Si vous exercez comme personnel soignant (infirmiers, aides-soignants, sages-femmes et kinésithérapeutes…), vous pouvez adhérer à titre volontaire à l'assurance-vieillesse allemande.

Si vous êtes dans l'une des situations suivantes, vous êtes obligatoirement assujetti à l'assurance-vieillesse allemande :
- enseignants, professeurs ou éducateurs indépendants (pédagogues, formateurs, enseignants universitaires et chargés de cours) ;
- journalistes, rédacteurs indépendants ou artistes avec un revenu annuel d'au moins 3 900 € ;
- vous n'avez pas d'employé régulier et travaillez essentiellement pour un seul donneur d'ordre (une dispense de cotisation pour trois années est cependant possible).

Pour consulter le site de l'assurance vieillesse allemande (Deutsche Rentenversicherung) : *www.deutsche-rentenversicherung.de* (site en français).

2) Les artistes

Si vous êtes artiste, vous devez vous adresser à la caisse d'assurance sociale des artistes (Künstlersozialkasse) qui s'occupe de l'assurance-maladie, de la retraite et de la dépendance des artistes : *www.kuenstlersozialkasse.de*.

3) Les professions organisées en Ordre

Si vous exercez une profession libérale dans laquelle il existe un Ordre professionnel, vous cotisez à une caisse de retraite spécifique dédiée. Il existe par exemple des caisses de retraite spécifiques pour les médecins, pharmaciens, architectes, notaires, avocats, conseillers fiscaux, vétérinaires, experts-comptables et commissaires aux comptes assermentés, dentistes ainsi que pour les psychothérapeutes et psychologues.

Pour consulter le site de l'association des caisses de retraite professionnelles (Arbeitsgemeinschaft berufsständischer Versorgungseinrichtungen – ABV) : *www.abv.de* (pages en français).

Modalités de facturation

Voici quelques informations pour réaliser vos premières factures en tant que travailleur indépendant :

A. Facturation de petits montants jusqu'à 150 €

Pour les factures d'un petit montant, inférieur à 150 €, une facturation simplifiée est envisageable sur le modèle suivant :
– nom complet et adresse de votre entreprise ;
– lieu et date (date de la facture) ;
– quantité et type des objets livrés ou volume de la prestation ;
– rémunération et montant de l'impôt indiqués dans une somme unique (rémunération brute) ;
– taux d'imposition ou remarque indiquant l'exonération de l'impôt sur le chiffre d'affaires.

B. Facturation au-delà de 150 €

Au-delà de 150 €, les factures doivent contenir les points suivants :
– nom complet et adresse de votre entreprise ;
– nom complet et adresse du destinataire de la prestation ;
– lieu et date ;
– numéro d'identification de l'impôt sur le chiffre d'affaires (si vous êtes assujettis) ;
– numéro de facture continu avec un ou plusieurs chiffres, une série de lettres ou une combinaison des deux ;
– quantité et type des objets livrés ou volume de la prestation ;
– date de la livraison ou de la prestation (le mois de l'année suffit) ;
– en cas d'acompte ou de paiement anticipé : la date à laquelle le montant a été perçu lorsque le paiement a été effectué avant que la prestation n'ait été fournie, si la date de perception est connue et ne concorde pas avec la date d'établissement de la facture.
– montant net de la livraison ou de la prestation ;
– taux de l'impôt sur le chiffre d'affaires (19 % ou 7 %), le montant de l'impôt ou, dans le cas d'une exonération de l'impôt sur le chiffre

LES INFORMATIONS SPÉCIFIQUES À VOTRE STATUT/SITUATION

d'affaires, une remarque indiquant que la livraison ou la prestation est soumise à une exonération de l'impôt sur le chiffre d'affaires ;
– bonus et rabais convenus au préalable s'ils ne sont pas pris en compte dans la rémunération ;
– délai de paiement (date à laquelle le virement du montant doit avoir été effectué).

> **Où trouver des informations complémentaires ?**
> Des informations précises sur ces différents aspects de l'activité des indépendants (impôts, factures...) sont disponibles en français sur le « Portail de la création d'entreprise » du Ministère fédéral de l'économie et de la technologie (Bundesministerium für Wirtschaft und Technologie) :
> *www.existenzgruender.de* (site en français)

Contacts et réseaux pour les professions libérales

Si vous avez des questions ou avez besoin d'informations, vous pouvez contacter l'association fédérale des professions libérales (Bundesverband der Freien Berufe) qui est spécialisée sur ces sujets. Site : *www.freie-berufe.de* (site en allemand).

6. La situation de conjoint

Si votre mobilité en Allemagne est liée à la situation professionnelle de votre conjoint, il est important d'avoir en tête un certain nombre d'informations concernant votre propre situation. Une mobilité professionnelle réussie en famille passe par une mobilité réfléchie pour les deux personnes du couple. En tant que conjoint, un grand nombre de questions se posent : avant de partir, à l'arrivée, après quelques mois sur place, après une ou deux années sur place... Il est important de ne pas négliger ces questions pour votre bien-être et celui de votre famille.

Quitter une activité professionnelle en France

Si vous quittez une activité professionnelle en France pour suivre votre conjoint en Allemagne, vous devez trouver une solution juridique qui préserve vos intérêts.

A. Démission pour suivre son conjoint

Le fait de démissionner d'un emploi en France pour suivre son conjoint hors de France permet d'ouvrir des droits aux allocations chômage à deux moments : lorsque vous arrivez en Allemagne et/ou lorsque vous rentrez en France.

1) Ouvrir des droits au départ en Allemagne

Les personnes qui démissionnent pour suivre leur conjoint qui change de lieu de résidence pour exercer un nouvel emploi hors de France peuvent percevoir des allocations chômage en Allemagne pendant les trois premiers mois. Il faut pour cela faire remplir le formulaire E 303 à votre agence Pôle emploi à destination de l'agence pour l'emploi en Allemagne (Arbeitsagentur). Il est indispensable de s'inscrire comme demandeur d'emploi en France avant votre départ en Allemagne. Les allocations chômage peuvent reprendre à votre retour en France si vous n'avez pas travaillé et si vous rentrez dans un délai de trois ans (en plus de la durée d'allocation ouverte).

> **Où trouver des informations complémentaires ?**
>
> Adressez-vous à votre agence Pôle emploi en France dans un premier temps, puis à l'Agence pour l'emploi en Allemagne.
> Consulter le site de Pôle emploi : *www.pole-emploi.fr*, rubrique « Droits et démarches » puis « Situations particulières » puis « Travailleur en Europe » puis « Vous percevez des allocations de chômage en France, et partez chercher du travail dans un autre État de l'EEE ou en Suisse ».

2) Ouvrir des droits au retour en France

Si vous avez démissionné de votre emploi en France pour suivre votre conjoint qui occupe un emploi hors de France – et que vous n'avez pas

LES INFORMATIONS SPÉCIFIQUES À VOTRE STATUT/SITUATION

travaillé en Allemagne –, vos droits aux allocations chômage sont préservés, même si vous ne vous êtes pas inscrit(e) avant de partir en Allemagne. Vous devez pour cela vous inscrire comme demandeur d'emploi en France dans les 4 ans qui suivent la fin du contrat de travail qui a permis l'ouverture des droits.

3) Si vous travaillez en Allemagne

Si vous travaillez pendant votre séjour en Allemagne, vous perdez vos droits aux allocations chômage liés à la démission pour suivre votre conjoint lorsque vous rentrerez en France. Cependant, si vous travaillez en Allemagne et que vous connaissez une nouvelle situation de chômage, notamment pour suivre votre conjoint au retour en France, vous bénéficiez des droits aux allocations chômage comme tout salarié en Allemagne qui change de pays (voir page 341).

Prime de mobilité pour le conjoint

Pour les salariés expatriés qui restent liés juridiquement à une entreprise basée en France, l'entreprise peut proposer une prime de mobilité au conjoint démissionnaire pour compenser la perte de revenus. Cette prime est à négocier dès le départ et à formaliser clairement dans le contrat d'expatriation.

B. Prendre un congé parental

Si vous venez d'avoir un enfant, vous pouvez suivre votre conjoint à l'étranger pendant un congé parental (trois ans maximum) en préservant votre possibilité de retrouver votre emploi à votre retour. Le fait de prendre un congé parental n'est pas compatible avec le fait de démissionner pour suivre son conjoint (en vue de bénéficier d'allocations chômage). Si le départ de votre conjoint se produit pendant votre congé parental, vous pouvez cependant démissionner pendant votre congé parental.

La seule condition exigée pour bénéficier du congé parental est de justifier d'un an d'ancienneté dans votre entreprise. Le congé parental est un droit inscrit dans le Code du travail (article L. 122-28-1) qui permet de bénéficier après la naissance ou l'adoption d'un enfant d'une période d'inactivité d'un an qui peut être prolongée jusqu'aux trois ans de l'enfant, en ayant la garantie de retrouver votre emploi précédent ou un emploi similaire assorti d'une rémunération équivalente.

Le congé parental n'est pas rémunéré par l'entreprise. Pour les résidents en France, la CAF verse une allocation parentale d'éducation, mais il n'est pas possible d'en bénéficier si vous résidez en Allemagne. Vous pouvez cependant solliciter une allocation de congé parental en Allemagne (Elterngeld), qui sera calculée à partir de vos revenus perçus en France (voir page 374).

> **Où trouver des informations complémentaires ?**
>
> Sur le congé parental français, consultez le site du ministère du Travail, des relations sociales, de la famille, de la solidarité et de la ville (français) : www.travail-solidarite.gouv.fr, rubrique : « Droit du travail » puis « Congés et absences du salarié ».

Quelle que soit la situation professionnelle des parents, une famille peut bénéficier d'allocations familiales pour ses enfants (Kindergeld) sans condition de ressources en Allemagne (voir page 373).

C. Prendre un congé sabbatique ou sans solde

Il existe deux formes de congés que vous pouvez solliciter pour suivre votre conjoint à l'étranger tout en préservant votre emploi. Votre employeur français n'est cependant pas (à la différence du congé parental, obligé de vous l'accorder). C'est à vous de négocier et d'expliquer à votre employeur quel est son intérêt à vous voir revenir dans quelques années. Vous pouvez mettre en avant l'opportunité de maîtriser la langue allemande ou de mener un projet professionnel qui pourra servir l'entreprise à votre retour.

1) Le congé sabbatique

Il est réglementé par le Code du travail. Le salarié doit répondre à des conditions d'ancienneté, la durée est limitée et la réponse de l'employeur à cette demande doit se faire dans des conditions de forme et de délai précises.

2) Le congé sans solde

Il n'est pas réglementé par le Code du travail. L'employeur est libre de l'accepter ou de le refuser.

Les informations spécifiques à votre statut/situation

> **Où trouver des informations complémentaires ?**
> Consulter le site du ministère du Travail, des relations sociales, de la famille, de la solidarité et de la ville (français) : *www.travail-solidarite.gouv.fr*, rubrique « Droit du travail », puis « Congés et absences du salarié ».

Activités professionnelles et associatives en Allemagne

En tant que conjoint de la personne qui a trouvé un travail en Allemagne, la question de vos propres activités en Allemagne va vite devenir, si ce n'est pas déjà le cas, une question prioritaire. La situation est très différente selon que vous travailliez en France avant votre départ, selon la durée de votre séjour en Allemagne et selon vos envies.

A. Travailler en Allemagne

Trouver un emploi en Allemagne lorsque l'on suit son conjoint n'est ni facile ni impossible. Tout dépend de votre profil et de vos capacités d'adaptation. Plusieurs contraintes fortes s'ajoutent à une recherche d'emploi classique : la nécessité de parler allemand, le fait de devoir trouver un travail à proximité de celui de votre conjoint, l'accès aux modes de garde pour les enfants de moins de trois ans et l'emploi du temps de l'école (horaires et vacances). Une personne motivée réussit généralement ce projet, à condition d'être ouverte au poste (niveau de responsabilité inférieur) ou au mode d'exercice (travailler comme indépendant). Il est important de ne fermer aucune porte et de s'ouvrir au marché du travail existant sur place.

Outre les informations sur les modes de garde (chapitre 21), les écoles (chapitre 22), la recherche d'emploi (chapitre 3), la candidature (chapitre 4), mais aussi le statut d'indépendant (voir page 51), nous vous conseillons de vous rapprocher de personnes françaises ou étrangères, qui ont trouvé un travail en suivant leur conjoint afin de bénéficier de leurs conseils, de leurs expériences et de leurs réseaux.

B. Les activités associatives

Si vous n'envisagez pas d'exercer d'activité professionnelle en Allemagne, sachez qu'il est tout à fait possible de trouver sa place et de se construire un univers en Allemagne au travers d'activités associatives, tant dans les réseaux francophones que dans les associations locales.

1) Les associations françaises ou francophones

Les associations françaises et francophones à l'étranger (voir carnet d'adresse en fin d'ouvrage) sont des lieux où il est non seulement possible de « consommer » des activités (cercles de lectures, sport, ateliers créatifs...) mais aussi d'organiser et d'animer des activités. Reposant sur les compétences et les envies de ses membres, ce type d'association est un vivier de rencontres et de projets. Il est possible d'écrire pour les sites Internet ou de partager ses compétences (chant, cuisine, sport, œnologie, pratique des langues...).

Il est également possible de s'investir au sein des associations gestionnaires des écoles françaises (voir page 398), tout comme dans les structures d'accueil des enfants après l'école.

> **Bénévolat à distance**
>
> Avec le développement des moyens de communication à distance, il est envisageable de réaliser des missions bénévoles (comptabilité, droit social, marketing, informatique...) pour la France tout en habitant en Allemagne. C'est un excellent moyen de ne pas perdre ses réflexes professionnels et de s'ouvrir à de nouveaux univers. Site à consulter : *www.passerellesetcompetences.org*.

2) Les associations locales et transnationales en Allemagne

L'Allemagne est un pays où la vie associative est très riche et variée ; et les associations (Vereine) comme en France reposent fortement sur le bénévolat (ehrenamtliche Tätigkeit) de ses membres. Voici quelques pistes (non exhaustives) à explorer :
– les associations locales que vous pouvez repérer grâce à leurs flyers en libraires, bibliothèques, centres culturels, centres sociaux... ;
– les associations thématiques : faites une recherche sur Internet en contactant la fédération nationale (Bundesverband) dans un domaine particulier. Vous pouvez contacter la fédération française du même

Les informations spécifiques à votre statut/situation

domaine pour leur demander les coordonnées de leur « alter ego » en Allemagne ;
– les Organisations non-gouvernementales (Nicht-Regierungsorganisationen) : les ONG sont très actives et très nombreuses en Allemagne.

> **Où trouver des informations complémentaires ?**
> Consulter l'annuaire des organisations de développement en Allemagne (texte en anglais sous la forme d'un carnet d'adresses) : *www.devdir.org* (site en français). Cliquer sur le PDF « Germany-Allemagne-Allemania ».

C. (Ré)apprendre l'allemand

Si vous ne parlez pas ou peu l'allemand à votre départ en Allemagne pour suivre votre conjoint, l'apprentissage ou le réapprentissage de la langue doit être considéré comme une activité à part entière. Que ce soit en vue d'un projet professionnel ou pour la vie quotidienne (achats, mais aussi médecins, plombiers, hotline Internet…), la connaissance de la langue allemande est un facteur clé de votre intégration. C'est un point important à aborder avec l'entreprise en cas d'expatriation. L'entreprise peut consacrer un budget pour financer vos cours d'allemand. Dans tous les cas, c'est un investissement (en temps et en argent) qui doit être considéré comme prioritaire. Pour choisir votre cours et vous repérer dans les niveaux proposés, consultez le chapitre 7 consacré à l'apprentissage de la langue.

Interview de Marie Tora, thérapeute, spécialisée dans l'accompagnement de la mobilité : « Ne pas nier les difficultés du conjoint et construire un projet de vie »

Marie Tora est psychothérapeute. Elle est spécialisée dans l'aide au conjoint « co-chef de famille » vivant à l'étranger et travaille plus largement sur toutes les questions liées au déracinement et à la vie dans un pays autre que le sien. Elle a assuré des consultations pendant plus de 10 ans à Düsseldorf. Elle propose désormais une aide via le téléphone et Internet : www.expat-mieux-etre.com.

Quelles sont les difficultés que peuvent rencontrer les conjoints (majoritairement des femmes) qui suivent leur partenaire à l'étranger ?

« Lorsque le départ à l'étranger intervient dans le cadre de la même entreprise, il s'agit souvent d'une promotion pour celui qui travaille. Cette promotion s'accompagne d'un certain nombre d'avantages matériels pour la famille (logement confortable, hausse de rémunération, frais de scolarité des enfants couverts…). Cette situation de confort, voire l'impression d'être privilégié, et donc de ne pas pouvoir se plaindre, entraîne un certain nombre de femmes à nier les difficultés rencontrées. Or les défis à gérer sont grands: se reconstituer un réseau amical, trouver un médecin, inscrire ses enfants à l'école et à des activités… Tout est plus compliqué lorsque l'on n'a pas de repère et qui plus est, lorsque l'on ne parle pas bien la langue.»

Quel rôle joue la langue dans l'intégration ?

« C'est capital. S'il peut être tentant lorsque l'on sait que l'on restera en Allemagne entre deux et quatre ans, de penser que l'on n'a pas besoin d'apprendre l'allemand, c'est à mon sens un choix risqué. Le conjoint perd déjà souvent beaucoup en matière d'autonomie (perte d'une activité professionnelle et de son indépendance financière…) et de confiance en soi (nouveaux repères à apprivoiser pour les courses et les activités familiales). Se retrouver sans cesse en difficulté du fait que l'on ne maîtrise pas la langue renforce la perte de l'estime de soi. Tous les progrès réalisés dans la langue permettent de faciliter le quotidien (demander un service, chercher une information, lier contact…) et de diminuer le sentiment d'incapacité à faire face. »

À quelles différences culturelles les Français peuvent-ils s'attendre en arrivant en Allemagne ?

« Un point assez marquant, qui est d'autant plus important à souligner pour des personnes qui cherchent à avoir des contacts dans le pays, c'est que, d'une manière générale, les Allemands ouvrent moins facilement leur porte que les Français. Si ces derniers n'hésitent pas à inviter des personnes rencontrées récemment pour un apéritif ou un dîner, les Allemands, eux, préfèrent voir leurs amis et connaissances dans les brasseries et restaurants, ou encore lors de concerts ou de fêtes. Si vous n'êtes pas réinvité par un voisin que vous avez convié chez vous, ce n'est pas nécessairement qu'il ne vous apprécie pas, mais cela n'est pas dans ses habitudes. Autre point un peu surprenant, et pas toujours agréable a priori, les Allemands n'hésitent pas à rappeler aux autres les règles qui doivent être respectées, et notamment le fait de ne traverser au feu que lorsque le feu est vert (et ce même s'il n'y a pas de voiture sur la chaussée). Là où un Français a l'impression de se faire "reprendre", l'Allemand ne fait que s'assurer que l'on partage les mêmes règles. »

Qu'est-ce qui peut aider la personne à surmonter les difficultés rencontrées ?

« C'est tout d'abord un ensemble de réflexes qu'il faut avoir au début, mais également tout le long de son séjour : consulter les listes de médecins francophones sur les sites des consulats, contacter les associations de français(e)s, qui sont des lieux où s'échangent les bonnes adresses (de babysitters par exemple), acquérir un système de navigation pour faciliter les déplacements (si l'on a du mal à demander son chemin) et, bien sûr, s'inscrire à un cours de langue. En fait, il faut regarder chaque problème un par un et rechercher des solutions l'une après l'autre. Ce qui est indispensable également pour le conjoint

LES INFORMATIONS SPÉCIFIQUES À VOTRE STATUT/SITUATION

qui suit, non seulement lors de la période d'installation mais aussi au bout d'un an ou plus, c'est de protéger sa relation de couple, c'est-à-dire de prendre le temps de se parler, d'avoir des activités communes. La situation du conjoint "en poste" n'est pas toujours simple (pression, contrastes culturels...) et elle est d'autant plus difficile si celui-ci se demande en permanence si le choix de s'installer à l'étranger était le bon choix. Il est courant que chacun se bloque dans la position "tu ne vois pas comme c'est dur pour moi". Les deux conjoints ne doivent pas hésiter à échanger, avec des amis ou des professionnels, pour se rendre compte que ces difficultés sont fréquentes et inhérentes à de tels changements de vie. »

Quelles sont les possibilités pour les conjoints qui ont stoppé leur activité professionnelle de réaliser un véritable projet de vie ?

« Certaines personnes vont spontanément changer leur rythme en faisant plus de sport, ou d'activités artistiques et s'accommoderont très bien d'une pause professionnelle qui permet de se tourner davantage vers sa famille. Pour d'autres, le cap peut être difficile à passer. Des sentiments de perte de valeur, d'inutilité, voire de désintérêt pour le quotidien sont possibles. Avant d'envisager tout changement majeur (chercher un travail), il est important de remuscler son estime de soi, en faisant par exemple la liste de toutes les nouvelles compétences mises en œuvre lors de ce changement de vue. Une multitude de projets de vie sont envisageables : se former à distance sur les évolutions de son métier pour reprendre une activité à son retour en France, se former à son métier en Allemagne pour exercer sur place, faire un bilan de compétences pour envisager une nouvelle activité (professionnelle ou associative), se lancer dans des projets personnels (écriture, création artistique...). »

Questions pratiques pour le conjoint

Si votre situation en tant que conjoint de celui qui travaille en Allemagne est largement liée à ce dernier, il existe quelques points qui méritent une attention particulière :

A. Immatriculation

Si vous et votre conjoint déménagez en même temps en Allemagne, vous devez réaliser à la même date la déclaration de résidence (Anmeldung), voir page 178. Si vous arrivez plus tard, vous devez le faire à la date de votre arrivée. Outre le fait que c'est obligatoire et que c'est un document qui vous est souvent demandé, la déclaration de domicile permet également de réaliser ensuite la demande d'allocations familiales si vous avez des enfants.

B. Assurance-maladie

Si vous ne travaillez pas, votre couverture assurance-maladie dépend de la situation de votre conjoint. Outre les cas particuliers, d'une manière générale, il faut savoir que, si votre conjoint est assuré auprès d'une caisse maladie publique, vous – c'est-à-dire vous et vos enfants – êtes ayants droit de votre conjoint, Si votre conjoint est assuré auprès d'une caisse d'assurance-maladie privée, une cotisation complémentaire (pour vous et pour chacun de vos enfants) doit être versée pour que vous soyez assuré(e)s en Allemagne. C'est un critère important du choix entre une caisse d'assurance maladie publique ou privée dans ce cas (voir page 290).

C. Impôts

Si vous ne travaillez pas en Allemagne, vous n'avez pas de revenus à déclarer en Allemagne. À savoir : le fait d'être marié(e) modifie les modalités d'imposition des couples en Allemagne. Les couples mariés bénéficient d'un barème d'imposition plus avantageux que les célibataires.

Si vous n'arrivez pas en même temps que votre conjoint, mais quelques mois plus tard, pensez à faire modifier la classe d'imposition de votre conjoint en précisant sa situation maritale (voir page 267).

Si vous avez des petits revenus en Allemagne, vous ne payez pas d'impôts sur le revenu sur votre rémunération, si celle-ci est inférieure à 8 004 €en 2009 (déclarés en 2010).

D. Retraite en Allemagne et en France

Dans le système de retraite allemand, vous êtes affilié pendant les trois premières années d'éducation de votre enfant, même si vous ne travaillez pas pendant cette période.

Dans le système français, les conjoints peuvent cotiser à titre volontaire à l'assurance-vieillesse via une adhésion à la caisse des Français de l'étranger. Cette adhésion peut être souscrite à titre individuel ou être comprise dans le contrat d'expatriation. Elle n'est, dans tous les cas, jamais automatique.

LES INFORMATIONS SPÉCIFIQUES
À VOTRE STATUT/SITUATION

> **Où trouver des informations complémentaires ?**
> Sur l'adhésion au régime de retraite français pour les Français installés à l'étranger, consultez le site de la Caisse des Français de l'étranger : *www.cfe.fr*.

E. Allocations familiales

Si vous avez des enfants, vous pouvez bénéficier de l'allocation pour enfant(s) (Kindergeld), quelle que soit votre situation (si vous travaillez ou pas) et quels que soient les revenus de votre foyer.

▬ Contacts et réseaux pour les conjoints

Les associations et réseaux de Français et francophones en Allemagne sont des lieux d'accueil et d'échange extrêmement importants pour le conjoint qui ne travaille pas à son arrivée dans le pays. Vous trouvez les coordonnées des accueils de Français et de francophones, des clubs des affaires franco-allemands et des autres réseaux franco-allemands dans le carnet d'adresses en fin d'ouvrage.

> **Les conjoints des agents du ministère des Affaires étrangères**
> Il existe une association dédiée pour faciliter l'adaptation et la mobilité des conjoints des agents du ministère des Affaires étrangères et européennes : *www.afcamae.com*.

7. Demandeur d'emploi à l'arrivée en Allemagne

Si vous décidez de vous installer en Allemagne avant d'avoir trouvé un travail, voici des informations qui peuvent vous être utiles.

Percevoir des allocations chômage à votre arrivée en Allemagne

Un règlement communautaire prévoit qu'un chômeur indemnisé dans un État membre de l'EEE ou en Suisse qui se rend dans un autre de ces États pour y rechercher un emploi peut conserver le droit à ses allocations pendant une période maximale de trois mois. C'est l'institution du nouveau pays, ici l'Allemagne, qui verse les allocations chômage, en fonction des indications transmises par l'institution du pays d'origine.

A. Déjà allocataire en France

Si vous percevez des allocations de chômage en France et souhaitez vous installer en Allemagne, vous pouvez percevoir des allocations chômage en Allemagne pendant les trois premiers mois de votre installation en Allemagne. Vous devrez pour cela faire remplir le formulaire E 303 à votre agence Pôle emploi à destination de l'agence pour l'emploi en Allemagne (Arbeitsamt).

B. Suivre son conjoint

Vous pouvez également bénéficier d'allocations chômage pendant trois mois si vous suivez votre conjoint qui exerce un nouvel emploi en Allemagne. Il faut pour cela s'inscrire comme demandeur d'emploi en France avant son départ en Allemagne.

Où trouver des informations complémentaires ?

Adressez-vous à votre agence Pôle emploi en France dans un premier temps, puis à l'Agence pour l'emploi (Arbeitsamt) en Allemagne :
- Consulter le site de Pôle emploi : *www.pole-emploi.fr*, rubrique « Droits et démarches », puis « Situations particulières », puis « Travailleur en Europe », puis « Vous percevez des allocations de chômage en France, et partez chercher du travail dans un autre État de l'EEE ou en Suisse ».
- Site de l'Agence fédérale pour l'emploi (Arbeitsagentur) en Allemagne : *www.arbeitsagentur.de*.

LES INFORMATIONS SPÉCIFIQUES À VOTRE STATUT/SITUATION

▰▰▰ S'installer en Allemagne en tant que demandeur d'emploi

Le droit de séjour (Aufenthaltsgenehmigung) est accordé aux citoyens de l'Union non actifs ainsi qu'aux membres de famille et au partenaire qui accompagnent ou viennent rejoindre ledit citoyen, pour autant qu'ils disposent de ressources et d'une assurance-maladie suffisantes. Autrement dit, vous ne pourrez pas prétendre à des aides sociales en Allemagne (allocations logements, allocations familiales…) si vous vous y êtes installé sans travail ni ressources personnelles suffisantes.

> **Où trouver des informations complémentaires ?**
>
> Consulter la « Loi sur la libre circulation générale des citoyens de l'Union » en République fédérale d'Allemagne du 30 juillet 2004, modifiée le 19 août 2007 disponible en français sur le site : *www.bundesregierung.de*.
> Le plus simple pour y accéder est de taper « Loi sur la libre circulation générale des citoyens de l'Union » dans un moteur de recherche type Google.

▰▰▰ Maintien des droits au chômage à son retour en France

Si vous aviez ouvert des droits au chômage en France avant votre départ, ces droits peuvent être maintenus à votre retour en France, à condition que vous n'ayez pas travaillé en Allemagne et que votre retour intervienne dans un certain délai. Ce délai se calcule en prenant la période pour laquelle vous avez ouvert des droits à une allocation et en y ajoutant trois ans.

> **Où trouver des informations complémentaires ?**
>
> Consulter le site de Pôle emploi : *www.pole-emploi.fr*, rubrique « Droits et démarches », puis « Situations particulières », puis « Travailleur en Europe », puis « Vous percevez des allocations de chômage en France, et partez chercher du travail dans un autre État de l'EEE ou en Suisse ».

8. Étudiant

Si vous venez étudier en Allemagne, les formalités à accomplir tant au niveau de l'administration allemande que de l'assurance-maladie en France dépendent de la durée de votre séjour en Allemagne.

Étudier en Allemagne

Le chapitre 23 « Étudier en Allemagne » détaille les modalités pour accéder à l'enseignement supérieur en Allemagne quelle que que soit votre situation (étudiant en France, résident en Allemagne...). Il présente l'organisation des universités et des écoles supérieurs spécialisées et précise tant le niveau d'allemand exigé que le coût des études, les formalités d'inscription et les bourses qui existent.

Questions pratiques

A. Immatriculation

La déclaration de résidence (Anmeldung), voir page 178, est obligatoire pour tout séjour de plus de 3 mois. Vous devez la réaliser dans les 8 jours suivant votre arrivée en Allemagne.

B. Assurance-maladie

La situation est différente selon la durée de votre séjour :
- **court séjour (un an maximum)** : si vous séjournez un an en Allemagne pour vos études, vous pouvez continuer à bénéficier du régime de sécurité sociale français qui rembourse vos frais de santé occasionnés en Allemagne. Vous devez pour cela avoir souscrit une sécurité sociale étudiante en France ou être ayant droit de vos parents. Vous devez demander au minimum 15 jours avant votre départ à votre caisse d'assurance-maladie française votre carte européenne d'assurance-maladie, qui est valable un an ;
- **long séjour (plus d'un an)** : si vous séjournez plus d'un an en Allemagne pour vos études, vous devrez souscrire une assurance-

maladie en Allemagne. L'université dans laquelle vous êtes vous aidera le plus souvent à choisir une caisse d'assurance-maladie. Le coût est environ de 50 € par mois.

> **Où trouver des informations complémentaires ?**
>
> Consulter le document « Vous partez étudier ou faire un stage à l'étranger » sur le site de l'assurance-maladie française : *www.ameli.fr*, rubrique « Vous êtes assurés », puis « Droits et démarches » puis « À l'étranger ».

C. Impôts

Si en parallèle de vos études en Allemagne, vous travaillez dans une entreprise allemande en vue d'acquérir une formation pratique, vous ne payez pas d'impôts en Allemagne dès lors que vous ne dépassez pas 183 jours de travail dans l'année civile. Vous devez cependant déclarer ces revenus à votre centre des impôts en France. Si vous avez travaillé plus de 183 jours dans une année civile, vous êtes alors soumis à l'impôt sur le revenu en Allemagne, qui est prélevé directement sur vos revenus par votre employeur (voir page 263 et suivantes).

> **Animateurs et animateurs-interprètes de rencontres franco-allemandes**
>
> Le BILD (Bureau international de liaison et de documentation) recrute et forme des animateurs pour des rencontres franco-allemandes. C'est une activité qui peut intéresser notamment des étudiants pendant ou après leurs études en Allemagne :
> – animateurs de rencontres franco-allemandes (20-28 ans). Le BILD forme et recrute des animateurs de rencontres franco-allemandes pour encadrer des groupes de jeunes français et allemands pendant des séjours ou des rencontres. C'est une activité d'appoint qui s'adresse à des personnes de 20 à 28 ans, ayant eux-mêmes vécu des expériences riches lors d'échanges franco-allemands. Le niveau d'allemand requis se situe au niveau B2 du cadre européen commun de référence (CECR). La formation se déroule sur deux fois dix jours. Son coût est de 135 € pour la personne formée ;
> – animateurs-interprètes de rencontres franco-allemandes (tous âges). Le BILD forme également des animateurs-interprètes chargés d'animer des rencontres franco-allemandes organisées par des associations, comités de jumelage, établissements scolaires, comités d'entreprise... Les animateurs-interprètes travaillent ensuite en direct avec ces organismes qui sont leurs employeurs. C'est une activité d'appoint pour des personnes maîtrisant bien l'allemand (le niveau exigé va de B2 à C2 du cadre européen commun de référence (CECR) et ayant des qualités d'animation).
> La formation dure trois jours. Son coût est de 350 € pour la personne formée.

> Pour plus d'informations, adressez-vous au BILD en France ou au GÜZ en Allemagne :
> – BILD (Bureau international de liaison et de documentation) :
> *www.bild-documents.org*
> – GÜZ (Gesellschaft für überinternationale Zusammenarbeit) :
> *www.guez-dokumente.org*

9. Stagiaire en Allemagne

En Allemagne, comme en France, le stage (Praktikum) correspond à une période dans l'entreprise en lien avec une formation réalisée en tant qu'étudiant. Vous trouverez ici quelques informations pour réaliser un stage en Allemagne, ainsi que des réponses à des questions pratiques (rémunération, assurance-maladie).

▰▰ Trouver un stage et une bourse de stages

Pour trouver un stage en Allemagne, vous pouvez chercher un stage selon une approche semblable à la recherche d'emploi ou encore déposer une candidature *via* un dispositif de bourses de stages. Ces dernières sont assez nombreuses dans l'univers franco-allemand.

A. Les sites dédiés aux stages en Allemagne

Il existe un grand nombre de sites sur lesquels vous trouverez des offres de stages en Allemagne.
Voici les sites les plus importants à connaître :
– Association franco-allemande des stagiaires professionnels : *www.afasp.net* (en français et en allemand). Rubrique « Stage/Emploi » ;
– Bourse franco-allemande de l'emploi : *www.emploi-allemagne.de* (site en français et en allemand). Rubrique « Recherche d'emploi », puis « Offres de stage » ;
– Praktika : site dédié à la recherche de stages en Allemagne : *www.praktika.de* (en allemand) ;
– les euronautes (la communauté des jeunes qui bougent en Europe) : *www.leseuronautes.eu* (site en français). Rubrique « stages et emploi » ;

LES INFORMATIONS SPÉCIFIQUES À VOTRE STATUT/SITUATION

– la bourse au stage (Praktikumsbörse) du journal « Wirtschaftswoche » (la semaine de l'économie) plus connu sous le terme « Wiwo » : *www.wiwo.de* (site en allemand), rubrique « Jobs » ; cocher la case « auch Praktika finden ».

> **Où trouver des informations complémentaires ?**
>
> Pour connaître tous les sites intéressants et les associations qui aident les étudiants à trouver des stages, notamment en Allemagne, consultez la brochure « Emplois et stages » du CIDAL (Centre de documentation et d'information sur l'Allemagne) :
> – disponible en format papier auprès du CIDAL ;
> – téléchargeable à partir du site : *www.cidal.diplo.de*, rubrique « Documentation », puis « Brochures et fiches ».

B. Bourses et programmes de stages

Les bourses visant à aider les jeunes Français souhaitant réaliser une expérience professionnelle en Allemagne sont assez nombreuses. Il arrive même qu'elles ne soient pas toutes attribuées.

1) Bourses de l'OFAJ

Il existe un certain nombre de dispositifs d'accès à des stages en Allemagne, proposé par l'OFAJ (Office franco-allemand de la jeunesse) : *www.ofaj.org*, rubrique « Espaces jeunes », puis « Travailler en Allemagne ». Les bourses s'adressent à des publics ciblés selon la formation réalisée ou le métier visé.

2) Bourses de l'AIESEC

L'association internationale des étudiants en sciences économiques et commerciales (AIESEC : *www.aiesec.org/France*, rubrique « Étudiants », puis « Programme international de stage ») propose à ses adhérents des bourses pour des stages réalisés notamment en Allemagne dans le cadre du programme international de stage.

3) Stages de l'IAESTE

L'International Association for the Exchange of Students for Technical Experience / Association internationale pour les stages techniques à l'étranger (AIESTE) propose des stages à l'étranger dans les domaines scientifiques et techniques : *www.iaeste.org*.

Questions pratiques

La situation de stagiaire en Allemagne est à mi-chemin entre celle d'étudiants et celle de salarié.

A. Immatriculation

La déclaration de résidence (Anmeldung), voir page 178, est obligatoire pour tout séjour de plus de 3 mois. Vous devez la réaliser dans les 8 jours suivant votre arrivée en Allemagne.

B. Convention de stage

Bien que non obligatoire, il est conseillé de signer une convention de stage (Vertrag) avec l'entreprise qui vous accueille en stage. Adressez-vous pour toute question à l'association Fairwork qui regroupe et conseille les stagiaires en Allemagne : *www.fairwork-e.V.de* (site en allemand).

C. Rémunération

Il n'existe pas de rémunération minimale pour un stage en Allemagne. D'après une étude menée par le CIDAL (Centre d'information et de documentation de l'Ambassade d'Allemagne) en 2009, 50 % des indemnités de stage se situaient entre 450 et 750 € par mois, avec une moyenne de 600 € mensuel.

Un certain nombre d'entreprises s'engagent à offrir une rémunération correcte au stagiaire. Vous trouverez la liste de ce millier d'entreprises sur le site : *www.karriere.de/fair-company* (site en allemand).

D. Cotisations sociales

L'obligation pour l'entreprise de verser des cotisations sociales dépend du caractère obligatoire ou non du stage que vous réalisez. On distingue ainsi les stages obligatoires (Pflichtpraktikum im Studium), qui sont prévus dans le cadre des études suivies, des stages libres (non-obligatoires) (freiwilliges Praktikum), réalisés de manière volontaire. Il est important de vérifier ce point dans la convention de stage que vous signez.

Les informations spécifiques à votre statut/situation

E. Assurance-maladie

Votre couverture maladie est différente selon que votre stage est rémunéré ou non rémunéré.

1) Votre stage n'est pas rémunéré

Vous bénéficiez du régime de sécurité sociale français à condition d'être assuré en France. Vous êtes dans la même situation qu'un étudiant. Vous pouvez continuer à bénéficier du régime de sécurité sociale français qui rembourse vos frais de santé occasionnés en Allemagne pendant une année.

Vous devez pour cela avoir souscrit une sécurité sociale étudiante en France ou être ayant droit de vos parents. Vous devez demander à votre caisse d'assurance-maladie au minimum 15 jours avant votre départ votre carte européenne d'assurance-maladie, qui est valable un an.

> **Où trouver des informations complémentaires ?**
>
> Consulter le document « Vous partez étudier ou faire un stage à l'étranger » sur le site de l'assurance-maladie française : *www.ameli.fr*, rubrique « Vous êtes assurés », puis « Droits et démarches » puis « À l'Étranger ».

2) Votre stage est rémunéré

Si votre stage est rémunéré, vous devez normalement souscrire une assurance-maladie en Allemagne. Si votre stage est obligatoire, cela fait partie des cotisations sociales que verse l'employeur et la cotisation à l'assurance-maladie sera prélevée sur votre indemnisation de stage. Pour un stage rémunéré non obligatoire dans votre formation, il est préférable d'aborder la question avec l'entreprise rapidement afin de trouver une solution qui n'implique pas un coût trop important pour vous.

F. Impôts

Si vous travaillez dans une entreprise allemande en vue d'acquérir une formation pratique, vous ne payez pas d'impôts en Allemagne dès lors que vous ne dépassez pas 183 jours dans l'année civile. Vous devez cependant déclarer ces revenus à votre centre des impôts en France. Si vous avez travaillé plus de 183 jours dans une année civile, vous êtes alors soumis à l'impôt sur le revenu en Allemagne, qui est prélevé directement sur vos revenus par votre employeur (voir pages 263 et suivantes).

10. Volontariat international en entreprise (VIE) en Allemagne

Le volontariat international (en entreprise ou en administration) est un dispositif de l'État français qui vise à inciter les entreprises à utiliser les compétences des jeunes diplômés pour des missions internationales. Il faut remplir certaines conditions (âge, limite dans le temps…) pour réaliser un volontariat international dans la mesure où le coût pour l'entreprise notamment en termes de cotisations sociales est bien moins élevé que celui d'un salarié envoyé à l'étranger.

▬ Présentation du volontariat international

Le VI (Volontariat international) est une mission professionnelle qui peut se réaliser en entreprise (VIE) ou en administration (VIA).

À qui s'adresse-t-il ? Le VI s'adresse à des étudiants, jeunes diplômés ou chercheurs d'emplois âgés de 18 à 28 ans. Il s'adresse autant aux filles qu'aux garçons qui doivent être de nationalité française ou ressortissants de l'Union européenne.

Quels métiers ? Des missions peuvent être proposées sur tous les profils. On retrouve cependant plus particulièrement des missions en finances, marketing, commerce international, contrôle de gestion, comptabilité, mécanique, électronique, télécommunications, informatique, BTP, agronomie, tourisme, droit, ressources humaines…

Dans quelles entreprises ? Les entreprises qui proposent ce type de missions sont des entreprises françaises qui ont une filiale en Allemagne.

Quelle durée et rémunération ? D'une durée de 6 à 24 mois, le volontariat international prévoit une indemnité qui est fixée pour l'Allemagne autour de 1 700/1 800 € L'indemnité peut avoir une part variable ou encore être diminuée pour les VIE lorsque l'entreprise loge le volontaire, ce qui peut se faire parfois en Allemagne.

LES INFORMATIONS SPÉCIFIQUES À VOTRE STATUT/SITUATION

> **Où trouver des informations complémentaires ?**
> La majorité des offres de VIE et VIA sont centralisées par le CIVI (centre d'information sur le volontariat international) qui les met en ligne sur son site : *www.civiweb.com* (en français).
> Des offres de VIE sont aussi accessibles sur des sites d'emploi franco-allemand :
> – *www.emploi-allemagne.de*
> – *www.connexion-emploi.com*
> Les filiales françaises (voir page 109) mettent également des offres de VIE en ligne sur leur propre site.

Interview : « Il y a plus d'offres de VIE à saisir en Allemagne que de candidats »

Questions à Charlotte Rappeneau, chargée de développement du programme VIE en Allemagne

Combien y-a-t-il de VIE en Allemagne ?

Il y a en moyenne entre 400 et 500 VIE en Allemagne. Auxquels s'ajoutent 150 à 200 offres qui ne sont pas pourvus. L'Allemagne est un pays qui offre plus d'offres de VIE qu'il n'y a actuellement de candidats.

Quels sont les secteurs dans lesquels il y a le plus de VIE ?

La majorité des offres concernent des ingénieurs (énergie, automobile…), des contrôleurs de gestion et des chargés de développement commercial pour des PME. Mais l'on trouve également des offres dans tous les secteurs (marketing, ressources humaines…), même si elles sont moins nombreuses.

Quelles sont les régions qui recrutent le plus de VIE ?

Ce sont les régions où l'on trouve le plus d'entreprises françaises, donc la Bavière (Munich) en tête, suivie de la Rhénanie-Westphalie (Düsseldorf, Cologne, Aix-la-Chapelle), puis le Baden-Wurtemberg (Stuttgart) et la Hesse (Francfort). Berlin et Hambourg sont deux régions dans lesquelles le nombre de VIE augmente également fortement.

À qui doivent s'adresser les candidats ?

Ils peuvent consulter le site du CIVI (centre d'information sur le volontariat international) ou les sites des entreprises françaises installées en Allemagne. Ils peuvent aussi me faire parvenir directement leur CV, que je peux faire suivre selon le profil à des entreprises intéressées.

La maîtrise de l'allemand est-elle indispensable ?

Non, pas pour toutes les entreprises. Grand nombre d'entre elles travaillent dans un environnement international, avec l'anglais comme langue de travail. Si cela reste toujours un plus pour les candidats de parler allemand ou d'avoir des notions, notamment pour s'intégrer dans le pays ou auprès des collègues de l'entreprise, ce n'est pas toujours un critère de recrutement de l'entreprise.

Que faites-vous pour attirer des candidats en Allemagne ?
Nous organisons depuis trois ans un « grand prix VIE Allemagne » pour récompenser les meilleures expériences VIE. Nous participons également à des salons et forums en France.

De quels réseaux disposent les VIE à leur arrivée en Allemagne ?
À leur arrivée, nous leur fournissons la liste de tous les VIE qui sont dans la même région ou la même ville qu'eux. Certaines villes ont des réseaux informels assez structurés avec des plans logements qui se partagent entre VIE. Nous organisons aussi des rencontres par ville ou par région, plusieurs fois par an pour leur donner la possibilité de se connaître et de poser des questions pratiques. Les VIE échangent également via la communauté des volontaires sur le site du CIVI.

Contact : Charlotte Rappeneau
Mission économique de Düsseldorf
Charlotte.rappeneau@ubifrance.fr – 00 49 211 300 41 420

Questions pratiques

La situation administrative des VIE est relativement simple car vous êtes rattaché à la France pour la majorité de votre situation administrative et juridique.

A. Immatriculation

La déclaration de résidence (Anmeldung), voir page 178, est obligatoire pour tout séjour de plus de 3 mois. Vous devez la réaliser dans les 8 jours suivant votre arrivée en Allemagne. C'est la seule formalité obligatoire en Allemagne pour les VIE.

B. Assurance-maladie

Ubifrance, qui est l'organisateur des VIE, souscrit pour vous une assurance-maladie spécifique. En pratique, en Allemagne, vous avancez les frais et vous vous faites ensuite rembourser. Ubifrance souscrit également une assurance rapatriement et une assurance responsabilité civile.

Attention : à la fin de votre volontariat international, votre couverture maladie s'arrête le jour suivant votre dernier jour de contrat. Vous devez souscrire à titre individuel une assurance-maladie si vous souhaitez rester en Allemagne.

C. Impôts

L'indemnité versée aux VIE est exonérée d'impôt sur le revenu en France et en Allemagne. Vous devez cependant réaliser une déclaration d'impôt en France selon des modalités particulières qui sont détaillées sur le site du CIVI (centre d'information sur le volontariat international).

> **Où trouver des informations complémentaires ?**
> Le site du CIVI détaille toutes les informations pratiques spécifiques aux volontaires internationaux. Il est également possible de les appeler au téléphone pour toute question : *www.civiweb.com* (site en français). Rubrique « Le V.I. »

11. Volontariat franco-allemand

Il existe une forme de volontariat spécifique, différente du volontariat international pour des jeunes Français, de 12 à 25 ans, qui sont accueillis dans des associations en Allemagne. Et réciproquement.

Présentation du volontariat franco-allemand

Quoi ? Mission de volontariat d'une année au sein d'une association dans le domaine social, culturel, sportif. Les associations allemandes accueillent des jeunes Français et vice versa.
Pour qui ? Jeunes Français (et Allemands) de 12 à 25 ans.
Dans quels types d'associations ? Il s'agit essentiellement d'associations dans le domaine de la jeunesse, du sport ou encore de l'environnement. La liste des associations allemandes participantes est indiquée sur le site dédié de l'OFAJ (Office franco-allemand de la jeunesse) (voir ci-dessous).
Quelles conditions financières ? Le volontaire reçoit de l'argent de poche ainsi que des aides financières pour son logement et sa nourriture.

Quel est le niveau d'allemand requis ? La maîtrise de la langue allemande n'est pas indispensable. L'OFAJ peut accorder des bourses pour suivre des cours d'allemand avant le départ.

> **Où trouver des informations complémentaires ?**
>
> Adressez-vous à l'OFAJ (Office franco-allemand de la jeunesse) qui est chargé de la sélection des candidatures. Le recrutement se déroule entre juin et août de l'année précédent le départ.
> *www.volontariat.ofaj.org*

Questions pratiques

Les formalités sont très simples pour les volontaires franco-allemands.

A. Immatriculation

La déclaration de résidence (Anmeldung), voir page 178, est obligatoire pour tout séjour de plus de 3 mois. Vous devez la réaliser dans les 8 jours suivant votre arrivée en Allemagne. C'est la seule formalité obligatoire en Allemagne.

B. Assurance-maladie

Vous continuez à bénéficier de l'assurance-maladie française et devez demander avant votre départ la carte d'assurance-maladie européenne à votre caisse d'assurance-maladie, afin de ne pas avoir à avancer les frais de santé occasionnés sur place.

12. Assistants de langue

Plusieurs centaines d'étudiants français vont chaque année en Allemagne pour être assistants de langue française dans des établissements scolaires allemands. C'est une opportunité très intéressante pour approfondir sa connaissance de la langue allemande tout en exerçant des responsabilités pédagogiques en initiant les jeunes Allemands à la langue française.

LES INFORMATIONS SPÉCIFIQUES À VOTRE STATUT/SITUATION

Présentation des assistants de langue

L'Allemagne propose chaque année environ 350 postes d'assistants de langues à des jeunes Français, de 20 à 35 ans, qui poursuivent des études supérieures en allemand, en sciences humaines (histoire, géographie, lettres…) ou en sciences politiques. Un niveau minimal d'études est demandé (licence 1 ou licence 2 selon la discipline) pour faire acte de candidature. Le niveau d'allemand exigé est le niveau B1 du cadre européen commun de référence (CECR). Des compétences ou une expérience dans l'enseignement du français comme langue étrangère (FLE) est un plus pour votre candidature.

L'assistant de langues a pour rôle « d'améliorer les compétences en communication des élèves (notamment à l'oral) et d'approfondir leurs connaissances de la civilisation et de la culture françaises. Il travaille en appui aux professeurs de français et peut intervenir en classe entière avec ceux-ci ou prendre de petits groupes d'élèves à part » indique le CIEP (centre international d'études pédagogiques). En Allemagne, ils peuvent être affectés dans des établissements d'enseignement secondaire et parfois dans des écoles primaires.

En Allemagne, les assistants de langue française sont recrutés pour une période allant d'octobre à fin mai. La rémunération se fait sous la forme d'une bourse mensuelle, équivalente à 800 € en 2010. Les frais de voyages, de nourriture et de logement sont à la charge de l'assistant. L'assistant travaille 12 heures par semaine.

> **Où trouver des informations complémentaires ?**
> – Consulter sur le site du CIEP (Centre international d'études pédagogiques) les informations dédiées aux assistants de langue en Allemagne : *www.ciep.fr*, rubrique « Programme de mobilité » puis « assistants français ».
> À lire notamment : la fiche « pays germanophones » et la fiche pays « Allemagne ».
> – Consulter les informations du service d'échange des assistants de langues (Pädagogischer Austauschdienst – PAD) en Allemagne : *www.kmk-pad.org* (site en allemand).

À savoir : les candidatures se font via votre université en France. Les candidats n'ont pas de contact direct avec le CIEP qui sélectionne les profils. Les candidatures se font en début de l'année civile, pour la rentrée suivante.

Questions pratiques

Les formalités pour les assistants de langue sont très simples.

A. Immatriculation

La déclaration de résidence (Anmeldung), voir page 178, est obligatoire pour tout séjour de plus de 3 mois. Vous devez la réaliser dans les 8 jours suivant votre arrivée en Allemagne.

B. Assurance-maladie

Durant la durée de votre séjour, vos frais médicaux sont couverts par une assurance-maladie locale, souscrite par votre établissement d'accueil. Cette assurance s'interrompt le lendemain du dernier jour de votre mission.

Si vous êtes toujours inscrit dans une université en France, vous pouvez continuer à bénéficier de l'assurance-maladie française comme un étudiant à l'étranger. Vous avez intérêt à demander une carte d'assurance-maladie européenne pour ne pas avoir à avancer les frais occasionnés (pour votre temps de présence hors de votre contrat d'assistant).

C. Impôts

Les assistants de langue sont exonérés d'impôt en France et en Allemagne sur la bourse qu'il perçoive, celle-ci n'étant pas un salaire. Vous n'avez pas de formalités à accomplir s'il s'agit de vos seuls revenus.

> **Où trouver des informations complémentaires ?**
> – Pendant la période d'assistant, adressez-vous à votre établissement d'accueil et/ou consultez les informations du CIEP (Centre international d'études pédagogiques) : *www.ciep.fr*, rubrique « Programme de mobilité », puis « assistants français ».
> À lire notamment : la fiche « pays germanophones » et la fiche pays « Allemagne ».
> – Avant ou après la période d'assistant, consulter le document « Vous partez étudier ou faire un stage à l'étranger » sur le site de l'assurance-maladie française : *www.ameli.fr*, rubrique « Vous êtes assurés », puis « Droits et démarches puis l'étranger ».

LES INFORMATIONS SPÉCIFIQUES À VOTRE STATUT/SITUATION

13. Jobs et mini-jobs

Si vous souhaitez travailler à temps partiel ou de manière temporaire, voici quelques informations à connaître sur le dispositif du « mini-job » et les jobs en général.

Présentation des mini-jobs

Les personnes qui sont rémunérées moins de 400 € net par mois bénéficient d'allégement de cotisations sociales. Il n'y a pas par exemple de cotisations à l'assurance-chômage.
Les personnes qui ont déjà un emploi principal peuvent être rémunérées sous le statut de mini-job pour des activités supplémentaires.
Il n'y a pas de Smic en Allemagne. Le tarif horaire moyen pour ce type de jobs est environ de 8 € de l'heure. Comme il n'y a pas de salaire minimal, il n'y a pas non plus un nombre d'heures maximal pour le mini-job. Tout dépend du salaire horaire perçu.

> **Un job dans une ville jumelée**
>
> L'OFAJ propose un programme de job d'un mois pour les 16-27 ans. L'indemnité minimale est de 300 € et une partie des frais de transports est prise en charge.
> Pour plus d'informations, consultez le site de l'OFAJ (Office franco-allemand de la jeunesse) : *www.ofaj.org*, rubrique « Jeunes », puis « Travailler en Allemagne », puis « Jobs ».

Questions pratiques

Voici des informations relatives à la situation spécifique des mini-jobs en Allemagne qui constituent un dispositif en dehors du droit commun.

A. Immatriculation

La déclaration de résidence (Anmeldung), voir page 178, est obligatoire pour tout séjour de plus de 3 mois. Vous devez la réaliser dans les 8 jours suivant votre arrivée en Allemagne.

B. Assurance-maladie

Si vous travaillez via le dispositif du mini-job, vous êtes assuré auprès d'une caisse d'assurance-maladie publique. C'est à vous de choisir votre caisse d'assurance-maladie comme pour tout salarié d'une entreprise allemande (voir chapitre 15).

C. Assurance-chômage

Si vous n'êtes rémunéré que par des mini-jobs, vous n'êtes pas couvert par l'assurance-chômage. À la fin de votre contrat, ou si vous êtes licencié, vous n'avez pas de revenus de remplacement.

D. Impôts

Pour les mini-jobs, une enveloppe de 2 % des revenus est prélevée sur votre salaire brut pour l'avance sur les impôts sur les revenus. Cependant, si vos revenus ne sont pas très élevés (moins de 8 004 € en 2009 déclarés en 2010), vous n'êtes pas soumis à l'impôt sur le revenu et pouvez récupérer cette avance sur impôt en réalisant une déclaration d'impôt facultative (voir page 271).

E. Accident du travail

Vous êtes couvert en cas d'accident du travail par une assurance accident du travail souscrite par votre employeur (comme pour tout salarié).

F. Retraite

Pour un salaire mensuel inférieur à 400 €, seules les cotisations employeur (cotisations au taux de 15 %) au régime de retraite allemand sont obligatoires. Vous pouvez verser volontairement des cotisations salariales (4,5 %) pour ouvrir des droits à la retraite plus importants.

Où trouver des informations complémentaires ?

Consulter le site dédié au mini-job : *www.minijob-zentrale.de* (site en allemand).

Chapitre 3

Marché du travail et recherche d'emploi

Qualité, performance, rigueur, innovation… caractérisent la quatrième puissance économique mondiale malgré les effets de la crise économique actuelle. L'Allemagne est spécialisée dans la production de biens et de services pour le marché intérieur (82 millions d'habitants) et pour le monde entier. Longtemps premier exportateur au monde, l'Allemagne a été dépassée pour la première fois en 2009 par la Chine. Bien que connue pour ses entreprises multinationales, 85 % des entreprises de production sont des PME-PMI. Ses deux grands piliers de l'économie sont l'industrie (automobile, chimie, mécanique et électrotechnique) et les services (télécommunications, logistique et aéronautique). L'Allemagne et la France réalisant le 4e et le 5e PIB au monde sont souvent perçues comme des moteurs économiques de l'Europe. L'Allemagne est le principal partenaire économique de la France et réciproquement.

Économie et emploi en Allemagne

Monde
Quatrième puissance économique (PIB[1]) dans le monde (derrière les États-Unis, le Japon et la Chine). Suivie de la France.
Un dixième du volume des exportations de biens et de services global, ce qui la positionne au deuxième rang mondial, derrière la Chine.

Europe
Première puissance économique en Europe avec un PIB de 3 667 milliards de dollars (FMI) soit 19,8 % du PIB de l'Union européenne.
Pays reconnu comme plus attractif en Europe pour les investisseurs étrangers[2].

Exportation
Un emploi sur quatre en Allemagne est dédié au commerce international.
55 % de son PIB est constitué d'échanges internationaux.

Population étrangère
22 000 entreprises dans le pays emploient 2,7 millions de personnes d'origine étrangère.
7 millions de résidents sont originaires d'un autre pays.

Main-d'œuvre
28 millions de personnes travaillent dans l'industrie.

Relations France-Allemagne
La France est le premier client de l'Allemagne et réciproquement : la France importe près de 78 milliards d'euros de biens et services d'Allemagne et l'Allemagne importe 59 milliards de biens et services de France (2008).
La France est le premier fournisseur de l'Allemagne avec une part de marché de 8,4 %[3] (60 % des exportations françaises sont réalisées par de grands groupes français).
137 milliards d'euros d'échanges commerciaux ont eu lieu entre les deux pays (2008).
400 000 salariés allemands et 350 000 Français travaillent aux relations commerciales entre les deux pays.

---

1. Source : Fonds Monétaire International – PIB = Produit intérieur Brut.
2. Étude de la Chambre de Commerce américaine en Allemagne et réalisée par le Boston Consulting Group : AmCham Germany Business Barometer 2009 : Perspektiven zum Wirtschaftsstandort Deutschland.
3. Selon le ministère des Affaires étrangères et l'Office fédéral des statistiques allemand (Statistisches Bundesamt Deutschland).

1. Les secteurs qui recrutent et les profils recherchés en Allemagne

Les secteurs qui recrutent

Voici les principales tendances en matière de développement économique et de recrutement :
- **l'industrie :** des mathématiciens, ingénieurs et informaticiens sont recherchés. Les secteurs des micro-technologies, de la micromation, de l'automation, et tous les secteurs high-tech sont les secteurs qui résistent le mieux à la crise. Pour l'automobile, la chimie, la mécanique, la pharmacie et l'électrotechnique, la situation peut être très différente d'une entreprise à l'autre ;
- **les services (télécommunications, logistique et aéronautique) :** la logistique recrute largement et connaît une pénurie de profils formés en Allemagne. D'une manière générale, les postes proposés dans les services correspondent à des profils de cadres, de personnel hautement spécialisé et notamment d'ingénieurs ;
- **l'export, les biens de grande consommation et l'agro-alimentaire :** les sociétés qui exportent leur(s) produit(s) à l'international recrutent très régulièrement des commerciaux et des assistants commerciaux. Des opportunités sont envisageables dans les groupes alimentaires et chez les discounters. Il y a notamment des projets en direction de l'Europe de l'Est ;
- **le secteur de l'énergie et les énergies renouvelables :** ce secteur n'est pas touché par la crise et recrute de nombreux profils, tant techniques que commerciaux. Le secteur des énergies renouvelables est en plein essor en Allemagne qui est leader en la matière et connaît de forts besoins de recrutement ;
- **les professions de l'économie et du droit :** les profils d'économistes et de juristes (en droit allemand et en droit international) sont recherchés, notamment dans le secteur des assurances. Le secteur de l'audit (Betriebsberater) recrute par exemple largement en Allemagne.

Les secteurs qui recrutent en Allemagne

Industrie	Services
Audiovisuel	Commerce
Biotechnologies	Finance
Construction mécanique	Informatique
Industrie alimentaire	Hôtellerie-restauration
Mécanique de précision	Protection de l'environnement
Métallurgie	Santé et action sociale
Production de biens destinés à l'informatique	Service aux entreprises
Secteur spatial	Services publics et privés
Techniques d'utilisation des énergies renouvelables	Télécommunications
Transformation des métaux	Transports
Transformation du tabac	

Comment avoir des informations actualisées sur le marché ?

Il y a plusieurs manières d'approcher le marché du travail en Allemagne. Vous pouvez consulter les offres d'emploi publiées par les entreprises qui recrutent, mais aussi vous informer directement sur la santé économique des différents secteurs en vue de réaliser des candidatures spontanées auprès des entreprises en croissance.

A. Informations en allemand

L'Agence fédérale pour l'emploi (Bundesagentur für Arbeit) publie tous les mois sur sa page d'accueil un classement des dix branches d'activité ayant recensé le plus d'offres d'emploi le mois précédent : *www.arbeitsagentur.de* (site en allemand), rubrique « Arbeitsmarktberichte », puis « Berichte & Broschüren », puis « Stellenangebot'/'TOP-TEN ».

La Chambre de Commerce et d'Industrie allemande (Deutscher Industrie und Handelkammertag – DIHK) publie pour sa part régulièrement des bulletins de conjoncture sur l'économie allemande qui donne des tendances très précises des secteurs en développement : *www.dihk.de* (site en allemand et en anglais), rubrique « Standortpolitik/Wirtschaftspolitik », puis « Konjunkturberichterstattung ».

B. Informations en français

- La filiale de la chambre de commerce française en Allemagne, « **Stratégie et action** » réalise des études de marché pour les entreprises. Une partie des informations est également accessible librement sur leur site Internet. Pour chaque secteur, vous pouvez ainsi consulter : l'évolution et la structuration du marché, les principales fédérations professionnelles, la presse spécialisée.
Sont notamment disponibles des informations sur les biens de consommation (la grande distribution allemande des produits de consommation, la Restauration Hors Foyer en Allemagne, les produits bio), les biens industriels (les énergies renouvelables, la robotique, les machines outils, l'aéronautique, la sous-traitance automobile) et les technologies médicales en Allemagne : *www.strategie-action.de* (site en français), rubrique « Infos marché ».
- Des informations sur le développement des différents marchés économiques sont également disponibles sur le site d'**Ubifrance** : *www.ubifrance.fr*, rubrique « Vos secteurs d'activité », puis « Données Pays », puis sélectionner « Allemagne ».
- Le portail européen sur la mobilité de l'emploi (**Eures**), réalisé par la commission européenne, publie un état des lieux en français sur le marché du travail allemand, ainsi que des statistiques sur les métiers les plus fréquemment demandés dans les offres d'emploi : *http://ec.europa.eu/eures* (site disponible en français), rubrique « Vivre et travailler », puis « Allemagne », puis « Informations sur le marché du travail » ou « Recherche d'un emploi ».
- L'**APEC** publie chaque année une étude intitulée « les cadres en Europe » qui présente les principales tendances du marché. En Allemagne, en 2009 et 2010, l'étude détaille le constat selon lequel l'emploi cadres s'est réduit en recherche et développement, mais a augmenté dans la partie commerciale : *www.apec.fr*, rubrique « Espace presse », puis « Les études ».
- Le **CIDAL** (centre d'information et de documentation sur l'Allemagne) propose sur son site Internet et dans sa newsletter (gratuite) des informations sur les secteurs d'activités qui se développent et qui recrutent : *www.cidal.diplo.de* (site en français), rubrique « L'actualité ».

2. Quelles opportunités pour les francophones ?

La France étant le premier partenaire de l'Allemagne, les profils francophones sont avant tout recherchés pour les relations avec des clients ou partenaires francophones. Pour toutes les entreprises allemandes souhaitant s'internationaliser, la France est un marché décisif et les entreprises cherchent notamment à recruter des profils francophones pour préparer une future implantation en France.

Les marchés à la recherche de profils francophones

Potentiellement, toutes les entreprises qui vendent des biens ou des services à la France ou à des pays francophones sont intéressés par des candidats parlant français (et allemand). Outre de nombreux profils commerciaux (sédentaires et itinérants), mais aussi les métiers d'assistance et de secrétariat, l'administratif et le financier, et enfin la comptabilité et le contrôle de gestion.

Deux autres secteurs sont également particulièrement à la recherche de profils français. L'ingénierie et les métiers scientifiques connaissent (comme en France) une pénurie de main-d'œuvre, or la formation généraliste des ingénieurs français est particulièrement appréciée et recherchée en Allemagne. Le secteur de l'hôtellerie et de la restauration est également à la recherche de professionnels qui puissent apporter un savoir-faire français, reconnu dans le secteur.

Interview : questions à Catherine Zavard de l'Association pour l'emploi des Français en Allemagne : *www.emploi-allemagne.de*
Quels sont les avantages de la candidature d'un travailleur français vue de l'Allemagne ?
La maîtrise de la langue française est le premier avantage d'un profil francophone. Dans le monde professionnel, on apprécie aussi le fait que les Français ont un autre mode de pensée et parfois davantage de souplesse d'esprit. Les Français sont également réputés pour leur grande motivation.
Et les inconvénients d'un profil francophone ?
L'inconvénient majeur est une maîtrise de la langue allemande parfois trop juste. À part quelques secteurs, comme la banque ou le controlling où l'anglais est souvent la langue de

référence, il est nécessaire d'avoir une bonne maîtrise de la langue allemande pour être recruté.

Existe-t-il des régions à cibler plus particulièrement pour les candidats français ?
Les trois plus grands pôles économiques – Düsseldorf, Francfort et Munich – ainsi que la région frontalière sont les zones les plus pourvoyeuses d'emploi, y compris pour les profils franco-allemands. D'autres pôles d'activité économique existent dans des villes de plus petite taille, comme Münster, Dresde ou Leipzig. On y trouve des pépinières d'entreprises très dynamiques qui s'inscrivent dans une démarche d'internationalisation.

> **Darmstadt : des emplois pour les francophones et les anglophones**
>
> La ville de Darmstadt « la ville de la science », située dans la Hesse, est un pôle essentiel d'emploi pour les candidats étrangers avec la présence notamment du siège de l'ESOC (Centre européen d'opérations spatiales) qui dépend de l'Agence spatiale européenne (ESA). Les langues de travail sont principalement le français et l'anglais. Particularité de la ville : on y compte 100 000 postes de travail pour 140 000 habitants. Site Internet : *www.darmstadt.de* (site en allemand et en anglais).

La maîtrise de l'allemand : quasiment indispensable

Il existe quelques secteurs dans lesquels il est possible de travailler en Allemagne sans parler la langue du pays. C'est le cas de secteurs très pointus de l'informatique ou de la recherche. En dehors de ces exceptions, la grande majorité des recrutements nécessitent une maîtrise de l'allemand, même si ce n'est pas une maîtrise parfaite. Même si vous travaillez dans un univers très international où la majorité des employés parlent l'anglais, l'employeur souhaite le plus souvent que les candidats aient un bon niveau d'allemand afin de pouvoir échanger avec les collègues, les partenaires, les clients. En fonction du type d'entreprise et du type de poste, on peut vous demander de vous exprimer à l'oral, de comprendre les informations échangées et éventuellement de vous exprimer aussi à l'écrit. Il est grandement conseillé de suivre des cours avant ou en parallèle de votre phase de recherche d'emploi, pour être le plus opérationnel lors des contacts avec les entreprises (cf. chapitre 7 sur l'apprentissage de l'allemand).

> **L'anglais : une langue très utilisée dans le monde professionnel en Allemagne**
>
> La maîtrise de la langue anglaise est demandée pour une grande majorité d'emplois en Allemagne. Elle est indispensable dans certains secteurs comme les professions scientifiques, le commerce, le tourisme, la finance et fortement recommandée pour de nombreux autres domaines. Les candidats allemands, dès lors qu'ils ont réalisé des études supérieures, ont généralement un excellent niveau d'anglais et les recruteurs ont du mal à comprendre que des candidats français très qualifiés au niveau technique ne puissent pas s'exprimer en anglais. Si vous avez déjà un très bon niveau d'allemand, mais que votre anglais pêche, c'est alors une priorité de progresser dans l'anglais professionnel.

3. Les services publics de l'emploi en Allemagne et en France

Les services proposés par les services de l'emploi en France et en Allemagne sont toujours un point de départ intéressant pour une recherche d'emploi en Allemagne, même si la recherche par les réseaux professionnels est devenue indispensable.

Le service public de l'emploi en Allemagne

Il n'est pas nécessaire d'être résident en Allemagne ou inscrit comme demandeur d'emploi en Allemagne pour bénéficier d'informations, comme les offres d'emploi, car la plupart sont en ligne sur Internet.

A. L'Agence fédérale pour l'emploi

L'agence fédérale allemande pour l'emploi (*Bundesagentur für Arbeit ou Bundesarbeitsagentur*) est la principale interface pour les personnes recherchant un emploi en Allemagne. Les offres diffusées sur Internet sont accessibles à tous, même si vous n'êtes pas inscrit comme demandeur d'emploi en Allemagne. L'inscription comme demandeur d'emploi, pour les résidents en Allemagne, permet de bénéficier des services d'un conseiller et de propositions personnalisées d'emploi. Il est également possible, selon votre profil, de participer à des stages pratiques organisés par des organismes de formations spécialisés dans le coaching et l'accompagnement vers l'emploi ou directement par les agences pour l'emploi (Arbeitsamt).

Pour plus d'informations, consultez le site de l'Agence fédérale allemande pour l'emploi (Bundesagentur für Arbeit ou Bundesarbeitsagentur) : *www.arbeitsagentur.de*. À consulter notamment : « Jobbörse » (bourse à l'emploi).

B. L'Office fédéral de placement à l'étranger

L'Office fédéral de placement des étrangers (Zentralen Auslands- und Fachvermittlung – ZAV) est une antenne de l'agence fédérale pour l'emploi (Bundesarbeitsagentur). Cet office propose des formations, conseils et services de placement gratuits pour des candidats en provenance d'autres pays que l'Allemagne (*www.zav-reintegration.de*). Après évaluation et validation de votre profil à distance par un conseiller, l'office ZAV peut vous mettre en contact avec des employeurs en fonction des offres d'emploi disponibles et celles susceptibles de vous correspondre.

Consultez également le site de l'agence fédérale pour l'emploi (Bundesarbeitsagentur) qui présente les services de l'Office fédéral de placement des étrangers (Zentralen Auslands- und Fachvermittlung – ZAV) : *www.ba-auslandsvermittlung.de* (site en allemand), rubrique « Arbeitnehmer » (candidat), puis « Arbeiten in Ausland » (travailler à l'étranger) ; puis « Arbeiten in Deutschland » (travailler en Allemagne).

Association pour l'emploi des Français en Allemagne

L'association pour l'emploi des Français en Allemagne (ex-association Athena), basée à Francfort, propose des services dédiés aux ressortissants français installés dans toute l'Allemagne. Des conseillers ayant une connaissance du marché allemand peuvent vous orienter et vous guider dans vos démarches. Les services sont gratuits pour les candidats.

Services proposés : offres d'emplois, séminaires sur les techniques de recherche d'emploi, préparation à l'entretien de recrutement en langue allemande…

Site Internet : www.france-allemagne.fr

Le service public de l'emploi en France

Il est également intéressant de s'adresser au service public de l'emploi français, qui est destinataire d'offres d'emploi pour le marché allemand, avec des compétences francophones.

A. Le Pôle emploi

Le site du Pôle emploi (réunion de l'ANPE et de l'Assedic) propose des offres d'emploi basées en Allemagne (*www.pole-emploi.fr*, rubrique « Recherchez des offres d'emploi », puis « Lieu de travail », puis « un pays » puis, « Allemagne »). Ces offres sont accessibles à tous. Pour certaines offres, vous pouvez envoyer directement votre candidature au recruteur car l'adresse est indiquée. Pour d'autres offres, vous devez être inscrits sur le site Internet, c'est-à-dire disposer de votre « espace personnel ». Pour répondre à certaines offres, vous devez en effet transmettre votre télécandidature à un conseiller. Il suffit pour cela de cliquer en bas de l'offre qui vous intéresse. La candidature envoyée contient les informations que vous avez vous-même enregistrées sur le site. Il n'est pas nécessaire d'être inscrit comme demandeur d'emploi pour utiliser ce service.

L'APEC : pour les cadres

Le portail Internet de l'association pour l'emploi des cadres (APEC) édite des offres destinées aux cadres ayant un projet de mobilité à l'international, et notamment en Allemagne : *www.apec.fr*, rubrique « Offres d'emploi » puis « Plus de critères » puis « Union européenne ».

B. Le Pôle emploi Internationnal

Le Pôle emploi International – qui réunit les services du Pôle emploi et de l'Office Français de l'Immigration et l'Intégration – aide les candidats en recherche de postes à l'étranger. Les offres sont consultables en ligne par tous. Elles sont déposées par des entreprises françaises et étrangères. Vous avez la possibilité de déposer un dossier de candidature sur le site, avec un CV en deux langues.

Des informations complémentaires sont disponibles sur ce site dédié du Pôle Emploi : *www.pole-emploi-international.fr*, rubrique « consulter les offres d'emploi ».

Service public de l'emploi européen

Le portail européen sur la mobilité de l'emploi (Eures) réalisé par la commission européenne publie des offres d'emploi provenant des différents services publics d'emploi, dont celui de l'Allemagne (*http://ec.europa.eu/eures*). Une recherche est possible par pays. Lorsque l'employeur est spécifiquement intéressé par des profils venant d'autres pays de l'Union, un drapeau bleu est indiqué.

> **EURES-T : informations à destination des travailleurs frontaliers**
>
> Le réseau EURES-T destiné aux travailleurs transfrontaliers édite des informations pratiques relatives aux spécificités de la région transfrontalière franco-allemande (Länder de Baden-Württemberg et Rheinland-Pfalz). Les aspects légaux du travail transfrontalier ainsi que des études sur le marché de l'emploi sont disponibles.
> EURES-T Rhin Supérieur : *www.eures-t-oberrhein.eu* (en français et en allemand).
> EURES-T Sarre-Lorraine-Luxembourg-Rhénanie Palatinat : *www.eures-sllr.org* (en français et en allemand).

4. Chambres de commerce, fédérations et salons

Les chambres de commerce et d'industrie et les fédérations professionnelles sont des sources d'information et des lieux de contact à privilégier, tout comme la fréquentation des salons professionnels.

La Chambre franco-allemande de commerce et d'industrie

La chambre franco-allemande de commerce et d'industrie (CFACI) (Deutsch-Französische Industrie und Handelskammer), qui rassemble

800 entreprises et institutions engagées dans les relations franco-allemandes, propose une bourse à l'emploi franco-allemande ciblée sur les profils franco-allemands (*www.francoallemand.com*). Outre la consultation des offres, vous pouvez aussi transmettre votre demande d'emploi (entre 60 et 85 €) qui sera adressée aux entreprises membres de la chambre franco-allemande de commerce et d'industrie. C'est une démarche que nous vous conseillons, si votre profil est déjà très ciblé et si vous disposez déjà d'une expérience dans les deux pays.

Les fédérations professionnelles

Les sites Internet de certaines fédérations professionnelles proposent des informations en accès libre sur le marché de l'emploi dans leur branche. Le nombre de fédérations professionnelles est trop important pour qu'il soit possible de les détailler ici.

Le site du forum des fédérations professionnelles allemandes (Deutsches Verbände Forum) propose les coordonnées de toutes les fédérations professionnelles allemandes : *www.verbaende.com* (site en allemand et en anglais), rubrique « Verbände finden » (trouver des fédérations). Taper dans le champ « Suchbegriff » (sujet de recherche) le nom en allemand du métier ou du domaine d'activité que vous cherchez, ou rubrique « Linkliste Verbände » (liste des sites Internet des associations). Cherchez le nom de la fédération dans la liste si vous avez son intitulé.

Les salons professionnels en Allemagne

L'Allemagne est le leader mondial de l'organisation des foires et des salons. Fréquenter les salons ou foires qui se déroulent en Allemagne permet de nouer des contacts, se rendre compte de son niveau d'allemand dans un cadre professionnel, prendre la température d'un secteur… Les salons qui se déroulent en Allemagne réunissent des exposants des pays du monde entier.

> **Où trouver des informations complémentaires ?**
>
> Le site de la fédération allemande des salons et foires (Ausstellungs- und Messe-Ausschuss der deutschen Wirtschaft e.V.– AUMA) propose l'agenda des salons et foires en Allemagne.
> La recherche peut se faire selon plusieurs critères (année, ville, région, secteur...) : *www.auma.de* (site disponible en français), rubrique : « Salons en Allemagne ».
> Vous pouvez vous faire envoyer gratuitement la brochure « Messen Made in Germany » (foires et salons en Allemagne) qui est éditée en français.

5. Les sites emplois sur Internet

Nous vous conseillons de consulter les sites d'emploi franco-allemands en priorité, puis les sites généralistes et spécialisés selon votre type de recherche. La plupart des sites diffusent des offres provenant directement des entreprises, ainsi que des offres d'emploi publiées par d'autres acteurs du marché de l'emploi (cabinets de recrutement, agences de travail temporaire...).

Les sites emploi franco-allemands

Les sites d'emploi franco-allemands sont des sites qui publient des offres d'emploi qui ciblent avant tout des personnes francophones en Allemagne. Certains sites travaillent également sur les profils germanophones en France. Ces sites sont généralement en français, ou bien en français et en allemand :
– *www.connexion-emploi.com*
   Zone : Allemagne et France
   Types d'emploi : du cadre supérieur à l'emploi ponctuel
   Plus : dépôt de CV, rubrique de conseils pratiques aux candidats, organisation de journées emploi et carrière, newsletter hebdomadaire en fonction de vos critères de recherche.
– *www.dusseljob.de*
   Zone : Allemagne
   Types d'emploi : tous les profils, du cadre supérieur à l'emploi ponctuel

– *www.jobs-df.com* ou *www.strategie-action.de*
Zone : Allemagne et pays germanophones
Plus : dépôt de CV

– *www.emploi-allemagne.de*
Zone : Allemagne
Plus : dépôt de CV, réception des offres par e-mail

Les sites généralistes ou jobboards

Les portails généralistes, appelés jobboards, diffusent des offres de tous les secteurs, pour tous les profils et avec des compétences dans toutes les langues. Outre la consultation d'offres d'emploi, vous pouvez le plus souvent déposer votre CV et recevoir les offres (selon des critères sélectionnés) par e-mail. La majorité de ces sites sont en allemand, certains peuvent également être en anglais. Les sites généralistes mondiaux sont à ce jour leaders en Allemagne pour la diffusion des offres d'emploi tous secteurs, devançant les sites allemands.

Les sites mondiaux :
– Monster : *www.monster.de*
– Jobpilot : *www.jobpilot.de*
– Stepstone : *www.stepstone.de*

Les sites allemands :
– Stellenanzeigen : *www.stellenanzeigen.de*
– Jobware : *www.jobware.de*
– Jobscout24 : *www.jobscout24.de*

Et aussi :
– *www.job-consult.com*
– *www.jobsintown.de*
– *www.arbeiten.de*
– *www.jobmonitor.de*
– *www.careerbuilder.de*
– *www.stellenangebote-forum.de*
– *www.eurolondon.com (en anglais)*
– *www.jobs.trovit.de*
– *www.stellenmarkt.de*
– *www.backinjob.de*
– *www.cesar.de*

> **Des moteurs qui fouillent les sites d'offres d'emploi pour vous**
>
> Il existe des moteurs de recherche spécialisés dans l'analyse des sites d'offres d'emploi. Ils sont souvent appelés « outils de recherche d'emploi » (Job-Suchmaschine(n)). Pour trouver les annonces vous concernant, vous tapez un critère (ville, secteur, métier....) et ce site vous apporte des résultats qu'il a piochés sur les sites d'offres d'emploi généralistes, spécialisés, ainsi que sur les sites des grandes entreprises qui publient leurs propres offres d'emploi. Les critères à remplir sont généralement très simples : le lieu (Ort) et le métier (Job).
>
> Sites à consulter :
> - www.de.indeed.com
> - www.jobanova.de
> - www.moovement.de
> - www.worldwidejobs.de
> - www.jobrapido.de
> - www.jobs.de
> - www.kimeta.de
> - www.jobworld.de
> - www.jobrobot.de
> - www.careerjet.de

Les sites spécialisés par secteur d'activité économique

Certains sites d'offres d'emploi sont spécialisés sur un secteur économique ou une branche d'activité. Si vous avez un profil spécifique ou êtes lié à un secteur économique particulier, ce sont des sites essentiels à consulter.

– **Commerce :** *www.salesjob.de*

– **Finance :** *www.efinancialcareers.de*

– **Hôtellerie et restauration :** *www.ahgzjobs.de et www.rollingpin.de*

– **Immobilier :** *www.iz-jobs.de*

– **Industrie automobile :** *www.automotive-job.net*

– **Journalisme :** *www.newsroom.de/jobs*

– **Ingénieurs / SAP / informatique :**
www.computerjobs.de ; www.ingenieurkarriere.de ; www.dv-treff.de ; www.ingenieurweb.de ; www.newjob.de

– **Scientifiques et santé :** *www.jobvector.de ; www.chemiekarrier.net ; www.gate4healthcareers.de* (propose un Top 100 des employeurs du secteur) ; *www.chemieonline.de ; www.chemie.de/jobs ; www.rehacafe.de* puis « Gesundheits- Marktplatz » ; *www.lifesciencejobs.com*

– **Managers et experts (consultants, chefs de projets) :**
www.jobware.de ; www.experteer.de ; www.topjobs-europe.de

> **Où trouver des informations complémentaires ?**
>
> Le site de l'Agence fédérale pour l'emploi (Bundesarbeitsagentur) publie une liste de sites et de sources d'offres spécifiques par métier : *http://berufenet.arbeitsagentur.de*.
> Dans la rubrique « Berufsbezeichnung(en)/Suchbegriff(e) », tapez le nom de votre métier en allemand. Une liste de métiers « proches » peut être indiquée, choisissez celui qui vous correspond. Sur la page de résultat, consultez la rubrique : « *Zusätzliche Informationen* » (informations complémentaires) puis « *Stellen- und Bewerbersuche* » (Recherche d'emploi).

Les petites annonces de la presse

Il existe également des offres d'emploi insérées dans la plupart des grands noms de la presse allemande (voir ci-dessous). La majorité des quotidiens accordent un espace pour ces offres dans leur édition du mercredi ou du samedi. Le choix en termes de journaux est assez important au niveau fédéral, régional et même pour certaines villes en particulier. Ces offres publiées sur le papier peuvent être reprises sur les sites Internet des journaux ou par d'autres sites emploi, mais cela n'est pas automatique.

Voici les principaux quotidiens présentant un cahier emploi intéressant à consulter pour la recherche d'emploi :

– « **Wirtschaftswoche** » (la semaine de l'économie) plus connu sous le terme « Wiwo » : *www.wiwo.de* (site en allemand), rubrique « Jobs »
– **Frankfurter Allgemeine Zeitung** : *http://fazjob.net*
– **Das Handelsblatt** : *www.handelsblatt.com*
– **Frankfurter Rundschau** : *www.fr-online.de*
– **Süddeutsche Zeitung** : *www.sueddeutsche.com*, rubrique « Anzeigen »
– **Die Welt** : *www.welt.de*
– **Die Zeit** : *www.zeit.de/jobs/index*

> **Où trouver des informations complémentaires ?**
>
> Consulter la liste des journaux allemands (et leurs sites Internet) à partir des portails spécialisés sur la presse :
> *www.zeitung.de* ; *www.onlinenewspapers.com/germany.htm*.

6. Les cabinets de recrutement

Les cabinets de recrutement (Personalvermittlungsbüro) sont des acteurs importants du recrutement en Allemagne. Lors de nombreux recrutements, vous serez comme en France d'abord en contact avec le cabinet de recrutement avant de rencontrer l'entreprise.

Les cabinets franco-allemands

Il existe plusieurs cabinets de recrutement spécialisés dans le domaine franco-allemand. Cela signifie que les entreprises qui s'adressent à eux cherchent des profils parlant le français et l'allemand. Souvent, le même cabinet travaille pour des postes en Allemagne ou en France.

Plusieurs de ces cabinets de recrutements franco-allemands publient régulièrement leurs missions en cours, c'est-à-dire qu'ils indiquent pour quelle entreprise et sur quel type de poste ils cherchent des candidats. Certaines de ses missions font l'objet d'offres d'emploi sur les sites généralistes ou spécialisés, mais d'autres cabinets développent d'autres méthodes de recrutement et ne diffusent pas toujours d'offres d'emploi.

- **Eurojob Consulting :** *www.eurojob-consulting.com*
  Zone : Allemagne et France
  Profils : commercial, ingénierie, marketing, traduction, contrôle de gestion, ressources humaines, finances, scientifiques…
  Eurojob Consulting diffuse principalement ses missions en cours via le site Connexion emploi : *www.connexion-emploi.com*.
- **DFP Consulting :** *www.dfp-consulting.com*
  Zone : Allemagne et France
  Profils : ingénieur commercial dans l'industrie, sciences, droit
- **GBO Human Ressources :** *www.gbo.fr*
  Zone : France et Allemagne
  Profils : commercial, ingénieur commercial
- **Eurotriade :** *www.eurotriade.de*
  Zone : Allemagne et France
  Profils : ingénieurs, contrôleurs de gestion et commerciaux de l'industrie automobile et de la construction mécanique

- **Jobs D-F (Stratégie et action)** : *www.jobs-df.de*
  Zone : Allemagne
  Profils : commerciaux et technico-commerciaux

- **Dusseljob** : *www.dusseljob.de*
  Zone : Allemagne
  Profils : tous

- **Tandem consulting** : *www.tandem-consulting.com*
  Zone : Allemagne et France
  Profils : tous

- **International Management Services (IMS)** : *www.ims-mgt.com*
  Zone : Allemagne et France
  Profils : industrie et services

Les cabinets de recrutement en Allemagne

Le marché des cabinets de recrutement (Personalvermittlungsbüro) en Allemagne est très éclaté. À côté des grands noms internationaux, une multitude de petits cabinets de recrutement travaillent sur des spécialités, des niches ou des régions spécifiques.

Pour contacter les cabinets de recrutement directement, sans offres d'emploi spécifiques, nous vous conseillons de regarder sur les offres d'emploi de votre domaine ou de la région visée, quels sont les cabinets de recrutement les plus actifs.

Les cabinets de recrutement travaillent également de plus en plus avec les réseaux sociaux professionnels (lire ci-dessous) sur lesquels il est désormais indispensable d'être présent.

7. Les réseaux sociaux professionnels

Les réseaux sociaux sont devenus un outil incontournable du recrutement et le marché allemand n'échappe pas à cette règle, au contraire, avec la présence d'un réseau social dédié aux germanophones, le réseau Xing.

Les réseaux sociaux interprofessionnels

Les réseaux sociaux professionnels (Linked In, Viadeo et Xing) sont de plus en plus utilisés par les recruteurs pour trouver leurs futurs collaborateurs. Le principe de ces sites Internet est d'entrer en contact avec des personnes qui ont des intérêts en commun. Il existe trois réseaux concurrents au niveau mondial : Linked In (américain), Viadeo (français) et Xing (allemand). Si les trois réseaux ont des membres dans de nombreux pays, il est important de savoir qui utilise quel réseau en fonction de votre recherche d'emploi.

A. Quel réseau social utiliser ?

1) Viadeo : le réseau francophone

www.viadeo.com (site en français, allemand, anglais…)
Ce site français est utilisé par 8 millions de membres dans le monde dont 2,5 millions en France. Ce site est très peu connu des Allemands. Il est à privilégier pour entrer en contact avec des personnes travaillant pour des entreprises d'origine française basées en Allemagne. Vous avez intérêt à renseigner votre profil en français sur Viadeo, car les utilisateurs sont principalement francophones.

2) Xing : le réseau germanophone

www.xing.com (site en français, allemand, anglais…)
Ce site allemand est utilisé par 8 millions de membres dans le monde dont 3,4 millions basés en Allemagne, Autriche et Suisse. C'est la référence du marché de l'emploi en Allemagne. Vous avez intérêt à renseigner votre profil en allemand (ou en anglais) pour être identifié par des recruteurs basés en Allemagne. En vous inscrivant à différents groupes de Xing (par région, par profession, par intérêt…), vous pouvez être invité à participer à des rencontres réelles. Ce site est réellement efficace pour allier mises en contact virtuelles et intégration à des réseaux professionnels dans votre ville ou votre région.
NB : si les francophones prononcent « xing », les germanophones et anglophones prononcent également « Crossing » en référence au X en forme de croisement.

3) Linked In : le réseau anglophone

www.linkedin.com (site en anglais)
Ce site est utilisé par 47 millions de membres dans le monde, dont 11 millions en Europe. Ce site est une référence mondiale, utilisée notamment par les grandes entreprises. La langue naturelle de Linked In est l'anglais. S'il est utile pour approcher les grandes entreprises internationales basées en Allemagne, il n'a pas la même efficacité sur le marché allemand, car les professionnels allemands ne sont pas systématiquement sur Linked In, alors qu'ils sont quasiment toujours sur Xing.

> **Conseil pratique :**
> **n'hésitez pas à vous créer un profil sur chaque site**
>
> *Si vous cherchez un emploi ou si vous cherchez à nouer des relations en direction de ces trois grandes catégories (les professionnels français et francophones, les professionnels anglophones et les professionnels germanophones), vous pouvez tout à fait créer un profil sur les trois plateformes, en favorisant pour vous présenter la langue d'usage de la plateforme (le français pour Viadeo, l'anglais pour Linked In et l'allemand pour Xing).*

B. Usage gratuit ou payant ?

Ces trois plateformes peuvent être utilisées gratuitement pour les options de base. Vous avez la possibilité de renseigner votre fiche, d'inviter vos contacts, d'entrer en contact avec les contacts de vos contacts… Chaque plateforme propose également des abonnements payants (de quelques euros à plusieurs dizaines d'euros par mois) pour utiliser des fonctionnalités plus poussées : recherche de contacts avec des critères précis (profession), savoir qui a consulté votre profil, envoi de messages via la plateforme, publication d'articles… Nous vous conseillons d'expérimenter les trois plateformes gratuitement avant de prendre un abonnement, afin de vérifier à quels besoins réels répondrait un abonnement.

> **Conseil pratique :**
> **bien utiliser les réseaux sociaux**
>
> – *Privilégier la qualité des contacts plutôt que la quantité*
> – *Mettre à jour ses informations personnelles et professionnelles*
> – *Configurer son profil pour être averti très rapidement d'un message de la part d'un contact (éventuel recruteur)*

> – Ne pas utiliser un réseau social professionnel comme un réseau social personnel (actualité sur ses humeurs, partage d'informations personnelles...)
> À lire : « Les réseaux professionnels, effet de mode ou véritable outil de recrutement ? », Analyse de la filiale de la chambre de commerce française en Allemagne, « Stratégie et action » (3 pages), www.strategie-action.de, rubrique « Infos-marché ».

Les réseaux et associations francophones en Allemagne

Plus de 163 000 Français vivent en Allemagne. Il existe de nombreux réseaux et associations, dans toute l'Allemagne, créés et animés par des Français installés dans le pays ainsi que par des Allemands francophones. Leur objectif est de faciliter l'intégration des Français installés en Allemagne et de nouer des relations entre professionnels. Certains réseaux sont très formalisés (avec une adhésion), comme les clubs des affaires franco-allemands, d'autres sont plus informels (rendez-vous ouverts à tous).

Les sites des consulats généraux indiquent sur leur site Internet les différentes associations francophones ou franco-allemandes dans les Länder faisant partie de leur circonscription : site de l'ambassade de France en Allemagne : *www.botschaft-frankreich.de*.

Consultez aussi le carnet d'adresses en fin d'ouvrage.

8. Les agences de travail temporaire

Le marché du travail temporaire connaît une grande expansion en Allemagne, notamment dans les secteurs de l'hôtellerie-restauration et de la distribution. Malgré un cadre juridique proche de celui de la France, le travail temporaire ne bénéficie pas d'une très bonne réputation en Allemagne car les emplois proposés proposent souvent, à travail égal, une rémunération inférieure. Pour s'intégrer sur le marché de l'emploi allemand, cette option reste cependant intéressante car, comme en France, les missions en travail temporaire peuvent aussi être un tremplin vers un emploi stable.

> **Où trouver des informations complémentaires ?**
>
> Les grands acteurs internationaux du travail temporaire sont présents en Allemagne (Adecco, Manpower, Vediorbis, Randstadt...) ainsi qu'une multitude d'entreprises de plus petite taille. Pour trouver leurs coordonnées, vous pouvez consulter les sites des syndicats employeurs du secteur :
> - Fédération allemande des agences de travail temporaire (Bundesverband Zeitarbeit Personal-Dienstleistungen e.V.) : *www.bza.de* (site en allemand). Rubrique « Arbeitsuchende » puis « Mitgliederliste »
> - Union des entreprises de travail temporaire allemandes (Interessenverband Deutscher Zeitarbeitsunternehmen - iGZ) : *www.ig-zeitarbeit.de* (site en allemand)
> - Association professionnelle des agences de travail temporaire de taille moyenne (Arbeitgeberverband Mittelständischer Personaldienstleister) : *www.amp-info.de* (site allemand)

9. Contacter les entreprises en Allemagne

Deux pistes intéressantes sont à explorer pour des profils internationaux lors d'une recherche d'emploi en Allemagne. Les entreprises qui sont des filiales d'un groupe français peuvent être intéressées par une maîtrise de la langue française. Les grandes entreprises allemandes qui travaillent dans un environnement international sont également une piste à explorer pour les profils internationaux.

Les entreprises d'origine française présentes en Allemagne

Plus de 2 200 entreprises françaises ont une filiale en Allemagne. Ces entreprises sont cependant tournées vers le marché allemand et la maîtrise de l'allemand est, sauf exception, indispensable pour y travailler. La maîtrise de la langue française est un atout à mettre en avant (en plus de l'allemand et souvent de l'anglais) notamment pour les échanges avec les services du siège basé en France (service support, services clients...). Dans

Marché du travail et recherche d'emploi

vos contacts avec ces entreprises basées en Allemagne, partez du principe que votre interlocuteur ne parle pas le français dans un premier temps.

Voici les principales entreprises françaises présentes en Allemagne :

- Accor
- Air France
- Air Liquide
- Airbus
- Alcatel
- Alstom
- Areva
- Axa
- Biomérieux
- BNP Paribas
- Bonduelle
- Bongrain
- Bouygues
- Cap Gemini
- Cetelem
- Crédit Agricole
- Crédit Lyonnais
- Décathlon
- EADS
- Gaz de France
- Groupe SEB
- JC Decaux
- Lafarge
- Lapeyre
- Legrand
- L'Oréal
- Pechiney
- Pernod Ricard
- Michelin
- PSA
- Renault
- Rossignol
- Sanofi
- Société Générale
- Sodexho
- Saint-Gobain
- Suez
- Total
- Valeo
- Véolia Environnement

- Les grandes entreprises disposent le plus souvent d'un site internet précisant leurs lieux d'implantation en Allemagne et proposent sur ce site un espace emploi avec des offres et/ou les modalités de recrutement de l'entreprise.
- Le site Connexion emploi tient à jour une liste d'entreprises françaises et allemandes liées à la France en Allemagne : *www.connexion-emploi.com*, rubrique « Espace candidat », puis « Info / Coaching », puis « Entreprises », puis « Liste d'entreprises françaises et allemandes liées à la France en Allemagne ».
- La mission économique du réseau Ubifrance (*www.ubifrance.fr*) tient à jour la liste des filiales françaises en Allemagne. Cette liste est payante et

ne peut pas (à notre connaissance) être consultée gratuitement. Le coût est de 550 €pour toute l'Allemagne et 153 €pour un Land. Adressez-vous au service en charge de la liste des implantations françaises en Allemagne à la mission économique de Düsseldorf : 0 211 30 04 10.

Les grandes entreprises allemandes

Les grandes entreprises allemandes sont un marché de l'emploi à envisager pour ceux qui ont outre une bonne connaissance de la langue allemande, une pratique de l'anglais professionnel. Un grand nombre de ces grandes entreprises allemandes ont rapatrié ces dernières années une partie des services généraux en Allemagne (service supports, services clients…), et peuvent avoir besoin de professionnels maîtrisant la langue française pour assurer les contacts avec les équipes opérationnelles en France ou directement avec les clients français.

> **Où trouver des informations complémentaires ?**
>
> Le site de la bourse allemande publie régulièrement les noms des 30 plus grandes sociétés allemandes membres du DAX (Deutscher Aktienindex) qui est le principal indice boursier allemand. Le fichier est fourni sous un format de type Excel : *http://deutsche-boerse.com*, rubrique « Listing » puis « Statistiken » puis « Gewichtungen und Kennzahlen » puis dans la section « Deutsche Indizes », cliquer sur « DAX ».

> **Lexique**
>
> **Anwärter :** *candidat*
> **Befristeter Vertrag :** *CDD*
> **Bereich :** *domaine, branche*
> **Betrieb :** *entreprise*
> **Gehaltsvorstellungen :** *prétentions*
> **Jobboard :** *site Internet d'offres d'emploi dans tous les secteurs*
> **Personalvermittlungsbüro :** *cabinet de recrutement*
> **Stellenangebot, Stellenanzeige :** *offres d'emploi*
> **Unbefristeter Vertrag :** *CDI*
> **Unternehmen :** *entreprise*
> **Gehalt, Löhn, Vergutung :** *salaire*
> **Werber, Werberin :** *recruteur, recruteuse*
> **Zeitarbeit :** *travail temporaire / intérim*

Les grandes entreprises allemandes

Entreprises	Secteurs
Allianz	Assurance
BMW	Automobile
Daimler	Automobile
Volkswagen Group	Automobile
Commerzbank	Banque
Deutsche Bank	Banque
Deutsche Postbank	Banque
BASF	Chimie
K+S	Chimie
Beiersdorf	Cosmétique
Metro AG	Distribution
RWE	Électricité et Eau
E.ON	Énergie
MAN	Fabricant de poids lourd
Siemens	Industries diverses
ThyssenKrupp	Industries diverses
SAP	Informatique
Linde	Ingénierie
Salzgitter	Métallurgie
Bayer	Pharmacie
Fresenius Medical Care	Pharmacie
Merck	Pharmacie
Henkel	Produits de grande consommation
Munich Re	Réassurance
Infineon	Semi-conducteurs
Deutsche Börse	Service boursier
Deutsche Post	Service postier
Deutsche Telekom	Télécommunications
Adidas	Textile
Deutsche Lufthansa	Transport aérien

Chapitre 4

Candidature en Allemagne

Les pratiques en matière de candidature (CV et lettre de motivation) sont assez différentes en Allemagne et en France. En Allemagne, faire parvenir votre candidature à un futur employeur potentiel, c'est bien plus que lui envoyer un CV d'une page. Le recruteur s'attend à recevoir un dossier qui est un véritable condensé de l'ensemble de votre parcours de vos études jusqu'à aujourd'hui, en mentionnant tous vos postes et vos missions passés, avec preuves à l'appui. C'est ce que l'on appelle le dossier de candidature, qui comprend : un CV, une lettre de motivation et des annexes. Si cette règle peut avoir des exceptions, en fonction du secteur et de votre profil, il est important de connaître les usages, afin de s'y conformer quand cela est indispensable.

1. Le dossier de candidature

En Allemagne, un dossier de candidature (Bewerbungsmappe) est plus complet qu'en France. Il se compose des éléments suivants :
– une lettre de motivation (Bewerbungsbrief) ;
– un curriculum vitæ (Lebenslauf) ;

– les annexes (Anlagen) : c'est-à-dire tous les certificats servant à retracer l'intégralité de votre parcours : diplômes, certificats de travail, attestation de formation…

Un dossier de candidature à soigner

En consultant votre dossier de candidature, votre futur employeur s'attache déjà à constater votre aptitude à suivre les normes établies, en un mot le sens de la procédure allemande, et à vous y conformer. En plus de votre profil, c'est déjà votre professionnalisme qui est évalué tant sur le fond que sur la forme. Il est donc important d'en connaître et surtout d'en respecter les codes avant de faire parvenir votre dossier de candidature. Ne pas vous conformer à ces règles du jeu dès le premier contact avec un éventuel futur employeur peut vous écarter du processus de recrutement, or le but est de convaincre le recruteur de vous accorder un entretien d'embauche (Vorstellungsgespräch ou Bewerbungsgespräch).

> **Conseil pratique :**
> **quand envoyer un dossier de candidature complet ?**
>
> Toutes les pièces du dossier de candidature (CV, lettre et annexes) doivent figurer dans la mesure du possible dès le premier envoi de votre candidature. Il n'existe pas de nombre précis de pages à envoyer. La taille de votre dossier va principalement dépendre de votre parcours et du nombre de justificatifs que vous présentez.

Le dossier de candidature en Allemagne peut comporter plusieurs annexes. Les certificats fournis en annexe permettent à votre futur employeur de constater les expériences, formations et diplômes cités dans votre CV. En Allemagne, il est courant de justifier tout ce que l'on avance. L'employeur peut douter des informations avancées si les justificatifs associés ne sont pas présents.
Les annexes (Anlagen) se composent des documents suivants :
– les photocopies de vos diplômes ;
– les preuves des formations complémentaires réalisées pendant votre parcours professionnel ;
– les évaluations de vos anciens employeurs ou lettres de recommandation (Zeugnisse).

Des photocopies simples des documents demandés sont suffisantes si vous envoyez un dossier de candidature par la poste. Pour une candidature par Internet, vous pouvez scanner et transformer vos documents en format PDF (voir ci-dessous). N'oubliez pas de nommer les documents en allemand pour que l'employeur se repère dans les différents fichiers.

Il est préférable d'en mettre plus que moins et il ne faut pas hésiter à joindre tous les certificats, lettres de recommandation et attestations de formation en votre possession, dès lors qu'ils peuvent être utiles et pertinents dans le cadre de votre candidature.

> **Lettre de recommandation :
> une pratique peu répandue en France**
>
> Pour des employeurs basés en France, vous pouvez leur en demander *a posteriori* ou expliquer à votre futur recruteur que la pratique n'est pas systématique en France. Si vous en avez, ce sera de toute façon un plus. Vous pouvez faire traduire en allemand votre lettre de recommandation.

Quel que soit le moyen que vous utilisez pour envoyer votre candidature (courrier ou mail), il est préférable de classer les annexes dans votre dossier en respectant la même chronologie adoptée dans votre CV. Il n'est par contre pas nécessaire d'effectuer un inventaire ou un sommaire de vos annexes.

L'envoi du dossier de candidature

Pour l'envoi du dossier de candidature, conformez-vous aux consignes précisées dans l'annonce avant de choisir l'envoi postal ou par e-mail. Si vous envoyez votre dossier de candidature par e-mail, nommez (en allemand) et numérotez tous les documents envoyés en pièce jointe. Réalisez également un court mail de présentation pour expliquer à qui s'adresse la candidature et pour quel poste, même si tout est expliqué dans vos pièces jointes. Cela sera très apprécié par la personne en charge de la réception des candidatures.

> **Conseil pratique :**
> **convertir ses documents en PDF en ligne**
> Plusieurs sites Internet permettent de transformer gratuitement en ligne les documents bureautiques (par exemple en format MS-Word) en PDF, sans passer par l'acquisition ni l'installation d'un logiciel. Après avoir converti le document, vous avez la possibilité de le recevoir par e-mail ou de le récupérer directement sur le site :
> – www.adobe.com *(limité à 5 documents)*
> – www.conv2pdf.com
> – http://fr.pdf24.org
> *(sites en français)*

Si vous envoyez votre dossier par courrier postal, ce qui est encore très répandu, quelques règles sont à suivre pour se conformer aux usages allemands :

– tous les documents sont généralement insérés dans une pochette en plastique transparente ou en papier (de bonne qualité). Ce type de pochette s'achète en papeterie sous le nom de dossier de candidature (*Bewerbungsmappe*). Si vous envoyez votre candidature de France, vous pouvez utilisez une pochette cartonnée de bonne qualité ;

– le classement des documents se fait le plus souvent de la manière suivante : en premier lieu, la lettre de motivation, puis votre CV sous lequel se trouvent les différentes annexes respectant l'ordre dans lequel vous présentez votre parcours ;

– il n'est pas courant de faire relier son dossier de candidature (comme un mémoire de fin d'études), car chaque entreprise peut ensuite organiser les différents documents selon ses besoins en interne.

> **Conseil pratique :**
> **le dossier pour une candidature spontanée**
> *Si vous faites acte d'une candidature spontanée auprès d'une entreprise, vous devez lui adresser un dossier de candidature comme s'il s'agissait de la réponse à une offre. De nombreux employeurs conservent les dossiers de candidature spontanée pour leurs besoins futurs. Lorsqu'un employeur reprend un dossier s'il a besoin de recruter quelques mois plus tard, il s'attend à ce que le dossier soit déjà complet. Si l'on vous renvoie votre dossier, ne le prenez pas mal, c'est, au contraire, un geste cordial de l'entreprise qui a conscience qu'un dossier est coûteux (photo en couleur, photocopies) et peut être réutilisé.*

2. Le CV allemand

La rédaction de votre CV (Lebenslauf) est décisive pour votre candidature. Il est important d'en soigner la forme et le fond. Sauf pour certaines candidatures dans des entreprises internationales, il est conseillé de se rapprocher au maximum de la forme du CV allemand, qui peut faire jusqu'à plusieurs pages, afin de ne pas désorienter le recruteur.

▃▃ Le CV allemand dans la forme

Le CV allemand ne ressemble pas tout à fait au CV français qui est plus court et moins exhaustif. Ne craignez pas d'être trop long dans un CV allemand et n'oubliez pas de le dater et de le signer, ce que les Français n'ont pas l'habitude de faire.

A. Présentation du CV

– CV dactylographié : la présentation dactylographiée est impérative.
– Longueur : un CV est généralement constitué de deux, voire trois pages. La tendance récente est d'ajouter une première page de présentation avec les informations personnelles (nom, adresse, téléphone) qui précèdent les détails de votre parcours.
– L'en-tête : le CV comporte en en-tête le mot Lebenslauf (littéralement « parcours de vie »). Le fait d'indiquer un métier ou une fonction n'est pas courant, mais cela se développe cependant.
– Date et signature : le CV est daté et signé, ce qui est une façon de montrer que vous l'avez réalisé spécifiquement pour l'employeur à qui vous l'envoyez.
– Ordre chronologique ou anti-chronologique ? Les deux sont possibles, même si la tendance actuelle est plutôt à la présentation anti-chronologique (d'abord vos expériences les plus récentes). Une fois votre choix fait pour l'un ou l'autre, l'ensemble du CV est présenté selon la même logique.

> **Les idées reçues sur la candidature allemande**
>
> La candidature à l'allemande souffre d'idées reçues, explique Valérie Giansily, qui recrute des candidats aux profils franco-allemands pour des entreprises basées en Allemagne (*www.dusseljob.de*). S'il est conseillé de s'adapter aux usages, il ne faut pas chercher à trop en faire.
>
> « Contrairement, à ce qu'il peut se dire, le CV n'a pas besoin de remonter jusqu'à l'école primaire. C'est un usage qui se perd en Allemagne. Par ailleurs si un candidat français ne sait pas quelles pièces (attestations, diplômes...) il doit joindre à son dossier, il peut, après avoir envoyé les principaux documents, indiquer qu'il tient toute autre pièce à disposition. Si le recruteur est intéressé par un profil, ce n'est pas un obstacle en soi. Ce qu'il faut éviter, c'est de ne pas envoyer son dossier de peur qu'il ne réponde pas aux critères. L'important, c'est d'envoyer un dossier qui vous ressemble, en intégrant au maximum les pratiques allemandes, mais sans dénaturer ce qui fait votre différence. Autre erreur qui circule : il n'est pas nécessaire d'indiquer dans son CV sa religion, ni la profession de ses parents. Par contre, je déconseille fortement de fournir des photos d'identité des Photomatons, des photos prises durant vos loisirs ou encore des photos faites à partir d'une webcam. Il en circule encore dans les CV et cela est loin de faire bonne impression chez le recruteur ».

B. L'importance de la photo

Si, en France, une photo d'identité est souvent insérée en petit dans le CV, un soin très particulier est apporté à la photo en Allemagne. La majorité des candidats font faire des photos par un photographe professionnel et envoient une photo grand format (jusqu'à une demi-page A4). La photo devant être la plus professionnelle possible, nous vous conseillons d'opter pour une tenue semblable à celle que vous auriez le jour de l'entretien avec votre futur employeur. La photo peut être située en haut à droite de la première page, comme dans un CV français, ou au centre de la page de présentation.

Cependant, donner sa photo dans un dossier de candidature n'est pas obligatoire. La loi générale d'égalité de traitement (Allgemeines Gleichbehandlungsgesetz ou AGG) d'août 2006 ne permet pas à un employeur de réclamer une photo (Bewerbungsbild) de vous sur votre CV. Toutefois, il est dans votre intérêt d'en donner une car les employeurs apprécient que les candidats se conforment à l'usage de fournir une photo dans le CV. Cela montre que vous mettez toutes les chances de votre côté pour réussir à décrocher le poste.

Le contenu du CV

Il n'y a pas de grande différence sur le contenu du CV entre un CV français et allemand, à la différence que le CV allemand rentre plus dans le détail du parcours. Le CV se compose de plusieurs rubriques ou sections que vous pouvez adapter en fonction de votre parcours et de votre profil. Certaines informations sont décisives pour les profils internationaux pour anticiper les questions des recruteurs (informations sur les entreprises à l'étranger, équivalent des diplômes français…).

A. Informations personnelles

La partie informations personnelles (Persönliche Daten) figure sur la première page du CV. Il n'est pas obligatoire d'indiquer sa nationalité ou sa situation familiale dans son CV mais, comme pour la photo, les recruteurs apprécient d'en disposer dès la candidature.
Les informations personnelles sont souvent présentées dans l'ordre suivant :
– Prénom, nom, adresse (Vorname, Name, Adresse/Anschrift)
– Numéros de téléphone et e-mail (Telefonnummer, E-Mail)
– Date et pays de naissance (Geburtsdatum, Geburtsort)
– Nationalité (Nationalität ou Staatsangehörigkeit)
– Situation familiale (Familienstand)

B. Vos formations

La section formation peut se découper selon votre parcours pour préciser, d'une part, votre période d'études en formation initiale (Studium) et, d'autre part, les formations réalisées (Weiterbildung) au cours ou en parallèle de votre parcours professionnel. Les formations suivies au sein de l'entreprise sont particulièrement détaillées.
Voici quelques conseils de présentation pour les formations :
– les dates d'obtention de chacun de vos diplômes doivent être indiquées de manière précise avec le mois et l'année ;
– le début et la fin des périodes de formation sont également précisés (ou le nombre de jours pour les formations courtes) ;
– il est important que le recruteur puisse comprendre quels diplômes ont été obtenus à l'issue de chaque étape et notamment à partir du baccalauréat ;

– pour les diplômes obtenus en France, nous vous conseillons d'indiquer le nom du diplôme en français, surtout s'il n'y a pas de correspondance directe avec un diplôme allemand et, si possible, d'indiquer également l'équivalent en allemand. Mettre seulement le nom en allemand pourrait entraîner des confusions et laisser croire que vous avez obtenu vos diplômes en Allemagne ;
– n'oubliez pas d'indiquer le contenu du diplôme et de la formation, et non pas seulement son titre ;
– il est bien vu d'indiquer les titres ou les sujets des mémoires ou travaux réalisés pendant vos études.

> **Les équivalents allemands aux diplômes français**
>
> Voici une liste non exhaustive de termes allemands pour présenter en allemand les diplômes obtenus en France.
> Baccalauréat : Abitur ou Hochschulreife
> Série A : neusprachliches Abitur
> B : wirtschaftswissenschaftliches Abitur
> C : mathematisches Abitur
> D : naturwissenschaftliches Abitur
> E : technologisch-mathematisches Abitur
> F : technisches Abitur
> G : betriebswirtschaftliches Abitur
> L : neusprachliches Abitur
> ES : wirtschafts- und sozialwissenschaftliches Abitur
> S : naturwissenschaftliches Abitur
> BTS : Fachhochschuldiplom in… (zweijähriges Studium)
> DUT : Fachhochschuldiplom in… (zweijähriges Studium)
> DEUG : Grundstudiumdiplom in… (zweijähriges Studium, Niveau : Vordiplom)
> Licence ou Bachelor : Lizentiatengrad in… (berufsqualifizierendes Hochschulabschlussdiplom, dreijähriges Studium)
> Maîtrise : Magister in… (berufsqualifizierendes Hochschulabschlussdiplom, vierjähriges Studium)
> DEA : Hochschuldiplom in… (Vordiplom zur Promotion, fünfjähriges Studium)
> DESS : Praxisbezogenes Hochschuldiplom (fünfjähriges Studium), titre : Diplom-… (spécialité)
> École de Commerce : Betriebswirtschaftslehre Hochschule ou BWL Hochschule
> École Centrale : Hauptstudium der allgemeinen Ingenieurwissenschaften
> École d'Ingénieur : Ingenieurhochschule
> *Source : Connexion Emploi, www.connexion-emploi.com*

C. Votre parcours

La partie « expérience professionnelle » (Berufserfahrung ou Berufliche Erfahrung) du CV comporte comme en France tous les postes occupés au cours de votre carrière, ainsi que vos éventuels stages si vous êtes en début de parcours professionnel. Vous devez indiquer pour chaque expérience le nom de l'entreprise d'accueil, la durée de l'emploi (ou du stage) et les missions qui vous ont été confiées.

1) Informations sur les entreprises ou organismes précédents

Pour chaque expérience professionnelle, il est important d'éclairer votre futur employeur sur les entreprises ou organismes dans lesquelles vous avez travaillé, surtout s'il s'agit d'entreprises en France : nom de la société, secteur d'activité, type de produits et services qu'elle fournit, chiffre d'affaires du dernier exercice, nombre d'employés au niveau mondial. Indiquez la ville et le pays dans lesquels vous avez occupé vos postes, ainsi que les sites Web de chacun de vos employeurs précédents. Cela permet au recruteur de pouvoir se renseigner sur le type de société dans laquelle vous avez déjà occupé un emploi, même si l'entreprise n'est pas connue.

À moins d'avoir travaillé précédemment pour une référence mondiale de votre secteur, votre recruteur ne connaît pas toujours toutes les sociétés qui vous ont employé jusqu'ici, en particulier s'il s'agit d'une PME ou d'une entreprise n'ayant pas forcément une renommée internationale sur son secteur.

Outre le fait de devancer ce type de questions que votre recruteur pourrait se poser ou encore vous adresser le jour de l'entretien, vous apportez une touche supplémentaire de professionnalisme en lui apportant par avance des renseignements qu'il n'aura plus à chercher par lui-même, ce qui sera apprécié.

2) Informations sur vos missions

Pour parler de votre propre expérience dans ces entreprises ou organismes, précisez l'intitulé de vos fonctions pour chaque poste occupé jusqu'à présent. Veillez à ce que le titre de la fonction corresponde bien à un niveau de responsabilité équivalent en France et en Allemagne. Idéalement, listez également pour chacun de vos postes les missions que vous avez effectuées, les responsabilités occupées dans le cadre de cet emploi et quelques exemples de réalisations accomplies durant cette période.

3) Périodes d'inactivité

Même si vous avez des périodes sans activité professionnelle, vous avez cependant intérêt à indiquer ce que vous avez fait pendant ces périodes en les valorisant : séjours à l'étranger, projets personnels, activités artistiques ou associatives, cours de langues, formation…

> **Conseil pratique :**
> **« Ne gonflez pas vos expériences professionnelles »**
> Conseils de Gilles Untereiner, directeur de la Chambre de Commerce et d'Industrie française en Allemagne.
> « Les candidats français ont tendance à se survendre dans leur CV et à doper les missions qu'ils ont réellement exercées. Ils exagèrent les responsabilités qu'ils ont effectivement assumées et les résultats obtenus. Or les recruteurs allemands ont une attente forte en matière de précision des informations transmises et de fiabilité de celles-ci. Le recruteur allemand s'attend à ce que le candidat ait effectivement réalisé à la lettre tout ce qui est indiqué dans son CV et, donc, soit capable d'assurer ses missions immédiatement sans formation ou accompagnement complémentaire. Là où le candidat français a tendance à présenter ses capacités en potentiel, le recruteur allemand s'attend à des expériences réelles. Si le recruteur s'en rend compte, la candidature est discréditée. Si le candidat est recruté et que l'employeur découvre ce décalage une fois en poste, la période d'essai peut être rompue, car non seulement le candidat n'est pas exactement celui attendu, mais en plus, la confiance placée dans cette personne ne sera plus totale ».

D. Compétences particulières

Vous pouvez ajouter une rubrique sur vos compétences particulières (besondere Kenntnisse) pour faire part d'atouts supplémentaires que vous possédez : les langues, les connaissances en informatique et tout autre savoir-faire particulier que votre futur employeur peut apprécier pour le poste. C'est le lieu pour indiquer, par exemple, si vous êtes l'auteur de publications ou d'un blog professionnel.
Vous pouvez aussi créer une rubrique spécifique pour votre connaissance des langues étrangères (Sprachkenntnisse) en fonction de l'importance que cela présente dans votre CV et dans votre profil.

3. La lettre de motivation

Rédiger une lettre de motivation (Bewerbungsbrief) en français n'est déjà pas toujours facile. Dans une langue étrangère, la difficulté est décuplée. N'hésitez pas à vous faire aider pour la finalisation de la rédaction (grammaire et orthographe) par une personne de langue maternelle allemande pour peaufiner la langue. La difficulté d'écrire en allemand ne doit pas vous faire oublier le fond car la lettre de motivation est un élément clé de votre dossier : elle doit, entre autres, montrer la cohérence de votre parcours et de votre projet :
– la lettre de motivation est à rédiger (sauf exceptions) en allemand, dans une langue sans faute ni approximation ;
– la lettre doit être tapée à l'ordinateur (getippt) et non pas manuscrite ;
– elle est datée et signée ;
– le style doit être concis, simple et respectueux mais doit aller au but directement en évitant les grandes phrases et les tournures maniérées ;
– elle est réalisée sur une page A4 ;
– elle est placée au-dessus de tous les autres documents dans votre dossier de candidature.

La lettre de motivation a pour but de mettre en avant de manière plus personnelle un ou plusieurs éléments de votre parcours, détaillés intégralement par ailleurs dans votre CV. Le recruteur ayant également votre CV sous les yeux, il ne s'attend pas à relire la même description de votre parcours scolaire et professionnel dans la lettre. Il cherche à lire très rapidement les éléments convaincants qui devraient lui donner envie de vous recruter et donc de vous rencontrer personnellement. La lettre doit démontrer votre volonté personnelle d'intégrer l'entreprise. Si vous consultez des modèles de lettres, pour vous inspirer du style ou des formulations, veillez à ne pas être conventionnel. Si la lettre de motivation n'a pas vocation à attester de la prose de son auteur, elle doit convaincre en allant droit au but. Indiquez sans hésitation les raisons de votre intérêt à la fois pour ce poste et cette société. Le recruteur doit comprendre en quoi vous correspondez au poste en la lisant, quelle est votre plus-value par rapport aux autres candidats. Autrement dit, il doit avoir envie de vous rencontrer.

Nous vous déconseillons de partir d'une lettre de motivation rédigée en français et de la traduire en allemand. Il est préférable d'écrire votre lettre directement en allemand et de la faire relire ensuite par une personne de langue maternelle, afin qu'elle soit correcte sur les plans de la grammaire et de l'orthographe.

Où trouver des informations complémentaires ?

Plusieurs sites Internet proposent des informations et délivrent des conseils pour réaliser son CV et sa lettre de motivation en allemand.

– Vous pouvez télécharger gratuitement la brochure « Emplois et stages » sur le site du CIDAL (centre d'information et de documentation sur l'Allemagne) : *www.cidal.diplo.de* (site en français), rubrique « Documentation », puis « Brochures et fiches ».

– Le site de Connexion-emploi propose de nombreux conseils aux candidats : *www.connexion-emploi.com* (site en français), rubrique « Conseils candidats », puis « Candidature en Allemagne ».

– Le site Emploi-Allemagne délivre des conseils sur le CV et la candidature : *www.emploi-allemagne.com* (site en allemand et en français), rubrique « Candidats », puis « Conseils pratiques ».

– Plusieurs sites Internet allemands fournissent des conseils et astuces sur la façon de constituer votre dossier de candidature. Vous pouvez consulter des modèles de CV par exemple. Ces sites ont souvent une partie des informations payantes et l'autre, en accès libre :
• www.jova-nova.com (particulièrement bien conçu)
• www.bewerbung.de
• www.bewerbungsdschungel.de
• www.bewerbung-tipps.com
• www.bewerbung-forum.de

(sites en allemand)

---

4. La question des langues dans le CV

Deux questions se posent en matière de langue dans un CV : dans quelle langue faire son dossier de candidature et comment présenter son niveau de langues. Dans les deux cas, il n'y a pas de réponse systématique. Nous vous présentons les grandes règles et les critères pour vous décider.

Quelle langue choisir ?

Pour postuler en Allemagne, la règle la plus courante est de réaliser son CV et son dossier de candidature en allemand. Cependant, cette règle peut connaître des exceptions en fonction de votre niveau d'allemand et de votre secteur d'activité :
- **en allemand :** pour la majorité des entreprises, il est préférable de rédiger votre CV en allemand. Si vous ne maîtrisez pas parfaitement l'allemand, indiquez votre niveau dès le début de votre CV (et pas seulement dans la rubrique langue) afin de ne pas donner l'impression de « tromper » le lecteur du CV. Le fait de vous faire aider pour réaliser un CV en allemand est souvent considéré comme un effort pour vous intégrer ;
- **en anglais ou en français :** dans de très rares cas, l'annonce mentionnera la possibilité de faire parvenir votre candidature en anglais ou en français. Si l'annonce est publiée en français ou en anglais, vous pouvez également renvoyer votre dossier dans la langue de l'annonce ;
- **se renseigner :** si vous avez un doute, appelez l'entreprise ou le cabinet de recrutement, afin de savoir quelle est la langue qui sera la plus appréciée.

Présenter son niveau de langues

Pour décrire un niveau de langues, le Cadre européen commun de référence (CECR) est devenu la référence dans les centres de formation des langues, mais il n'est pas encore connu de tous les recruteurs. Nous vous conseillons par conséquence d'associer le niveau de langue (A1 à C2) à une formule plus classique du type « bonnes connaissances » (gute Kenntnisse).

A. Termes couramment employés

Un petit nombre d'entreprises connaissent bien le Cadre européen commun de référence pour les langues, reconnu dans toute l'Europe. Il est cependant conseillé d'utiliser systématiquement dans votre CV les termes couramment employés par les entreprises allemandes qui sont les suivants :

– Fließend : courant ;
– sehr gute Kenntnisse : très bonnes connaissances ;
– sehr gut in Wort und Schrift : très bon à l'écrit et à l'oral ;
– Wörterschrift : très bonne expression écrite.

> **Conseil pratique :**
> **faire des fautes à l'oral n'est pas important**
> *Les Allemands ont une relation très utilitariste et pratique à la langue étrangère. L'important, c'est de comprendre et de se faire comprendre. Les recruteurs ne scrutent pas la petite faute de grammaire, mais évaluent votre capacité à travailler dans la langue. La spontanéité à s'exprimer est le plus important, quelles que soient les petites fautes réalisées en chemin.*

B. Le cadre européen commun de référence

Le Cadre européen commun de référence pour les langues, élaboré par le Conseil de l'Europe, est une classification des niveaux communs de référence dans toutes les langues et dans tous les pays. C'est un outil extrêmement pratique, mais encore peu utilisé par les entreprises.

Les niveaux de langue vont de A1 (débutant) à C2 (langage courant) avec six niveaux intermédiaires. Ils prennent en compte les cinq facettes de la maîtrise d'une langue : écouter, lire, prendre part à une conversation, s'exprimer à l'oral et à l'écrit.

Si vous indiquez un niveau de langues issu du Cadre européen commun de référence, il est conseillé d'avoir effectivement passé les certifications et diplômes de langues correspondant, qui sont harmonisés quel que soit le pays où vous les passez (sur les certifications en langue allemande, voir page 170).

> **Où trouver des informations complémentaires ?**
> – Ministère de l'éducation nationale : *www.eduscol.educations.fr* (site en français), rubrique « Programmes – Certifications », puis « Programmes », puis « Langues vivantes ».
> – Conseil de l'Europe : *www.coe.int*, rubrique « Éducation », puis « Politiques linguistiques », puis « CECR » puis « Portfolio européen des langues », puis « Niveaux ».
> – La version intégrale du CECR est éditée par les éditions Didier : *www.editionsdidier.com*.

Si le niveau d'anglais (tout comme celui d'allemand) est avant tout testé en entretien, il existe cependant trois examens d'anglais reconnus au niveau international : le TOEIC (anglais professionnel), le TOEFL (anglais académique) et l'IELTS (anglais académique). Il existe des centres d'examens dans tous les pays, dont la France et l'Allemagne. Pour plus d'informations, consultez les sites suivants :
– TOEIC : *www.fr.toeic.eu* (site en français), rubrique « Où passer le test ? » ;
– TOEFL : *www.fr.toefl.eu* (site en français), rubrique « Où passer le test ? » ;
– IELTS : *www.ielts.org* (site en anglais).

5. Faire reconnaître ses diplômes

Si un diplôme particulier est exigé par l'entreprise lors de la phase de recrutement, sachez qu'il est possible de faire reconnaître vos diplômes et vos qualifications français par les autorités allemandes. Les formalités de reconnaissance des diplômes et qualifications en Allemagne sont encore différentes selon le diplôme, le Land et le secteur d'activité, mais les informations sont diffusées au niveau fédéral par un centre d'information qui vous oriente.

Vous devez dans un premier temps contacter l'office fédéral pour les études à l'étranger (Zentralstelle für ausländisches Bildungswesen – ZAB) qui vous orientera selon le secteur d'activité vers l'autorité compétente, qui peut être fédérale, ou au niveau du Land, en fonction de l'activité. L'office fédéral pour les études à l'étranger (Zentralstelle für ausländisches Bildungswesen – ZAB) est le centre « ENIC-NARIC » (voir encadré ci-contre) pour l'Allemagne. Il dépend de la conférence des ministres de l'éducation et des affaires culturelles des Länder (Ständige Konferenz der Kultusminister der Länder – KMK).

> **Où trouver des informations complémentaires ?**
>
> – Consulter le site de l'Office fédéral pour les études à l'étranger (Zentralstelle für ausländisches Bildungswesen – ZAB) de la conférence des ministres de l'éducation et des affaires culturelles des Länder (Ständige Konferenz der Kultusminister der Länder – KMK) : *www.kmk.org/zab.html* (site en allemand) Pour consulter certaines informations en anglais, rubrique « Information in English ».
>
> – Consulter le site Anabin qui est le système d'informations pour la reconnaissance des diplômes étrangers (Informationssystem zur Anerkennung ausländischer Bildungsnachweise) : *www.Anabin.de* (site en allemand), rubrique « Zuständige Stellen in Deutschland », le métier auquel correspond votre diplôme.

Les formalités à accomplir pour faire reconnaître vos diplômes dépendent notamment de l'existence ou non d'un organisme compétent. Pour savoir s'il existe un organisme compétent, vous devez consulter la liste des métiers, présente sur le site Anabin du Système d'informations pour la reconnaissance des diplômes étrangers (Informationssystem zur Anerkennung ausländischer Bildungsnachweise).

S'il existe un centre compétent, l'Office fédéral pour les études à l'étranger (Zentralstelle für ausländisches Bildungswesen – ZAB) vous invitera à vous adresser à cet organisme qui peut être compétent au niveau fédéral ou par Land. Chaque organisme compétent a ses propres procédures et modalités de reconnaissance. Le ZAB peut vous accompagner dans vos démarches.

Lorsqu'il n'existe pas d'organisme compétent pour votre métier, l'office fédéral pour les études à l'étranger (Zentralstelle für ausländisches Bildungswesen – ZAB) peut vous délivrer après étude de votre dossier une attestation individuelle (Individuelle Zeugnisbewertung) de reconnaissance de vos diplômes.

> **Présentation du réseau ENIC-NARIC**
>
> Il existe deux réseaux internationaux de centres de reconnaissances des diplômes et qualifications de l'étranger. Le réseau des NARIC (National Academic Recognition Information Centres) dépend de l'Union européenne et le réseau des ENIC (European Network of Information Centres) a été initié par l'UNESCO et le Conseil de l'Europe, sur les mêmes principes que le réseau des NARIC.
>
> **Objectifs :** les centres ENIC-NARIC sont des points de contact capables de fournir des informations sur la législation relative à l'enseignement supérieur dans les différents pays et notamment sur la reconnaissance des diplômes. Mais aussi sur le système LMD (Licence-Master-Doctorat), ECTS (European Credit Transfer and Accumulation System), la VAE (Validation des acquis de l'expérience)…

Candidature en Allemagne

Le centre ENIC-NARIC en France : en France, le centre ENIC-NARIC France est rattaché au CIEP (Centre international d'études pédagogiques). Son rôle est de faciliter la lecture des parcours de formation étrangers à travers l'établissement d'attestations de comparabilité délivrées pour un (des) diplôme(s) obtenu(s) à l'étranger. Il renseigne également sur les systèmes éducatifs et fournit des informations sur les procédures à suivre pour exercer une profession réglementée, dans le cadre de la mise en place du processus de Bologne qui vise à développer la mobilité en Europe. Le centre ENIC-NARIC France émet également un avis d'expert auprès des commissions interministérielles françaises, des académies, des employeurs pour l'évaluation des diplômes étrangers et auprès des centres du réseau ENIC-NARIC ou des institutions étrangères qui cherchent à évaluer un diplôme français.

Le centre ENIC-NARIC en Allemagne : en Allemagne, les missions d'ENIC-NARIC National sont assurées par l'office fédéral pour les études à l'étranger (Zentralstelle für ausländisches Bildungswesen - ZAB) qui dépend de la conférence des ministres de l'éducation et des affaires culturelles des Länder (Ständige Konferenz der Kultusminister der Länder – KMK).

Source : Centre international d'études pédagogiques.

Pour plus d'informations :
- Site du CIEP (Centre international d'études pédagogiques) en France : *www.ciep.fr/enic-naricfr/* (site en français)
- Site du ZAB – Office fédéral pour les études à l'étranger (Zentralstelle für ausländisches Bildungswesen) : *www. kmk.org/zab.html* (site en allemand)
- Présentation des réseaux ENIC-NARIC en Europe : *www.enic-naric.net* (site en anglais). Rubrique « Germany » ou « France ».

Lexique

Anerkennung : *reconnaissance*
Anlagen : *les annexes au CV (lettre de motivation, diplômes, certificats de travail…)*
Anschrift (ou Adresse) : *adresse*
Ausbildung : *formation*
Berufserfahrung ou Berufliche Erfahrung : *expérience professionnelle*
Besondere Kenntnisse : *compétences particulières*
Bewerbungsbrief : *lettre de motivation*
Bewerbungsmappe : *dossier de candidature*
Bewertung : *évaluation*
Empfehlungsschreiben : *lettre de recommandation*
Familienstand : *situation familiale*
Feststellung : *certification*
Fließend : *maîtrise courante d'une langue (ici)*
Fortbildung : *formation continue, perfectionnement*
Geburtsdatum : *date de naissance*
Geburtsort : *lieu de naissance*
Gehaltsvorstellung : *prétentions*
Kenntnisse, gute Kenntnisse, sehr gute Kenntnisse : *connaissances, bonnes connaissances, très bonnes connaissances*

Kenntnisse in Wort und Schrift : expression orale et écrite
Heimatadresse : adresse du domicile en France pour les étudiants en Allemagne
Lebenslauf : parcours de vie, nom donné au CV en allemand
Mündlich : à l'oral
Muttersprache : langue maternelle
Nachname : nom de famille
Persönliche Daten ou Persönliche Angaben : informations personnelles, État civil
Schriftlich : à l'écrit
Staatsangehörigkeit : nationalité
Studienadresse : adresse en Allemagne pour les étudiants étrangers
Studium : études supérieures (après le baccalauréat)
Telefonnummer : numéro de téléphone
Vergütung : salaire
Vorname : prénom
Vorstellungskosten : frais de déplacement pour un entretien
Vorstellungsgespräch : entretien d'embauche
Weiterbildung : formation continue réalisée dans le cadre de votre travail ou en parallèle
Zeugnis(-se) : évaluation(s) ou certificat(s) de travail

Chapitre 5

Droit du travail et dialogue social

La question du droit applicable au contrat de travail est une question importante pour tous ceux qui projettent une installation en Allemagne. En plus des informations indiquées ici, nous vous conseillons de faire relire votre contrat de travail ou votre avenant au contrat de travail par un avocat spécialisé, car de nombreuses dispositions pour vous et votre famille sont contenues dans le contrat de travail et plus particulièrement encore pour les postes de direction, pour lesquels les règles de droit commun ne s'appliquent pas. Le coût d'une consultation auprès d'un avocat spécialisé oscille entre 200 et 500 € en fonction du niveau de responsabilité que vous exercez.

Nous vous présentons également dans ce chapitre les informations élémentaires pour identifier les acteurs du dialogue social au niveau de l'entreprise et au niveau fédéral.

1. Le droit du travail et votre situation

Les notions de détachement et d'expatriation sont avant tout des notions de protection sociale, qui n'existent pas en tant que tels dans le Code du travail français. Le principe de territorialité est essentiel en matière de droit du travail, mais non exclusive.

Les parties (employeur et salarié) liées par un contrat de travail sont libres de choisir la loi applicable au contrat de travail. Il est possible de travailler en Allemagne sous un contrat de droit français. La loi choisie ne doit cependant pas être en contradiction avec la législation impérative du pays où l'emploi est exercé.

Avant d'accepter un poste, il est important de savoir quel est le droit applicable au contrat, car les dispositions qui s'appliquent ne sont pas les mêmes notamment en matière de protection contre le licenciement.

Salarié d'une entreprise allemande

Le droit allemand s'applique pour la très grande majorité des contrats de travail réalisés par les sociétés installées en Allemagne quelles que soient la nationalité du salarié et la nationalité de la maison mère.

Vous pouvez consulter le règlement CE 593/2008 du 17 juin 2008 (JOUE L 177 du 4/07/2008) sur la loi applicable aux obligations contractuelles. Ce règlement remplace la convention de Rome pour les contrats conclus après le 17/12/2009 s'agissant de la loi applicable au contrat et notamment en cas d'absence de choix de la loi par les parties.

À lire également : la directive n° 96/71/CE du 16 décembre 1996 concernant le détachement des travailleurs effectué dans le cadre d'une prestation de service : *www.eur-lex.europa.eu*, rubrique « L'accès au droit de l'Union européenne ».

Expatrié

Le contrat de travail entre la société française et le salarié expatrié est suspendu pendant la durée d'expatriation. Le droit allemand s'applique le plus souvent au contrat de travail signé entre le salarié expatrié et la société d'accueil implantée en Allemagne. Pour un poste de direction, la question du contrat de travail est essentielle car les règles du droit commun ne s'appliquent pas de la même manière en fonction de la situation juridique du cadre dirigeant (voir l'interview page 139).

Détaché

Le contrat de travail du salarié détaché se poursuit lors de l'exécution de la mission à l'étranger. Le droit applicable est la loi choisie par les parties. En l'absence de choix, la loi applicable sera déterminée en fonction de différents critères : celui du lieu habituel de travail ou à partir duquel le travail est effectué, celui du lieu d'embauche ou du pays avec lequel le contrat de travail présente des liens les plus étroits. En général et par application des critères ci-dessus, dans le cas d'un salarié français vivant et travaillant jusqu'à présent en France qui se voit proposer un détachement en Allemagne, le droit français sera le plus souvent applicable en l'absence de détermination de la loi dans le contrat de travail. Il est important de préciser ce point dès le départ.

2. Rémunération, contrat, congés… l'essentiel de ce qu'il faut connaître

Voici les éléments indispensables à connaître en matière de droit du travail allemand. À la différence de la France, il n'existe pas de Code du travail. Les sources nationales du droit du travail sont essentiellement la législation fédérale, les dispositions des conventions collectives et des conventions d'entreprise applicables, et la jurisprudence. À ce socle de règles nationales s'ajoutent le droit communautaire et la jurisprudence communautaire. Enfin, le contrat de travail lui-même fixe certaines conditions, parmi les plus essentielles, de la relation de travail.

Parmi les principaux textes dont est tiré le droit du travail, on peut citer :
– le Code civil (Bürgerliches Gesetzbuch) pour la définition de la relation de travail ;
– la loi sur la durée du travail (Arbeitszeitgesetz) ;
– la loi sur la protection de la maternité (Mutterschutzgesetz) ;
– la loi sur la protection en cas de licenciement (Kundigungschutzgesetz) ;
– loi fédérale sur les congés payés (Bundesurlaubsgesetz) ;
– le Code du commerce (Handelsgesetztbuch).

> **Où trouver des informations complémentaires ?**
> Lire la « Présentation du droit du travail de la République fédérale d'Allemagne » sur le site de l'OIT (Organisation internationale du travail) : *www.ilo.org* (site en français).
> Lien direct :
> *www.ilo.org/public/french/dialogue/ifpdial/info/national/ger.htm* (en français).

Rémunération

Salaire minimum : il n'existe pas de salaire minimum généralisé (comme le Smic en France), bien que la question fasse largement débat. Des salaires minima (Mindestlohn) sont présents dans la très grande majorité des conventions collectives. Cependant, moins d'un quart des salariés sont couverts par une convention collective.

Participation aux bénéfices : en France, la participation des salariés aux bénéfices (Gewinnbeteiligung) est obligatoire pour les entreprises de plus de 50 salariés. Les dispositifs d'intéressement complémentaires ou pour les entreprises de moins de 50 salariés sont, par contre, facultatifs. En Allemagne, il n'y a pas de dispositif obligatoire de participation des salariés aux bénéfices. Les dispositifs d'intéressement existent de manière volontaire dans les grandes entreprises.

> **Où trouver des informations complémentaires ?**
> Le site de l'Institut du syndicalisme européen (European Trade Union Institute – ETUI) présente les différents systèmes de participation des salariés aux bénéfices en Europe :
> *www.worker-participation.eu*, rubrique « Systèmes nationaux », puis « Pays », puis « Allemagne », puis « Participation financière ».

Commissions : la rémunération à la commission, c'est-à-dire avec une part variable, est possible. Elle est souvent pratiquée pour les commerciaux. Cependant, toute rémunération doit prévoir une rémunération fixe.

Temps de travail

A. Durée du travail

La durée moyenne de travail est de 40 heures par semaine. La durée légale du travail ne peut excéder 8 heures par jour ouvrable (6 jours par semaine) et 48 heures par semaine. La durée peut être portée à 10 heures par jour, si la durée moyenne sur 6 mois reste de 8 heures par jour. Les conventions collectives prévoient une durée de travail par semaine allant de 35 à 40 heures.

B. Âge minimal

Le travail n'est en principe autorisé qu'à partir de l'âge de 15 ans. Pour les jeunes entre 15 et 18 ans, il existe de nombreuses dispositions spécifiques, parmi lesquelles l'interdiction d'effectuer des travaux dangereux.

C. Période d'essai

La période d'essai ne peut pas dépasser 6 mois, sauf disposition spécifique d'une convention collective. La durée est en général fixée entre 3 et 6 mois. Pendant la période d'essai, le contrat peut être résilié, par l'employeur ou l'employé, avec un préavis de deux semaines.

D. Congés payés

Les congés payés sont au minimum de 24 jours par année civile pour ceux travaillant six jours par semaine et 20 jours minimum pour ceux travaillant 5 jours par semaine, auxquels se rajoutent les jours fériés. Ce qui correspond pour une personne en début de carrière à 4 semaines de congés payés. Il est usuel que les conventions collectives prévoient des dispositions particulières et offrent ainsi un nombre de jours de congés plus important ou qui augmente en fonction de l'âge ou de l'ancienneté du salarié dans l'entreprise. Dans ce cas, les congés payés peuvent correspondre à 5 à 6 semaines de vacances par an.

E. Congés maladie

En cas de maladie, le salarié ou ses proches doit informer sans délai son employeur de son incapacité de travailler pour cause de maladie. La loi stipule que le certificat d'incapacité de travail ne doit être fourni qu'en cas d'incapacité de travail supérieure à trois jours. Néanmoins, les employeurs peuvent demander la remise d'un tel certificat dès le premier jour de maladie. Le certificat doit mentionner l'existence d'une incapacité de travail et la durée prévisible de celle-ci. Le défaut de remise dudit certificat peut fonder l'employeur à effectuer une retenue sur salaire. Il est à noter que l'employeur est tenu de maintenir le versement du salaire en cas de maladie pendant une durée de 6 semaines, au-delà le versement du salaire sera pris en charge par votre caisse d'assurance-maladie (Krankenkasse(n)).

F. Jours fériés

Il existe 9 jours fériés communs à toute l'Allemagne, certains peuvent cependant se situer le week-end. Les jours fériés supplémentaires (au maximum quatre) dépendent de la législation de chaque Land.

Pour la liste des jours fériés, reportez-vous au chapitre 19, « Vie quotidienne ».

Convention collective et convention d'entreprise

Les conventions collectives (Tarifverträge) sont des accords fixant le cadre du droit du travail des employés en Allemagne. Les dispositions de ces accords de branche sont le résultat de négociation entre les syndicats représentants des employés, et les représentants des employeurs. Elles prévoient des dispositions sur le temps de travail, les congés, les conditions de départ de l'employé ainsi que sur les salaires.

A. Les conventions collectives (Tarifverträge)

Il existe des conventions collectives (Tarifverträge) qui se rapportent à différents secteurs ou activités, comme par exemple le transport de béton en Bavière (Transportbetongewerbe) ou l'industrie d'habillement à Berlin-Ouest (Bekleidungsindustrie).

Certaines conventions collectives (mais c'est rare) ont été étendues par les pouvoirs publics, c'est-à-dire qu'elles s'appliquent à toutes les entreprises du secteur d'activité et, le cas échéant, du secteur géographique visé par la convention. De fait, il peut exister des conventions spécifiques pour certaines régions, c'est alors précisé dans le titre de la convention. Les conventions collectives non étendues s'appliquent, quant à elles, au cas par cas. Pour cela, il faut d'une part que l'employeur soit adhérent au syndicat des employeurs signataires de la convention collective et que, d'autre part, le salarié soit membre du syndicat des salariés, signataire de la convention. Cependant, pour éviter qu'au sein d'une même entreprise il puisse y avoir une convention applicable uniquement aux salariés syndiqués et pas aux autres, et ainsi éviter d'inciter les salariés à faire partie d'un syndicat pour pouvoir bénéficier de la convention, le plus souvent, l'employeur fait insérer une clause dans le contrat de travail rendant cette convention applicable à tous les salariés de l'entreprise.

Où trouver des informations complémentaires ?

- Pour connaître la liste des conventions collectives :
  Ministère fédéral du Travail et des Affaires sociales (Bundesministerium für Arbeit und Soziales) :
  www.bmas.bund.de
  www.bmas.de (site en allemand)
  Rubrique « Unsere Themen », puis « Arbeitsrecht » (droit du travail)
  Document : Liste des conventions collectives obligatoires « Verzeichnis der für allgemeinverbindlich erklärten Tarifverträge »
- Pour en savoir plus sur la négociation collective :
  Document sur la négociation collective en Allemagne réalisé par l'institut du syndicalisme européen (European Trade Union Institute – ETUI)
  www.worker-participation.eu (partie en français)
  Rubrique « Systèmes nationaux », puis « Pays », puis « Allemagne », puis « négociation collective »

B. La convention d'entreprise

Une convention d'entreprise (Betriebsvereinbarung) suppose l'existence d'un comité d'entreprise (Betriebsrat). En Allemagne, le seuil pour l'élection d'un comité d'entreprise est plus bas qu'en France. En effet, un comité d'entreprise peut être élu dès qu'il y a 5 salariés ayant le droit de vote (salariés ayant atteint l'âge de 18 ans) et 3 salariés éligibles (salariés ayant atteint l'âge de 18 ans et ayant au moins six mois d'ancienneté).

Le contrat de travail

Le contrat de travail est le plus souvent écrit. Un contrat de travail oral est cependant possible. Si le contrat oral n'est pas illégal, l'employeur doit néanmoins remettre au salarié dans le délai d'un mois à compter du début du travail effectif un document écrit (un e-mail n'étant pas suffisant) contenant les éléments essentiels de la relation de travail en application des dispositions de « la loi sur le contenu minimum des contrats de travail » (Nachweisgesetz).
Ce document écrit doit préciser au minimum :
– le nom et l'adresse de l'employeur et de l'employé ;
– la prise d'effet du contrat ;
– la durée prévisible pour un contrat à durée déterminée ;
– le lieu de travail ou le fait que le salarié travaillera à plusieurs endroits ;
– une brève description du poste ;
– les éléments composant le salaire et leur montant ;
– la durée du travail ;
– la durée des congés payés ;
– les délais de préavis pour la résiliation du contrat ;
– une référence générale aux conventions collectives ou d'entreprise applicables.
Les contrats de travail peuvent contenir d'autres clauses que celles prévues par le document obligatoire, telles que :
– la clause de non-concurrence ;
– la clause de confidentialité ;
– les clauses de création intellectuelle ;
– la réalisation éventuelle d'heures supplémentaires et rémunération de celles-ci.

Quelles sont les principales questions à se poser au moment d'accepter un poste en Allemagne ?

Interview de Dieter G. Pape, avocat spécialiste du droit du travail allemand et de Sophie Renault avocat français en Allemagne, du cabinet PPR & Partner (www.ppr-partner.de) à Düsseldorf.

Quel est le droit applicable au contrat ?

C'est une question importante à se poser avant de signer un contrat de travail. Il faut ainsi clairement déterminer si le contrat est soumis aux dispositions du droit français, du droit allemand ou encore d'un autre droit. De fait, la majorité des dispositions légales applicables à la relation de travail ne sont pas reprises dans le contrat. Si le salarié ne se pose pas cette question, il peut se tromper sur la nature et le contenu des règles qui lui sont applicables, notamment en matière de licenciement.

Quelles sont les spécificités majeures du licenciement en droit allemand ?

En droit l'allemand, dans les petites entreprises n'employant en général pas plus de 10 salariés, il n'existe pas de disposition générale protectrice en matière de licenciement. Ce type d'entreprise peut dès lors licencier un salarié sans motif (sauf application de règles de protection spécifiques, par exemple celles existant pour les femmes enceintes, les membres du comité d'entreprise..., etc.).

Il faut également savoir que, dans une entreprise employant plus de dix salariés, pendant les six premiers mois de la relation de travail, le licenciement peut également intervenir sans motif. Même si cela reste rare en pratique, il est alors utile de parvenir à négocier des dispositions plus favorables au sein du contrat de travail afin d'obtenir l'application des dispositions protectrices dès le début du contrat ou encore de prévoir contractuellement le versement d'une indemnité compensatrice en cas de licenciement au cours des six premiers mois.

Que faut-il savoir en cas de licenciement ?

En cas de licenciement, le salarié a trois semaines pour exercer un recours contre le licenciement devant le tribunal. Sauf de rares exceptions (comme dans le cas d'un plan social), il n'existe pas d'indemnités légales de licenciement en Allemagne. De deux choses l'une :

- soit le juge confirme la légitimité du motif de licenciement, le contrat de travail est donc rompu et le salarié ne touche pas d'argent de l'entreprise ;
- soit le motif du licenciement est réfuté par le juge, et en principe la relation de travail se poursuit et donc le salarié est réintégré.

Il reste que souvent pour éviter cette réintégration, le salarié et l'employeur décident de mettre un terme au contrat de travail de manière conventionnelle. Ainsi, dans la pratique, environ 80 % des litiges portés devant les tribunaux aboutissent à une transaction. Dans ce cas, le salarié et l'employeur mettent un terme au contrat de travail et au litige et l'employeur verse en contrepartie une somme d'argent au salarié dont le montant a été négocié.

Il faut savoir que le salarié a intérêt à signer cette transaction devant le tribunal. On parle alors de transaction judiciaire (gerichtliche Vergleich). Cela lui permet de toucher ensuite les allocations chômage sans délai de carence ni réduction du montant des allocations.

Quelles sont les spécificités du contrat pour un poste de représentant légal d'une entreprise ?

En droit allemand, les représentants légaux (gérants (Geschäftsführer) et membres du conseil d'administration (Vorstand) notamment) sont privés du bénéfice de certaines règles protectrices des salariés. Ainsi par exemple, les dispositions légales applicables en matière de licenciement et de maintien de salaire en cas de congés ou de maladie ne leur sont pas applicables. C'est pourquoi il est indispensable d'étudier avec soin le contenu du contrat proposé et d'en négocier les clauses. D'une manière générale, et outre la vérification des dispositions du contrat de travail, il sera prudent de vérifier également les conséquences d'un travail en Allemagne au regard des dispositions de législation de la sécurité sociale (qui doit payer les cotisations de sécurité sociale et dans quel pays) et de la réglementation fiscale (où doit être payé l'impôt sur le revenu).

Préavis de fin de contrat et licenciement

A. Préavis de fin de contrat

Si en tant que salarié vous souhaitez mettre fin à votre contrat de travail, vous devez respecter un préavis. Il est de 4 semaines pour une ancienneté de moins de deux ans. Les quatre semaines courent à partir du 15 du mois ou à la fin du mois. C'est-à-dire que si le préavis est posé le 16 du mois, le préavis est de presque six semaines au total. À partir de deux ans d'ancienneté, le préavis s'étend de 1 mois à 7 mois (fin de mois) ; pour une ancienneté de 20 ans, il est de 7 mois.

La résiliation doit être obligatoirement notifiée par écrit et afin de se constituer un élément de preuve, il est vivement conseillé d'effectuer cette notification par courrier recommandé avec accusé de réception ou par remise en main propre contre décharge.

> **Conseil pratique :**
> **négociez l'application du préavis par l'employeur**
> **dans son contrat de travail**
> *Ces durées de préavis qui s'imposent au salarié ne sont pas applicables par l'employeur s'il n'en est pas expressément convenu dans le contrat de travail. Il est dans votre intérêt que le contrat de travail précise que les durées de préavis prévues par la loi bénéficient également au salarié en cas de rupture du contrat de travail à l'initiative de l'employeur.*

B. Motifs de licenciement

Il existe trois principaux motifs de licenciement ordinaire (ordentliche Kündigung), qui interviennent en respectant les délais de préavis, dans les entreprises de plus de 10 salariés :
– le licenciement pour motif économique ;
– le licenciement pour un motif lié à la personne du salarié (inaptitude…) ;
– le licenciement pour un motif lié au comportement du salarié (faute).
Par ailleurs, il existe le licenciement pour motif grave (außerordentliche fristlose Kündigung) qui intervient avec effet immédiat, c'est-à-dire sans respect du délai de préavis.

C. Salariés protégés en cas de licenciement

Certains salariés ne peuvent pas être licenciés (ou seulement avec une autorisation administrative). C'est le cas des femmes durant leur grossesse et 8 semaines après l'accouchement, des salariés en congé parental (Elternzeit), des salariés ayant un handicap sévère (Schwerbehinderte), des membres du comité d'entreprise.

D. Indemnités de licenciement

Le régime des indemnités de licenciement allemand est différent du régime français. Il n'y a pas a priori d'indemnités de licenciement, sauf dans deux cas :

– en cas de licenciement collectif lorsque le plan social est négocié par le comité d'entreprise ;
– en cas de licenciement abusif d'un salarié ayant des fonctions de direction (leitendes Personnal) au sens de la notion allemande qui implique un haut niveau de responsabilités.

Si le salarié conteste le licenciement, il doit se tourner vers la justice pour demander sa réintégration et essayer de négocier une rupture amiable et ainsi obtenir une indemnisation.

E. Délai pour assigner son employeur

Le salarié dispose de trois semaines à compter de la date de notification écrite du licenciement pour assigner son employeur lorsque le litige porte sur les conditions du licenciement.

F. Tribunal compétent

Les conflits liés aux relations de travail sont jugés par le tribunal du travail (Arbeitsgericht). C'est l'équivalent du Conseil des Prud'hommes en France. Des magistrats professionnels, des représentants des employeurs et des représentants des salariés y siègent. Le tribunal essaie dans un premier temps de concilier les parties, afin d'aboutir à une transaction. En cas d'échec, une nouvelle audience de jugement est fixée. À la différence de la majorité des tribunaux allemands, la prise en charge des frais d'avocats de la partie gagnante en première instance n'incombe pas à la partie perdante. Autrement dit, chaque partie règle ses frais d'avocat.

> **Avoir recours à un avocat :
> une pratique courante en Allemagne**
>
> Avoir recours à un avocat en cas de conflit avec son employeur est un réflexe quasi automatique en Allemagne, d'autant plus que la majorité des Allemands souscrivent une assurance « protection juridique » qui prend en charge les frais d'avocats. Pour consulter un avocat francophone, référez-vous au carnet d'adresse en fin d'ouvrage.

G. Droit de grève

Le droit de grève n'est pas inscrit dans la loi, mais résulte de la jurisprudence de la cour fédérale du travail (Bundesarbeitsgerichtshof). Seul un syndicat peut appeler à la grève et il doit avant cela avoir usé d'autres moyens pour arriver à un accord. En principe, le salaire n'est pas versé en cas de grève. Ce sont alors les syndicats qui verseront une indemnité au(x) salarié(s) gréviste(s). Une grève illicite est sévèrement sanctionnée et l'employeur peut prononcer un licenciement dans ce cas.

3. Les contrats ou emplois « spéciaux »

Les modalités de conclusion d'un contrat à durée déterminée ou l'obtention d'un contrat à temps partiel sont légèrement différentes en Allemagne par rapport à la France. Le fonctionnement du travail temporaire est par contre assez proche dans les deux pays.

Contrat à durée déterminée

Les contrats à durée déterminée (befristeter Vertrag) existent aussi en Allemagne. Ils doivent faire l'objet d'un contrat écrit. C'est le caractère déterminé du contrat qui doit faire l'objet d'un écrit, pas les autres caractéristiques du contrat.

Leur cadre est fixé par la loi sur le temps partiel (Teilzeit und -Befristungsgesetz). Un CDD peut être conclu pour l'accomplissement d'une mission particulière (besoins temporaires liés à un certain type de travail) ou pour un événement particulier (remplacement). Depuis 2001, un CDD, que l'on appelle simplifié, peut également être conclu sans justification particulière dans les trois cas de figure suivants :

– pour des contrats allant jusqu'à deux ans. La durée initiale de ce contrat est prorogeable au maximum trois fois dans la limite des deux ans. Par exemple, pour une durée initiale de 6 mois, le contrat peut être renouvelé 3 fois pour six mois, soit un an et demi au total. N'importe quelle personne peut se voir proposer un tel contrat ;

– pour embaucher pendant au maximum cinq ans des salariés âgés de 52 ans ou plus et ayant été inscrits au chômage pendant au moins 4 mois ;

– pour les sociétés nouvelles qui peuvent avoir recours à ces CDD sans justification particulière dans les quatre années suivant leur création. La durée maximale des CDD conclus pendant cette période est de 4 ans.

Travail à temps partiel

Depuis 2001, il est devenu plus facile de demander à son employeur une réduction de son temps de travail. L'obtention d'un temps partiel (Teilzeit) souhaité est quasi automatique pour le salarié dès lors que l'entreprise a plus de 15 salariés et que le salarié a plus de 6 mois d'ancienneté. La demande doit être déposée dans un délai minimum de trois mois avant la date souhaitée pour réduire son temps de travail. L'employeur ne peut alors refuser que pour des raisons spécifiées dans la loi et éventuellement dans les conventions collectives. En cas d'absence de réponse ou de refus trop tardif (moins d'un mois avant la date souhaitée), la demande est réputée acquise.

Un salarié à temps partiel bénéficie de tous les droits liés à l'exécution d'un contrat de travail (congés payés, primes…). Ces droits sont calculés au prorata du temps de travail.

Le travail temporaire

Le fonctionnement du travail temporaire (Zeitarbeit) est relativement proche du système français. Le salarié intérimaire est salarié de l'entreprise de travail temporaire et non de l'entreprise utilisatrice. Le contrat de travail signé avec l'agence de travail temporaire est un contrat de travail à durée indéterminée. Une mission de mise à disposition auprès d'une entreprise utilisatrice ne peut pas dépasser 12 mois.

Les conditions de travail et notamment le salaire sont différents selon le groupement d'employeurs auquel appartient l'agence de travail temporaire pour laquelle vous travaillez.

Où trouver des informations complémentaires ?

– Note d'information de la chambre de commerce et d'industrie de Strasbourg : *www.strasbourg.cci.fr*, rubrique « Services aux entreprises », puis « JurisInfo franco-allemand », puis « Notes d'information ».

– Site dédié au travail temporaire réalisé par Ver.di (principal syndicat de salariés des activités de services) : *www.hundertprozentich.de* (site en allemand).

> – Principaux syndicats employeurs du travail temporaire :
> Fédération allemande des agences de travail temporaire (Bundesverband Zeitarbeit Personal-Dienstleistungen e.V.) : *www.bza.de* (site en allemand)
> Union des entreprises de travail temporaire allemandes (Interessenverband Deutscher Zeitarbeitsunternehmen – iGZ) : *www.ig-zeitarbeit.de* (site en allemand)
> Association professionnelle des agences de travail temporaire de taille moyenne (Arbeitgeberverband Mittelständischer Personaldienstleister) : *www.amp-info.de* (site en allemand)

Le mini-job

Le dispositif appelé « mini-job » prévoit des spécificités en matière de fiscalité et de cotisations sociales pour les emplois qui sont rémunérés jusqu'à 400 € nets par mois. En matière de droit du travail, les dispositions applicables au mini-job sont identiques à celles des autres types de contrats.

4. Représentation du personnel dans l'entreprise et syndicats en Allemagne

Sans pouvoir être exhaustif sur la question de la représentation du personnel, voici les notions indispensables qu'il faut connaître.

Représentation et cogestion dans l'entreprise

La législation distingue la représentation des salariés au niveau de l'établissement (unité organisationnelle) et celle au niveau de l'entreprise. Une entreprise est souvent composée de plusieurs établissements :
– au niveau de l'établissement (Betrieb), dès lors qu'il y a plus de 5 salariés d'au moins 18 ans, un comité d'entreprise (Betriebsrat) peut être élu. Le comité d'entreprise est impliqué dans bon nombre de décisions prises par l'employeur, lorsque celles-ci ont des consé-

quences pour les affaires sociales, le personnel, les affaires économiques ou l'environnement ;
– au niveau de l'entreprise, un comité central d'entreprise est créé lorsque l'entreprise compte plusieurs comités d'entreprise.

Par ailleurs, les salariés peuvent participer à la cogestion administrative de l'entreprise lorsque celle-ci est dotée d'un conseil de surveillance, comme dans les sociétés à responsabilité limitée (GmbH), les sociétés en commandite par actions (KGaA), les sociétés par actions (AG) ou les coopératives (Genossenschaft). Si la place accordée aux salariés au sein du conseil de surveillance dépend du statut juridique de la société, les salariés représentent généralement un tiers des membres du conseil de surveillance dans les sociétés de plus de 500 à 2 000 salariés. Dans les sociétés de plus de 2 000 salariés, la représentation est encore plus importante (de l'ordre de 50 %).

> **Où trouver des informations complémentaires ?**
>
> L'Institut du syndicalisme européen est un projet financé par la commission européenne qui vise à informer les salariés sur la représentation et l'action syndicale dans les différents pays de l'Union européenne. La section « Systèmes nationaux de relations professionnelles » est en français et en allemand. Le document « Vocabulaire pour l'activité syndicale » en français et en allemand est disponible gratuitement sur le site de l'Institut du syndicalisme européen.
> Institut du syndicalisme européen (European Trade Union Institute – ETUI) : *www.worker-participation.eu* (partie en français), rubrique « Systèmes nationaux », puis « Pays », puis « Allemagne », puis « Représentation au niveau du conseil d'administration / de surveillance » et « représentation sur le lieu de travail ».

Les syndicats de salariés et d'employeurs en Allemagne

Voici une présentation élémentaire des syndicats de salariés et d'employeurs en Allemagne.

A. Les syndicats de salariés

Les syndicats salariés (Gewerkschaft) sont organisés par branches d'activités. Les salariés adhèrent à des syndicats de branche quelles que soient leurs fonctions (commerciaux, cadres, ouvriers...). Les principaux syndicats se sont regroupés au sein de trois grandes fédérations. Il existe en

dehors de ces trois grandes fédérations de nombreux autres syndicats spécialisés par métier.
- **DGB (Deutscher Gewerkschaftsbund)** : la confédération des syndicats allemands fédère notamment :
  - IG Metall (Fédération de la métallurgie) ;
  - Ver.di (Fédération unifiée des services) ;
  - Transnet (syndicat des cheminots allemands) ;
  - Gewerkschaft der Polizei (syndicat de la police) ;
  - Gewerkschaft Nahrung-Genuss-Gaststätten (syndicat de l'alimentation et de l'hôtellerie) ;
  - Gewerkschaft Erziehung und Wissenschaft (syndicat de l'éducation et de la recherche) ;
  - IG Bergbau, Chemie, Energie (syndicat des activités minières, chimiques et énergétiques) ;
  - IG Bauen, Agrar, Umwelt (syndicat de la construction, de l'agriculture et de l'environnement) ;
  - Beamtenbund und Tarifunion (Fédération des fonctionnaires allemands).

  Pour en savoir plus : *www.dgb.de* (pages en français).

- **DBB (Deutscher Beamtenbund)** : la fédération des fonctionnaires allemands fédère notamment :
  - Deutsche Verwaltungsgewerkschaft (syndicat allemand de l'administration) ;
  - Verband der Beamten in der Bundeswehr (association des fonctionnaires de l'armée fédérale) ;
  - Bund deutscher Forstleute (fédération allemande des métiers de la forêt) ;
  - Christlicher Gewerkschaftsbund (confédération chrétienne).

  Pour en savoir plus : *www.dbb.de* (pages en français).

- **La CGB (Christliche Gewerkschaftsbund Deutschlands)** : la confédération syndicale chrétienne d'Allemagne fédère notamment :
  - Christliche Gewerkschaft Metall (syndicat chrétien de la métallurgie) ;
  - Verein katholischer deutscher Lehrerinnen (association des enseignantes catholiques allemandes) ;
  - Kraftfahrergewerkschaft (Syndicat des camionneurs).

  Pour en savoir plus : *www.cgb.info* (site en allemand).

Pour plus d'informations, consultez le site de l'institut du syndicalisme européen (European Trade Union Institute – ETUI) :

www.worker-participation.eu, rubrique « Systèmes nationaux », puis « Pays », puis « Allemagne », puis « Syndicats ».

Il existe des syndicats spécifiques pour certaines professions comme par exemple :
– Marburger Bund (association fédérale de cliniciens) : *www.marburger-bund.de* ;
– Deutscher Journalistenverband (fédération des journalistes allemands) : *www.djv.de*.

B. Les syndicats employeurs

La représentation des employeurs allemands est assurée par la BDA (Bundesvereinigung der Deutschen Arbeitgeberverbände) pour le volet employeur et par la BDI (Bundesverband der Deutschen Industrie) pour les positions plus politiques.

La BDA représente les intérêts sociaux des employeurs auprès du gouvernement et des syndicats salariés. Elle est composée de 56 fédérations professionnelles (Bundesfachverbände) et de 14 associations régionales (par Land).

La BDI joue davantage un rôle de lobby. La question d'une fusion des deux structures un temps évoqué n'est plus à l'ordre du jour.

Où trouver des informations complémentaires ?

- Confédération des associations allemandes d'employeurs (Bundesvereinigung der Deutschen Arbeitgeberverbände - BDA) : *www.bda-online.de* (site en allemand et en anglais).
- Union nationale de l'industrie allemande (Bundesverband der Deutschen Industrie – BDI) : *www.bdi.eu* (site en allemand et en anglais).

5. Santé et sécurité au travail

Il n'y a pas de réglementation générale en matière de médecine du travail du type de celle qui existe en France. Il n'y a donc pas d'obligation générale de visite médicale préalable à l'embauche ou de suivi médical régulier.

La médecine du travail en fonction de l'activité

Il existe des dispositions spécifiques essentiellement en fonction de l'activité (comme dans le secteur de l'alimentaire ou d'une activité en rapport avec des produits dangereux) ou pour certaines populations (emploi des jeunes par exemple). Dans certaines grandes sociétés, il existe cependant des médecins du travail (Betriebsarzt).

La sécurité au travail

Des délégués à la sécurité (Sicherheitsbeauftragte) sont nommés dans toutes les entreprises de plus de 20 salariés. Ils assistent l'employeur pour la prévention des accidents du travail et veillent à l'application effective des dispositions légales et réglementaires en matière de santé et de sécurité.

Une commission est également mise en place. Sa composition est différente selon que l'entreprise emploie ou non un médecin du travail (Betriebsarzt).

> **Où trouver des informations complémentaires ?**
>
> Institut du syndicalisme européen (European Trade Union Institute – ETUI) : *www.worker-participation.eu* (partie en français), rubrique « Systèmes nationaux », puis « Pays », puis « Allemagne », puis « Santé et sécurité ».

Lexique

Angestellte(r) : employé
Arbeiter : ouvrier
Arbeitszeit : durée du travail
Arbeitsgericht : tribunal du travail
Aufhebungsvertrag (ou Auflösungsvertrag) : convention de départ
Befristeter Vertrag : contrats à durée déterminée
Betriebsrat : comité d'entreprise
Betriebsarzt : médecin du travail
Betriebsvereinbarung : convention d'entreprise
Bürgerliches Gesetzbuch : Code civil
Geschäftsführer : gérant ou tout autre poste à responsabilité dans l'entreprise
Gewerkschaft : syndicat salarié
Gewinnbeteiligung : intéressement aux bénéfices
GmbH : SARL
Kündigung : licenciement
Kündigungsgesetz : loi sur le licenciement
Leitende Angestellte : cadre
Lohn-/Gehaltsabrechnung : bulletin de salaire
Mutterschutzgesetz : loi sur la protection de la maternité
Mindestlohn : salaire minimum
Sicherheitsbeauftragte(r) : délégué(e)s à la sécurité
Teilzeit : temps partiel
Tarifvertrag/-äge : convention collective
Zeitarbeit : travail temporaire

Chapitre 6

Différences culturelles en entreprise et au quotidien

D'importantes différences culturelles existent entre la France et l'Allemagne à plusieurs niveaux de la société et se retrouvent naturellement dans le monde professionnel malgré les relations économiques très étroites qui lient les deux pays.

Travailler pour une entreprise allemande ou mener des projets avec des Allemands quand on vient de l'étranger signifie souvent s'adapter à une vision différente et à des habitudes nouvelles, qui peuvent être à l'opposé de ce qui se pratique en France.

Le but de ce chapitre n'est pas d'évaluer un système par rapport à une autre, mais de se préparer à rencontrer et à gérer des différences dans son travail comme dans la vie quotidienne.

1. La culture de l'efficacité et de la productivité

Les Allemands ont une culture très forte de l'efficacité qui se traduit par une recherche absolue de productivité maximum dans le rythme de travail, qui se veut très studieux et intensif. Dans leur travail, les employés allemands aiment se fixer des objectifs en plus de ceux déjà indiqués par leur responsable, et tout mettre en œuvre afin de les atteindre et comparer ensuite les résultats à leurs objectifs de départ.

Comme beaucoup d'entreprises allemandes, leurs employés sont continuellement en quête de performance à la fois dans leurs méthodes de travail et dans le résultat de celles-ci. Cela se traduit par une volonté constante d'excellence présente dans chaque tâche accomplie et à tous les niveaux de l'entreprise. Ce qui peut en France être ressenti comme du perfectionnisme, ou encore une insatisfaction permanente, est une caractéristique fréquemment rencontrée dans un environnement de travail allemand et, notamment, si vous travaillez dans un secteur lié à la recherche et au développement. En effet, lorsqu'un certain résultat est atteint dans l'entreprise, le réflexe courant est de se demander s'il n'est pas encore possible de l'améliorer à nouveau.

Ce type de démarche n'est pas une remise en cause du travail déjà accompli ou des compétences, mais bien une tendance à toujours aller au-delà des performances. En Allemagne, il est très satisfaisant d'avoir la certitude d'avoir atteint le meilleur résultat qui soit.

Français et Allemands : les antipodes

Par Gilles Untereiner, directeur de la Chambre de Commerce et d'Industrie française en Allemagne et auteur de *Différences culturelles et management. France – Allemagne : les antipodes* :

– **carrière** : les évolutions de carrière sont relativement lentes en Allemagne et sont principalement structurées pour se faire sur toute une vie ;

– **autorité** : on acquiert de l'autorité avec le temps en Allemagne lorsque l'on fait ses preuves sur le long terme. Il faut avoir fait ses preuves plusieurs années (environ 4-5 ans) à un même poste pour espérer évoluer vers un premier poste à responsabilités ;

– **mode de communication** : les modes de communication sont plus formels en Allemagne, là où en France l'oral a une place très importante. Tout ce qui est décidé ou recommandé doit être mis en forme en Allemagne ;

– **gestion du conflit** : la relation est plus directe en Allemagne et il est possible que les Allemands ne prennent pas de gants pour expliquer des choses désagréables à entendre.

---

2. La ponctualité

Ce n'est pas un mythe, la ponctualité est une valeur importante en Allemagne. Les réunions programmées à 8 h 15 commencent à 8 h 15 et se terminent à l'heure prévue, souvent à la minute près. En cas de retard à un rendez-vous ou une réunion, il est évidemment nécessaire de s'excuser. Ne pas respecter ces règles est très mal vu et la personne régulièrement en retard est rapidement considérée comme quelqu'un en qui il n'est pas possible d'avoir confiance.

3. Des horaires de travail concentrés, laissant plus de place à la vie privée

C'est un paradoxe qui leur est assez particulier. Si les Allemands vouent une passion au travail, ils ne veulent pourtant pas y passer trop de temps. La durée hebdomadaire du travail est de 40 heures, bien que la législation autorise jusqu'à 42 heures hebdomadaires. Toutefois, les employés allemands concentrent là aussi leur travail en commençant leur journée de travail en général bien avant 9 heures. Commencer tôt leur permet de finir leur journée de travail le moins tard possible, idéalement entre 16 et 17 heures, ce qui passe assez souvent par une réduction de la pause déjeuner. Tout dépend cependant des fonctions exercées. Ce qui est vrai dans l'industrie ne l'est pas dans la finance, le droit, le marketing ou le commerce.

Le fait de rester tard le soir au bureau n'est dans tous les cas pas toujours bien vu. En effet, l'ensemble du temps de travail de la journée étant consacré au gain de temps et de rendement, demeurer tardivement au travail peut alors être assimilé à un manque d'efficacité ou d'organisation.

Une brève pause déjeuner

Les pauses déjeuner (Mittagspause(n) ou Mahlzeit en langage courant) ne s'éternisent pas en Allemagne. Bien que la durée légale de celle-ci oscille entre 45 et 60 minutes, un grand nombre d'employés allemands prennent une pause déjeuner effective d'une vingtaine de minutes. Le but étant de quitter le travail au plus tôt pour se consacrer à sa vie privée.

4. Le sens de l'ordre et de la préparation

Un proverbe allemand très connu dit que « *l'ordre est la moitié de la vie* » (« *Ordnung ist das halbe Leben* »). La rigueur, l'ordre, la discipline se retrouvent en effet dans plusieurs aspects du travail en Allemagne. Dans les entreprises allemandes, il n'y a généralement pas de place pour l'approximation que ce soit au niveau de l'analyse, de la prise de décision ou bien même de l'exécution de celle-ci. Chaque action entreprise l'est avec une grande méthode au détriment parfois du temps nécessaire pour l'accomplir, mais l'important est d'avoir la certitude d'avoir abordé le sujet en profondeur et qu'absolument aucun aspect n'a été négligé.

Le respect de la procédure, parfois même en dépit du contexte, est très important et l'on peut préférer parfois respecter la méthode quitte à perdre du temps et à gagner en certitude plutôt que de céder à l'improvisation qui induirait une perte de temps plus grande encore.

« Une fois d'accord, on marche comme un seul homme » explique Gilles Boquien, directeur général du cabinet de recrutement GBO. « Les Allemands prennent beaucoup de temps pour se mettre d'accord, ce qui peut se concrétiser par des réunions à répétition, où le moindre détail est étudié. Il est important que la décision émane d'un consensus et que tous les points du projet fassent l'objet d'un accord consensuel. Une fois d'accord, on ne remet pas en cause ce qui a été décidé. Pour utiliser une image, lorsque les choses sont lancées, les Allemands aiment bien avancer sur une autoroute droite. Les profils français, qui sont souvent de nature à remettre en cause les choses rapidement, peuvent tout à la fois déranger, mais également compléter cette logique ».

5. Un management collégial

Les managers allemands sont en général assez proches de leurs collaborateurs. En Allemagne, dans le monde du travail, les employés et les responsables travaillent en collaboration pour atteindre un but commun, à savoir la bonne marche et la progression de l'entreprise, ce qui donne fréquemment lieu à un management de type collégial. La relation hiérarchique est moins forte et moins affirmée qu'en France. Même si la décision finale revient au responsable, il est assez courant que celui-ci prenne soin d'écouter l'avis de ses collaborateurs avant de prendre une décision. L'esprit de collaboration prime sur celui de compétition.

Pour la mise en œuvre de la décision, la présence du management se fait moins sentir au jour le jour. Chacun sait ce qu'il a à faire et s'exécute. Si le manager a tenu compte de l'avis de ses collaborateurs avant d'arbitrer, il est certain de pouvoir compter sur l'assentiment de ceux-ci pour l'exécution de son choix.

6. Le but à atteindre collectivement est plus important que l'individu

En Allemagne, atteindre le but fixé implique que chaque employé collabore dans le but de réaliser des objectifs communs. En d'autres termes, la recherche d'efficacité et d'excellence a normalement pour principale motivation la réussite du groupe.

Contrairement à ce qui peut parfois se rencontrer France, l'entreprise allemande ne laisse que peu de place au culte de la personnalité. Cela peut impliquer qu'un employé ou un manager peut avoir une personnalité forte mais elle ne constituera pas le principal moyen de se faire remarquer. La qualité du travail accompli est le plus important. Un employé qui a une personnalité forte ou un leadership très prononcé doit également être respectueux des règles de l'entreprise. Ces traits de caractère seront par contre d'autant plus appréciés qu'ils induisent un « supplément d'âme » au service de l'entreprise et que l'on pourra par la suite en mesurer concrètement la pierre apportée à l'édifice du groupe. Plus que pour sa capacité à se faire remarquer, c'est plutôt par sa motivation, son dynamisme et surtout l'excellente qualité de son travail que l'on impressionne ses collègues ainsi que ses responsables dans l'environnement de travail.

Questions à Mark Grobien, auteur du livre « Améliorez vos relations d'affaires avec les Allemands »

Pourquoi les règles sont-elles plus importantes en Allemagne ?

L'importance accordée aux règles vient du fait que les Allemands, d'une manière générale, n'aiment pas l'incertitude. Le fait de respecter collectivement les règles permet de prévoir le comportement des uns et des autres dans les situations où l'organisation est possible.

D'où peuvent naître les incompréhensions dans l'entreprise ?
Les malentendus naissent des non-dits, de ce qui paraît évident et donc qui, entre personnes ayant le même cadre culturel, ne s'explique pas. Par exemple en France, du fait que de nombreuses informations sont informelles, il est normal d'aller chercher l'information, de se renseigner par soi-même. On passe beaucoup de temps à chercher les informations et on peut être réticent à les communiquer, car c'est une sorte de pouvoir. En Allemagne, les informations sont davantage écrites et il n'est pas concevable de ne pas les partager avec son responsable. Le fait d'avoir un poste à responsabilité implique que l'on vous rapporte toutes les informations utiles. Il n'y a pas de jeu autour des circuits d'informations.

Comment apprendre à composer avec ces différences ?
La première attitude est de s'attendre à des différences et de se questionner soi-même sur son comportement (pourquoi me suis-je attendu à ce qu'il agisse ainsi ?). Il est également conseillé de poser un grand nombre de questions quand survient une situation étonnante ou même avant. En dépassant le simple constat, et en essayant de comprendre la différence, cela devient un challenge d'apprendre à travailler ensemble.

En conclusion, voici quelques actions à éviter pour ne pas perdre la confiance de vos collègues ou partenaires :
— arriver en retard sans prévenir (et pire encore à répétition) ;
— revenir sur un point déjà négocié pour marchander ;
— prévoir un déjeuner d'affaires qui n'en finit pas ;
— faire de l'ironie dans une discussion sérieuse ;
— chercher à tirer la couverture à soi, lorsque la réussite est collective ;
— enfreindre les règles affichées (Code de la route, vie dans l'entreprise…).

Où trouver des informations complémentaires ?

Il existe plusieurs ouvrages sur les relations de travail et la vie quotidienne en Allemagne, expliquées aux Français :
– *Différences culturelles et management. France – Allemagne : les antipodes*, Gilles Untereiner, éditions Maxima. Ouvrage disponible auprès de la CCFA (chambre de commerce française en Allemagne) : *www.ccfa.de* ;
– *Améliorez vos relations d'affaires avec les Allemands*, Mark Grobien, les Presses du management. Articles et résumés disponibles sur le site : *www.grobien.net* ;
– *Savoir-vivre avec les Allemands*, petit guide interculturel de Bettina Mrossowski, édition L'Harmattan.

Chapitre 7

(Ré)apprendre l'allemand

1. Prendre des cours d'allemand en France

Il existe plusieurs types d'établissements qui délivrent des cours d'allemand en France. La liste ci-dessous n'est pas exhaustive et ne vise qu'à donner quelques repères. Il n'est pas possible de détailler ici l'offre de chaque prestataire tant elle est multiple et évolue d'un trimestre à l'autre.

Le Goethe-Institut

Le Goethe-Institut est la principale institution dans le monde qui propose des cours d'allemand. Cette institution a également pour mission de faire connaître la langue et la culture allemande dans le monde. De nombreuses expositions et événements culturels y sont organisés. Le Goethe-Institut est l'équivalent des Instituts Français dans le monde. Chaque Goethe-Institut dispose d'une bibliothèque en langue allemande. Le Goethe-Institut est également le principal centre d'examen en France pour passer les certificats en langue allemande. Le Goethe-Institut est présent à Bordeaux, Paris, Lille, Lyon, Nancy (délégation à Strasbourg) et Toulouse : site internet www.goethe.de (adresse directe du site en français : *www.goethe.de/ins/fr/lp/frindex.htm*).

Les maisons de l'Allemagne

Il est également possible de prendre des cours d'allemand au sein des maisons de l'Allemagne et centres franco-allemands, qui travaillent en partenariat avec le Goethe-Institut :
– Rennes : *www.centre-franco-allemand.com*
– Aix en Provence : *www.cfaprovence.com*
– Tours : *www.franco-allemand-touraine.fr*
– Nantes : *http://ccfanantes.free.fr*
– Paris : *www.maison-heinrich-heine.org*
– Brest : *www.mda.infini.fr*
– Montpellier : *www.maison-de-heidelberg.org*
– Avignon : + 33 4 90852709
– Caen : +33 2 31947064

Toutes les coordonnées des maisons de l'Allemagne sont indiquées sur le site du Goethe-Institut : *www.goethe.de*, rubrique « Notre réseau », puis « Maisons de l'Allemagne ».

Les centres habilités par le Goethe-Institut

Certains établissements d'enseignement comme des grandes écoles ou des universités sont habilités à faire passer les examens du Goethe-Institut. Ils proposent également souvent des cours de préparation à ces examens. La liste des centres habilités est mise à jour sur le site du Goethe-Institut.
Pour obtenir la liste :
– *www.goethe.de*
– *www.goethe.de/ins/fr/lp/frindex.htm* (Adresse directe du site en français). Rubrique « Notre réseau » puis « centres d'examens ».

Les Greta

Les Greta (Groupements d'établissements publics locaux d'enseignement), qui sont les centres de formation continue de l'Éducation

nationale, proposent des cours d'allemand pour adultes. Vous pouvez obtenir des informations :
- à partir du site du ministère de l'Éducation nationale pour trouver le Greta proche de chez vous : *www.education.gouv.fr*. Rubrique « De la maternelle au baccalauréat » puis « La formation tout au long de la vie ». Une carte s'affiche : cliquez sur votre région pour accéder au site du Greta proche de votre domicile.
Lien direct : *http://www.education.gouv.fr/cid255/carte-des-groupements-d-etablissements-publics-locaux-d-enseignement-greta.html* ;
- à partir du site d'un Greta : dans la rubrique « Recherche de formation », tapez « allemand » dans la recherche par mot-clé. Vous avez accès à la liste des cours d'allemand proposés par niveau.

Les communes, comités de jumelage et association franco-allemandes

De nombreuses villes et communes proposent des cours d'allemand, et notamment celles qui sont jumelées avec une ville allemande. Les cours peuvent être organisés directement par la municipalité, par le comité de jumelage ou via une association franco-allemande.

Pour savoir si votre ville ou votre commune est jumelée avec un homologue allemand, consulter l'annuaire des villes jumelées, sur le site de l'AFCCRE (Association françaises du conseil des communes et des régions d'Europe) et adressez-vous ensuite au service culturel de la mairie ou au comité de jumelage.

Association française du conseil des communes et des régions d'Europe : *www.afccre.org*.

Pour trouver une association franco-allemande proche de chez vous, consultez la liste des associations franco-allemandes (comités de jumelage, cercles économiques...) sur le site de la FAFA (fédération des associations franco-allemandes) : *www.fafapourleurope.org*, rubrique « Liste des adhérents ».

Autres institutions ou organisme de formations

D'autres institutions ou organismes de formations peuvent également proposer des cours d'allemand :
- **les universités et les établissements d'enseignement supérieur :** certains établissements d'enseignement supérieur proposent des cours en formation continue accessibles à tous les publics. Vous pouvez trouver sur le site du ministère de l'Enseignement supérieur et de la recherche la liste de toutes les universités et grandes écoles : *www.enseignementsup-recherche.gouv.fr*, rubrique « Enseignement supérieur » ;

> **Des lecteurs d'allemand dans les universités françaises**
>
> L'Office allemand des échanges universitaires (Deutscher Akademischer Austausch Dienst – Daad) co-finance chaque année une cinquantaine de postes de lecteurs allemands. Ils participent à l'enseignement de la langue, de la littérature et de la civilisation allemandes dans les universités et grandes écoles françaises. Ils donnent également des cours aux étudiants qui ne sont pas dans la filière d'allemand.
> La liste des lecteurs d'allemand de l'année en cours est disponible sur le site de l'Office allemand des échanges universitaires (Deutscher Akademischer Austausch Dienst – Daad) : *http://paris.daad.net*, rubrique « Langue », puis « lecteur d'allemand ».
> Lien direct : *http://paris.daad.net/lecteurs_d_allemand.html*

- **les universités populaires :** les universités populaires ont la particularité de proposer des enseignements qui s'adressent à tous les publics. Certaines dispensent des cours de langues. Vous pouvez trouver sur le site de l'association des universités populaires de France les coordonnées de celle proche de chez vous. Vous pouvez ensuite consulter leur site internet ou les contacter pour savoir s'ils donnent des cours d'allemand : *www.universitepopulaire.eu* ;
- **le CNAM :** le CNAM (centre national des arts et métiers) et ses 28 centres régionaux proposent pour certains des cours de langues (le site du CNAM pour Paris et l'Ile de France : *www.cnam.fr* ; les sites des CNAM en régions : *http://regions.cnam.fr*) ;
- **les chambres de commerce et d'industrie :** certaines CCI (chambres de commerce et d'industrie) proposent des cours d'allemand, souvent axés sur l'allemand professionnel (Portail national des CCI : *www.cci.fr*) ;

- **les associations culturelles :** certaines associations culturelles ou centres de formation associatifs proposent des cours de langues (à Paris : Association philotechnique : *www.philotechnique.fr* ; à Lyon : le Kotopo : *http://kotopo.free.fr*).

> **Portail des formations continues**
>
> Le portail internet du réseau Inter-Carof-Oref permet de faire une recherche de formation auprès de différents organismes. Vous pouvez réaliser une recherche par thème (allemand, allemand commercial, allemand du tourisme...) et par département : *www.intercariforef.org*, rubrique « Rechercher une formation ».

Cours à domicile et échanges de compétences

Il est également possible d'apprendre l'allemand en cours individuel ou par le biais d'échanges de compétences :

- **cours à domicile :** le fait de prendre des cours à domicile permet de bénéficier des avantages du statut des prestataires de service à domicile. L'Agence nationale des services à la personne délivre un agrément, appelé agrément simple pour les cours à domicile (*www.servicesalapersonne.gouv.fr*, rubrique « Un clic, un pro », puis « L'annuaire »). Cet agrément permet de bénéficier d'une réduction ou d'un crédit d'impôt sur le revenu correspondant à 50 % des sommes versées pour le paiement du service ;
- **les Accueils des villes de France :** les associations Accueils Villes de France (AVF) ont comme objectif d'accueillir les nouveaux arrivants dans une ville. Il est possible que ces associations proposent des cours d'allemand à des tarifs très avantageux voire gratuits pour les membres. Pour contacter l'association proche de votre domicile : Union nationale des accueils des villes de France (AVF) : *www.avf.asso.fr*, recherche des associations par région ou par ville à partir de la page d'accueil ;
- **échange de savoirs et de compétences :** les réseaux d'échanges de savoirs et de compétences permettent également de bénéficier de cours ou de conversation en langue allemande (Mouvement des réseaux d'échanges réciproques des savoirs : *www.mirers.org* ; Système d'échanges locaux : *www.selidaire.org*). À vous de proposer gratuitement en échange vos compétences (réparations, trajets en voiture...).

> **Aide au financement d'un cours d'allemand**
>
> Tous les salariés – lorsque l'employeur est basé en France – ont la possibilité de solliciter une aide financière pour réaliser une formation. Il existe plusieurs dispositifs à connaître :
> - le CIF (congé individuel de formation) : vous pouvez réaliser une formation longue ou courte sur le domaine de votre choix. C'est le Fongecif (organisme dédié au CIF) ou l'Opca (organismes professionnels de collecte agréés) de votre branche d'activité qui accorde les financements ;
> - le DIF (Droit individuel à la formation) : vous pouvez réaliser une formation courte décidée d'un commun accord entre le salarié et l'employeur. Important : tous les salariés ont droit au DIF : 20 heures par an (pour un temps plein) ;
> - le plan de formation : formation courte ou longue décidée par l'employeur. Solution à envisager lorsque la mobilité en Allemagne s'inscrit dans le cadre d'un projet de l'employeur actuel.
>
> Pour savoir auprès de quel Fongecif ou de quel Opca, vous devez réaliser une demande de CIF : *www.fongecif.com*, rubrique « Le CIF ».
> Pour une demande de DIF, adressez-vous à votre employeur.
> Pour en savoir plus sur la formation continue : Portail de l'État, des régions et des partenaires sociaux : *www.orientation-formation.fr*, rubrique « Le CIF ».

2. Prendre des cours d'allemand en Allemagne

Les cours d'allemand à destination des étrangers s'intitulent DaF (Deutsch als Fremdsprache), ce qui signifie « allemand comme langue étrangère ». C'est l'équivalent du FLE (français langue étrangère), le français enseigné aux étrangers en France et dans le monde.
Il existe plusieurs types d'établissements qui délivrent des cours d'allemand pour étrangers en Allemagne. Cette liste n'est pas exhaustive et ne vise qu'à donner quelques repères. Il n'est pas possible de détailler ici l'offre de chaque prestataire, tant elle est multiple et évolue d'un trimestre à l'autre.

▬▬ Le Goethe-Institut

Le Goethe-Institut, principale institution dans le monde à proposer des cours d'allemand, est naturellement un acteur important du marché des cours en Allemagne. Les centres du Goethe-Institut sont présents dans treize grandes villes. Des cours à distance sont également proposés (accès direct au site français : *www.goethe.de/allemagne/*).

Volkshohschule

Les VHS (Volkshochschule), littéralement « école supérieure populaire » sont des centres de formation qui proposent un programme très large de formation, dont des cours d'allemand. Les tarifs sont très accessibles, car cette institution bénéficie de financements publics. Les VHS sont présentes dans plus de 2 000 communes en Allemagne. Il faut contacter chaque VHS pour connaître leur programme et les horaires de cours. Des mini-guides avec l'ensemble des cours sont généralement à disposition gratuitement dans les institutions publiques, les bibliothèques, les librairies…
Consultez le site internet national des Volkshochschule (VHS) : *www.vhs.de*. Cliquez ensuite sur votre région à partir d'une carte pour avoir les coordonnées de l'établissement proche de chez vous.

Bourses pour suivre des cours en Allemagne

Il existe un certain nombre de bourses pour apprendre ou renforcer son niveau d'allemand. Elles s'adressent à chaque fois à des publics spécifiques :
- vous êtes diplômés de l'enseignement supérieur : contactez l'Office allemand des échanges universitaires (Deutscher Akademischer Austausch Dienst – Daad) : *http://paris.daad.de*, rubrique « Bourses », puis « Bourses pour un cours de langues en Allemagne » ;
- vous avez entre 18 à 30 ans : contactez l'OFAJ (Office franco-allemand pour la jeunesse) : *www.ofaj.org*, rubrique « Jeunes », puis « Apprendre l'allemand » ;
- vous êtes formateurs ou animateurs de rencontres franco-allemandes : contactez l'OFAJ (Office franco-allemand pour la jeunesse) : *www.ofaj.org*, rubrique « Formateurs » puis « Apprendre l'allemand ».

Autres centres et organismes de formations

Il existe un grand nombre d'autres centres et institutions de formation en allemand langue étrangère. Certaines enseignes/marques sont installées dans plusieurs grandes villes. D'autres n'existent que dans une seule ville.

La Fondation allemande pour l'intégration (Deutschlandstiftung Integration) propose un moteur de recherche pour trouver des cours dans toute l'Allemagne en fonction de votre ville : *www.ich-spreche-deutsch.de*.

Voici également quelques centres de formation à la langue allemande :
- Inlingua : *www.inlingua.de* – dans de nombreuses villes (site en allemand et en anglais) ;
- Tandem : *www.tandem-schools.com* – à Hambourg, Brême, Berlin, Dresde, Cologne, Francfort... (site en français) ;
- CDC : *www.cdc.de* – à Berlin, Hanovre, Cologne, Munich, Sarrebruck, Radolfzell (site en français) ;
- SprachCaffee : *www.sprachcaffe.com* – à Düsseldorf et Francfort (site en français) ;
- Institut für International Kommunikation : *www.iik-duesseldorf.de* – Düsseldorf (site en français) ;
- ASG Bildungsforum : *www.asg-bildungsforum.de* – à Düsseldorf (site en allemand) ;
- Prolog : *www.prolog-berlin.com* à Berlin (site en français) ;
- Colon : *www.colon.de* à Hambourg (site en français) ;
- Sprachen Atelier : *www.sprachenatelier-berlin.com* à Berlin (site en français) ;
- GLS : *www.gls-allemand-a-berlin.de* – Berlin (site en français) ;
- Deutsch in Berlin : *www.deutsch-in-berlin.de* (site en français) ;
- Sprachschule : *www.deutsch-kurs.de* à Fribourg (site en français).

Vacances et séjours linguistiques

Il existe de nombreux organismes qui proposent des formations intensives en allemand associés à des activités touristiques ou encore pour les jeunes à des séjours en famille ou en groupes franco-allemands.

L'office national allemand du tourisme (Deutsche Zentrale für Tourismus – DZT) édite chaque année en français une brochure intitulée « Vacances linguistiques ». Ce document détaille les offres de cours intensifs d'allemand en Allemagne associés éventuellement à des excursions touristiques : *www.allemagne-tourisme.com*, rubrique « Nos brochures ». Les brochures sont gratuites mais une participation aux

frais d'envoi est demandée. De nombreux séjours linguistiques sont proposés pour les jeunes Français qui souhaitent apprendre l'allemand en Allemagne :
– OFAJ (Office franco-allemand de la jeunesse) : *www.ofaj.org*
– BILD (Bureau international de liaison et de documentation) : *www.bild-documents.org*.

Les cours à l'Université

Les universités allemandes proposent différents types de cours d'allemand : certains sont ouverts à tous les publics, d'autres sont réservés aux étudiants ou aux futurs étudiants. Il s'agit essentiellement de préparer les certificats en langues nécessaires pour suivre les cours à l'université. La liste de toutes les universités allemandes est disponible sur le site de l'Office allemand des échanges universitaires (Deutscher Akademischer Austausch Dienst - Daad) : *www.daad.de* (site en allemand et en anglais).

Cours individuels

Les tarifs des cours individuels se situent dans une fourchette allant de 20 à 50 € le cours. Les tarifs peuvent être encore supérieurs dans certains centres de langues. Ce tarif horaire correspond à une « heure » de 45 minutes. Le tarif varie en fonction du centre de langues qui le dispense ou pour les cours en direct de l'expérience de l'enseignant ainsi que de son statut professionnel.

> **En Allemagne : les cours durent 45 minutes**
>
> En Allemagne, on décompte les cours en « heure » de 45 minutes que ce soit en cours individuel ou en cours collectif. Un cours de deux heures correspond à 1 h 30 de cours.

3. Cours à distance, sites internet et logiciels

L'offre de cours par internet s'est fortement développée ces dernières années grâce aux nouveaux outils informatiques (tutorat, chat, forum…).

▬▬▬ Les cours à distance

Différents organismes basés en France et en Allemagne proposent des cours à distance :
- le CNED (Centre national d'éducation à distance), organisme public français, propose des cours d'allemand pour adultes du niveau débutant à intermédiaire. Il prépare notamment au « Zertifikat Deutsch » de niveau B1 : voir *www.cned.fr*, rubrique « Cned Culture » (pour les particuliers), « Cned Professionnel » (si la formation est payée par votre employeur ou un Opca, le tarif est différent) ;
- le Goethe-Institut : *www.goethe.de/allemagne* (site en français), rubrique « Apprendre l'allemand à distance » ;
- Deutsch-Uni on line (DUO). Le programme de cours DUO est proposé par la société gestionnaire de l'Institut TestDaF (Gesellschaft für Akademische Studienvorbereitung und Testentwicklung e. V.) et a été développé par le laboratoire multimédia Allemand langue étrangère de la Ludwig-Maximilians-Universität de Munich : *www.deutsch-uni.com* (site en français) ;
- des organismes privés en France et en Allemagne proposent également des cours à distance : *www.babbel.com* (site en français), *www.toutapprendre.com* (site en français).

▬▬▬ Les offres gratuites du net

Il existe de nombreux sites internet qui proposent des outils et exercices en accès gratuit. À la différence des cours à distance, il n'y a pas de suivi pédagogique, ni de programme de cours. Cette solution est adaptée pour des apprenants très motivés et autonomes :

- Deutsche Welle : *www.dw-world.de*, rubrique « Apprendre l'Allemand ». À consulter : l'outil « Deutsch Interaktiv » dans la sous-rubrique « E-learning » ;
- Goethe-Institut : *www.goethe.de* (site en allemand et en anglais), rubrique « Deutsch lernen » puis « Deutsch üben im Web » puis « Lesen und schauen » ;
- l'Allemand facile : *www.allemandfacile.com* ;
- Allemand-net : *http://ressources-cla.univ-fcomte.fr/allemand-net/* ;
- Cronimus : *http://cronimus.free.fr/cours/* ;
- Deutschakademie : *www.deutschakademie.de*.
  Accès direct au site en français : *www.deutschakademie.de/online-deutschkurs/franzoesisch/*.

Contenus dédiés aux enfants :
- Deutsch Fans : *www.deutsch-fans.fr*. Site réalisé par l'ADEAF (Association pour le développement de l'enseignement de l'allemand en France), rubrique « portail Jeunes » ;
- Le grand méchant loup : *www.grand-mechant-loup.schule.de*.

Les logiciels et ressources numériques

Les logiciels d'apprentissage de la langue ont fleuri ces dernières années. Ils ont l'avantage de proposer une gamme d'exercices très large en utilisant des outils techniques pointus. Certains peuvent ainsi corriger votre prononciation.

La marque RIP « Reconnu d'intérêt pédagogique par le ministère de l'Éducation nationale » permet de se repérer dans le paysage des offres françaises. Seuls les logiciels et créations multimédias qui répondent aux besoins et aux attentes du système éducatif peuvent arborer le logo RIP.

Pour consulter la liste des produits RIP, rendez-vous sur le site *www.educnet.education.fr*, rubrique « Langues vivantes », puis « Ressources », puis « Les produits RIP », puis « Liste des produits RIP dans chaque langue », puis « Liste des produits RIP en Allemand » (accès direct à la liste des produits RIP en allemand : *www.educnet.education.fr/langues/ressources/rip/rip-langues4106/liste_des_produits_r1197*).

> **Se tenir au courant des nouveaux outils pour apprendre l'allemand**
>
> Une veille sur les nouveaux outils disponibles, notamment sur Internet, est réalisée régulièrement par l'association de développement de l'enseignement de l'allemand en France (ADEAF) qui regroupe 2 000 adhérents dont une grande majorité d'enseignants (primaire, collège, lycée, supérieur). Certaines informations sont accessibles à tous sur leur site internet. D'autres sont échangées entre adhérents à travers une liste de discussion très active. L'association est ouverte à tous les profils : enseignants, étudiants, apprenants, parents d'élèves… Elle diffuse également une revue chaque trimestre à ses adhérents sur toutes les questions liées à l'enseignement et l'apprentissage de l'allemand. Cette association travaille en coopération avec l'association des germanistes de l'enseignement supérieur (AGES) et l'association des professeurs de langues vivantes (APLV) dont les deux sites Internet proposent également des informations sur les ressources intéressantes pour apprendre l'allemand.
>
> Pour plus d'informations :
> – Association de développement de l'enseignement de l'allemand en France (ADEAF) : *www.adeaf.fr*, rubrique « Tice et allemand ».
> – Association des germanistes de l'enseignement supérieur (AGES) : *www.ages-info.org*, rubrique « Carnet pratique ».
> – Association des professeurs de langues vivantes (APLV) : *www.aplv-languesmodernes.org*, rubrique « Tout sur les langues », puis « D'une langue à l'autre », puis « Allemand », puis « Allemand-Ressources ».

4. Le niveau des cours et des certificats en langue allemande

Les pays de l'Union européenne se sont dotés d'un outil qui permet tout à la fois d'identifier le niveau des cours (débutant, autonome, confirmé…) et de certifier le niveau de langue de l'apprenant.

L'apprentissage ou la révision d'une langue étrangère étant un exercice certes stimulant mais parfois décourageant, se fixer comme objectif l'obtention des certificats de langues est un bon moyen pour progresser et mesurer objectivement les progrès réalisés. Car on ne devient malheureusement pas bilingue en un jour…

Le cadre européen commun de référence (CECR)

Il existe un cadre européen commun de référence (CECR), appelé « Gemeinsamer europäischer Referenzrahmen für Sprachen » en allemand, qui permet d'identifier et d'évaluer le niveau de langues en utilisant des repères partagés par tous les interlocuteurs quels que soient le pays et la langue.

Les niveaux du cadre de référence vont de A1 (grand débutant) à C2 (langage courant) avec six niveaux intermédiaires. Ils prennent en compte les cinq facettes de la maîtrise d'une langue : écouter, lire, prendre part à une conversation, s'exprimer à l'oral et écrire.

Le niveau A (A1 puis A2) correspond à une pratique élémentaire de la langue.

Le niveau B (B1 puis B2) correspond au niveau d'utilisateurs indépendants de la langue.

Le niveau C (C1 puis C2) correspond au niveau d'utilisateurs expérimentés de la langue.

Où trouver des informations complémentaires ?

- Ministère de l'éducation nationale : *www.eduscol.educations.fr* (site en français), rubrique « Programmes – Certifications », puis « Programmes », puis « Langues vivantes ».
- Conseil de l'Europe : *www.coe.int*, rubrique « Éducation », puis « Politiques linguistiques », puis « CECR », puis « Portfolio européen des langues », puis « Niveaux ».
- La version intégrale du CECR est disponible sous la forme d'un ouvrage édité par les éditions Didier : *www.editionsdidier.com*. Taper : CECR dans le moteur de recherche.

Les principaux certificats de langue allemande

Il existe différents certificats de langues. Voici les principaux classés par niveau correspondant au cadre européen commun de référence :

Utilisateurs élémentaires :
- A1 : Goethe-Zertifikat A, Fit in Deutsch 1 (FD1), Start Deutsch 1 (SD1) ;
- A2 : Goethe-Zertifikat A2, Fit in Deutsch 2 (FD2), Start Deutsch 2 (SD 2), Deutsch-Test für Zuwanderer (DTZ) : test d'allemand pour les immigrants. Il correspond au niveau A2/B1.

Utilisateurs indépendants :
- B1 : Goethe-Zertifikat B1, Zertifikat Deutsch ;
- B2 : Goethe-Zertifikat B2, Zertifikat Deutsch für den Beruf – Certificat d'allemand professionnel, Test DaF (Deutsch als Fremdsprache) niveau 3.

Utilisateurs expérimentés :
- C1 : Test DaF niveau 4 et niveau 5, Deutsche Sprachprüfung für den Hochschulzugang (DSH), Goethe-Zertifikat C1, Zentrale Mittelstufenprüfung (ZMP), Prüfung Wirtschaftsdeutsch International (PWD) – examen international d'allemand économique ;
- C2 : Goethe-Zertifikat C2, Zentrale Oberstufenprüfung (ZOP), Kleines Deutsches Sprachdiplom (KDS), Großes Deutsches Sprachdiplom (GDS).

Où passer les examens d'allemand ?

Les examens menant à un certificat ou un diplôme peuvent être passés en France, en Allemagne ou dans d'autres pays. Le coût oscille dans une fourchette de 50 à 350 euros selon le niveau de l'examen. Certains centres accordent un tarif préférentiel à leurs élèves, par rapport aux candidats libres.

A. En France

Les certificats du Goethe Institut peuvent être passés dans les centres du Goethe Institut ainsi que dans des organismes habilités. Plusieurs centres sont par ailleurs agréés pour faire passer le test DaF.

Le Goethe-Institut est le principal organisme à proposer des certificats de langue allemande en France. Le Goethe-Institut est présent à Paris, Lille, Lyon, Nancy, Toulouse.

Il existe aussi des centres d'examens (grandes écoles, universités...) qui sont habilités à faire passer les examens du Goethe-Institut (*www.goethe.de/allemagne* (site en français), rubrique « Réseau » puis « centres d'examens »).

Le test DaF (Deutsch als Fremdsprache), qui permet de s'inscrire dans une université en Allemagne, se passe en France dans des centres d'examen agréés :
- Goethe-Institut Lyon ;
- Université Marc Bloch, Strasbourg ;
- Université Stendhal Grenoble 3 ;
- Goethe-Institut Toulouse ;
- Centre Franco-Allemand de Provence, Aix en Provence ;
- Maison de Heidelberg, Montpellier ;
- Université de Savoie, Section d'Allemand, Chambéry ;
- Université Lille 3 - Charles de Gaulle ;
- Université de Nice Sophia Antipolis ;
- Goethe-Institut Paris ;
- Maison de Rhénanie-Palatinat, Dijon.

Pour plus d'informations, consultez le site : *www.testDaf.de* (site en allemand), rubrique « Testzentren », puis « Testzentren weltweit », puis « Frankreich » pour avoir les coordonnées de tous les centres d'examens qui proposent le test DaF.

B. En Allemagne

Il existe plusieurs centres où il est possible de passer les examens d'allemand. Le délai pour l'obtention des résultats peut varier d'un centre à l'autre (du jour même à deux mois) :
- le Goethe-Institut : *www.goethe.de/Allemagne*, rubrique « Examens ». À savoir : après avoir sélectionné l'examen visé, vous pouvez consulter les lieux d'examens du Goethe-Institut ou de ses partenaires ;
- la Volkshochschule (VHS) : les VHS proposent essentiellement le Zertifikat Deutsch (B1 et B2) ainsi que les examens à destination des migrants. Site internet national : *www.vhs.de*. Cliquez ensuite sur votre région pour avoir leurs coordonnées ;
- les universités pour la « DSH » : l'examen DSH (Deutsche Sprachprüfung für den Hochschulzugang) se déroule en début de

semestre au sein des universités allemandes. Les places pour passer l'examen sont souvent limitées. La liste de toutes les universités allemandes est disponible sur le site de l'Office allemand des échanges universitaires (Deutscher Akademischer Austausch Dienst - Daad) : *www.daad.de* (site en allemand et en anglais).

5. Des outils pour progresser au quotidien

À côté des cours et des ressources disponibles sur Internet, un grand nombre d'outils permettent d'apprendre ou de ré-apprendre l'allemand de manière intensive ou en douceur.

▬▬▬ Manuels et livres de langues

Les ouvrages pour apprendre l'allemand sont toujours plus variés et adaptés aux différents besoins. Vous pouvez opter pour des livres réalisés par des éditeurs français (avec le plus souvent des explications en français) ou par des éditeurs allemands (tout le contenu est en allemand).

A. Éditeurs français

Les livres d'apprentissage de l'allemand édités en France sont le plus souvent accompagnés d'explications en français. Le nombre de manuels, livres de grammaire ou de conversation édités par des éditeurs en français est trop important pour les lister ici. Nous vous conseillons de consulter les sites en ligne de ces deux librairies spécialisées dans les langues : *www.attica.fr*, *www.novagora.net*.

B. Éditeurs allemands

Les livres d'apprentissage de l'allemand édités en Allemagne sont le plus souvent édités dans la seule langue allemande. Certains comportent des explications en français ou en anglais, mais c'est plus rare. Le fait qu'ils soient seulement en allemand les rend souvent plus intuitifs.

Voici les sites de plusieurs éditeurs allemands :
– *www.langenscheidt.de* (site en allemand) ;
– *www.hueber.de* (site en allemand) ;
– *www.klett.de* (site en allemand) ;
– *www.deutsch-verlag.com* (site en allemand) ;
– *www.duden.de* (site en allemand).

Magazines spécialisés

Il existe plusieurs magazines à destination de ceux qui apprennent l'allemand :
– Vocable : *www.vocable.fr*. Revue de presse d'articles allemands accompagnés d'un mini-dictionnaire donnant la traduction du vocabulaire allemand difficile en français ;
– Deutsch Perfekt : *www.deutsch-perfekt.com*. Articles écrits spécifiquement pour un public d'apprenants. Une partie du vocabulaire est expliquée en allemand avec des mots simples et une petite partie est traduite dans plusieurs langues, dont le français.

La télévision

Regarder la télévision allemande présente l'avantage d'être aidé par les images pour comprendre ce qui se dit. C'est une façon efficace d'apprendre sans faire beaucoup d'effort.

Plusieurs chaînes de télévision allemande proposent des programmes avec des sous-titres en allemand. Cette option est indiquée par une petite oreille barrée dans les programmes. L'option peut s'activer gratuitement à partir de votre télécommande si le téléviseur dispose de cette fonctionnalité.

Les principaux programmes sous-titrés sont proposés par les chaînes : ARD (Das Erste), ZDF et les chaînes régionales (WDR, NDR, BR, SWR…).

En France, les chaînes allemandes peuvent être captées à l'aide du satellite Astra (*www.onastra.fr*). Canalsat propose également l'accès à certaines chaînes allemandes (*www.canalsat.fr*).

> **Karambolage : l'émission rigolote sur les langues françaises et allemandes**
>
> Karambolage est une émission culte pour ceux qui apprennent l'allemand et/ou vivent en Allemagne. Dans chaque émission, diffusée sur Arte à 20 h le dimanche soir, on y parle d'objets, de mots et de coutumes allemands et français. Les archives des émissions précédentes sont accessibles dans les deux langues sur le site de la chaîne Arte. *www.arte.tv/karambolage* (rubrique disponible en français et en allemand)

DVD sous-titrés

De nombreux DVD de films allemands ou d'autres pays proposent un sous-titrage en allemand pour les malentendants. Cette option est très utile pour l'apprentissage de la langue. Regarder des films que l'on a déjà vus en français ou en anglais permet d'acquérir très rapidement du vocabulaire et les expressions courantes.

La radio

Écouter la radio en allemand n'est pas aisé pour les débutants car à la différence de la télévision, aucune image ne vient situer le contexte. Suivre les actualités en allemand après avoir écouté un journal international en français est cependant rapidement accessible.

Quelques antennes radios avec des magazines d'informations et des débats :
– WDR 5 : *www.wdr5.de* ;
– Deutschland Radio Kultur : *www.dradio.de/dkultur* ;
– Funkhaus Europa : *www.funkhauseuropa.de* ;
– Deutsche Welle : *www.dw-world.de* (site et émissions en allemand et en français).
  NB : la Deutsche Welle propose un journal radio d'actualité prononcé lentement pour apprivoiser la langue.
– RFI : *www.rfi.fr*

(RÉ)APPRENDRE L'ALLEMAND

> **Lexique**
> **Deutsch als Fremdsprache (DaF)** : Allemand langue étrangère
> **Deutscher Akademischer Austausch Dienst (Daad)** : Office allemand des échanges universitaires
> **Deutsche Sprachprüfung für den Hochschulzugang (DSH)** : examen de connaissance de la langue allemande conditionnant l'accès des étrangers à l'enseignement supérieur en Allemagne
> **Deutsch-Test für Zuwanderer (DTZ)** : test d'allemand pour les immigrants
> **Deutsche Zentrale für Tourismus (DZT)** : Office national allemand du tourisme
> **Gemeinsamer europäischer Referenzrahmen für Sprachen** : cadre européen commun de référence (CECR)
> **Goethe-Zertifikat** : Certificat du Goethe Institut
> **Großes Deutsches Sprachdiplom (GDS)** : Diplôme de langue allemande de niveau supérieur
> **Kleines Deutsches Sprachdiplom (KDS)** : Diplôme de langue allemande de premier niveau
> **Kurs** : cours
> **On-line** : en ligne
> **Fernunterricht** : enseignement à distance
> **Prüfung** : examen
> **Prüfung Wirtschaftsdeutsch International (PWD)** : examen international d'allemand économique
> **Test DaF (Deutsch als Fremdsprache)** : test d'allemand langue étrangère
> **Unterricht** : cours
> **Volkshoschule (VHS)** : école supérieure populaire
> **Zentrale Mittelstufenprüfung (ZMP)** : Examen de niveau intermédiaire
> **Zentrale Oberstufenprüfung (ZOP)** : Examen de niveau supérieur
> **Zertifikat Deutsch** : Certificat d'allemand
> **Zertifikat Deutsch für den Beruf** : Certificat d'allemand professionnel

Chapitre 8

Formalités d'installation

1. L'arrivée en Allemagne

La seule formalité obligatoire à accomplir pour les ressortissants de l'Union européenne qui s'installent en Allemagne consiste à se déclarer auprès de la municipalité dans laquelle ils résident. On parle de déclaration de résidence (Anmeldung) ou parfois d'immatriculation. C'est auprès des mêmes services de la mairie que vous demanderez votre carte d'imposition (Lohnsteuerkarte).

Pour les citoyens de l'Union européenne, la demande de visa ou de titre de séjour n'est pas nécessaire pour s'installer en Allemagne.

Visa et titre de séjour

Les citoyens de l'Union européenne et de l'espace économique européen qui souhaitent séjourner sur le territoire allemand à titre de salarié, pour y exercer une activité non salariée, pour rechercher un emploi ou pour suivre une formation professionnelle bénéficient du droit de libre circulation en vertu du droit communautaire. Il n'est pas demandé aux ressortissants de l'Union européenne de visa pour entrer sur le territoire allemand ni de titre de séjour pour y séjourner. Il suffit d'être en possession d'une carte d'identité ou d'un passeport de voyage en cours de validité.

Le droit de séjour (Aufenthaltsgenehmigung) est également accordé aux citoyens de l'Union non actifs ainsi qu'aux membres de famille et au partenaire qui accompagnent ou viennent rejoindre ledit citoyen dès lors qu'ils disposent de ressources et d'une assurance-maladie suffisantes.

Pour un séjour de plus de trois mois, un document attestant du droit de séjour (Aufenthaltsgenehmigung) peut être délivré par les autorités. Cette formalité n'est pas obligatoire, mais peut vous être demandée par exemple par votre employeur ou par un organisme de protection sociale. Adressez-vous au service des étrangers (Ausländerbehörde) de votre commune.

Des dispositions spécifiques en matière de visa et de titre de séjour existent pour les citoyens des États candidats à l'UE et pour les membres de la famille d'un citoyen de l'UE qui ne sont pas eux-mêmes citoyens de l'Union européenne.

> **Où trouver des informations complémentaires ?**
>
> Consultez la « Loi sur la libre circulation générale des citoyens de l'Union » en République fédérale d'Allemagne du 30 juillet 2004, modifiée le 19 août 2007 sur le site du gouvernement fédéral (Bundesregierung).
> www.bundesregierung.de, rubrique « Dossiers puis Intégration »
> Accès direct au document en français :
> www.bundesregierung.de/nn_246228/Content/FR/StatischeSeiten/Schwerpunkte/Integration/einleitungstext-integration.html

La déclaration de domicile (Anmeldung)

Tout résident en Allemagne, quelles que soient sa nationalité et sa situation (salarié, expatrié, détaché, VIE…), doit se faire enregistrer dans la commune de résidence pour tout séjour de plus de trois mois. Toute personne, y compris les Allemands qui déménagent et changent de ville en Allemagne, doit réaliser cette formalité. Cette déclaration de domicile (Anmeldung) doit se faire dans les huit jours suivant son emménagement.

FORMALITÉS D'INSTALLATION

Quels documents fournir ? Une pièce d'identité pour chaque personne déclarée est nécessaire, ainsi que le formulaire de déclaration de domicile (Anmeldeformular) préalablement rempli.

À qui s'adresser ? Cette formalité s'effectue auprès du bureau de déclaration domiciliaire (Einwohnermeldeamt) de la municipalité où vous emménagez. Ce bureau peut être intégré à d'autres services comme le bureau municipal (Stadtbüro) ou le bureau des administrés (Bürgerbüro ou Bürgeramt).

Où trouver le formulaire ? Vous trouvez le formulaire à remplir auprès de ces services. Il est souvent téléchargeable sur les sites Internet des grandes villes. Tapez comme mot-clé « Anmeldeformular » (formulaire de déclaration de domicile) ou « Anmeldung » (déclaration de domicile).

Quelle utilité ? Outre le fait que cela est obligatoire, le certificat de déclaration de résidence (Anmeldebescheinigung ou Anmeldung) vous sera ensuite demandé pour un grand nombre de démarches, car il prouve que vous êtes résident en Allemagne. Il est par exemple indispensable pour demander l'allocation enfant (Kindergeld) ou encore pour vous inscrire à la bibliothèque municipale.

Déménagement : si vous déménagez en Allemagne et changez de ville, vous devrez renouveler cette déclaration de domicile auprès de la municipalité de votre nouveau lieu de vie. Une déclaration de domicile auprès d'une nouvelle commune allemande est possible uniquement après avoir réalisé une formalité de désinscription (Abmeldung).

Quitter l'Allemagne. Pour un retour en France, vous devrez également procéder à une désinscription (Abmeldung) en contactant les services domiciliaires auprès desquels vous avez réalisé la déclaration de résidence (Anmeldung) à votre arrivée.

La carte d'imposition (Lohnsteuerkarte)

Pour les salariés d'une entreprise allemande (expatrié ou contrat local), une carte d'imposition vous sera rapidement demandée par votre employeur qui doit prélever chaque mois sur votre salaire votre impôt sur le revenu.

Quels documents fournir ? Une pièce d'identité et le certificat de déclaration de domicile (Anmeldebescheinigung ou Anmeldung).

À qui s'adresser ? Cette formalité s'effectue auprès du bureau municipal (Stadtbüro) ou bureau des administrés (Bürgerbüro ou Bürgeramt) de votre commune de résidence. Dans la majorité des communes, il suffit de cocher une case spécifique dans le formulaire de déclaration de domicile (Anmeldeformular), ci-dessus, pour obtenir automatiquement une carte d'imposition.

Renouvellement : une nouvelle carte d'imposition vous sera ensuite envoyée chaque année par votre municipalité.

Pour en savoir plus sur la carte d'imposition et les impôts sur le revenu en Allemagne, consultez le chapitre 4.

Concernant la demande d'allocation enfant, reportez-vous à la page 373.

2. Inscription au registre des Français établis hors de France

L'inscription au registre des Français établis hors de France n'est pas une formalité obligatoire, mais elle fortement recommandée par les autorités françaises et vous sera utile pour réaliser certaines démarches (carte d'identité, passeport, élections, aides à la scolarité…).

Elle est nécessaire pour :
– obtenir ou renouveler une carte nationale d'identité ;
– obtenir une bourse scolaire ou une aide à la scolarité dans les établissements d'enseignement français ;
– s'inscrire sur une liste électorale pour voter aux élections françaises.

Comment s'inscrire au registre ?

L'inscription au registre est une démarche qui peut s'effectuer à distance ou auprès du service consulaire compétent, à Francfort, Munich ou Berlin. Vous pouvez télécharger sur les sites du service consulaire compétents le formulaire à remplir et envoyer les photocopies des pièces demandées par courrier.

FORMALITÉS D'INSTALLATION

La liste des documents à fournir est consultable sur le site internet de chaque service consulaire compétent. Quelques différences pouvant exister entre les services sur certains éléments à fournir, nous vous conseillons de consulter spécifiquement le site Internet du service compétent selon votre lieu d'habitation.

Les principales pièces demandées sont les suivantes :
- carte nationale d'identité française et/ou votre passeport (pour chaque membre de la famille) ;
- livret de famille français et/ou copie des actes de naissance des enfants ;
- justificatif(s) de résidence (certificat de déclaration de domicile (Anmeldung) ou facture d'électricité ou de téléphone, ou contrat de bail, attestation d'assurance de votre logement) ;
- 1 photographie d'identité pour chaque personne inscrite ;
- pour les moins de 25 ans, un justificatif de leur situation au regard du service national (attestation de recensement ou attestation de participation à l'APD (appel de préparation à la défense) pour les jeunes de 16 à 25 ans).

À quel consulat s'adresser ?

Le service consulaire auquel vous devez vous adresser dépend du Land dans lequel vous vivez (voir page 326).

Retrouvez toutes les coordonnées des services consulaires dans le carnet d'adresses en fin d'ouvrage.

Validité et renouvellement

L'inscription au registre des Français établis hors de France est valable 5 ans. Vous serez contacté par courrier pour son renouvellement et pourrez renouveler votre inscription en envoyant les documents à distance. Pour être prévenu du renouvellement, pensez à communiquer vos éventuels changements d'adresse au service compétent.

> **Où trouver des informations complémentaires ?**
>
> Sur les sites Internet des trois services consulaires compétents pour l'inscription au registre des Français établis hors de France :
> – Berlin : *www.consulfrance-berlin.org*, rubrique « Formalités et services » ;
> – Francfort : *www.botschaft-frankreich.de/frankfurt*, rubrique « Formalités et services » ;
> – Munich : *www.botschaft-frankreich.de/muenchen*, rubrique « Formalités et services ».
> Sur le site du ministère des affaires étrangères et européennes (France) :
> *www.diplomatie.gouv.fr*, rubrique : « Les Français et l'étranger » puis « Inscription au registre des Français établis hors de France ».

3. Formalités douanières

Les formalités douanières lors d'un emménagement en Allemagne sont facilitées comme pour tous les déménagements de particuliers au sein de l'Union européenne.

La réglementation douanière prévoit en effet des exemptions de taxe à l'importation pour les biens personnels importés lors d'un déménagement et encadre l'importation de biens particuliers comme l'alcool et le tabac.

Pour un déménagement classique, vous n'aurez normalement pas de formalités particulières à accomplir.

■ Déménagement des biens personnels

Les biens personnels peuvent être transportés en Allemagne lors d'un déménagement en provenance d'un autre pays de la communauté européenne sans formalités particulières ni versement de taxes.

Sont désignés comme « biens personnels importés » :
– les meubles et effets domestiques (linge de maison, de lit et de table, meubles et appareils destinés à un usage personnel par le bénéficiaire ou sa famille) ;
– les véhicules privés de tout type (bicyclettes et motocycles, voitures particulières (avec remorque le cas échéant), remorques de camping, véhicules de sports nautiques et avions de tourisme) ;

FORMALITÉS D'INSTALLATION

– les réserves domestiques (si leur quantité n'excède pas celle usuelle pour une famille) ;
– les animaux domestiques et de monture ;
– les instruments et appareils portables pour des activités exercées en tant qu'artisan ou travailleur indépendant, si la personne migrante nécessite ceux-ci pour son métier.

Il n'y a pas de limitation concrète pour ces biens dès lors que l'usage de ces biens est personnel et n'a aucun caractère commercial, c'est-à-dire qu'ils ne doivent pas être importés pour être revendus sur place.

Tabac et alcools

Pour les produits du tabac et les boissons alcoolisées, il est possible de faire entrer en Allemagne, que ce soit lors d'un déménagement ou d'un déplacement ultérieur, des marchandises en provenance d'un pays de la communauté européenne sans avoir de formalités particulières ni de taxes à régler, à condition que l'usage soit strictement personnel et de respecter certaines quantités. À titre d'exemple : 1 kg de tabac à fumer maximum, 200 cigares, 10 litres de spiritueux…

Il est possible de consulter l'ensemble des quantités autorisées sur le portail de la douane réalisé par le Ministère fédéral des finances.

> **Où trouver des informations complémentaires ?**
>
> Portail sur la douane réalisé par le ministère fédéral des Finances (Bundesministerium der Finanzen) : *www.zoll.de* (site en français). Rubrique « Trafic voyageurs », puis « Voyages à l'intérieur de la CE ».

4. Animaux domestiques

Si vous emmenez vos animaux domestiques en Allemagne, vous devez prévoir des formalités spécifiques et une visite chez le vétérinaire avant votre départ de France.

Tout chien, chat ou furet voyageant dans l'Union européenne doit :
– être identifié par puce électronique à partir du 2 juillet 2011. Avant cette date, l'identification par tatouage peut remplacer la puce électronique ;

— être en possession d'un passeport européen fourni et rempli par un vétérinaire. Le passeport européen obligatoire pour l'animal est constitué d'un certificat vétérinaire officiel où sont notés le numéro de la micropuce (ou le tatouage) et des certificats de vaccination. Vous devez vous adresser à un vétérinaire titulaire d'un mandat sanitaire qui lui permet de délivrer les passeports européens ;
— être vacciné contre la rage : le vaccin contre la rage obligatoire pour l'animal doit avoir été réalisé au minimum 30 jours et au maximum un an avant votre arrivée en Allemagne. C'est-à-dire entre le jour J-30 et J-365 de votre déménagement.

Pour pouvoir remplir toutes ces conditions, les animaux domestiques doivent être au moins âgés de sept mois. En deçà, ils ne peuvent être introduits en Allemagne.

Attention, un test sanguin (titrage sérique des anticorps antirabiques) doit être réalisé dans un laboratoire agréé par la communauté européenne lorsque les animaux sont en provenance de pays considérés à risque (liste à jour sur le site de l'administration des douanes allemandes *www.zoll.de*). Il faut attendre trois mois après la réalisation du test sanguin pour pouvoir introduire l'animal en Allemagne.

Concernant plus spécifiquement les chiens, ils doivent être déclarés auprès de la commune où vous résidez dans les deux semaines de leur arrivée en Allemagne. Cette démarche a notamment pour objectif la perception de l'impôt sur les chiens (Anmeldung zur Hundesteuer). Les démarches peuvent se faire en même temps que pour vous et votre famille auprès du même service (voir ci-dessus La déclaration de domicile (Anmeldung), page 178). Vous devrez fournir au moment de la déclaration à la municipalité le certificat de vaccination antirabique (contre la rage). Il est également conseillé de souscrire rapidement une assurance pour votre chien, car les dégâts qu'il pourrait causer ne sont pas couverts par votre assurance responsabilité civile (voir page 237).

Attention, l'importation de chiens dangereux en Allemagne est très strictement contrôlée. Certaines races sont interdites et d'autres doivent se conformer à des règles strictes. L'Ambassade d'Allemagne en France a réalisé un document en français très clair avec les services à contacter pour chaque Land. Il existe en effet quelques différences entre les Länder en la matière.

FORMALITÉS D'INSTALLATION

> **Où trouver des informations complémentaires ?**
> – Sur le site du ministère (français) de l'alimentation, de l'agriculture et de la pêche : *www.agriculture.gouv.fr*, rubrique « Santé et protection des animaux », puis « Animaux de compagnie », puis « transport ».
> – Consulter le site de l'Ambassade d'Allemagne en France : *www.paris.diplo.de* (site en français), rubrique « Services consulaires », puis « réglementation en matière d'importation », puis « Voyager avec des animaux de compagnie ».

> **Lexique**
> *Anmeldebescheinigung* : attestation/certificat de déclaration de résidence
> *Anmeldebestätigung* : confirmation/certificat de déclaration de résidence
> *Anmeldeformular* : formulaire de déclaration de domicile
> *Anmeldung* : déclaration de résidence
> *Anmeldung zur Hundesteuer* : Déclaration en vue de l'impôt sur les chiens
> *Aufenthaltsgenehmigung* : droit de séjour
> *Ausländerbehörde* : services des étrangers
> *Bescheinigung* : certificat ou attestation
> *Bestätigung* : confirmation ou certificat
> *Bürgerbüro ou Bürgeramt* : bureau des administrés
> *Einwohnermeldeamt* : bureau de déclaration domiciliaire
> *Lohnsteuerkarte* : carte d'imposition
> *Meldebehörde* : autorités compétentes
> *Stadtbüro* : bureau municipal
> *Stadtverwaltung* : administration de la commune
> *Rathaus* : mairie (le lieu)
> *Wohnanmeldung* : déclaration de domicile

Chapitre 9

Trouver un logement

L'Allemagne dispose d'une offre immobilière relativement importante et de bonne qualité. Le parc immobilier allemand est constitué majoritairement de constructions datant de la deuxième partie du XXe siècle du fait des destructions massives de la Seconde Guerre mondiale. Les prix à la location et à l'achat dépendent principalement du Land et de la ville où est situé le logement. Plus il y a d'activité économique, plus les loyers sont élevés. Contrairement à la France, où Paris est en tête de classement pour les prix des logements, ce n'est pas Berlin mais les grandes villes économiques comme Munich, Hambourg, Francfort ou Düsseldorf qui sont les villes les plus chères.

1. Les prix de l'immobilier

Les prix à la location et à l'achat varient très fortement en fonction du Land et de la ville où est situé le logement. Il y a notamment de très importantes variations de prix entre les Länder et les villes de l'ex-Allemagne de l'Ouest et ceux de l'ancienne Allemagne de l'Est (appelés les nouveaux Länder), où les prix peuvent être comparativement très bas. Les niveaux des loyers (ainsi que les prix à la vente) sont représentatifs du niveau d'activité économique du Land et de la ville dans lesquels le logement se trouve avec, en tête, les régions de Francfort, Hambourg, Munich et Düsseldorf. Les prix sont également souvent plus élevés aux abords du centre-ville. En fonction du réseau des transports en commun et des infrastructures routières (souvent de très bonne qualité), il peut être intéressant de vivre en périphérie en vue de réduire le montant mensuel du loyer.

> **Où trouver des informations complémentaires ?**
>
> – Outre les sites de petites annonces, certaines grandes villes allemandes mettent à disposition un index des loyers de la localité par quartier, qui est appelé liste officielle des loyers (Mietspiegel). Cette liste est à consulter à la mairie de votre ville et peut, si elle est disponible, vous donner une indication précieuse des endroits où les loyers sont les plus abordables.
> – Le magazine Focus propose sur son site Internet les loyers moyens de plus de 300 villes en Allemagne : *www.focus.de* (site en allemand), rubrique « Immobilien », puis « Mieten », puis « Mietspiegel : Was Wohnen in Deutschland kostet ».

Le tableau ci-dessous compare les prix moyens à la location dans plusieurs grandes villes allemandes en 2009 pour un appartement de 65 m^2.

Comparaison des prix des loyers en Allemagne

Ville	Prix moyen au m^2 (en euros)
Berlin-Ouest	6,87
Berlin-Est	6,87
Cologne	8,90
Dresde	5,76
Düsseldorf	8,20
Francfort	8,22
Hambourg	7,65
Leipzig	5,07
Munich	10,50

Source : Focus Online www.focus.de (Prix au 1er janvier 2009). Les prix moyens peuvent varier en fonction de la date de construction de l'habitat. Dans ce tableau, nous avons indiqué le prix moyen le plus haut, que ce soit pour des constructions récentes ou datant du début du siècle.

> **À avoir en tête pendant votre recherche**
>
> **Proximité des écoles françaises :** si vous optez pour une école française pour vos enfants, il faut savoir que les quartiers voisins de ces établissements sont très recherchés, et donc à des prix élevés.
>
> **Nombre de pièces :** sans la cuisine. Le mode de calcul pour les pièces est le même qu'en France, les chambres et les pièces de séjour, salon et salle à manger comptent chacun pour une pièce (« *Zimmer* »). Lors de votre recherche, les annonces vous signaleront donc de manière générale des logements contenant 1, 2 ou 3 *Zimmer*, ce qui correspond à autant de pièces, sans la cuisine.

2. Chercher un logement à louer

Pour optimiser vos recherches, il est conseillé de croiser les sources : sites spécialisés en immobilier ainsi que les journaux et magazines locaux. En Allemagne, le coût d'une agence immobilière est assez élevé. Contre rémunération vous pouvez également vous faire aider par une agence de relocation qui propose des services de recherche de logement en s'appuyant à la fois sur les annonces des particuliers et les offres des agences.

Les sites Internet

Les sites Internet spécialisés en immobilier proposent à la fois des offres de logements à louer en direct à des particuliers et par l'intermédiaire d'agents immobiliers (dans ce dernier cas, il y a une commission à verser). La définition des critères de choix peut se faire de manière très précise, ce qui permet de spécifier vos préférences en matière d'emplacement, de prix et de taille.

Quelques grands sites fédèrent des offres de location sur l'ensemble du territoire :
– *www.immowelt.de* (en allemand) ;
– *www.immobilienscout24.de* (en allemand) ;
– *www.wohnpool.de*, rubrique « Wohnungen-Suche » (en allemand) ;
– *www.homecompany.de* (pour les meublés) (en allemand et en anglais).

Vous pouvez taper dans un moteur de recherche (type Google) les mots « Immobilien Anzeigen » (petites annonces immobilières), « Wohnung » (logement) ou « Haus mieten » (maison à louer) suivi du nom de la ville. Cela vous permet de trouver des sites de recherches spécifiques à la localité qui vous intéresse.

Les annonces presse

Des annonces pour louer un logement sont disponibles dans la presse spécialisée, ainsi que dans la presse quotidienne régionale ou locale.
De nombreuses offres sont disponibles dans différents titres de la presse spécialisée, tels : Immobilienmarkt, Immoanzeiger, Immowelt et Immobilien Zeitung. Les offres de ces magazines sont souvent également consultables, parfois gratuitement, sur leurs sites Internet :
– *www.immobilienmarkt.de* ;
– *www.immoanzeiger.de* ;
– *www.immowelt.de* ;
– *www.immobilien-zeitung.de*.
De nombreuses annonces sont également publiées régulièrement dans les principaux titres de la presse nationale et régionale comme le « Rheinische Post », le « Süddeutsche Zeitung », le « Frankfurter Allgemeine Zeitung »…

> **Où trouver des informations complémentaires ?**
>
> Une liste des titres de la presse allemande avec une section régionale est disponible sur le site *www.zeitung.de* (site en allemand), rubrique « Regional » et « Überregional ».

Les magazines gratuits de petites annonces disponibles dans les commerces, gares et lieux publics publient également des offres de location. Leurs titres sont souvent différents selon les villes et les Länder.

> **Conseils de pro pour trouver votre logement**
>
> Nathalie Planès-Mahnke et Christelle Cronenberg sont deux Françaises qui ont créé l'agence Relocation-Experts (*www.relocation-experts.de*), basée à Düsseldorf en Rhénanie du Nord-Wesphalie. La première est avocate et a vécu à Paris et Munich, la seconde a travaillé pour des sociétés internationales à Bruxelles et Londres. Leur rôle est d'accompagner les personnes pratiquant les langues française, anglaise et allemande à s'installer à Düsseldorf et dans sa région. Outre les prestations développées par la majorité des agences de relocation, elles se sont également spécialisées sur la recherche de logement pour des particuliers. Voici leurs conseils tirés de leurs nombreuses visites.

> **1) Visitez le quartier en même temps que le logement**
> Il est indispensable de prendre le temps de visiter le quartier avant de se décider pour un logement. Tous les critères doivent être étudiés : distance avec le lieu de travail, présence d'écoles pour les enfants, parcs, commerces, desserte des transports en commun, nécessité d'une deuxième voiture... L'ambiance du quartier est très importante pour se sentir à l'aise.
>
> **2) Ne soyez pas fixé sur les m² annoncés**
> La superficie totale en m² communiquée par le propriétaire ne comptabilise ni le sous-sol, ni une partie du grenier. Il peut s'agir de pièces habitables avec des fenêtres.
>
> **3) Demandez à qui est la cuisine lors de la visite**
> De nombreux locataires possèdent leurs propres meubles de cuisine. Lorsque vous visitez un appartement habité, faites-vous préciser à qui sont les meubles et équipements de cuisine.
>
> **4) N'oubliez pas de consulter la presse locale**
> Les annonces de la presse locale sont souvent des annonces exclusives. Les annonces publiées ne sont dans aucun autre journal ni sur Internet. En outre, il s'agit souvent d'offres de particuliers à particuliers, c'est-à-dire sans frais d'agences immobilières.

Agents immobiliers

Vous serez très certainement en contact avec un agent immobilier (Makler ou Immobilienmakler) car de nombreuses locations par petites annonces se font par leur intermédiaire. Après la visite d'un premier logement, il pourra vous proposer d'autres appartements et maisons de son portefeuille clients.

L'agence immobilière ou l'agent immobilier facture une commission (Provision) après la signature du bail. Son montant ne peut pas dépasser 2 mois de loyer hors charges. Les 19 % de TVA sont par contre ajoutés à ce montant. La commission, TVA comprise, représente 2,38 mois de loyer hors charges.

Exemple : si vous louez un appartement au loyer de 1 000 € (+ 200 € de charges par mois), la commission de l'agent immobilier ne peut pas dépasser : 2 000 € (2 mois de loyer hors charge) + 380 € (19 % de TVA) = 2 380 €

La loi allemande immobilière (Wohnungsvermittlergesetz) prévoit que l'agence immobilière n'est pas autorisée à demander une avance, ni sur la commission, ni pour les frais de dossier (Bearbeitungsgebühr). Vous ne versez donc l'argent à l'agence immobilière qu'à la signature du bail.

Vous pouvez visiter des logements avec plusieurs agents/agences en même temps, et parfois un même logement vous sera présenté par plusieurs agences. Si vous visitez un même appartement avec deux agents différents, la commission va au premier agent qui a fait visiter le bien.

Pour trouver une agence immobilière, vous pouvez taper sur Internet via un moteur de recherche (type Google) les mots « Makler » ou « Immobilienmakler » ou « Wohnung » ou « Haus mieten » ainsi que le nom de la ville ou du Land dans lesquels vous souhaitez trouver un logement.

L'IVD (association des agences immobilières d'Allemagne / Immobilienverband Deutschland) permet de trouver les coordonnées d'agents immobiliers dans la localité qui vous intéresse ou dans le voisinage de celle-ci. Un formulaire de recherche vous permet de saisir le nom de la ville ou un code postal sur la page d'accueil : *www.ivd-expertensuche.de* (site en allemand) ou *via* le site *www.ivd.de*, rubrique « IVD Expertensuche ».

Les agences de relocation

Bien que les agences de relocation (Relocation service) ne soient pas des agences immobilières, celles-ci peuvent cependant vous aider à trouver un logement. Si votre employeur ne vous offre pas les services d'une agence de relocation, vous pouvez en solliciter une que vous rémunérerez vous-même pour une prestation de recherche de logement.

Les agences de relocation utilisent tous les moyens existants pour effectuer la recherche de logement (annonces Internet, annonces presse, offres des agences immobilières…) ainsi que leurs réseaux de connaissances et notamment leurs propres clients qui changent de logement. Cela permet d'avoir accès à des logements pour lesquels aucune n'annonce n'est diffusée.

Pour une clientèle de particuliers, la fourchette de tarif pour une prestation de recherche de logement débute autour de 600-800 € Le contrat que vous signez indique généralement le nombre de logements que l'agence s'engage à vous faire visiter.

3. Bail, état des lieux et loyer

La signature du bail et de l'état des lieux est un moment angoissant quel que soit le pays. Il le sera d'autant plus que vous ne maîtrisez pas bien ou parfaitement l'allemand. C'est un des moments de l'installation où il est fortement conseillé de vous faire accompagner par une personne qui parle couramment la langue.

Informations à fournir pour une location

Vous devez fournir au propriétaire du logement ou à l'agence immobilière certaines informations et justificatifs. Il n'existe pas de liste légale. Voici, d'une manière générale, les renseignements à apporter et à préparer à l'avance :
- informations sur la ou les personnes signataires du contrat de location/bail : nom, prénom, nationalité, âge, adresse précédente et profession. Cela prend souvent la forme d'une fiche de renseignement (Selbstauskunftformular) ;
- carte d'identité ou passeport des personnes signataires ;
- pour les ressortissants hors Union européenne, votre permis de séjour en Allemagne ;
- informations relatives aux autres personnes qui vont occuper le logement : nom, prénom, âge, nationalité, lien éventuel de parenté avec le locataire ;
- justificatifs de revenus : contrat(s) de travail faisant apparaître le montant des revenus si vous ne travaillez pas encore en Allemagne, ou les trois derniers bulletins de salaires si vous travaillez déjà en Allemagne ;
- attestation de l'employeur : si vous déménagez tout en travaillant pour le même employeur, dans le cadre d'une mutation ou d'un détachement par exemple, nous vous conseillons de demander à votre employeur de fournir une attestation témoignant de votre ancienneté au sein du groupe.

Attention, l'attestation d'inscription en mairie (« Meldebescheinigung » ou « Anmeldung » cf. chapitre « Formalités obligatoires ») ne peut pas vous être demandée pour louer un logement.

> **Animaux domestiques**
>
> Votre propriétaire peut émettre des restrictions sur le type d'animaux que vous pouvez avoir dans le logement. Le contrat de location peut spécifier quels animaux seront autorisés. Dans le cas contraire, il vous sera nécessaire de demander l'accord de votre propriétaire.

Le contrat de location (bail)

Pour formaliser la location du logement, il est d'usage de signer un contrat de location – appelé également bail – pour les locations à durée indéterminée. Pour les locations à durée déterminée, la signature d'un contrat de location écrit est obligatoire.

A. Location à durée indéterminée

Si la signature d'un contrat de location (Mietvertrag) écrit n'est pas obligatoire, elle est très courante et fortement conseillée.

1) Document écrit non-obligatoire

En Allemagne, le contrat de location (Mietvertrag) d'un bien immobilier n'a pas nécessairement à être réalisé sous forme écrite. La location est effective et peut commencer dès lors qu'un accord existe entre les deux parties sur le bien qui sera loué, son prix ainsi que la date de début et la durée de la location.

2) Le contrat oral ne désavantage pas le locataire

Dans le cas d'un contrat oral, ce sont les dispositions légales du Code civil allemand qui s'appliquent. Ces dispositions prévoient notamment qu'en tant que locataire vous n'êtes pas tenu de payer des charges locatives. L'accord oral étant à l'avantage du locataire, il demeure assez souvent une exception.

3) Les clauses du bail sous forme écrite

Lorsqu'il est réalisé sous forme écrite, le contrat de location / bail doit expressément faire mention des clauses suivantes :
– la désignation de chacune des deux parties ainsi que leurs adresses respectives ;
– une description très précise du bien qui sera loué ;
– la date de début de la location ainsi que sa durée ;
– le montant du loyer et des charges locatives le cas échéant ;
– les modalités du paiement ;
– les signatures des deux parties.

> **Des obligations pour le locataire**
>
> Des obligations sont prévues pour les deux parties prenantes à un contrat de location même si le contrat est simplement oral. En tant que locataire vous vous engagez à payer au propriétaire le montant convenu du loyer et les charges aux dates prévues dans le contrat. Vous devrez également prévenir le propriétaire si une réparation est nécessaire dans l'habitation, mais vous êtes responsable des dommages que vous aurez personnellement causés ainsi que de la remise en état du bien avant votre déménagement.

B. Location à durée déterminée

La signature d'un contrat de location (Mietvertrag) est obligatoire pour la location d'un logement pour une durée déterminée.

1) Contrat écrit obligatoire

Dans le cas d'une location concernant une période déterminée, le contrat de location devra toujours être réalisé sous forme écrite. Il devra toujours spécifier clairement les raisons pour lesquelles la durée est limitée. Parmi celles-ci figurent par exemple la prévision de travaux importants sur le bien et le fait que ceux-ci empêcheront le locataire de pouvoir continuer à y séjourner, ou encore que le propriétaire prévoit à l'avenir d'utiliser le logement pour son usage personnel ou celui de ses proches.

2) Formulaire pré-rempli

Il est courant que le propriétaire utilise en guise de bail un formulaire pré-rempli sur lequel il est uniquement nécessaire de cocher les options qui s'appliquent au logement que vous louez.

Toutes les options présentes dans le document ne s'appliquent cependant pas à votre logement. Il est indispensable de contrôler l'exactitude des options cochées notamment celles relatives aux loyers (Miete) et charges (Nebenkosten), à l'état du logement (Zustand der Mieträume), et aux clauses d'entretien et de remise en état (Instandhaltung et Schönheitsreparaturen) afin de vérifier que la condition du logement telle qu'elle apparaît dans le bail ou l'état des lieux est bien conforme à la réalité.

> **À savoir dès la signature :**
> **les causes de résiliation du bail par le propriétaire**
>
> Le propriétaire de votre logement a la possibilité de résilier le contrat de location/bail dans deux situations :
>
> – l'utilisation du logement pour ses propres besoins ou ceux de ses proches. Dans ce cas, votre propriétaire est tenu de vous demander la résiliation du bail par écrit en vous indiquant le motif et devra respecter des périodes de préavis suivantes :
>
> Si vous avez occupé le logement pendant une période :
> - inférieure à cinq ans : 3 mois,
> - comprise entre six et huit ans : 6 mois,
> - au-delà de huit ans : 9 mois.
>
> – si le locataire a commis des fautes graves :
> Le propriétaire peut réclamer le logement sans préavis en cas de fautes graves :
> - un retard régulier dans le paiement ou loyer,
> - un défaut de paiement de votre loyer supérieur à deux mois,
> - une infraction au contrat de location, par exemple si le logement a été sous-loué contrairement aux dispositions du contrat.

La colocation

La colocation (*Wohngemeinschaft*) d'un appartement ou d'une maison est une tendance forte, notamment chez les étudiants et les jeunes actifs. Cette solution très prisée en Allemagne permet de disposer d'un logement plus spacieux pour un prix réduit si l'on compare le prix de location au mètre carré entre un studio et un grand appartement. La colocation implique le plus souvent le partage des parties communes (cuisine, séjour et salle de bains).

Les offres de colocation émanant directement du propriétaire du logement ne posent généralement pas de problème, car ce dernier est de fait informé de la colocation. Si l'offre émane directement de colocataires, nous conseillons de vous renseigner sur la nature exacte du contrat de colocation proposé. L'accord du propriétaire est indispensable et c'est avec lui que le contrat de colocation doit être signé. Si le propriétaire n'était pas informé de votre présence dans son logement, le propriétaire serait en droit d'exiger un départ immédiat de l'appartement.

> **Où trouver des informations complémentaires ?**
>
> Parmi les nombreux sites Internet spécialisés en colocation, le plus connu est : Mitwohnzentrale : *www.mitwohnzentralen.de* (recherche possible en français).

▬▬ L'état des lieux

Un état des lieux (*Übernahmeprotokoll*) écrit n'est pas obligatoire, mais c'est un usage très courant. Ce document, réalisé de manière contradictoire (avec la signature des deux parties), permet de constater l'état du bien immobilier et ses éventuels équipements à votre arrivée dans votre futur logement.

Nous vous recommandons d'insister pour qu'un document écrit soit produit et ceci tout particulièrement si le contrat de location contient une clause concernant les travaux de rénovation ou d'embellissement (*Schönheitsreparaturen*) à votre charge au moment de quitter le logement.

Que vous ayez ou non rédigé un document écrit, si vous entrez dans un logement qui a été rénové avant votre arrivée, vous devrez le rendre dans le même état en le quittant.

A. À faire avant de signer l'état des lieux

Vous avez le droit de procéder à une inspection de chaque élément ou partie du logement mentionné avant de signer l'état des lieux. Si des appareils électriques font partie de l'équipement du logement (et mentionnés dans le contrat de location et l'état des lieux), c'est aussi le moment de vérifier leur bon état de marche. Vous devez signaler tout dysfonctionnement observé. Si vous arrivez dans les lieux en période hivernale, contrôlez aussi la bonne marche du chauffage.

Vous pouvez signaler sur le document vos propres observations concernant l'état de toute partie des locaux et/ou de tout équipement qui vous semblent douteux. Ceci évitera qu'une dégradation existante au moment où vous rentrez dans les lieux ne vous soit imputée à votre départ. L'état des lieux signé vous engage juridiquement. Le document doit donc être le plus précis et complet possible.

À noter : La rencontre avec le propriétaire (ou son représentant) dans le logement est l'occasion d'effectuer en sa présence le relevé des différents compteurs (eau, électricité, gaz).

Si vous ne maîtrisez pas bien l'allemand, envisagez de vous faire assister par une personne parlant couramment la langue avant de signer le contrat de location et l'état des lieux. On parle souvent d' « Übergabeprotokoll », littéralement protocole de remise.

B. Quand vous quittez l'appartement

À votre départ de l'appartement, c'est le document signé lors de votre emménagement qui servira de référence pour comparer l'état du logement et des différents équipements. Les dégradations éventuelles constatées à ce moment permettront de calculer ou d'estimer les réparations nécessaires dont le montant pourra être déduit de votre dépôt de garantie.

Le loyer

Le montant du loyer (Miete) est fixé entre le locataire et le propriétaire, même si dans la pratique, c'est plus souvent le propriétaire qui l'impose. Il n'existe pas de limite légale au montant du loyer à moins que la limite de l'immoralité ne soit clairement dépassée, ce qui constitue une infraction au Code civil allemand.

A. Paiement

Le loyer est généralement facturé sur une base mensuelle. Le paiement est exigible d'avance et doit parvenir à votre propriétaire au plus tard le 3e jour ouvré du mois. Ce qui signifie que vous devez vous acquitter du premier loyer au moment où vous démarrerez la location, en même temps que le versement du dépôt de garantie.

Certains propriétaires particuliers peuvent vous demander un règlement en argent liquide, ce qui est tout à fait légal. Nous vous conseillons par contre de réclamer un reçu à chaque fois que vous procédez de la sorte.

Le plus souvent, vous pourrez effectuer un virement automatique depuis votre compte bancaire, ce qui vous permet aussi de bénéficier d'un justificatif de paiement. Cette solution n'a pas de caractère obligatoire, mais c'est souvent celle que les propriétaires retiennent et cela peut être indiqué dans le contrat de location.

B. Les charges locatives

Si vous avez signé un contrat de location écrit, celui-ci prévoit dans la majorité des cas des charges locatives (*Nebenkosten*) en plus du loyer. L'existence de charges doit être indiquée dans le contrat. À défaut, elles ne sont pas exigibles.

Pour parler d'un montant (loyer+charges) dans lequel les charges sont comprises, on parle littéralement de « loyer chaud » (Warmmiete). À l'inverse, lorsque les charges ne sont pas comprises, on parle de « loyer froid » (Kaltmiete). L'électricité est toujours à payer en plus des charges.

Le propriétaire fixe un montant de charges forfaitaire qui est à régler mensuellement avec votre loyer. Ce montant est ensuite ajusté chaque année à l'aide d'un relevé détaillant chaque poste de charge. Le propriétaire a l'obligation de vous fournir au minimum une fois par an ce justificatif de charges. Votre propriétaire doit également vous faire parvenir avant la fin de l'année civile un ajustement des charges, dont vous devrez vous acquitter par un paiement ultérieur ou bien un avis de remboursement du trop perçu sur une base annuelle.

Le décompte que vous recevez doit faire apparaître la totalité des dépenses engagées pour la période échue ainsi que votre quote-part en fonction de la surface d'habitation que vous occupez.

C. Les charges dans le détail

Les charges locatives que vous aurez à régler se décomposent en général en deux grandes catégories : les coûts de chauffage lorsqu'il s'agit d'un chauffage collectif (Heizungskosten) et les charges d'exploitation ou de fonctionnement (Betriebskosten) composées de :
– l'impôt foncier (Grundsteuer) ;
– le ramassage des ordures ménagères (Müllabfuhr) ;
– l'entretien des bâtiments et chaussées (Hausreinigung et Strassenreinigung) ;
– les coûts liés au drainage des précipitations (Abfluss der Niederschläge) ;
– l'électricité des parties communes (Stromkosten) ;
– l'eau des parties communes (Wasserkosten) ;
– le ramonage (Schornsteinreinigung) ;
– les assurances relatives à la résidence (Versicherung) ;
– le gardiennage (Hausmeister) ;
– les frais de l'ascenseur (Fahrstuhl) ;
– l'entretien du jardin (Gartenpflege) ;
– la connexion au câble ou satellite (Kabelanschluss ou Satelliteanschluss).

Le dépôt de garantie

Le dépôt de garantie (Kaution) versé au propriétaire sert de sécurité et de compensation au regard d'éventuels dommages causés par le locataire ou de loyers non réglés.

Le montant du dépôt de garantie que vous devrez verser pour conclure un contrat de location est limité par le Code civil à un montant équivalent à trois mois de loyers hors charges locatives.

Le dépôt de garantie est à régler au propriétaire au début de la location, c'est-à-dire au moment où le bail est conclu.

A. Paiement

Le dépôt de garantie peut être réglé en espèces. Nous vous recommandons dans ce cas de demander un reçu. Votre propriétaire a l'obligation de placer la somme versée sur un compte d'épargne durant toute la durée de la location. Lorsque vous récupèrerez votre dépôt de garantie en fin de location, il sera augmenté des intérêts générés durant cette période.

Une autre pratique courante est l'ouverture d'un compte bancaire commun (gemeinsames Girokonto), sur lequel le dépôt de garantie est déposé. Aucune opération n'est possible sur ce compte sans l'aval des deux parties (propriétaire et locataire). Le compte a l'avantage de générer automatiquement des intérêts pendant toute la durée de la location.

B. Récupération du dépôt de garantie

Le dépôt de garantie est restitué au terme de la location, déduction faite par le propriétaire des retenues en cas de réparations suite à des dommages ou d'arriérés de loyer (voir page 204).

4. S'installer dans un logement

Outre le traditionnel relevé des compteurs et la connexion au téléphone, deux questions se posent lors de votre installation dans un nouveau logement en Allemagne : la présence (ou non) d'un évier dans la cuisine, ce qui n'est pas systématique, et l'existence éventuelle d'espace de lavage commun souvent au sous-sol, ce qui est courant dans les appartements allemands.

Eau, gaz et électricité

Le plus souvent, l'appartement est connecté à votre arrivée à l'eau (Wasser), l'électricité (Strom) et le gaz (Erdgas). Un relevé des compteurs est effectué par votre propriétaire, si possible en votre présence au moment de l'état des lieux. C'est généralement le propriétaire qui transmet vos coordonnées aux fournisseurs. Vous pouvez aussi demander à votre propriétaire de vous fournir les coordonnées des différents prestataires.

Le marché de l'eau, de l'électricité et du gaz est libéralisé en Allemagne et vous pouvez faire jouer la concurrence, mais dans un premier temps, reprendre les mêmes fournisseurs que vos prédécesseurs est une solution rapide que beaucoup adoptent.

> **Où trouver des informations complémentaires ?**
>
> Il existe plusieurs comparateurs du prix de l'électricité, de l'eau ou du gaz :
> - *www.energievergleich.de* (en allemand) ;
> - *www.stromtarife.de* (en allemand) ;
> - *www.strompreise.de* (en allemand) ;
> - *www.wasservergleich.net* (en allemand).

La cuisine

De nombreux logements allemands sont loués sans meubles de cuisine, ni évier. La situation est différente selon les régions, mais c'est un fait très fréquent. Le propriétaire n'est pas obligé d'équiper la cuisine d'un évier et de son placard l'accompagnant. Notamment car la majorité des locataires allemands sont propriétaires d'un évier et de meubles de cuisine qu'ils transportent d'un appartement à l'autre.

Un logement annoncé sans cuisine signifie souvent que la pièce est composée des quatre murs ainsi que des tuyaux d'arrivées d'eau et de gaz. Il est dans ce cas nécessaire d'effectuer l'achat de l'ensemble des meubles de cuisine et de l'évier. Trois situations sont possibles :

– **appartement sans cuisine ni évier (ohne Küche) :** c'est la situation la plus courante. Si vous rencontrez les anciens locataires, vous pouvez toujours proposer au locataire actuel de racheter ses meubles, surtout s'il s'agit d'une cuisine encastrée (Einbauküche). Toutefois, posséder ses propres meubles de cuisine est quelque chose d'assez fréquent. Vous devez donc très souvent prévoir d'acheter des meubles de cuisine ainsi qu'un évier ;

– **appartement avec évier et meubles (möblierte Küche) :** des meubles de rangement et un évier peuvent être présents et vous n'aurez dans ce cas qu'à installer vos équipements (cuisinière, four, réfrigérateur…) ;

- **la cuisine complète équipée (komplett eingerichtete Küche ou Einbauküche)** : c'est assez rare, mais dans certains logements (souvent plus chers) les équipements ménagers sont fournis (cuisinière, réfrigérateur, four…), en plus des meubles de cuisine et de l'évier.

Espaces de lavage communs (buanderie)

Certains immeubles sont équipés d'espaces de lavage du linge / buanderie (Waschküche). Ces lieux communs peuvent avoir plusieurs modes d'organisation :
- **chacun y installe sa machine :** des prises électriques et des arrivées d'eau sont reliées à des compteurs personnels, ce qui permet à chaque occupant d'installer sa propre machine à laver le linge dans la buanderie ;
- **machines en communs :** il peut arriver que des machines à laver le linge et des sèche-linge communs soient installées. L'utilisation peut être gratuite ou payante selon le règlement de l'immeuble. Dans tous les cas, elles sont réservées aux occupants de l'immeuble. Les règles d'utilisation de ces équipements sont précisées par votre propriétaire ou le gardien de votre immeuble.

Utiliser sa propre machine
S'il existe une buanderie mais que vous souhaitez utiliser votre propre machine à laver dans votre appartement, pensez à demander au propriétaire son accord. Une raison de refus peut être les nuisances sonores causées par l'appareil.

5. Quitter un logement

Avant de quitter votre logement, vous devez prévoir de prévenir le propriétaire trois mois à l'avance. Des réparations peuvent être nécessaires afin de récupérer votre dépôt de garantie.

Préavis et repreneur

Si vous souhaitez mettre un terme au contrat de location, vous devez prévenir votre propriétaire par courrier recommandé (*Per Einschreiben mit Rückschein*) généralement trois mois avant la date de départ envisagé. La durée de période de préavis (Kündigungsfrist) à respecter est précisée dans votre contrat de location. Si vous quittez le logement avant la fin de la période de préavis, vous devrez payer le loyer jusqu'au terme du préavis.

Si vous souhaitez partir avant le terme de votre préavis sans payer le loyer, vous pouvez trouver par vous-même un repreneur (*Nachmieter*). Dans ce cas, le paiement du loyer s'interrompt à la date de signature du contrat de location du repreneur.

Remise en état de votre logement

Le contrat de location inclut généralement une clause vous obligeant à restituer l'appartement dans le même état que lorsque vous y êtes entré et notamment à ce que tous les murs soient peints en blanc lors de votre départ.

Après avoir reçu le courrier indiquant l'intention du locataire de quitter l'appartement, certains propriétaires effectuent une visite préliminaire afin de prévoir les travaux de réfection (Renovierung, Instandsetzung) qui devront être effectués sur le logement. C'est l'occasion de vous mettre d'accord avec le propriétaire sur les réparations que vous réaliserez vous-même en vue de récupérer l'intégralité de votre dépôt de garantie.

Récupération du dépôt de garantie

Plusieurs cas de figures sont envisageables pour la récupération du dépôt de garantie (Kaution). La modalité est souvent fixée entre vous et le propriétaire lors de l'état des lieux :

– **remise du dépôt de garantie s'il n'y a ni dommage, ni impayé :** si le logement ne présente aucun dommage et que tous les loyers ont été régulièrement réglés, le propriétaire remet intégralement le dépôt

de garantie et les intérêts générés lors de la réalisation de l'état des lieux ;
- **réparations à prévoir et à estimer :** si des réparations sont à prévoir mais que leur coût ne peut être estimé lors de l'état des lieux, le propriétaire peut conserver tout ou partie du dépôt de garantie. Il doit faire parvenir le montant définitif et exact des travaux à effectuer sous douze mois ;
- **réparations nécessaires et/ou impayés :** le propriétaire retient la somme nécessaire pour couvrir les réparations nécessaires et/ou les impayés de loyer. Si la somme due est inférieure au dépôt de garantie, il vous restitue le solde de votre dépôt de garantie. Si le montant total des réparations et/ou des impayés est supérieur à la valeur du dépôt de garantie, vous êtes responsable des coûts supplémentaires entraînés par les dégradations. Le propriétaire retient alors l'ensemble du dépôt de garantie et dispose d'un délai de six mois pour vous notifier le montant des réparations restant à payer.

> **Pratique :**
> **Litige sur la restitution du dépôt de garantie**
> *Quand le logement est rendu dans un état conforme à celui de votre arrivée dans les lieux, le remboursement du dépôt de garantie se déroule généralement sans inconvénient. Si votre propriétaire était réticent à vous reverser la somme due, n'hésitez pas dans ce cas à contacter une association de locataires. Une adhésion très réduite est envisageable lorsque vous vous faites aider au moment de quitter le pays par exemple (voir page suivante).*

Que faire de votre cuisine ?

Au moment de partir, vous avez quatre possibilités concernant la cuisine que vous avez installée dans votre habitation :
- vous l'emportez avec vous ;
- vous pouvez proposer de la revendre à votre propriétaire – tout en sachant cependant que votre propriétaire peut être réticent à cette solution car elle pourrait être un frein à l'arrivée de nouveaux locataires possédant déjà leur propre cuisine ;

– vous pouvez la vendre à votre successeur dans le logement si vous le rencontrez et si celui-ci est intéressé. Dans ce cas, il est préférable de fournir les factures, notamment pour l'électroménager, à moins de réaliser un prix bradé ;
– en dernier recours, vous devez (re)vendre votre cuisine. Outre les sites Internet ou les petites annonces, pensez à envoyer l'information aux associations de Français et francophones dont vous êtes membre.

6. Associations de locataires

Pour toute question sur les documents à signer au moment de louer un logement, ou en cas de désaccord lorsque vous quitterez le logement, vous pouvez contacter des associations de défense des locataires (Mieterverein(e)) habituées à gérer ce type de conflit.

Adhésion à une association

En échange d'une adhésion (entre 70 et 100 €), l'association vous assiste et vous aide à trouver une solution quel que soit le problème rencontré. Si vous êtes en train de quitter l'Allemagne, certaines associations ne vous demanderont pas de vous acquitter d'une cotisation annuelle, étant donné que vous êtes sur le départ, mais de payer le service à l'acte (à partir d'une vingtaine d'euros environ).

Quelle association contacter ?

Si les locuteurs de ces associations sont souvent allemands, vous pouvez cependant demander si quelqu'un parle le français ou l'anglais. Plusieurs associations ont une présence sur l'ensemble du pays grâce à un réseau d'antennes locales ou proposent une assistance en ligne.

> **Où trouver des informations complémentaires ?**
>
> Contactez la fédération allemande des associations de locataires (Deustcher Mieterbund e.V. (DMB)) : www.mieterbund.de.
> Rubriques à consulter :
> – « Recht » (droit), puis « Recht im Überblick » (droit en un coup d'œil) pour toutes les questions de droit ;
> – « Kontakt », puis « Vereinsuche mit PLZ » (Recherche par code postal) pour trouver une association près de chez vous ;
> – « Service », puis « Download » (téléchargement) pour les contrats de location pré-remplis et les formulaires d'état des lieux (Übergabeprotokoll), ainsi que les exemples de règlements intérieurs (Hausordnung).

7. Acquérir un logement en Allemagne

Devenir propriétaire d'un logement en Allemagne est une option envisageable pour un séjour à long terme dans le pays. Les cadres juridique et financier de l'achat immobilier sont différents d'un pays à l'autre. Se faire assister lors des différentes étapes par des professionnels est indispensable.

La recherche d'un bien immobilier à acheter

Lors de votre recherche d'un bien immobilier à acheter, vous serez généralement en contact avec des agents immobiliers. Il est fréquent qu'un agent immobilier – mandaté par le vendeur – intervienne dans la transaction, même pour des annonces qui sont indiquées comme étant de particulier à particulier (*von Privat*).

En vous adressant à un agent immobilier (Makler) qui travaille en même temps pour le vendeur et pour vous, vous pourrez bénéficier du partage des frais entre les deux parties. On parle alors de « Doppelmakler » pour désigner l'agent immobilier qui travaille pour les deux parties.

Le financement

Pour financer un achat en Allemagne, vous devez solliciter un prêt auprès d'une banque allemande car, sauf exception, les banques installées en France ne délivrent pas de prêt pour un achat à l'étranger.
Attention, si vous n'obtenez pas de prêt, vous restez engagé pour l'achat. La conclusion de la procédure de vente du bien n'est pas conditionnée à l'obtention de votre financement, à l'inverse de ce qui se passe en France. En effet, une réponse négative pour l'obtention de votre emprunt n'arrêtera pas l'ensemble de la transaction de vente et il vous sera alors nécessaire d'obtenir celui-ci auprès d'un autre organisme.

Actes chez le notaire

Après avoir trouvé le bien immobilier que vous souhaitez acquérir, vous devrez vous adresser à un notaire pour réaliser plusieurs étapes.

A. Avant la signature de l'acte de vente

Le notaire vérifie auprès des registres / du livre foncier (Grundbuch) du Land que la vente du futur logement peut effectivement avoir lieu. Il s'assure également que l'ensemble de la procédure de vente est conforme à la loi. Après ces vérifications, le notaire procède à la rédaction du contrat et aux différents actes juridiques et d'enregistrement ainsi qu'à l'organisation de la signature.

B. La signature du contrat de vente

La signature du contrat de vente est le moment où se réalisent deux choses distinctes : la vente du bien et le transfert de propriété. Le document du contrat de vente doit comprendre les informations suivantes :
– les identités des personnes constituant les parties signataires ;
– la description du bien vendu (une description inexacte peut invalider la vente) ;
– le prix convenu ainsi que les modalités de paiement ;
– l'obligation du vendeur de procéder au paiement ;
– l'obligation pour le vendeur de transférer la propriété à l'acheteur ;

– les garanties ;
– les modalités de transfert de la chose vendue.

> **Conseil pratique :
> choisir son notaire**
>
> *Le notaire agit de manière impartiale entre le vendeur et l'acheteur. C'est un intermédiaire neutre qui a un devoir de protection des deux parties contractantes. Comme il est chargé de communiquer les informations juridiques sur le bien à acquérir, il représente cependant plus particulièrement une protection pour l'acquéreur. Et ce d'autant plus si les subtilités d'une transaction immobilière en Allemagne échappent à l'acheteur.*
> *Nous vous conseillons donc – en fonction de votre maîtrise de l'allemand technique – de vous adresser à un notaire parlant le français, ce qui est d'une aide décisive pour comprendre les détails d'une négociation et d'un contrat qui vous engagent sur le long terme.*

> **Où trouver des informations complémentaires ?**
>
> Consultez la brochure en français « Achat dun bien immobilier en Allemagne » réalisé par le centre européen des consommateurs : *www.europe-consommateurs.eu*, rubrique « Immobilier et location ».

8. Les allocations logement

Si les revenus de votre foyer sont au-dessous d'un certain plafond, vous pouvez bénéficier d'une allocation logement (Wohngeld). Les revenus du foyer doivent pour cela être inférieurs à un montant donné qui varie selon le nombre de personnes dans le foyer. Notez que vous devez en faire la demande, ce n'est automatique.

Pour obtenir plus de renseignements :
– adressez-vous au bureau des allocations de logement (Wohngeld) de votre lieu de résidence. C'est très souvent la mairie qui s'en occupe ;
– consultez la brochure en français intitulée « La protection sociale en Allemagne » du ministère de l'emploi et des affaires sociales (Bundesministerium für Arbeit und Soziales) disponible sur le site Internet : *www.bmas.de*. Rubrique « Suche » (recherche) : taper « protection sociale » ;
– consultez le site du ministère fédéral des Transports, de la Construction et du développement urbain (Bundesministerium für Verkehr, Bau und Stadtentwicklung) : *www.bmvbs.de/wohngeld* (en allemand).

Abréviation	Terme complet en Allemand	Traduction
NB	Neubau	Construction nouvelle
NFl	Nutzfläche	Surface utile
NK	Nebenkosten	Charges locatives
NM	Nachmieter	Locataire prenant la place d'un autre, successeur
NMM	Nettomonatsmiete	Loyer mensuel hors chauffage, électricité, gaz, eau, ordures
NR	Nichtraucher	Non-fumeur
OG	Obergeschoss	Étage
Prov.	Provision	Commission
Qm	Quadratmeter	Mètres carrés (grandeur de l'appartement)
RH	Reihenhaus	Maison mitoyenne
Tel.	Telefon	Téléphone
TG	Tiefgarage	Garage souterrain
VB	Verhandlungsbasis	Prix à négocier
VH	Vorderhaus	Façade
Warm	Warmmiete	Loyer charges incluses
Wfl.	Wohnfläche	Surface habitable
WG	Wohngemeinschaft	Colocation
Whg.	Wohnung	Appartement, logement
W-LAN	kabelloses Internet	wifi, Internet sans fil
WM	Warmmiete	Loyer charges comprises
Zentr.	Zentral	Central
ZH	Zentralheizung	Chauffage central
Zi.	Zimmer	Pièces, chambres
ZKB	Zimmer, Küche, Bad	Chambre, cuisine, salle de bains
Zzgl.	Zuzüglich	Plus / majorée de
zzgl. NK	Zuzüglich Nebenkosten	Charges en supplément

Lexique

Abstand : c'est le montant à payer si le locataire reprend les ou des meubles de l'appartement
Bürgschaft : caution solidaire
Eigentümer : propriétaire
Hausverwaltung : syndicat qui assure la gérance de l'immeuble
Kündigung : résiliation
Miete : loyer
Mieter : locataire
Mietvertrag : contrat de bail
Vermieter : bailleur

Chapitre 10
Téléphone et Internet

L'Allemagne est l'un des pays de l'Union européenne où on trouve le plus grand nombre d'opérateurs de téléphonie depuis que l'opérateur historique Deutsche Telekom a perdu en 1998 son monopole.

1. Téléphone fixe et Internet

Comme en France, l'abonnement au téléphone va souvent de pair avec la question de la connexion à Internet. La majorité des offres de téléphonie pour la maison propose en plus d'une ligne de téléphone fixe (Festnetz) un accès haut débit illimité à Internet. De nombreux forfaits incluent les appels illimités (Flatrate) vers les numéros fixes allemands et selon le forfait, également vers les numéros européens.

Installation d'une ligne téléphonique

S'il n'y a pas de ligne téléphonique en service dans le logement où vous vous installez, vous pouvez solliciter une ouverture de ligne auprès de n'importe quel opérateur téléphonique.

Il existe des lignes de téléphone analogiques (Analog) ou numériques appelées ISDN (pour Integrated Services Digital Network). Les deux lignes permettent d'accéder à l'Internet haut débit ou via un modem si vous étiez dans une zone non reliée à l'ADSL (ligne d'abonné numérique asymétrique).

Les préfixes d'appel pour les abonnés à T-Home

Les préfixes d'appel (call by call) permettent aux abonnés d'une ligne fixe de l'opérateur T-Home (filiale téléphonie fixe de l'opérateur Deutsche Telekom) de téléphoner de chez soi à des tarifs plus avantageux selon la destination ou l'heure de l'appel. Cette obligation tarifaire ne s'applique qu'à l'opérateur historique.

Au moment de passer votre appel, vous saisissez, avant de faire le numéro, le préfixe correspondant à l'opérateur choisi (parmi une centaine, voir encadré). Vous pouvez aussi présélectionner automatiquement le préfixe et tous vos appels passent alors par l'opérateur présélectionné.

Comment est-ce facturé ? Les appels avec préfixes sont facturés au coût de l'opérateur choisi, mais apparaîtront toujours sur votre facture T-Home.

Est-ce intéressant ? Certaines offres sont intéressantes sur des destinations particulières (souvent hors-Europe). Cependant, les tarifs varient très souvent et c'est un sport de rester à jour sur le meilleur opérateur à choisir. Par ailleurs, de nombreux opérateurs changent leurs tarifs sans informations préalables, ce qui peut entraîner des mauvaises surprises.

Quel opérateur ? Plus de 100 opérateurs proposent des préfixes d'appels à utiliser sur votre ligne fixe T-Home. Plusieurs sites réalisent un comparatif des tarifs :
- www.teltarif.de/festnetz ;
- www.billiger-telefonieren.de, rubriques « Festnetz » et « Tagesübersicht » ;
- www.tarifchecks.de ;
- www.telespiegel.de, rubrique « Festnetz » ;
- www.blitztarif.de/preselection.

(sites en allemand)

Les offres téléphone + Internet

Il existe trois possibilités pour avoir une ligne téléphonique et se connecter à Internet de chez vous : le haut débit par les opérateurs télécoms, le haut-débit par les opérateurs du câble (uniquement dans les grandes villes) et le bas débit via un modem (notamment si vous n'êtes pas connecté à l'ADSL).

Les différentes offres Internet

	ADSL / haut débit « opérateur télécom »	ADSL / haut débit « par le câble »	Modem / bas débit
Opérateur	Opérateur téléphonique	Opérateur du câble	Opérateur téléphonique
Quelle offre.	Internet + téléphone	Chaînes câblées + Internet + téléphone	
Quelle couverture	90 % du territoire	Grandes villes	Partout
Débit	1 à 50 Mo	1 à 120 Mo	56 ou 64 Ko*
Temps de connexion à Internet	Connexion illimitée	Connexion illimitée	Facturation à la minute + prix de l'abonnement au téléphone
Coût	Entre 15 et 40 € par mois	Entre 19,9 et 80 € par mois selon les câbles operateurs	Vous payez ce que vous consommez
Avantages	– Téléphonie illimitée vers les fixes en Allemagne souvent comprise. – Possibilité d'utiliser Internet et le téléphone en même temps	– Téléphonie illimitée vers les fixes en Allemagne souvent comprise – Possibilité d'utiliser Internet et le téléphone en même temps	Coût réduit pour des connexions courtes. Vous pouvez vous connecter partout en Allemagne et utiliser tous types d'appareils.

Un méga-octet (1 Mo) correspond à 1 000 kilo-octets (Ko).

La connexion **ADSL** proposée par les opérateurs téléphoniques offre des débits compris entre 1 à 50 Mo (Méga-octets), ce qui est très rapide. Une vingtaine d'opérateurs sont présents sur ce marché. 90 % du territoire est connecté à l'ADSL.

Pour savoir si votre lieu de résidence est relié à l'ADSL, vous devez utiliser des sites spécialisés et tester le raccordement à l'ADSL en fonction de l'opérateur :
– taper « DSL-Check » ou « DSL Verfügbarkeit » (accès à l'ADSL) dans un moteur de recherche ;
– un site parmi d'autres : *www.top-dsl.com* (site en allemand), rubrique « DSL Verfügbarkeit ».

La majorité des abonnements à Internet via l'ADSL proposent une ligne téléphonique avec l'option d'appels illimités (*Flatrate*) vers les postes fixes en Allemagne. Le coût varie entre 25 et 40 € par mois en 2010. L'option Flatrate (appels illimités) vers d'autres destinations (Europe, Amérique du Nord...) peut alors être ajoutée à l'abonnement principal pour quelques euros supplémentaires par mois.

Une connexion illimitée à Internet assortie d'une ligne téléphonique classique (sans appels illimités) coûte entre 15 et 40 € La connexion ADSL permet de passer ou de recevoir des appels pendant que vous naviguez.

> **Où trouver des informations complémentaires ?**
>
> Le nombre d'opérateurs est considérable et les offres varient très régulièrement. Nous vous conseillons de consulter le site de T-Home pour vous faire une première idée : www.t-home.de (site en allemand).
>
> Plusieurs sites proposent une liste des différents fournisseurs d'accès ADSL et opérateurs de câble ainsi qu'un comparatif de leurs tarifs respectifs. Ces sites comparent des offres de connexion via les opérateurs télécoms et les opérateurs du câble :
> – www.dsl-anzeigen.de/dsl-anbieter.html ou www.dsl-anzeigen.de puis « DSL Anbieter » ;
> – www.dsl-flatrate-abc.de/dsl-anschluss-info.php ou www.dsl-flatrate-abc.de puis « Anschluss » ;
> – www.billiger-telefonieren.de/dsl ou www.billiger-telefonieren.de puis « DSL ».
> (Sites en allemand)

Si vous habitez dans une grande ville, vous pouvez également souscrire un forfait auprès d'un opérateur du **câble** qui comprend téléphone+Internet+chaînes câblées. Il existe une dizaine d'opérateurs du câble (Kabelanbieter). Les principaux opérateurs sont : Kabel Deutschland, Kabel BW, Unitymedia, Tele Columbus et Primacom.

Pour savoir si votre lieu de résidence est relié au câble, vous devez utiliser des sites spécialisés. Taper « Kabel Verfugbarkeit » (accès au câble) dans un moteur de recherche pour consulter un site spécialisé comme par exemple : *www.kabel-internet-telefon.de* (site en allemand).

La plupart des offres du câble incluent une offre téléphonique illimitée vers les fixes, en plus de canaux de la télévision et de l'Internet illimité.

Si vous habitez dans une zone qui n'est pas reliée à l'ADSL (10 % du territoire), vous pouvez vous connecter à Internet via un **modem** à partir d'une simple ligne téléphonique. Le système est appelé « Dial-Up ». Vous vous connectez en appelant un numéro spécial donné par votre opérateur.

Le débit est relativement lent et la facturation est calculée en fonction du nombre de minutes de connexion.

2. Téléphone portable

Pour souscrire un contrat de téléphonie portable (Handy) vous avez le choix entre de nombreux opérateurs et un grand nombre d'offres.

Les opérateurs de téléphonie

Le marché de la téléphonie mobile est partagé entre quatre opérateurs « classiques » et de nombreux opérateurs de réseau mobile virtuel.
Les quatre opérateurs classiques (T-mobile, Vodafone, E-plus, O2) possèdent leur propre réseau d'antennes et se répartissent les fréquences.
Une cinquantaine d'opérateurs de réseau mobile virtuel (Mobile Virtual Network Operator ou Mobile Virtual Network Enabler) ne possèdent pas d'antennes et louent des lots de fréquences aux opérateurs classiques ou leur achètent des volumes de minutes de communication, afin de pouvoir commercialiser à leur tour sous leur marque propre des formules de téléphonie mobile. N'ayant pas à supporter les mêmes coûts fixes que les quatre grands opérateurs, ces opérateurs proposent une offre tarifaire intéressante tout en bénéficiant de la couverture des réseaux des opérateurs classiques.

Les principaux opérateurs de téléphonie en Allemagne

T-Mobile	Vodafone	E-plus	O2
Filiale de Deutsche Telekom, disposant du meilleur réseau	Anciennement appelé D2	Les tarifs sont inférieurs, mais la couverture est inégale.	Appartient au groupe Telefonica, dernier arrivé sur le marché.
www.t-mobile.de	www.vodafone.de	www.eplus.de	www.o2online.de

Forfaits ou cartes prépayées

A. Les forfaits

L'abonnement sous la forme d'un contrat vous engage pour une durée de 12 ou 24 mois. Le téléphone est souvent gratuit ou vendu très peu cher. Pour toutes les formules avec contrats, lorsque la durée initiale est dépassée (par exemple deux ans), vous ne pouvez résilier votre contrat qu'à la date anniversaire de votre contrat (24, 36, 48 mois après la date de souscription du contrat). Si vous ratez cette date d'anniversaire, vous êtes à nouveau engagé pour un an.

Il existe des contrats de téléphonie qui ne facturent que les consommations réelles et n'impliquent aucun minimum mensuel. Vous signez cependant un contrat et n'avez pas à acheter de cartes prépayées. Si vous ne téléphonez pas, vous ne payez pas. C'est un fonctionnement proche de notre ancienne ligne fixe avant l'apparition des forfaits. Nous conseillons cette solution aux petits consommateurs ou à ceux qui ne sont pas en Allemagne plusieurs mois par an. Par contre, pour un gros consommateur, le prix de la minute est supérieur à ce qui est pratiqué dans un forfait classique.

B. Cartes prépayées

Il existe à côté des forfaits de nombreuses formules sans engagement sous la forme de cartes prépayées (Prepaid Karte ou Guthabenkarte). Vous achetez une carte SIM qui vous attribue un numéro de téléphone. La carte est généralement créditée à l'achat (prépayée) et vous pouvez recharger ensuite le crédit quand celui-ci est épuisé. Il est possible de bénéficier d'une offre intéressante pour l'achat de cet appareil, même si les tarifs sont moins avantageux qu'avec un forfait.

Plusieurs sites Internet sont spécialisés dans la comparaison de prestations et tarifs des opérateurs :
– *www.teltarif.de/mobilfunk*
– *www.tariftip.de/handy-anbieter.html*
– *www.bestpreishandys.de*
– *www.tarifchecks.de*
– *www.billiger-telefonieren.de/handy*
(Sites en allemand)

Comment utiliser un téléphone portable acheté en France en Allemagne ?

Il est possible d'utiliser un téléphone portable acheté en France. Si ce téléphone a été acheté dans le cadre d'une formule avec abonnement, il est fort probable que celui-ci soit bloqué par un code simlock attribué par l'opérateur français.

Le simlock est un dispositif qui assure l'usage de votre terminal uniquement sur le réseau de l'opérateur auprès duquel vous avez souscrit un contrat. Ceci est tout à fait légal, en effet ayant sans doute subventionné le prix de votre téléphone au moment de votre contrat, votre opérateur vous oblige ainsi à l'utiliser uniquement sur son réseau.

Votre opérateur téléphonique en France a l'obligation de vous communiquer le code de déblocage de votre téléphone après six mois de contrat réalisé avec cet opérateur français. Cette opération n'est pas toujours effectuée de manière systématique et c'est lorsque l'on souhaite utiliser ce téléphone avec un autre opérateur que l'on s'en rend compte.

Nous vous conseillons de demander ce code de déblocage avant votre départ ou lors d'un passage en France car les supports clients ne sont pas toujours accessibles de l'étranger. En cas de difficulté, vous pouvez contacter l'ARCEP (Autorité de régulation des communications électroniques et des postes) qui gère ce domaine en France (*www.arcep.fr*).

Lexique

Analog : ligne analogique
Anbieter : Opérateur
Call by call : préfixes d'appel pour appeler à tarif préférentiel à partir d'une ligne fixe de l'opérateur T-Home
Dial-Up : Connexion Internet via Modem
DSL : ADSL (ligne d'abonné numérique asymétrique)
Festnetz : téléphonie fixe
Flatrate : forfait illimité
Handy : téléphone portable
Kabel : câble
Kabelanbieter : opérateur du câble
ISDN (Integrated Services Digital Network) : ligne de téléphonie numérique
Prepaid Karte (Prepaidkarte) ou encore Guthabenkarte : carte prépayée
Verfügbarkeit : (ici) possibilité d'être connecté à l'ADSL ou au câble dans votre lieu d'habitation
Vorwahl : numéro de la ville ou de la région qu'il n'est pas nécessaire de composer quand on appelle dans la zone, mais qu'il faut composer lorsque l'on appelle d'une autre zone. Par exemple : 030 pour Berlin.
WLAN : connexion wifi

Chapitre 11

Choisir sa banque

1. Ouvrir un compte en Allemagne

Ouvrir un compte bancaire est l'une des premières démarches que vous aurez à effectuer lors de votre installation en Allemagne. Si vous êtes salarié, votre salaire doit en effet obligatoirement être versé sur un compte bancaire dans une banque ayant un siège social en Allemagne.

Le compte-courant : indispensable

Le compte-courant (Girokonto) est le seul type de compte sur lequel peut être versé un salaire et sur lequel peuvent être effectués des prélèvements automatiques.

A. Coût d'un compte-courant

Le coût d'un compte-courant varie en fonction des services proposés et du montant des revenus qui transitent mensuellement sur ce compte. En pratique, plus vous versez d'argent régulièrement sur votre compte, moins vous payez de frais de tenue de compte. La plupart des banques proposent une rémunération de l'argent déposé à un taux souvent compris entre 0,50 % et 2,5 %.

Généralement, les banques ne facturent pas de frais de tenue de compte aux salariés ayant des revenus fixes équivalents ou supérieurs à

1 500 € mensuels. Si vous gagnez également très bien votre vie en tant qu'indépendant, ces frais peuvent également être offerts.

Si vous avez des revenus irréguliers (travail indépendant ponctuel, mini-jobs…), les frais de tenue de compte (Kontoführungsgebühren ou Kontopreis) s'élèvent entre 3 à 10 € par mois.

Si vous êtes étudiants, sachez que de nombreuses banques offrent la gratuité de la tenue et la gestion de compte aux étudiants.

> **Où trouver des informations complémentaires ?**
>
> Le site du magazine Focus propose chaque année un comparatif des comptes-courants : *www.focus.de* (en allemand), rubrique « Finanzen », puis « Banken », puis « Girokonto : 50 Banken im Vergleich ».

B. Les formalités à remplir pour l'ouverture

Pour ouvrir un compte-courant, vous devez :
– justifier de votre lieu de résidence en Allemagne en présentant votre attestation d'inscription en mairie (Meldebescheinigung ou Anmeldung, voir page 178) ;
– fournir un justificatif d'identité (passeport ou carte d'identité française).

Il est également fréquent que la banque demande un justificatif de vos revenus actuels ou à venir (contrat de travail ou promesse d'embauche) afin de calculer les tarifs des services bancaires qui varient selon le montant de vos revenus.

C. Coût des services associés au compte-courant

De nombreux services peuvent être associés au compte-courant, notamment toute une gamme de moyens de paiement (carte de débit et virements, voir ci-dessous page 223). L'offre des banques allemandes pour les particuliers est sensiblement identique dans la majorité des établissements. La différence se situe principalement sur des prestations et services spécifiques comme le coût des opérations de transferts internationaux, l'encaissement de chèques étrangers ou les retraits d'argent effectués à l'étranger. Ce sont des services souvent coûteux qui sont rarement dans les formules de base.

Le compte d'épargne

Le compte d'épargne (Sparbuch), littéralement « livre d'épargne » est un compte utilisé uniquement à des fins d'épargne. Il n'est pas possible d'y domicilier vos revenus principaux ou de réaliser des virements à partir de ce compte. Son taux d'intérêt est légèrement supérieur à ce que vous rapporte le compte-courant (Girokonto) jusqu'à plus de 3 % de taux d'intérêt. C'est un service offert gratuitement par les banques.

2. Choisir une banque

Les quatre principaux réseaux bancaires présents dans toute l'Allemagne sont :
– Commerzbank AG : *www.commerzbank.de*
– Deutsche Bank AG : *www.deutsche-bank.de*
– Deutsche Postbank AG : *www.postbank.de*
– UniCredit Bank AG : *www.hypovereinsbank.de*

Comme en France, la plupart des banques proposent une palette de services bancaires assez similaires pour la plupart d'entre elles en dehors de certains critères qualitatifs pointus comme les délais pour les opérations internationales. Voici quelques critères de choix.

Votre utilisation personnelle des services bancaires

Voici une liste de quelques critères à prendre en compte pour le choix d'une banque et de services bancaires :
– existence d'agences ou services uniquement en ligne ;
– proximité du domicile ou du lieu de travail ;
– horaires et jours d'ouverture (toutes les banques ne sont pas ouvertes le samedi ou entre 12 et 14 heures) ;
– opérations réalisables sur Internet : virement, prélèvement automatique… ;

- coûts du découvert (Überziehungszins(en)) ;
- attente au guichet : certaines agences bancaires peuvent vous accueillir dans la seconde. Ailleurs, il faut parfois patienter. Rendez-vous dans l'agence proche de chez vous avant de faire votre choix si vous avez un emploi du temps serré ;
- existence d'agences dans les autres régions de l'Allemagne si vous êtes amenés à changer de ville en Allemagne ;
- importance de son réseau de distributeurs de billets (Bankautomat ou Geldautomat) : retirer de l'argent hors de ce réseau est assez coûteux (voir page 224) ;
- coût des virements transfrontaliers (voir page 229) ;
- tarifs des opérations financières internationales ;
- existences d'établissement dans d'autres régions du monde si vous envisagez plusieurs mobilités ;
- souhait d'utiliser des options de banque par téléphonie mobile (Mobile banking) pour suivre son compte et réaliser des opérations bancaires à partir d'un téléphone portable ou PDA.

> **Où trouver des informations complémentaires ?**
>
> - La fédération des banques allemandes (Bundesverband Deutscher Banken) regroupe l'ensemble des banques présentes sur le territoire allemand. Vous trouverez sur leur site la liste des banques pour les particuliers : *www.bankenverband.de* (site en allemand et en anglais). Rubrique « Banken ».
> - Le Comité Central du Crédit (Zentraler Kreditausschuss – ZKA) a pour rôle de garantir que toute personne résidant en Allemagne doit pouvoir librement ouvrir et disposer d'un compte bancaire. Vous pouvez le contacter en cas de difficultés : *www.zentraler-kreditausschuss.de* (site en allemand).

Banques en lignes

Il existe de nombreuses banques en lignes (Direktbank) qui proposent leurs services bancaires uniquement via Internet et par téléphone. On parle aussi d'« Online banking » pour désigner les services bancaires proposés en ligne. Les banques en lignes (Direktbank) proposent des frais de tenue de compte inférieurs pour un compte-courant (Girokonto) à ce que proposent les banques traditionnelles qui disposent d'un réseau d'agence. La carte de crédit est également souvent offerte. Les coûts de découvert (*Überziehungszins(en)*) sont souvent réduits par rapport aux banques traditionnelles et le taux d'intérêt qui rémunère le compte-courant (*Guthabenzins(en)*) est par contre souvent plus élevé.

Ces établissements sont, pour la plupart, des filiales de groupes financiers classiques. L'offre de ces services bancaires en ligne se fait cependant en dehors et indépendamment du réseau d'agences.

Une grande partie des banques traditionnelles proposent également des services bancaires en ligne (virements, prélèvements, achat d'actions...), appelés « Online banking » à leurs clients, en plus de proposer l'accueil dans un réseau d'agences.

Nous vous conseillons de choisir une banque qui a un réseau d'agences et non une banque en ligne (Bankdirekt) si vous ne parlez pas bien l'allemand. Au guichet d'une agence, le dialogue est souvent plus simple que par téléphone.

Plusieurs sites permettent de comparer les principales prestations des différents établissements (carte de débit, carte de crédit, montant minimal mensuel, taux d'intérêt, découvert autorisé) ainsi que le coût relatif à chacune d'entre elles. Par exemple : *www.direktbankvergleich.de* (en allemand).

3. Moyens de paiement en Allemagne

En Allemagne, l'argent liquide est très présent dans les paiements du quotidien et le chèque est quasi absent. Du côté des cartes de paiements, il est souvent nécessaire d'avoir deux cartes : une carte de retrait et de paiement d'une part et une carte de crédit d'autre part.

L'argent liquide

Le règlement en argent liquide est le moyen de paiement favori des Allemands même pour des sommes assez conséquentes. Il existe de très nombreux commerces et restaurants où vous ne pourrez régler vos dépenses qu'en espèces.

Si vous retirez de l'argent dans un distributeur qui n'appartient pas au réseau de points de retrait dont fait partie votre banque, vous devrez verser des frais compris entre deux et cinq euros pour chaque retrait.

> **Conseil pratique : privilégier la carte de débit (EC-Karte) pour les retraits d'argent**
> Les retraits d'argent liquide sont à faire en priorité avec votre carte de débit (EC-Karte). L'utilisation de votre carte de crédit (Kreditkarte) pour un retrait automatique peut être facturée jusqu'à 10 €, même si vous utilisez un distributeur du réseau de votre banque.

Votre banque vous indiquera dès l'ouverture de votre compte le réseau dans lequel vous pouvez retirer de l'argent liquide sans frais.

Pour les principaux réseaux de distributeurs Cashgroup (plus de 7 000 distributeurs) et Cashpool (plus de 2 500), la liste complète des distributeurs automatiques sur l'ensemble du territoire allemand est consultable sur Internet : *www.cashgroup.de* et *www.cash-pool.de*.

La carte de débit (EC-Karte)

La carte de débit (*EC-Karte*) est offerte par quasiment toutes les banques allemandes pour l'ouverture d'un compte-courant (Girokonto). De rares banques font payer cette carte entre 5 et 20 € par an.

Quand et pourquoi l'utiliser ? La carte de débit (*EC-Karte*) permet d'effectuer des retraits d'espèces dans tout le pays et de régler ses dépenses dans la majorité des commerces. Pour le retrait de billets dans des distributeurs, le coût est gratuit dans le réseau associé à votre banque et payant (jusqu'à 5 € environ) en dehors de ce réseau.

Quand la somme est-elle débitée ? Immédiatement. Les opérations de retrait ou de paiement sont réalisées immédiatement sur votre compte, contrairement à la carte de crédit, pour laquelle toutes les opérations seront prélevées en une seule fois mensuellement sur votre compte.

Pour quelles raisons un paiement avec l'EC peut-il échouer ? Lors de chaque utilisation de votre carte de débit, une vérification préalable est effectuée auprès de votre banque et l'opération de paiement peut être refusée en cas de solde insuffisant ou de dépassement de la limite de retrait autorisée par votre banque, s'il en existe une. Nous vous conseillons donc de vérifier l'éventualité d'une telle limite et, si besoin, de la négocier avec votre banquier.

Signature ou code. Lors du paiement de vos dépenses, le commerçant peut vous demander de saisir votre code bancaire ou de signer le ticket. Il peut également vérifier la signature qui figure au dos de la carte.

Utilisation en Europe ? La carte EC fait partie du réseau Maestro. Elle peut être utilisée pour réaliser des retraits d'espèces en Europe et régler des achats dans des magasins (une signature vous sera demandée dans ce cas) lorsque le logo Maestro est présent. Elle n'est cependant pas acceptée partout.

Le porte-monnaie électronique (Geldkarte)

Le porte-monnaie électronique (Geldkarte) permet de réaliser certains achats spécifiques (titres de transport public dans le tramway ou le métro, horodateurs, automates de la Poste allemande, distributeurs de cigarettes, achats sur Internet...). Il est nécessaire de charger une somme d'argent sur votre Geldkarte avant de pouvoir régler vos dépenses.

Fonctionnement du porte-monnaie électronique

Forme de porte-monnaie électronique (Geldkarte)	Où la recharger ?	Combien ça coûte ?
Carte indépendante de votre compte	Au guichet d'une banque contre des espèces ou via des terminaux spéciaux acceptant à la fois votre Geldkarte et votre carte de débit (EC-Karte). Ce type de guichet électronique est encore rare.	Entre 9 et 10 € par an.
Carte associée à votre carte de débit (EC-Karte). Une puce autorise votre carte de débit à utiliser les fonctionnalités de porte-monnaie électronique (Geldkarte).	Via un automate de votre banque. Un transfert d'argent est opéré de votre carte de débit vers le porte-monnaie électronique (Geldkarte).	Gratuit ou environ 5 € par an.

Les cartes de crédit

Les cartes de crédit (Kreditkarte), de type Visa et Mastercard, sont utiles pour certains types d'achat (sur Internet) ou à l'étranger.

Aucune vérification de votre solde bancaire n'est réalisée lors de vos paiements avec une carte de crédit. L'ensemble des sommes que vous aurez dépensées à l'aide de cette carte sera par la suite débité de votre compte bancaire en une seule fois, souvent en fin de mois.

Attention, si vous n'avez pas l'habitude de l'utilisation d'une carte de crédit avec paiement différé des dépenses, l'usage de celle-ci est à envisager avec précaution car elle peut se révéler dangereuse pour votre budget.

La carte de débit (EC-Karte) est souvent préférée à la carte de crédit avec paiement différé par les commerces, car des frais plus importants incombent aux commerçants pour l'utilisation de cartes de crédit.

La carte de crédit est cependant indispensable pour certains achats quotidiens (parkings, tickets de transport…) lorsque vous ne disposez pas de porte-monnaie électronique (Geldkarte), certains achats sur Internet lorsque la carte de débit (EC-Karte) n'est pas acceptée et à l'étranger, où la carte de débit (EC-Karte) n'est pas acceptée partout.

> **Conseil pratique :**
> **garder une carte de crédit en France**
> Si vous avez choisi de conserver un compte bancaire français et que celui-ci est déjà assorti d'une carte de crédit « haut de gamme » (Visa Premier ou MastercardGold), il n'est alors pas nécessaire d'avoir une carte de crédit en Allemagne. Vous pouvez vous servir sans frais supplémentaires de votre carte de crédit française pour régler vos achats sur Internet ainsi que lors de vos déplacements à l'étranger.

Le virement bancaire

Le virement bancaire de compte à compte (Überweisung) est un moyen de paiement très populaire. Gratuit (sauf exception), il est utilisé pour payer des dépenses comme l'adhésion à une association, les cours de langues, les prestations d'un artisan, les consultations médicales, le jardin d'enfant (Kindergarten)…

Le papier à lettre des associations ou les factures des artisans comportent toujours les coordonnées bancaires complètes afin de pouvoir réaliser un virement.

A. Comment réaliser un virement ?

Il existe plusieurs modalités pour effectuer un virement :
- se rendre à sa banque et demander au guichetier de réaliser le virement ;
- utiliser un guichet automatique de votre banque. Des formulaires vous permettent de saisir les coordonnées du bénéficiaire ainsi que la somme à transférer ;
- effectuer le virement par Internet (chez vous). La très grande majorité des banques allemandes offrent ce service qui est généralement gratuit. Vous devrez simplement souscrire ce type de service en ligne lors de l'ouverture de votre compte. Les informations suivantes vous sont demandées sur Internet :
  1. Numéro de compte du destinataire.
  2. BLZ (Bankleitzahl) : l'équivalent des codes établissement et guichet de votre agence bancaire.
  3. Code TAN (Transaktionsnummer) : c'est un mot de passe composé de 6 chiffres à utilisation unique qui sécurise les opérations bancaires en ligne.

B. Formulaire de virement pré-rempli à signer

Pour le règlement de consultations médicales ou de services à domicile, on peut vous remettre directement le formulaire de virement (Überweisungsformular) à signer. Le document contient déjà les coordonnées bancaires de votre créancier, c'est-à-dire son numéro de compte, le BLZ (Bankleitzahl), qui est l'équivalent d'un code d'établissement, et le montant de la somme à transférer. En le signant, vous autorisez votre banque à réaliser le virement.

Virement et le prélèvement automatique

Pour des dépenses régulières, vous avez la possibilité d'automatiser vos opérations :
- le virement automatique (Dauerüberweisung) est souvent utilisé pour les dépenses de loyers (montant identique chaque mois). Il peut être programmé tous les mois le même jour. Le virement peut

être activé par Internet ou en vous rendant à votre banque. Ce service est gratuit et présente l'avantage d'être facile à interrompre ;
- le prélèvement automatique (Dauerauftrag) permet de régler régulièrement des factures d'un montant différent (pour les abonnements à l'électricité ou au téléphone). Le fonctionnement est le même qu'en France, il est obligatoire pour l'établir que vous remplissiez au préalable une autorisation de prélèvement en faveur de votre créancier.

Le chèque : le mal aimé

Le chèque est un moyen de paiement assez obsolète et impopulaire en Allemagne. Bien qu'encore disponible (vous pouvez en commander auprès de votre banque), la majorité des commerces par exemple n'accepte plus ce type de règlement. Qui plus est, l'encaissement de chèque dans un autre pays que celui de la banque émettrice est relativement coûteux.

Le fait d'encaisser un chèque émis en France auprès d'une banque installée en Allemagne (ou l'inverse) est facturé autour de 10 €.

> **Conseil pratique :**
> **conserver un chéquier sur votre compte français**
>
> Si vous avez conservé un compte en France, vous avez intérêt à utiliser votre carnet de chèques français pour toutes les dépenses que vous seriez amené à effectuer en France ou à destination de la France (réservations de vacances, adhésion à des associations…).

4. Virements internationaux

Les virements internationaux réalisés entre l'Allemagne et un autre pays de l'Union européenne se font désormais sans frais dans la très grande majorité des cas.

Virements entre deux pays européens

Les conditions de virement bancaire transfrontalier au sein des pays de l'Union européenne et de l'AELE (Association européenne de libre-échange) ont évolué au 1er janvier 2006.

A. Coût d'un virement transfrontalier en Europe

Tout virement transfrontalier inférieur à 50 000 € effectué entre deux comptes en euros situés dans des pays différents, doit s'effectuer aux mêmes conditions tarifaires qu'un virement national (règlement européen n° 2560/2001 du 1er juillet 2003).

Dès lors qu'une banque allemande ne facture pas l'émission de virements à destination de l'Allemagne (ce qui est la grande majorité des cas), elle ne peut pas facturer l'émission d'un virement vers un autre pays de l'Union européenne.

Attention : certaines banques facturent parfois la réception d'un virement en provenance de pays de l'Union européenne. Il est utile de vérifier les tarifs appliqués auprès de votre banque en France par exemple.

B. Comment réaliser un virement transfrontalier ?

Pour effectuer un virement entre deux pays de l'Union européenne vous devez fournir à votre banque :
– le nom et le prénom du titulaire du compte sur lequel le virement sera effectué ;
– le code BIC (Bank Identifier Code), qui est l'identifiant international de la banque du bénéficiaire ;
– le code IBAN (International Bank Account Number), qui est l'identifiant international du numéro de compte bancaire du bénéficiaire.

Une fois le transfert effectué par votre banque, le virement sera ensuite disponible pour le bénéficiaire dans un délai compris entre 1 et 4 jours.

> **Passage d'argent à la frontière réglementé en Europe**
>
> Pour toute somme (espèces, chèques ou titres) égale ou supérieure à 10 000 €, entrant ou sortant d'un territoire national de l'Union européenne, vous avez l'obligation d'effectuer une déclaration aux douanes françaises et allemandes. Pour une somme inférieure, cette solution reste relativement risquée en cas de perte ou de vol et nous vous la déconseillons fortement.

Virements en dehors de l'Union européenne

Il existe deux possibilités pour virer de l'argent de l'Allemagne à un pays situé en dehors de l'UE et de l'AELE :
- le virement bancaire international de type Swift (Society For Worldwide Interbank Financial Telecommunication). Le coût du service varie en fonction des établissements bancaires. La somme est disponible après plusieurs jours (*www.swift.com*) ;
- les sociétés privées de transfert d'argent en Europe et dans le monde. Le virement se fait par Internet, souvent plus rapidement qu'un virement bancaire. Les frais sont environ de 40 € pour un montant transféré de 1 000 €

5. Services bancaires pour les frontaliers

Il existe quelques services bancaires spécifiques pour les travailleurs frontaliers qui travaillent en Allemagne et vivent en France. Outre les possibilités de réaliser des virements internationaux, les banques françaises proposent souvent aux frontaliers travaillant en Allemagne des services spécifiques pour le rapatriement salarial, et des services transfrontaliers comme une carte de paiement internationale (internationale Zahlungskarte) qui permet de régler ses achats en France et en Allemagne sans frais.

Rapatriement du salaire

En étant employé par une entreprise allemande et travaillant sur le territoire allemand, un travailleur frontalier devrait normalement percevoir son salaire sur un compte ouvert dans une banque installée en Allemagne. Le service de « rapatriement du salaire » permet de percevoir un salaire allemand directement sur un compte français. Ce service sécurise le transfert d'argent d'un pays à l'autre et évite au travailleur frontalier d'ouvrir un compte en Allemagne.

Carte de paiement internationale

La carte simple de paiement international (type Visa ou Mastercard) permet de réaliser des paiements en Allemagne sans entraîner de frais liés au caractère international de ces achats. La carte permet de réaliser des retraits d'argent gratuitement en France ou en Allemagne, dès lors que les distributeurs appartiennent au réseau de votre banque.

Les cartes bancaires haut de gamme (environ 120 € par an) ont des avantages supplémentaires pour les frontaliers. Les cartes MasterCard Gold et Visa Premier proposent lors des séjours à l'étranger la possibilité de réaliser des achats ou des retraits sans frais supplémentaires, une couverture responsabilité civile, une assistance juridique, la couverture de frais médicaux et d'assistance médicale et une assurance accidents voyages.

> **Où trouver des renseignements supplémentaires ?**
>
> L'offre bancaire spécifique aux travailleurs frontaliers s'est raréfiée entre la France et l'Allemagne depuis la création de l'euro. À ce jour, le Crédit Mutuel Centre Est Europe et la Banque Populaire d'Alsace proposent des offres pour les travailleurs transfrontaliers :
> - Crédit Mutuel Centre Est Europe (CMCEE) : *www.creditmutuel.fr/cmcee*
> - Banque Populaire d'Alsace : *www.alsace.banquepopulaire.fr*

6. Financer un bien immobilier en Allemagne

La procédure pour obtenir un prêt bien immobilier en Allemagne diffère peu de ce qui se passe en France. Si vous souhaitez vous porter acquéreur d'un bien immobilier, la réponse des banques va dépendre de plusieurs critères : l'apport, les revenus et la couverture des risques.

Il n'existe pas de règle fixe sur la proportion du prix total que doit représenter votre apport personnel. Il est cependant très difficile en Allemagne d'obtenir un prêt sans apport. Il est dans ce cas souvent indispensable de souscrire une assurance perte d'emploi ou une garantie hypothécaire.

Les étapes de l'achat d'un bien immobilier en Allemagne sont abordées dans le chapitre « Trouver un logement ».

Lexique

Antrag : demande, commande
Auftrag : commission
Bankautomat : distributeur de billets
Bankleitzahl (BZL) : Code d'établissement bancaire
BIC (Bank Identifier Code) : code d'identification international de la banque
Dauerauftrag : prélèvement automatique
Dauerüberweisung : virement opéré à période régulière
Direktbank : banque en ligne
EC-Karte : carte de débit
Geldautomat : distributeur de billets
Geldkarte : porte-monnaie électronique
Girokonto : compte-courant
IBAN (International Bank Account Number) : identifiant international du numéro de compte bancaire
Internationale Zahlungskarte : carte de paiement internationale
Kontoführungsgebühren ou Kontopreis : frais de tenue de compte
Kredikarte : carte de crédit
Online banking : banque en ligne
Private Banken : banque pour les particuliers
Sparbuch : compte d'épargne
Überweisung : virement de compte à compte
Überweisungsformular : formulaire de virement
Überziehungszins(en) : coût(s) de découvert
Transaktionsnummer (TAN) : numéro de transaction pour les opérations bancaires en ligne
Zentraler Kreditausschuss (ZKA) : Comité Central du Crédit

Chapitre 12

Les assurances obligatoires et conseillées

La question de la souscription des assurances, qui plus est dans un pays étranger, est toujours un sujet complexe. En Allemagne, seule l'assurance responsabilité civile pour les propriétaires d'un véhicule est obligatoire. Toutes les autres sont facultatives, mais quelques-unes d'entre elles sont cependant fortement conseillées.

1. Le paysage des assurances en Allemagne

L'offre des assurances en Allemagne est très développée. Il est possible de s'assurer pour un grand nombre de risques. Toute la difficulté est de choisir les contrats d'assurances qui sont nécessaires en fonction de votre profil. Il est indispensable de prendre des conseils auprès d'au minimum deux professionnels avant de vous décider. C'est un secteur dans lequel il est assez aisé de trouver des locuteurs français ou anglais.

Quelles assurances souscrire ?

Récapitulatif des assurances obligatoires et conseillées

Domaine	Nom de l'assurance en Allemand	Nom de l'assurance en Français	Obligatoire ?	Coût à prévoir par an
Responsabilité civile	Haftpflichtversicherung	Responsabilité civile	Non, mais très fortement recommandée	Autour de 100 € par an
Logement	Hausratversicherung	Habitation (biens et meubles)	Non, mais également recommandée en fonction de la préciosité de vos biens	Entre 100 et 200 € par an, selon les assureurs et polices
	Glasbruchversicherungg	Bris de glace (habitation)	Non	60 € par an
	Wohngebaüdeversicherung	Bâtiments d'habitation (propriétaires)	Non, mais peut être indispensable pour obtenir le financement de votre bien immobilier	Entre 80 et 250 € par an, mais cela dépend du bien et de la couverture choisie
Automobile	Kraftfahrzeug-versicherung ou Kfz-Versicherung	Responsabilité civile automobile (au tiers)	OUI	En fonction de la couverture
	Kfz-Teil(kasko)-versicherung	Assurance auto risques partiels	Non	En fonction de la couverture
	Kfz-Voll(kasko)-versicherung	Assurance auto tous risques	Non	350 à 450 € par an selon la franchise
	ADAC	Dépannage en cas de panne	Non	30 à 60 € par an
Vélo	Fahrradversicherung	Vol	Non	10 à 100 € par an
Protection juridique	Rechtschutzversicherung	Assurance protection juridique	Non	250 à 350 € par an
Chien	Haftpflichtversicherung für Hund	Assurance responsabilité civile chien	Non	Entre 75 et 100 €

Où souscrire une assurance ?

Pour souscrire vos polices d'assurances, vous pouvez vous adresser à différents types d'acteurs : un agent d'assurances, un courtier en assurances ou une société d'assurances.

LES ASSURANCES OBLIGATOIRES ET CONSEILLÉES

A. Un agent d'assurances

Un agent d'assurances (Versicherungsvertreter) propose les produits des sociétés d'assurances avec lesquelles il a un contrat. Un agent d'assurances peut travailler pour une ou plusieurs sociétés. Ils connaissent souvent bien les produits proposés dans la mesure où ils assurent le suivi de leur clientèle sur le long terme.

B. Un courtier en assurances

Un courtier en assurances (Versicherungsmakler) est un entrepreneur indépendant qui est spécialisé dans la comparaison des offres, en fonction des profils des assurés. Il travaille généralement avec toutes les sociétés d'assurance du marché. Il peut vous orienter vers des produits proposés par tous les assureurs présents sur l'ensemble du marché.

> **Où trouver des informations complémentaires ?**
> – Le site de l'association des courtiers en assurance allemands (Verband Deutscher versicherungsmakler – VDM) permet de trouver les coordonnées de courtiers dans votre localité : *www.vdvm.de* (site en allemand).
> – Plusieurs comparateurs de prestations et de prix (Versicherungsvergleich) sont proposés par des courtiers sur Internet :
>   • *www.versicherungsvergleich.org*
>   • *www.vergleich.de*
>   • *www.aspect-online.de*
>   • *www.versicherung-tarif-vergleichen.de*
>   • *www.versicherungsvergleich.de*
>   (Sites en allemand)

C. Les sociétés d'assurances

Vous pouvez contacter directement les sociétés d'assurances proches de chez vous. Comme en France, la plupart ont des agences dans les centres-villes.

Le site de l'association générale des acteurs de l'assurance (Gesamtverband der Deutschen Versicherungswirtschaft) permet de retrouver les coordonnées des sièges des sociétés d'assurances ainsi que les sites Web des plus grands acteurs du secteur de l'assurance en Allemagne : *www.gdv.de* (section en anglais).

2. L'assurance responsabilité civile

L'assurance responsabilité-civile (hors assurance-automobile) fait partie des assurances qu'il est conseillé de souscrire au regard du rapport risques/coût.

▬▬▬ Votre assurance responsabilité civile

L'assurance responsabilité civile (Haftpflichtversicherung) n'est pas obligatoire en Allemagne. Cependant, le rapport entre le coût d'une telle assurance (environ une centaine d'Euros par an) et le niveau de prestations apportées est intéressant. Cette couverture est notamment précieuse au cas où vous seriez tenu d'indemniser la ou les victimes d'un incident dans lequel vous êtes responsable.

Selon la loi allemande, la personne responsable de dommages à des tiers doit compenser les dégâts et conséquences financières occasionnés à d'autres personnes par ses actes. Ces faits peuvent avoir été causés par vous-même ou un membre de votre famille sur d'autres personnes ainsi que leurs biens. Si la responsabilité vous en est imputée, votre police d'assurance responsabilité civile vous couvrira, que ces actes soient volontaires ou non. Seule limite, en cas de dommages résultant d'une négligence importante de votre part, la compagnie d'assurance peut refuser de couvrir les dégâts.

L'assurance responsabilité civile (Haftpflichtversicherung) couvre le titulaire du contrat, ainsi que le conjoint et les enfants jusqu'à leur majorité. L'assurance responsabilité civile n'étant pas obligatoire, toute la population n'y souscrit donc pas. Votre assureur peut vous proposer une option supplémentaire appelée « Ausfalldeckung » qui permet de se prémunir contre les frais engendrés au cas où vous seriez victime d'une personne non couverte par une police d'assurance responsabilité civile (Haftpflichtversicherung) qui serait dans l'incapacité de vous indemniser d'un préjudice subi.

Les assurances obligatoires et conseillées

▬▬ L'assurance RC pour vos animaux

Les dégâts causés par les chiens et les chats ne sont pas couverts de la même façon en Allemagne qu'en France.

En tant que propriétaire d'un animal, vous êtes considéré comme étant légalement responsable de tous les agissements de ce dernier. Ce qui inclut les dommages que votre animal pourrait provoquer à un tiers telles que des chutes ou des morsures. Le maître d'un animal peut être poursuivi en justice pour réparation de préjudice commis par un animal, même si celui-ci avait échappé à sa garde ou à sa vigilance.

En France, l'assurance responsabilité civile habituellement incluse dans votre police multirisque habitation couvre les risques causés par vos animaux domestiques (chiens et chats).

En Allemagne, l'assurance responsabilité civile (Haftpflichtversicherung) ne couvre que les risques causés par les chats. Les dommages causés par votre chien ne seront pas couverts par votre contrat d'assurance responsabilité civile (Haftpflichtversicherung). La couverture des risques causés par votre chien se fait via un contrat d'assurance responsabilité civile spécifique. Le coût moyen de cette police se situe entre 75 et 100 € par an. Cette assurance n'est pas obligatoire, mais conseillée.

3. L'assurance habitation : locataire et propriétaire

Les responsabilités du locataire et du propriétaire sont distinctes en France et en Allemagne. Le locataire peut s'assurer pour l'intérieur du logement (les biens et les meubles) et le propriétaire pour le bâtiment (les murs).

L'assurance habitation (biens et meubles)

L'assurance habitation n'est pas obligatoire. Elle ne couvre pas les risques de dégâts des eaux causés sur les murs (par exemple) mais seulement le contenu de l'habitation (les biens).

L'assurance habitation / mobilier de ménage (Hausratversicherung) couvre le contenu du logement, que vous l'habitiez en tant que propriétaire ou locataire. Tout ce qui peut être transporté à l'intérieur de celui-ci est susceptible d'être couvert.

L'assurance-habitation ne peut pas être imposée au locataire par le propriétaire dans la mesure où seuls les biens personnels de la personne habitant dans le logement et non les murs sont assurés. Son coût varie entre 100 à 200 € par an.

La couverture inclut les dommages causés aux meubles et aux biens de l'habitant du logement suite à un cambriolage, à un dégât des eaux, un incendie, des catastrophes naturelles, les tempêtes, orages, grêle et avalanche. Elle ne couvre pas le bris de glace qui fait l'objet d'une couverture spécifique (voir ci-dessous).

Les biens ayant une valeur particulière (oeuvres d'art, bijoux…) peuvent faire l'objet d'un contrat additionnel au contrat principal ou d'une police d'assurance adaptée, par exemple : Objets d'art et de valeur (Kunst und Wertgegenstände).

Certaines polices peuvent couvrir les biens qui se trouveraient dans votre véhicule, ainsi que certains de vos effets personnels en cas de vol (vêtements) hors de votre domicile. Le coût est dans ce cas supérieur.

L'assurance bris de glace

L'assurance bris de glace (Glasbruchversicherung) assure les vitres de votre logement (fenêtres) et les dégâts occasionnés par des bris de vitres, que vous l'habitiez en tant que locataire ou propriétaire. Cette assurance couvre des dégâts d'origine naturelle (tempête, catastrophe, etc.) ou accidentelle (votre enfant casse un carreau de fenêtre en jouant au ballon). Certaines assurances bris de glace couvrent également les vitres ou parties en verre à l'intérieur de l'habitation comme les cadres, portes intérieures vitrées et les tables vitrées. Son coût est d'environ 60 € par an.

Si c'est votre voisin qui casse une vitre en jouant au ballon, c'est son assurance responsabilité civile (Hapftpflichtversicherung) qui fonctionnera.

▬▬ L'assurance bâtiment d'habitation (les murs)

L'assurance bâtiment d'habitation (Wohngebäudeversicherung) n'est pas obligatoire, mais fortement conseillée au propriétaire de bien immobilier. Il s'agit d'une assurance des bâtiments d'habitation (Wohngebäude) à la différence de l'assurance du mobilier de ménage (Hausratversicherung). Elle couvre donc avant tout les bâtiments, c'est-à-dire la construction en elle-même.

L'assurance bâtiment d'habitation peut couvrir différents types de sinistres tels que l'incendie, le dégât des eaux, les intempéries, ainsi que les catastrophes naturelles. Certaines polices couvrent également des opérations de recherche, de sauvetage et de transport occasionnés suite aux différents sinistres qui pourraient survenir sur votre bien immobilier.

Les dégâts causés aux vitres de fenêtres sont couverts par l'assurance bris de glace de la personne habitant dans le logement et non par le propriétaire du logement.

Bien que cette assurance ne soit pas obligatoire, elle est quasiment toujours demandée lors de la phase de financement de l'achat d'un bien. La banque qui accorde l'emprunt nécessaire à votre acquisition conditionne très souvent l'obtention de votre financement à la souscription préalable d'une assurance bâtiment d'habitation (Wohngebäudeversicherung).

4. Assurance des véhicules (autos et vélos)

L'assurance responsabilité civile automobile (Kraftfahrzeugversicherung ou Kfz-(Haftpflicht)versicherung) est obligatoire, dès lors que vous êtes résident en Allemagne et que vous possédez un véhicule motorisé. Le fait que ce véhicule ait été importé depuis la France ou acheté en Allemagne ne modifie pas cette obligation.

Les deux niveaux de police complémentaires ne sont par contre pas obligatoires : l'assurance-automobile risques partiels (Kfz-Teilkaskoversicherung) et l'assurance tous risques (Kfz-Vollkaskoversicherung).

Calcul du coût de l'assurance et bonus

Le montant des contributions de la police d'assurance varie selon :
– le type de véhicule que vous souhaitez assurer ;
– la puissance du moteur ;
– le nombre d'accidents que vous avez eus.
Un système de bonus fait varier le coût de votre assurance en fonction du nombre d'accidents dont vous avez déjà été responsable depuis que vous conduisez.

> **Conseil pratique :**
> **faites reconnaître votre bonus français**
> Si vous bénéficiez d'un bonus reconnu par votre assureur automobile en France, il est possible de le faire prendre en compte par votre compagnie d'assurance en Allemagne pour le calcul de votre tarif. Nous vous conseillons de demander le relevé d'informations auprès de votre assureur français avant votre départ vers l'Allemagne.
> Si le premier assureur auquel vous vous adressez afin d'obtenir un devis ne consent pas à reconnaître votre bonus français pour le calcul de ses tarifs d'assurance, nous vous suggérons de faire jouer la concurrence, l'incidence de votre bonus sur le coût de votre police pouvant être significative.

Trois niveaux de couverture différents

Il existe trois types de polices distincts que vous pouvez souscrire pour votre véhicule : l'assurance responsabilité civile automobile (Kfz-Haftpflichtversicherung) – obligatoire –, l'assurance risques partiels (Kfz-Teilkaskoversicherung) et l'assurance tous risques (Kfz-Vollkaskoversicherung).

Les assurances obligatoires et conseillées

Les assurances pour le véhicule

Type d'assurance	Couverture	Obligatoire
Responsabilité civile	Couvre les dommages matériels et corporels causés aux tiers en cas d'accident	Oui
Risques partiels (Teilkasko)	Comprend la responsabilité civile obligatoire + dommages causés au véhicule par incendie, vol, gibier et le bris de glace	Non
Tous risques (Vollkasko)	Comprend la responsabilité civile obligatoire + les dommages couverts par l'assurance risques partiels + d'autres dommages causés à votre véhicule (vandalisme...)	Non

La question de la franchise

Vous pouvez réduire le montant de votre assurance-automobile en acceptant de vous acquitter d'une franchise (Selbstbeteiligung), que vous payez en cas de sinistre.

Plusieurs paliers de franchise sont habituellement proposés par les assureurs, et plus votre contribution à la réparation des dommages que vous aurez choisie sera élevée, plus votre cotisation annuelle diminuera.

Le tableau ci-dessous donne un exemple de plusieurs tarifs pouvant être appliqués en cas de sinistre.

Exemples de tarifs en cas de sinistre

La cotisation versée chaque année est de :	Le montant de la franchise pour des dégâts Teilkasko (risques partiels) est de :	Le montant de la franchise pour des dégâts Vollkasko (tous risques) est de :
385,23 €	150 €	300 €
398,92 €	0 €	500 €
430,41 €	150 €	150 €
446,38 €	0 €	300 €
467,54 €	0 €	150 €

Quelle couverture en cas de panne sur la route ?

Si votre véhicule est couvert par une assurance tous risques (*Vollkasko*), celle-ci inclut l'assistance dépannage en cas de panne ou accident sur la route.

Pour les autres, l'ADAC (*Allgemeiner Deutscher Automobil Club*), qui est l'automobile-club allemand propose des services de dépannage sur l'ensemble du territoire allemand. Vous repérerez très rapidement ces voitures et camions jaunes avec le logos ADAC qui dépannent des automobilistes en difficulté.

L'adhésion coûte entre 30 et 60 € selon votre âge et si vous vous assurez seul ou avec votre conjoint. L'adhésion permet de bénéficier d'un dépannage gratuit si celui-ci a lieu en Allemagne. La couverture mondiale coûte entre 68 et 100 €.

Si vous n'êtes pas membre et que vous souhaitez bénéficier du dépannage de l'ADAC, vous pouvez adhérer au club à l'arrivée du dépanneur (*www.adac.de*).

Assurance-vol pour votre vélo

Il existe deux possibilités pour s'assurer contre le risque de vol de vélo :

– **option supplémentaire de votre assurance-habitation :** vous pouvez inclure une couverture pour votre vélo dans la police d'assurance-habitation de votre domicile (Hausratversicherung), ce qui augmente légèrement le coût de votre assurance annuelle. Le coût varie selon le principe suivant : 3 à 5 € par an de cotisation annuelle par tranche de 100 € du prix de votre vélo. Soit 9 à 15 € pour un vélo d'une valeur de 300 € ;

– **assurance spécifique pour votre vélo :** vous pouvez également souscrire une police spécifique pour votre vélo. Le montant annuel est compris entre 50 et 100 € pour un vélo de ville, et entre 100 et 160 € pour un VTT.

5. L'assurance protection juridique

L'assurance protection juridique (Rechtschutzversicherung) peut vous être très utile si vous avez besoin d'une assistance juridique en cas de litiges ou de conflits. Elle peut vous couvrir dans les domaines privés, du travail et de la circulation selon le type de contrat signé.

Bien que non obligatoire, une grande partie de la population possède une telle couverture. C'est une assurance qui est d'autant plus conseillée pour les Français en Allemagne – à moins d'être soi-même juriste (en droit allemand) – car les éventuelles procédures judiciaires sont encore plus complexes lorsqu'elles ne se déroulent pas dans sa propre langue.

Qu'est-ce qui est couvert et à partir de quand ?

Cette assurance prend en charge les frais d'avocats, que ce soit pour un conseil ou pour une procédure devant un tribunal, ainsi que les frais de justice qui sont beaucoup plus élevés en Allemagne qu'en France.

Important : cette assurance ne couvre pas les faits antérieurs à la souscription du contrat et les contrats prévoient en général une période de latence (*Wartezeit*) de trois mois après la date de validité de votre contrat, avant que d'éventuels faits ne puissent être pris en compte et donc couverts par la police que vous avez souscrite.

Quelle couverture pour quel tarif ?

Il existe différentes formules de couverture et donc de prestations en matière de protection juridique. Le tarif de la couverture sera d'autant plus important selon :
– qu'elle couvre plusieurs domaines (vie privée, travail, circulation…) ;
– que vous y souscrivez sur une période courte (une souscription sur plusieurs années peut être accompagnée d'une diminution du tarif) ;
– que vous souhaitez pouvoir choisir vous-même l'avocat qui vous représente ou que vous laissez l'assureur vous en conseiller un ;
– que le montant des frais couverts est important ;

– que la couverture est mondiale (quel que soit le lieu du litige) ;
– que vous ne prenez pas de franchise (Selbstbeteiligung). Dans ce cas, vous êtes assuré au premier euro. Si vous prenez une franchise, cela signifie que vous réglez vous-même le montant des frais (frais d'avocats et frais de justice), s'ils sont inférieurs au montant de la franchise. L'assurance fonctionne au-dessus du montant de la franchise.

Le tarif moyen pour une assurance protection juridique, se situe habituellement entre 250 et 350 € par an, selon le niveau des prestations choisi.

6. Accident du travail, invalidité et décès

Les assurances accident du travail, invalidité et décès sont abordées dans le chapitre 15 sur l'assurance-maladie.

Certains risques qui sont couverts en France par le régime général de la sécurité sociale pour tous les salariés (par exemple le bénéfice de revenus en cas d'invalidité) ne sont pas couverts en Allemagne par le niveau d'assurance « général ». C'est pourquoi nous vous conseillons de considérer cette question en même temps que le choix de votre assurance-maladie.

Lexique
Glasbruchversicherung : assurance bris de glace
Haftpflichtversicherung : assurance responsabilité civile
Hausratversicherung : assurance habitation
Kfz (Kraftfahrzeug) : véhicule automobile
Kfz-Haftpflichtversicherung : assurance responsabilité civile automobile
Kfz-Teil(kasko)versicherung : assurance-automobile risques partiels
Kfz-Voll(kasko)versicherung : assurance-automobile tous risques
Rechtschutzversicherung : assurance protection juridique
Risiko (das), Risiken (die) : risque(s)
Schaden (der), Schäden (die) : dommage(s)
Selbstbeteiligung : franchise
Versicherungsmakler : courtier en assurances
Versicherungsvertrag : contrat d'assurance
Versicherungsvertreter : agent d'assurances
Vertrag : contrat
Versicherungsgesellschaft : société d'assurance
Wartezeit : période de latence avant que la couverture ne soit effective
Wohngebäudeversicherung : assurance bâtiment d'habitation

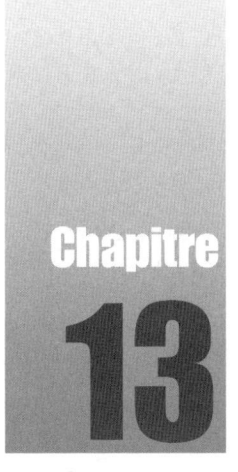

Chapitre 13
Véhicule, permis, immatriculation, conduite

Pour conduire en Allemagne, vous devez être en mesure de présenter aux autorités un permis de conduire en cours de validité, la preuve de l'immatriculation et l'assurance du véhicule.

1. Permis de conduire

Le permis de conduire français est valable en Allemagne et vous n'avez pas de formalités à accomplir, sauf si vous l'avez obtenu depuis moins de deux ans. La situation est plus complexe pour les permis obtenus hors de l'Union européenne et les permis spéciaux.

▬▬ Vous avez déjà le permis de conduire

Les formalités à accomplir si vous êtes déjà détenteur du permis de conduire dépendent du pays dans lequel votre permis de conduire vous a été délivré.

A. Permis délivré par un pays de l'Union européenne

Si votre permis de conduire a été délivré par un État appartenant à l'Union européenne ou un État de l'AELE (Association européenne de libre-échange), à l'exception de la Suisse, votre permis est reconnu par l'ensemble de ces mêmes États.

La seule condition est que votre permis de conduire soit toujours valide dans le pays qui vous l'a délivré et que vous respectiez les catégories de véhicules pour lesquelles le permis est établi.

Pour un permis obtenu il y a moins de deux ans, l'enregistrement du permis est nécessaire. Il existe également des dispositions particulières pour les permis de catégorie C et D pour les véhicules de transports de marchandises et de transports en commun.

> **Il n'est plus nécessaire de faire échanger son permis**
>
> Avant 1996, les détenteurs d'un permis de conduire français devaient obligatoirement échanger celui-ci contre un permis allemand. Depuis, l'échange du permis de conduire pour le rendre conforme au modèle communautaire n'est plus obligatoire et ce, même si la date de délivrance de votre permis est antérieure. Si vous avez eu votre permis de conduire avant 1996, il n'est pas nécessaire non plus d'effectuer cette modification.

1) Permis obtenus depuis moins de deux ans : enregistrement de votre permis

Si votre permis de conduire délivré par un État appartenant à l'Union européenne ou un État de l'AELE (Association européenne de libre-échange), à l'exception de la Suisse, a été obtenu il y a moins de deux ans au moment de votre installation en Allemagne, vous devrez simplement le faire enregistrer auprès de l'office fédéral pour la circulation des véhicules à moteur (Dienstleistungsbehörde Kraftfahrt-Bundesamt / KBA).

L'enregistrement auprès du KBA doit se faire dans un délai maximal de 185 jours après votre arrivée en Allemagne en prenant contact avec l'office des permis de conduire (Fahrerlaubnisbehörde) proche de votre domicile.

Le coût de cette procédure est d'environ 15 €. Le non-respect de cette formalité simple peut entraîner des poursuites judiciaires en cas de contrôle par la police.

2) Permis C et D : dispositions particulières

Il existe des dispositions particulières pour les permis de catégorie C (autorisant la conduite de véhicules de transport de marchandises ou de matériel d'un poids supérieur à 3,5 tonnes avec remorques) et D (véhicules de transports en communs comportant plus de 9 places assises) :

– permis C1 et C1E : ils sont valables sans formalités jusqu'à votre 50e anniversaire ;
– permis C, CE, D, D1, DE et D1E : les permis C, CE, D, D1, DE et D1E sont valables sans formalité particulière pendant les 6 premiers mois de votre séjour en Allemagne. Au-delà de cette période, ils doivent être enregistrés auprès de l'office des permis de conduire (Fahrerlaubnisbehörde). Cet enregistrement vous permet de bénéficier d'un permis valide en Allemagne pendant cinq années ;
– extension de validité : vous pouvez étendre la validité de vos permis C, C1, CE, C1E, D, D1, DE et D1E pour une période de 5 ans, également renouvelable, après avoir satisfait à un examen de votre santé ainsi que de votre vue (Sehtest).

Où trouver des informations complémentaires ?

– L'office fédéral pour la circulation des véhicules à moteur (Dienstleistungsbehörde Kraftfahrt-Bundesamt / KBA) est l'administration responsable au niveau fédéral de tout ce qui concerne les véhicules, la conduite, la circulation et la voie publique. Le KBA dépend directement du Ministère des Transports. Le KBA supervise plusieurs administrations dont les bureaux des immatriculations (Zulassungsstelle) et les offices des permis de conduire (Fahrerlaubnisbehörde) : *www.kba.de* (site en allemand et en anglais).
– Pour trouver l'office des permis de conduire (Fahrerlaubnisbehörde) proche de chez vous, taper « Fahrerlaubnisbehörde + le nom de votre ville » dans un moteur de recherche. Les sites Web des grandes villes ont généralement une page sur le sujet.

B. Permis délivré dans un pays hors Union européenne

L'Allemagne a passé des accords sur le permis de conduire avec un certain nombre de pays hors de l'Union européenne.

1) Les pays ayant un accord avec l'Allemagne

L'Allemagne reconnaît les permis de conduire délivrés par un grand nombre de pays en dehors de l'Union européenne. Une liste est tenue à jour par le ministère des Transports, de la Construction et du Développement urbain (Bundesministerium für Verkehr, Bau und Stadtentwicklung) : *www.bmvbs.de* (site en allemand et en anglais), rubrique « A bis Z », puis « F » puis « Führerschein », puis « Gültigkeit ausländischer Fahrerlaubnisse (Führerscheine) in der Bundesrepublik Deutschland ».

2) Permis délivré par un pays ayant un accord avec l'Allemagne

Si votre permis a été délivré par un pays ayant un accord avec l'Allemagne, votre permis est utilisable sans formalités pendant les six mois de votre séjour en Allemagne. Passé ce délai, tout dépend de vos projets.

Vous ne prévoyez pas de demeurer en Allemagne plus d'un an au total :
Les six premiers mois, vous n'avez pas de formalités à accomplir. Pour un séjour de six mois à un an, vous pouvez demander une extension de validité de votre permis. Cette extension est délivrée pour une période maximale de 6 mois.
À qui s'adresser ? L'office des permis de conduire (Fahrerlaubnisbehörde).

Vous prévoyez de séjourner en Allemagne plus d'un an au total :
Si vous comptez séjourner plus d'un an en Allemagne, vous devez faire réaliser une transcription (Umschreibung) de votre permis de conduire. Un permis allemand vous est délivré en échange du vôtre qui sera conservé en dépôt. Vous pourrez le récupérer lorsque vous quittez l'Allemagne. Le coût de la transcription est d'environ 40 € La procédure de transcription de votre permis de conduire peut durer entre un et deux mois suivant le Land. Nous vous conseillons donc de réaliser cette démarche dès votre arrivée dans le pays afin d'éviter de vous retrouver en situation délicate en cas de contrôle.
À qui s'adresser ? L'office des permis de conduire (Fahrerlaubnisbehörde).

3) Permis délivré par un pays n'ayant pas d'accord avec l'Allemagne

Si votre permis a été délivré par un pays qui n'a pas d'accord avec l'Allemagne en matière de permis de conduire, vous devez passer les examens théorique et pratique du permis de conduire en Allemagne en vue de conduire en Allemagne. Le coût des examens est d'environ 160 € Le processus d'apprentissage en école de conduite peut être allégé.

À qui s'adresser ? L'office des permis de conduire (Fahrerlaubnisbehörde).

Passer son permis de conduire en Allemagne

Vous devez bien maîtriser l'allemand pour passer votre permis de conduire (Führerschein). Si la majorité des **cours théoriques** (leçons de code) sont dispensés en allemand, il existe quelques auto-écoles (Fahrschule) dans des grandes villes qui proposent des leçons en anglais. Il est possible de suivre les **cours pratiques** de conduite du véhicule dans une langue étrangère. C'est assez courant en anglais. C'est plus rare en français, mais cela peut exister notamment dans l'ouest du pays.

Les examens du permis de conduire (Fahrprüfung), théoriques et pratiques se déroulent en allemand. Vous devez vous inscrire auprès de l'office des permis de conduire (Fahrerlaubnisbehörde). Le coût de l'examen est de 160 €.

2. Immatriculer son véhicule en Allemagne

L'immatriculation de votre véhicule en Allemagne est nécessaire si votre séjour dure plus de six mois. La procédure d'immatriculation de votre véhicule en Allemagne peut varier en fonction de votre Land de résidence. Ce sont les étapes communes à l'ensemble du territoire fédéral qui sont présentées ci-dessous.

Liste des pièces à fournir

La demande d'immatriculation s'effectue auprès du bureau d'immatriculation (Kfz-Zulassungsstelle) de la circonscription du Land dont dépend votre domicile. Voici une liste des justificatifs qui vous seront généralement demandés par les bureaux d'immatriculation :
– pièce d'identité ;
– attestation d'inscription dans votre commune (Meldebescheinigung ou Anmeldung) ;
– carte grise française. Celle-ci sera par la suite envoyée à la section consulaire de l'Ambassade de France à Berlin qui préviendra la préfecture de votre domicile en France de l'immatriculation allemande ;
– vos coordonnées bancaires pour le paiement de la taxe automobile ;
– les plaques d'immatriculation françaises ;
– certificat de passage aux contrôles technique et pollution (Hauptuntersuchung (HU) et Abgasuntersuchung (AU)) ;
– certificat d'assurance temporaire (Versicherungsdoppelkarte) ;
– certificat de conformité européenne (Certificate of Conformity) ;
– certificat de non-objection (Unbedenklichkeitszeugnis) : ce document peut être demandé, mais ce n'est pas systématique.

> **Où trouver des informations complémentaires ?**
>
> Office fédéral pour la circulation des véhicules à moteur (Dienstleistungsbehörde Kraftfahrt-Bundesamt / KBA) : *www.kba.de* (site en allemand et en anglais), rubrique « Zentrales Register », puis « Kraftfahrzeug ».

Récapitulatif des démarches à accomplir

Nom de la démarche (en allemand)	Traduction en français	Où ? Auprès de qui l'obtenir ?	Coût approximatif
Hauptuntersuchung (HU) et Abgasuntersuchung (AU)	Contrôle technique et contrôle-pollution	L'un des trois organismes de certification agréés : TÜV, DEKRA et GTÜ	environ 150 €
Versicherungsdoppelkarte	Certificat d'assurance provisoire	Assureur allemand	gratuit
COC (Certificate of Conformity)	Certificat de conformité européen	Le constructeur de votre véhicule	entre 20 et 150 €
Unbedenklichkeitszeugnis	Certificat de non-objection	Office fédéral pour la circulation des véhicules à moteur (Dienstleistungsbehörde Kraftfahrt-Bundesamt / KBA)	15 €
Autokennzeichen	Plaques d'immatriculation	Commerce spécialisé	30 €
Wunschkennzeichen	Personnalisation du numéro de plaques	Commerce spécialisé	15 € (formalité optionnelle)

Contrôles technique et pollution

Le contrôle technique – Hauptuntersuchung (HU) – et le contrôle pollution – Abgasuntersuchung (AU) – sont réalisés par l'un des trois organismes de certification agréés présents sur le territoire fédéral : TÜV, DEKRA et GTÜ.

Si des points défectueux (fehlerhafte Punkte) sont identifiés, vous en recevez la liste et devrez effectuer les réparations avant de pouvoir obtenir les certificats nécessaires à la demande d'immatriculation.

> **Conseil pratique :**
> **Se préparer au contrôle technique**
>
> Les contrôles techniques et pollution prévoient 160 points de vérification sur votre véhicule. Il est possible de préparer ses contrôles en consultant sur le site du TÜV, l'un des organismes de contrôle certifié pour la réalisation de ce type de contrôles, la liste des points particulièrement regardés et qui risquent de poser problème. Les check-lists (en fonction de votre véhicule) vous permettent d'examiner vous-même un certain nombre d'éléments et de faire effectuer les réparations nécessaires avant de soumettre votre véhicule aux contrôles techniques définitifs.

> **Où trouver des informations complémentaires ?**
>
> Le site de l'organisme certificateur TÜV propose des informations sur les contrôles technique et pollution de votre véhicule : *www.tuv.com* (site en allemand et en anglais), rubrique « Mobilität », puis « Fahrzeuguntersuchung stationär », puis « Hauptuntersuchung », puis « Umfang der Prüfung ».

Certificat d'assurance temporaire

Le certificat d'assurance provisoire (Versicherungsdoppelkarte) de votre véhicule est délivré par votre futur assureur en Allemagne. Une fois l'immatriculation réalisée, le service des immatriculations indiquera en retour à votre assureur que votre véhicule peut circuler sur la voie publique et il vous sera alors nécessaire de souscrire votre contrat définitif.

Certificat de conformité européen

Le certificat de conformité européen (Certificate of Conformity) est délivré par le constructeur de votre véhicule. Si votre véhicule est de constructeur allemand, vous pourrez en faire la demande auprès du constructeur en Allemagne. Si votre véhicule est de constructeur français, vous devez faire la demande auprès du constructeur en France.

> **Avant de quitter la France pour l'Allemagne**
>
> – Vérifiez auprès de votre assureur français la durée pendant laquelle votre véhicule sera encore assuré après votre arrivée en Allemagne.
> – Photocopiez votre carte grise avant votre départ de la France pour l'Allemagne dans l'éventualité d'une demande immatriculation en cas de retour en France. En effet, l'original de la carte grise sera conservé par l'administration allemande lors de l'immatriculation. Le fait d'avoir une copie en votre possession facilitera vos démarches à votre retour en France.
> – Faites réaliser une pré-vérification de votre véhicule en vue du contrôle technique auprès d'un garagiste français. Vous pourrez ainsi évaluer s'il est préférable d'emmener votre véhicule ou d'en acquérir un nouveau en Allemagne.

Certificat de non-objection

Les bureaux d'immatriculation de quelques rares Länder demandent un certificat de non-objection (Unbedenklichkeitszeugnis) qui est l'équivalent du certificat de situation administrative en France.

Ce certificat sert à démontrer qu'aucun élément tel qu'une créance, une opposition d'une administration n'existe et ne s'opposerait donc à l'immatriculation ou encore que le véhicule n'a pas été volé. Le certificat de non-objection peut être obtenu auprès de l'office fédéral pour la circulation des véhicules à moteur (Dienstleistungsbehörde Kraftfahrt-Bundesamt / KBA) pour un montant de 15 €.

Les plaques d'immatriculation

Lorsque le bureau d'immatriculation (Zulassungsstelle) vous aura délivré un numéro d'immatriculation, vous pourrez faire réaliser vos plaques d'immatriculation auprès d'un commerce spécialisé, généralement installé à proximité du bureau d'immatriculation (Zulassungsstelle).

Après la fabrication des plaques, le bureau d'immatriculation y appose le sceau du Land, ainsi que la date des prochaines inspections techniques. Les plaques allemandes vous sont remises en échange de vos plaques françaises qui seront conservées dans un premier temps puis détruites par le bureau d'immatriculation.

> **Conseil pratique :**
> **personnaliser ses plaques**
> *Vous pouvez, si vous le souhaitez, obtenir la personnalisation de votre numéro d'immatriculation en choisissant les lettres qui figurent dessus. Le coût supplémentaire est d'environ 15 €.*

Les nouveaux papiers de votre véhicule

Le bureau d'immatriculation vous remet en même temps que vos plaques d'immatriculation les justificatifs allemands de l'immatriculation et de la propriété de votre véhicule.

Les papiers de votre véhicule

Nom allemand	Ancien nom parfois encore employé	Nom français	Commentaire
Zulassungs-bescheinigung Teil I	Fahrzeugschein	Certificat d'immatriculation 1ʳᵉ partie	Ce document contient les informations techniques relatives au véhicule. Il peut vous être demandé lors d'un contrôle de police.
Zulassungs-bescheinigung Teil II	Fahrzeugbrief	Certificat d'immatriculation 2ᵉ partie	Ce document atteste de la propriété du véhicule.

Conseil pratique : ne pas conserver le certificat d'immatriculation dans son véhicule

En Allemagne, bien qu'un contrat de vente soit établi lors de chaque cession d'un véhicule, c'est l'ensemble des deux certificats d'immatriculation (Zulassungsbescheinigung Teil I et Zulassungsbescheinigung Teil II) qui prouve que le véhicule vous appartient. C'est la personne qui est en mesure de présenter ces deux documents simultanément qui peut se réclamer comme étant la dernière à avoir acquis le véhicule.

Nous vous déconseillons fortement de conserver ces deux documents ensemble et surtout de les laisser dans votre véhicule, car le détenteur de ces deux justificatifs en devient automatiquement le propriétaire et peut notamment tout à fait le revendre à son gré.

Lors d'un contrôle, seule la première partie du certificat d'immatriculation (Zulassungsbescheinigung Teil I) vous sera réclamée par la police. Nous vous recommandons donc de conserver la deuxième partie à votre domicile.

Par qui se faire aider pour l'immatriculation ?

Les agences de relocation proposent des forfaits « Immatriculation d'un véhicule ». L'agence de relocation réalise dans ce cas toutes les démarches à votre place. Le seul point à vérifier est la possibilité pour la personne de l'agence de relocation de conduire le véhicule à votre place.

3. La taxe automobile (Kfz-Steuer)

Les coordonnées bancaires que vous communiquez lors de la demande d'immatriculation servent au prélèvement annuel de la taxe automobile (Kfz-Steuer). Le montant de la taxe automobile dépend désormais de la date d'immatriculation de votre véhicule.

Voiture immatriculée avant le 1er juillet 2009

Le montant de la taxe automobile dépend d'une variété de facteurs liés à votre véhicule :
– la date de la première immatriculation de votre véhicule ;
– le type de carburant ;
– la cylindrée du véhicule ;
– le niveau d'émission de CO_2 selon le groupe d'appartenance de votre véhicule à la norme européenne d'émissions « Euro » ;
– le poids de votre véhicule.

Voiture immatriculée après le 1er juillet 2009

De nouveaux critères sont appliqués pour les véhicules immatriculés depuis le 1er juillet 2009 pour le calcul de la taxe automobile :
– émissions de CO_2 : tous les véhicules ayant un taux d'émissions inférieur à 120 g CO_2/km sont exonérés de la taxe automobile. Au-delà de cette limite, chaque gramme de CO_2 supplémentaire est taxé à hauteur de 2 € ;
– cylindrée : les premiers 100 cm^3 de cylindrée sont exemptés de taxe automobile. Pour tout véhicule dont le moteur est à essence, chaque tranche de 100 cm^3 coûte 2 € Pour les véhicules diesel, le montant par tranche est de 9,50 €

Le site privé *www.kfz-steuer.de* permet d'évaluer la taxe annuelle dont vous aurez à vous acquitter en fonction de votre véhicule et des différents critères évoqués.

4. Vignette obligatoire dans les zones environnementales (Umweltzone)

Depuis 2008, des zones environnementales (Umweltzone) ont été aménagées dans plusieurs dizaines de grandes villes allemandes. Seuls les véhicules munis d'une vignette antipollution (Feinstaubplakette) sont autorisés à circuler dans ces zones, sous peine d'amende. Cette obligation s'applique à toutes les voitures qu'elles aient des plaques allemandes ou étrangères.

Plusieurs couleurs de vignettes

La couleur de la vignette est différente (verte, jaune ou rouge) en fonction du véhicule et de son respect de la norme européenne d'émission euro. Tous les véhicules ayant une vignette, verte ou jaune, sont autorisés à circuler dans les zones environnementales (Umweltzone). De plus en plus de villes interdisent désormais l'accès aux vignettes rouges.

Où se procurer la vignette ?

Cette vignette s'obtient auprès d'un bureau d'immatriculation ou d'un garage allemand. Il suffit de présenter la carte grise française ou le certificat d'immatriculation 1re partie (Zulassungsbescheinigung Teil I). Le coût de la vignette est de 5 €.

Où trouver des informations complémentaires ?

- Consulter la carte des villes disposant d'une zone environnementale : *www.umweltzone.net* (site en allemand)
- À lire : document d'information « Quelles sont les consignes à respecter par les détenteurs de véhicules étrangers ? » en français du ministère fédéral de l'environnement (Bundesministerium für Umwelt, Naturschutz und Reaktorsicherheit) : *www.bmu.de*, taper « zone environnement » dans le moteur de recherche.
Accès direct au document :
http://www.bmu.de/english/service/documents_francais/doc/40745.php (en français)

5. Conduire en Allemagne

Il existe des différences entre le code de la route français et le code de la route allemand, que nous expliquons en partie ci-dessous.

▬▬ Règles et code de la route

Documents à présenter en cas de contrôle : permis de conduire valide, papiers du véhicule et attestation d'assurance.

Véhicules étrangers : ceux ne disposant pas d'une plaque minéralogique de l'UE avec sigle du pays intégré, doivent être pourvus à l'arrière d'un autocollant avec l'indicatif du pays.

Carburant : il n'existe pas d'essence contenant du plomb. Un diesel bio est également proposé. Le GPL, en allemand « LPG » ou « Autogas », est présent dans de nombreuses stations services en Allemagne.

Vitesse : la vitesse maximale autorisée pour les voitures particulières sans remorque ou caravane est de 100 km/h hors-agglomération et 50 km/h dans les agglomérations, délimitées par des panneaux d'entrée et de sortie.

Vitesse sur autoroute : il est recommandé de ne pas dépasser 130 km/h bien qu'il n'y ait pas de vitesse maximale autorisée en dehors des zones à vitesse limitée rencontrées sur le trajet et indiquées par des panneaux (zones d'habitation, zones dangereuses, zones de travaux…).

Équipement de sécurité obligatoire : vous devez posséder dans votre véhicule un triangle de signalisation et un kit de premiers secours. Il existe une date de validité pour les éléments contenus dans la trousse de secours. Si la date de validité est dépassée, une amende est possible en cas de contrôle.

Ceinture de sécurité : elle est obligatoire à l'avant comme à l'arrière. Les enfants de 4 ans et moins doivent impérativement être installés dans des sièges pour enfants, et sur des réhausseurs pour enfants jusqu'à 12 ans et s'ils ne dépassent pas 1,50 m.

Taux d'alcoolémie : il est limité à 0,5 g. En cas de conduite en état d'ivresse, de fortes peines – y compris un retrait de permis – sont encourues. Si un conducteur en état d'ébriété est impliqué dans un accident, qu'il soit en tort ou non, un taux d'alcool même inférieur à la limite est punissable.

Kit mains libres : son utilisation est obligatoire pour tout usage du téléphone portable en conduisant.

> **Où trouver des informations complémentaires ?**
> – Consulter le site de l'Agence nationale du tourisme en Allemagne : *www.allemagne-tourisme.com* (site en français), rubriques « Infos pratiques », puis « Préparation du voyage ».
> – Forum de discussion dédié aux règles de circulation : *www.verkehrsportal.de* (site en allemand).

Pneus neiges en hiver

Le code de la route allemand prévoit depuis 2006 que les véhicules circulant en période hivernale doivent avoir un équipement adapté aux conditions météorologiques (pneus neiges, liquide anti-gel, etc.). Si l'obligation n'est pas stricte, l'installation de pneus neiges sur votre véhicule est conseillée pour la conduite en hiver (à partir du 1er novembre). En cas de panne ou d'accident, si vous causez par exemple des dommages ou un embouteillage, vous pourrez être verbalisé et devrez verser une amende, si les autorités jugent que vous n'avez pas pris toutes les précautions. De plus, les dommages causés dans ces conditions ne seront pas couverts par votre assurance. Les pneus cloutés sont en revanche interdits.

Constats effectués en présence de la police

En cas d'accident en Allemagne, y compris pour une simple casse matérielle, il est nécessaire d'appeler la police, en composant le 110. Celle-ci se déplace pour constater les faits et établir les responsabilités de chacun. Si vous quittez les lieux d'un accident, même pour un simple accrochage, cela peut être considéré comme un délit de fuite par les autorités et donner lieu à une verbalisation ainsi qu'un retrait de permis. L'intervention de la police sur les lieux d'un accident a un coût d'environ 25 € que vous pouvez régler sur place.

VÉHICULE, PERMIS IMMATRICULATION, CONDUITE

Lexique

Abgasuntersuchung (AU) : contrôle pollution
Autokennzeichen : plaques d'immatriculation
Certificate of Conformity (COC) : certificat de conformité européen
Fahrerlaubnisbehörde : office des permis de conduire
Fahrprüfung : examen du permis de conduire
Fahrschule : auto-école
Fehlerhafte Punkte : points défectueux
Feinstaubplakette : vignette anti-pollution
Führerschein : permis de conduire
Hauptuntersuchung (HU) : contrôles techniques
Dienstleistungsbehörde Kraftfahrt Bundesamt (KBA) : Office fédéral pour la circulation des véhicules à moteur)
Kfz-Steuer : taxe automobile
Kfz-Zulassungsstelle : bureau d'immatriculation
TÜV, DEKRA et GTÜ : organismes de certification agréés
Umschreibung : transcription
Unbedenklichkeitszeugnis : certificat de non-objection
Verkehrsregeln : code de la route
Versicherungsdoppelkarte : certificat d'assurance provisoire
Wunschkennzeichen : personnalisation du numéro
Zulassungsbescheinigung Teil I (anciennement, Fahrzeugschein) : certificat d'immatriculation 1re partie
Zulassungsbescheinigung Teil II (anciennement, Fahrzeugbrief) : certificat d'immatriculation 2e partie
Technische Prüforganisationen : organismes de certification agréés (par exemple : TÜV, DEKRA et GTÜ)
Zulassungsstelle : bureau d'immatriculation

Chapitre 14

Comprendre et payer ses impôts

Le système d'imposition allemand présente de nombreuses différences avec le système français. Les impôts sur le revenu sont prélevés à la source par l'entreprise pour les salariés et la déclaration d'impôts n'est pas toujours obligatoire, bien que souvent conseillée car un certain nombre de frais et de dépenses sont déductibles du revenu imposable. Autre différence, à l'impôt sur le revenu de base peuvent s'ajouter deux prélèvements supplémentaires : la contribution obligatoire de solidarité (Solidaritätszuschlag) pour les résidents des Länder de l'Ouest ainsi que l'impôt sur la religion (Kirchensteuer) si vous êtes de religion catholique, protestante, orthodoxe ou juive.

1. Où payer ses impôts ?

Le pays dans lequel vous devez payer vos impôts dépend du pays dans lequel vous avez des activités imposables. Il est possible que vous versiez des impôts en Allemagne et en France, mais pas sur les mêmes revenus.
Un document bilatéral règle les situations des Français travaillant en Allemagne et réciproquement. Il s'agit de la « Convention visant l'imposition du revenu et de la fortune entre la France et l'Allemagne » signée

la première fois le 21 juillet 1959 et modifiée depuis. Le texte complet est en accès libre sur le site des « Cahiers fiscaux européens » : *www.fontaneau.com*, rubrique « Documentation », puis « Conventions fiscales » (lien direct : *www.fontaneau.com/01/14/1.htm*).

Vous êtes salarié d'une entreprise allemande

Vos impôts sont prélevés sur votre salaire. Ils sont calculés et prélevés chaque mois selon votre situation professionnelle et personnelle. Le fait de réaliser une déclaration de revenus peut dans certaines situations vous permettre de récupérer de l'argent versé « en trop » aux impôts, comme expliqué dans ce chapitre.

Vous pouvez également être imposé en France si vous avez des activités imposables dans le pays, comme des revenus locatifs par exemple (voir ci-dessous dans ce chapitre).

Vous êtes expatrié

Vous payez vos impôts en Allemagne tout comme les salariés d'une entreprise allemande. Vous pouvez également être imposé en France si vous avez des activités imposables dans le pays (voir ci-dessous dans ce chapitre).

Vous êtes détaché

Le pays dans lequel vous payez l'impôt sur le revenu en tant que salarié détaché dépend du temps passé dans l'un et l'autre pays :
– si vous résidez plus de 183 jours en Allemagne, vous payez vos impôts en Allemagne, comme expliqué ci-dessous dans ce chapitre ;
– si vous résidez moins de 183 jours en Allemagne, vous payez vos impôts en France.

Il existe des dispositions fiscales particulières pour les travailleurs détachés, selon que sa famille l'accompagne ou non.

Vous êtes frontalier

Si vous êtes frontalier et salarié, vous avez la possibilité de payer vos impôts sur le revenu en France à condition que vous répondiez à certains critères (voir les informations spécifiques sur l'imposition des frontaliers page 47).

Vous êtes indépendant (selbständig)

Vous versez tous les trois mois une avance sur votre impôts sur le revenu, calculée la première année en fonction de vos prévisions de gain. L'administration vous envoie pour cela un avis d'imposition (Steuerbescheid). Comme pour les salariés, le montant exact à payer en plus (ou qui doit vous être reversé) est ajusté au moment de la déclaration d'impôts annuelle, qui est obligatoire pour les indépendants. Les années suivantes, l'avance est calculée en fonction de vos revenus de l'année précédente. Si vos revenus en tant qu'indépendant dépasse un certain seuil, vous devrez également régler l'impôt sur le chiffre d'affaires (Umsatzsteuer), qui se rapproche de la TVA (voir à ce sujet les informations spécifiques pour les indépendants page 54).
NB : Si vous exercez une activité libérale en Allemagne et résidez en France, vous devez régler vos impôts sur le revenu en Allemagne.

Vous êtes étudiant et stagiaire

Si vous êtes étudiant et réalisez un stage rémunéré en entreprise ou avez un emploi en parallèle, vous devez verser des impôts en fonction de votre durée d'activité :
– **vous travaillez moins de 183 jours dans une année civile :** vous ne payez pas d'impôts en Allemagne. Vous devez cependant déclarer tous les revenus que vous gagnez – même pour moins de 183 jours – à votre centre d'impôts français ;
– **vous avez travaillé plus de 183 jours dans une année civile.** Vous êtes soumis à l'impôt sur les revenus en Allemagne. Vous n'êtes cependant pas imposable en dessous de 8 004 € (pour les revenus

2009 déclarés en 2010) de revenus annuels. Comme l'impôt sur le revenu est prélevé chaque mois par votre employeur, vous avez intérêt à réaliser une déclaration d'impôt (cf. ci-dessous) pour récupérer un éventuel trop-perçu.

▬ Vous êtes VIE

Si vous êtes VIE, votre rémunération n'est pas imposable en Allemagne. Vous devez cependant réaliser une déclaration de revenus en France.

▬ Vous êtes assistant de français

Les assistants de langue sont exonérés d'impôt en France et en Allemagne sur la bourse qu'il perçoive, celle-ci n'étant pas un salaire. Vous n'avez pas de formalités à accomplir s'il s'agit de vos seuls revenus.

▬ Vous travaillez en mini-job

Pour les mini-jobs, une enveloppe de 2 % des revenus est prélevée sur votre salaire brut pour l'avance sur les impôts sur les revenus. Cependant, si vos revenus sont inférieurs à 8 004 € (en 2009 déclarés en 2010), vous n'êtes pas soumis à l'impôt sur le revenu et pouvez récupérer cette avance sur impôt en réalisant une déclaration d'impôt facultative, comme expliqué ci-dessous dans ce chapitre.

2. L'impôt sur le revenu en Allemagne

Le système d'imposition sur le revenu (Einkommensteuer) en Allemagne présente de nombreuses différences avec le système français.

Le calcul de l'impôt sur le revenu

Ce sont les revenus bruts (et non nets) qui sont imposés. L'impôt de base est calculé à partir d'un pourcentage progressif allant de 15 à 42 % du revenu brut, voire jusqu'à 45 % si vos revenus sont supérieurs à 250 000 € bruts par personne. Plus les revenus sont élevés, plus le taux d'imposition augmente.

Au montant de base, s'ajoute :
- 5,5 % du montant de base au titre de la contribution obligatoire de solidarité (Solidaritätszuschlag) pour les résidents des Länder de l'Ouest ;
- 8 ou 9 % du montant de base au titre de l'impôt sur la religion (Kirchensteuer).

Faibles revenus : quelle imposition ?

Si vous avez gagné moins de 8 004 € en 2009 (par personne), cette somme n'est pas imposable en 2010. Pour les mini-jobs, qui sont des emplois salariés pour lesquels le salaire est inférieur à 400 € par mois, un montant forfaitaire d'impôt est prélevé chaque mois par l'employeur. Si vos revenus sont inférieurs à 8 004 € en 2009, vous pouvez récupérer le trop-perçu en réalisant une déclaration d'impôt.

Le barème pour célibataires et couples mariés

Pour connaître le taux d'imposition qui vous est appliqué (de 15 % à 42 %), vous devez consulter le barème d'imposition salariale (Lohnsteuertabelle) qui est différent selon que vous êtes marié ou célibataire :
- **si vous êtes marié,** vous devez vous référer au barème de couple (Splittingtabelle). Les couples mariés additionnent leurs revenus et paient des impôts en fonction du résultat de cette somme. Prenons un exemple : la femme gagne 5 000 € bruts, le mari gagne 55 000 € bruts (en 2009) ; la femme gagne 30 000 € bruts et le mari gagne 30 000 € bruts. Dans les deux cas, le couple gagne 60 000 € bruts et paie 17 028 € en montant de base (+ contribution obligatoire de solidarité + impôt sur la religion) ;

– **si vous êtes célibataire,** vous devez vous référer au barème de base (Grundtabelle). Par exemple, si vous gagnez 30 000 € bruts (en 2009), vous payez 5 625 € en montant de base (+ contribution obligatoire de solidarité + impôt sur la religion). Si vous gagnez 60 000 € bruts par an, vous payez 17 028 € en montant de base (+ contribution obligatoire de solidarités + impôt sur la religion).

> **Où trouver des informations complémentaires ?**
>
> – Site du ministère fédéral des finances (Bundesministerium der Finanzen) : *www.abgabenrechner.de* (site en allemand), rubrique « Berechnung der Lohnsteuer 2010 », puis « Übersichten zur Einkommensteuer ». Pour les personnes célibataires : Grundtabelle. Pour les personnes mariées : Splittingtabelle.
> – L'administration centrale fédérale pour les impôts regroupe les informations sur les impôts de tous les Länders : *www.steuerliches-info-center.de* (site en allemand et en anglais).

Couples non mariés

Les concubins non mariés ou ceux qui ont signé un partenariat de vie sont considérés comme des célibataires au regard du système d'imposition. Il n'existe pas de Pacs en Allemagne et le Pacs français n'est pas reconnu par l'administration fiscale allemande. Les signataires d'un partenariat de vie enregistré (eingetragene Lebenspartnerschaft) – uniquement pour les personnes du même sexe - sont également imposés comme des personnes célibataires.

> **Divorce et décès**
>
> **Divorce :** lorsqu'un couple marié se sépare, il est toujours considéré comme marié par les impôts jusqu'à ce que le divorce soit prononcé. Si un couple séparé (non divorcé) reprend la vie commune, il reste considéré comme marié. À savoir : les frais de divorce (avocats et justice) ne sont pas déductibles de l'impôt sur le revenu.
> **Décès :** lorsque l'un des conjoints décède, l'autre conjoint est considéré comme un couple marié par les impôts l'année du décès et celle qui suit.

Carte fiscale et numéro d'imposition unique

Votre premier contact avec les impôts se fera lors de votre déclaration de résidence (Anmeldung) où l'on vous remettra une carte fiscale (Lohnsteuerkarte). Elle contient toutes les informations nécessaires à votre imposition : situation professionnelle, maritale, enfants. C'est également sur cette carte qu'est indiquée la classe d'imposition (pour les salariés). Elle vous est envoyée à chaque fin d'année civile par votre municipalité à votre domicile pour l'année suivante.

Un numéro d'identification unique (Steuer-Identifikationsnummer ou TIN : Tax Identification Number) vous est également délivré avec votre carte fiscale. Ce numéro est également utilisé pour comptabiliser vos cotisations retraite. Vous devrez le communiquer dans tout échange avec votre centre des impôts ou votre conseiller fiscal.

Les classes d'imposition

Une classe d'imposition (Steuerklasse) est attribuée selon votre situation professionnelle et personnelle. Les indépendants et les retraités n'ont pas de classe (sauf exception comme les retraités de la fonction publique par exemple), car celles-ci sont justement utiles pour le prélèvement de l'impôt sur le revenu réalisé par l'employeur sur les salaires. Pour les couples mariés, il est possible de choisir entre deux classes d'imposition différentes. Cela ne modifie pas le montant définitif de l'impôt (après déclaration), mais le montant de la mensualité prélevée à la source.

Les classes d'imposition des salariés

La classe d'imposition	Votre situation
Classe 1	Salarié célibataire
	Salarié veuf (à partir de la deuxième année)
	Salarié divorcé/séparé sans enfant à charge (qui n'appartient ni à la classe 2 ni à la classe 3)
	Salarié non-résident
	Salarié marié dont le conjoint vit à l'étranger (hors UE)

La classe d'imposition	Votre situation
Classe 2	Salarié célibataire
	Salarié veuf (les deux premières années) avec au moins un enfant à charge
	Salarié divorcé/séparé avec au moins un enfant à charge
	Salarié marié dont le conjoint vit en UE
Classe 3	Salarié résident marié (non séparé de fait) lorsque son conjoint ne travaille pas ou peu (ce dernier doit être rattaché à la classe 5)
	Salarié veuf, pendant l'année qui suit le décès du conjoint résident
Classe 4	Salarié résident marié (non séparé de fait) lorsque les deux conjoints n'ont pas opté pour les classes 3 et 5
Classe 5	Salarié résident marié (non séparé de fait) dont le conjoint travaille et est rattaché à la classe 3
Classe 6	Salarié qui perçoit en même temps plusieurs salaires de différents employeurs
	Personne ayant des revenus de sources multiples

Le couple marié peut choisir entre deux classes d'imposition. Cela ne modifie pas le montant définitif de l'impôt sur le revenu, mais modifie le revenu net mensuel disponible :

– si A et B travaillent :

Conjoint A : classe 4

Conjoint B : classe 4

Il est fréquent d'avoir des prélèvements mensuels sur salaires surévalués en classe 4 par rapport au montant définitif de l'impôt sur le revenu. La déclaration peut permettre de récupérer un trop-perçu.

– si A travaille et B ne travaille pas ou a des revenus inférieurs :

Conjoint A : classe 3

Conjoint B : classe 5

Le prélèvement mensuel sur salaire du conjoint A sera plus bas. Le net disponible est plus important chaque mois. Cependant, il est possible de devoir payer un supplément d'impôts lors de la déclaration de revenus.

Il est possible de changer de classe une fois par an. Vous devez pour cela contacter les services administratifs de votre ville, votre lieu d'immatriculation (Einwohnermeldeamt) ou votre centre des impôts. Vous devrez ensuite transmettre votre nouvelle carte d'imposition à votre employeur pour qu'il modifie les mensualités prélevées.

Impôts et enfants

Le fait d'avoir des enfants permet de bénéficier d'une exonération d'impôts (Freibetrag) sur vos revenus et de déduire des frais liés au mode de garde ou à l'éducation des enfants.

L'exonération d'impôts (Freibetrag), qui est de 7 008 € (pour le premier enfant pour la déclaration 2009 réalisée en 2010), n'est pas compatible avec la perception de l'allocation familiale appelée « Kindergeld ». C'est l'un ou l'autre. L'administration fiscale calcule au moment de votre déclaration la formule qui est la plus avantageuse selon votre situation.

Prélèvement à la source de l'impôt

Pour les salariés, l'impôt est prélevé à la source par l'entreprise (comme les cotisations d'assurance-maladie ou les cotisations retraite). C'est l'entreprise qui verse l'impôt sur le revenu à l'administration fiscale et vous percevez chaque mois un revenu net d'impôt. Ce prélèvement comprend l'ensemble de l'impôt sur le revenu : montant de base + contribution obligatoire de solidarité (pour les résidents des Länder de l'Ouest) + impôt sur la religion (cf. *infra*).

La déclaration d'impôt (qui n'est pas toujours obligatoire) établit chaque année le montant définitif d'impôt qui est dû. Il y a alors deux possibilités : soit vous devez verser un complément d'impôt, soit vous pouvez dans certaines situations récupérer un trop-perçu d'argent. Cette régularisation en votre faveur ou en votre défaveur correspond à la différence entre ce que l'administration fiscale a prélevé chaque mois sur votre salaire et les impôts réellement dus en fonction de votre situation personnelle (autres revenus, frais déductibles, autres activités…).

Si vous habitez dans un Länder de l'Ouest

Les résidents des Länder de l'Ouest versent une contribution obligatoire de solidarité (Solidaritätszuschlag) qui s'élève à 5,5 % du montant de l'impôt de base. La suppression de cette contribution qui date de la réunification est parfois évoquée.

▬ Votre religion fait varier votre impôt sur le revenu

Un impôt sur la religion (Kirchensteuer) s'ajoute à l'impôt de base si vous êtes de religion catholique, protestante, orthodoxe ou juive. Son montant est de 9 % du montant de l'impôt sur le revenu en Bavière et dans le Bade-Würtemberg, 8 % dans les autres Länder. Il s'agit bien de 8 ou 9 % du montant initial de l'impôt sur le revenu, et non 8 ou 9 % de ses revenus bruts. Cet impôt est calculé automatiquement par l'administration fiscale.

C'est au moment de votre déclaration de résidence (Anmeldung), à votre arrivée en Allemagne, que vous déclarez votre religion si vous en avez une. Cette information est directement transmise à votre centre des impôts. Si vous demandez un sacrement (baptême, mariage, communion…), vous devez pour cela devenir adhérent (Mitglied) de l'Église. Ce certificat d'adhésion est ensuite transmis à l'administration fiscale (Finanzamt).

Pour ne plus payer cet impôt, il faut exprimer clairement sa volonté de sortir de l'Église (Kirchenaustritt). Cela empêche ensuite de recevoir tout sacrement (baptême, mariage, communion…) en Allemagne.

3. Les revenus en provenance de l'étranger

Le fait de percevoir des revenus à l'étranger augmente le taux d'imposition sur les revenus perçus en Allemagne.

▬ L'impôt est calculé sur le total des revenus

Les revenus en provenance de l'étranger, de France ou d'ailleurs (loyers, allocations, revenus, dividendes….) sont additionnés aux revenus allemands pour le calcul de l'impôt sur le revenu. C'est le pourcentage calculé sur les revenus totaux qui est appliqué aux revenus perçus en Allemagne. Si des impôts sont payés en France ou à l'étranger sur ces revenus, ces revenus de l'étranger ne sont pas imposables en Allemagne, mais ils augmentent le taux d'imposition qui est appliqué aux revenus perçus en Allemagne.

▬▬ Première année d'imposition en Allemagne

C'est ce qui se passe notamment pour la première année d'imposition en Allemagne lorsque vous avez touché plusieurs mois de salaires en France (montant A), puis plusieurs mois en Allemagne (montant B). Le taux d'impôt qui s'applique en Allemagne au montant B est celui qui serait appliqué au montant A+B, si tous ces revenus étaient perçus en Allemagne. Le montant A n'est pas imposé en Allemagne dès lors que les impôts ont été versés en France, mais le montant B est imposé à un taux supérieur du fait que vous avez perçu au total des revenus équivalents à la somme A+B.

4. La déclaration d'impôts (Steuererklärung)

Il existe deux cas de figures selon votre situation : soit vous n'êtes pas obligé de réaliser une déclaration d'impôts (Steuererklärung), soit vous êtes obligé de réaliser une déclaration d'impôts. Même quand vous n'êtes pas obligé de réaliser une déclaration d'impôts, il peut cependant être intéressant de remplir cette formalité.

▬▬ Déclaration obligatoire

Il est obligatoire de faire une déclaration d'impôts :
– si vous êtes indépendant ;
– si vous êtes en classe 3, 5 ou 6 (voir pages 267-268) ;

– si vous percevez des revenus autres que des revenus du travail (loyers, intérêts, dividendes, plus-values, allocations chômage, allocation parentale, congés maternité, indemnités journalières, transaction avec un employeur...) supérieurs à 410 € par an ;
– si vous percevez une retraite (à savoir : le mode d'imposition des retraités a changé, le pourcentage du montant de la retraite imposé varie selon l'année à laquelle on part en retraite. À partir de 2030, il faudra déclarer 100 % de sa retraite) ;
– si vous bénéficiez de l'exonération d'impôts pour enfant (Freibetrag) ;
– si les frais professionnels que vous déclarez sont supérieurs à 920 €.

Déclaration facultative

Elle n'est pas obligatoire pour les personnes en classe 1, 2 et 4 (voir pages 267-268), qui n'entrent dans aucun cas de figure décrit ci-dessus. Dans ce cas, vos impôts sont prélevés chaque mois à la source. Il n'est pas nécessaire de contacter votre centre des impôts.

Vous avez cependant la possibilité de faire une déclaration si vous avez un certain nombre de frais (voir *infra*, page 274) qui sont susceptibles d'alléger votre imposition.

Quand faire sa déclaration ?

La date limite pour envoyer sa déclaration est fixée au 31 mai pour les revenus de l'année précédente.

Il est également possible de demander en tant que particulier une prolongation du délai (Fristverlängerung) auprès de l'administration fiscale jusqu'au 30 septembre.

Si un conseiller fiscal ou un avocat fiscaliste s'occupe de votre déclaration, il peut demander pour vous à l'administration fiscale un délai allant jusqu'au 31 décembre ou 28/29 février de l'année suivante en cas de situation exceptionnelle.

> **Quels formulaires remplir ?**
>
> Le nombre de formulaires à remplir dépend du nombre de personnes dans votre foyer et de vos types de revenus. Si vous ne les recevez pas par courrier, ils sont disponibles auprès de l'administration fiscale (Finanzamt).
> Le formulaire de base (Grundformular) : un par foyer fiscal
> Annexe N (Anlage N) : pour les revenus salariés (une par personne)
> Annexe S : pour les indépendants
> Annexe EÜR : bilan pour les indépendants
> Annexe GSE : pour ceux qui ont une entreprise industrielle et commerciale
> Annexe Enfant (Anlage Kinder) : une par enfant
> Annexe V : pour les revenus de loyers
> Annexe KAP : pour les revenus de capitaux
> Annexe SO : revenus spéciaux
> Annexe AUS : pour les revenus en provenance de l'étranger

Première déclaration en Allemagne

La première année de présence en Allemagne, vous devrez vraisemblablement payer des impôts en France et en Allemagne, à moins de cesser de toucher tout revenu en France à la date du 31 décembre.

Lors de la première année en Allemagne, vous réalisez votre déclaration de revenus en France pour les revenus perçus lorsque vous y habitiez encore. Vous allez recevoir votre déclaration française à remplir (ou modifier) par le biais de votre suivi de courrier et devrez adresser votre déclaration à votre ancien centre des impôts en France. Si vous avez opté pour un prélèvement automatique calculé sur les impôts versés les années précédentes, on vous remboursera le trop-perçu.

> **Où trouver des informations complémentaires ?**
>
> Consultez le site de l'administration fiscale française : *www.impots.gouv.fr*, rubrique « Particuliers », puis « Vivre hors de France ».

Vous payez vos impôts en Allemagne dès votre premier mois de salaire perçu pour les salariés ou quelques mois après votre installation pour les indépendants.

> **Première année en Allemagne :
> opter pour la déclaration d'impôts**
>
> « Il est conseillé de réaliser une déclaration même si elle n'est pas obligatoire dès la première année d'installation en Allemagne », indique Christoph Wittekindt, avocat fiscaliste à Munich. « Même si l'administration fiscale ne vous contacte pas, vous avez intérêt à faire une déclaration, car le montant mensuel prélevé sur votre salaire chaque mois est calculé comme si vous étiez présent toute l'année en Allemagne. Vous recevez dans la très grande majorité des cas un trop-perçu si vous effectuez une déclaration cette première année de présence ».

Retard, contrôle et redressement

Si vous devez réaliser une déclaration d'impôt et que vous n'avez pas accompli cette démarche avant le 31 mai, vous recevrez une lettre de l'administration fiscale dans le courant du mois de juin ou juillet vous invitant à le faire. Sans réponse de votre part, l'administration effectuera elle-même une estimation des impôts que vous devrez verser. Le montant de l'impôt est alors majoré.

Les contrôles fiscaux sont rares pour les particuliers mais fréquents pour les indépendants (tous les 5 ans en moyenne). Des poursuites civiles et pénales peuvent être engagées en cas de dissimulation volontaire de fonds.

5. Baissez vos impôts en déclarant vos frais

Il est possible d'indiquer dans votre déclaration un certain nombre de frais qui permettent de diminuer votre revenu imposable sur lequel le taux d'imposition vous est appliqué. Déclarer un certain nombre de frais peut éventuellement vous permettre de recevoir un trop perçu de l'administration, si les versements mensuels prélevés à la source ont été supérieurs au montant définitif de l'impôt calculé au moment de la déclaration.

Certains frais sont déductibles intégralement (Werbungskosten) ou plafonnés (Sonderausgabe).

Frais non plafonnés (Werbungskosten)

Un abattement de 920 € est appliqué automatiquement à toute personne qui travaille (salarié ou indépendant) pour ses frais professionnels (trajets, formation, candidature...). Si vous dépensez plus de 920 € en frais professionnels (en 2009 déclarés en 2010), vous pouvez déclarer les frais qui entrent dans les catégories suivantes. Le montant n'est pas plafonné, il est cependant prudent de vous faire conseiller pour une première déclaration pour ne pas avoir de mauvaises surprises.

Frais professionnels : frais engagés pour se rendre à son lieu de travail : un trajet par jour (aller simple) est déductible à hauteur de 0,30 centime d'euros par kilomètre quel que soit le mode de transport utilisé.

Ordinateur, téléphone portable non pris en charge par votre entreprise et qui font l'objet d'un usage professionnel.

Formation : formation non prise en charge par un employeur lorsque l'objectif de la formation est à visée professionnelle.

Frais de candidature : frais de photos, timbres, papier, déplacement pour se rendre à un entretien : à hauteur de 30 centimes par kilomètre pour les trajets en voiture ou remboursement du trajet en train.

Habitation et déménagement : double-loyer si vous avez besoin d'un logement dans une autre ville que celle où vit votre conjoint marié.

Frais de déménagement réalisé pour des raisons professionnelles mais non pris en charge par votre entreprise et dans certaines conditions à titre privé.

NB : les frais de déménagement d'un jeune adulte qui habitait chez ses parents auparavant ne peuvent pas être déduits.

Frais de déclaration d'impôts : la partie du coût du conseiller fiscal ou de l'avocat fiscaliste consacré aux frais professionnels : honoraires du professionnel, frais de déplacement pour consulter le professionnel.

Banque : les frais de tenue de compte ou de transaction à titre professionnel (pour percevoir ses revenus uniquement).

Travail à la maison : si vous travaillez chez vous (totalement), tous vos frais sont déductibles (meubles, ordinateurs, pourcentage du loyer : on déduit par exemple 10 % du loyer pour une pièce de bureau de 20 m² dans un appartement de 200 m²).

La réglementation concernant ceux qui travaillent en partie chez eux (professeurs, agents commerciaux…) connaît d'importantes évolutions. À ce jour, elle ne permet plus de déduire ces frais, mais la situation peut à nouveau évoluer.

Indépendants :
Frais de location de bureau ou coût d'une pièce de l'habitation consacré à votre activité
Frais de déplacements
Frais de prospection
Ordinateur, matériel de bureau
Taxe automobile (Kfz-Steuer)
À savoir : on parle de « Betriebsausgaben » (frais professionnels) et non de « Werbungskosten » (frais non plafonnés) pour les frais des indépendants.
Location d'habitation (dont vous êtes propriétaire en Allemagne ou en France) : coût des annonces pour trouver un locataire, déplacements nécessaires pour louer l'appartement.

Déductions plafonnées (Sonderausgaben)

Il existe une deuxième catégorie de frais (Sonderausgaben) qui sont déductibles des revenus imposables dans le cadre de plafonds. Le montant du plafond est propre à chaque type de frais et nous ne pouvons tous les indiquer.

Assurance-maladie : les cotisations à une caisse d'assurance-maladie privée ou publique et les cotisations obligatoires à l'assurance dépendance (Pflegeversicherung) sont déductibles jusqu'à 1 900 € pour un salarié (Angestellte(r) / Arbeitnehmer(in)) et 2 800 € pour un indépendant (Selbstständige(r)). Montant pour l'année 2009 déclarée en 2010.
Dons : dons à des associations allemandes.
Retraite : les cotisations aux régimes de retraite obligatoire et les cotisations aux régimes de retraite complémentaire.
Prévoyance : assurance accident, assurance invalidité, assurance-vie, assurance responsabilité civile.
N.B :
• l'assurance habitation ne se déclare pas ;

- les cotisations d'une assurance-vie souscrite en France ne sont pas déductibles.

Frais de déclaration d'impôts : logiciel pour le calcul de ses impôts, une partie du coût du conseiller fiscal ou de l'avocat fiscaliste pour les frais non professionnels (dans la limite de 100 € par personne et par an).

Enfants, logement, frais exceptionnels

Il existe d'autres types de frais qui peuvent être déduits de vos revenus avant l'application du barème d'imposition. Des règles particulières existent pour la déduction de ces frais. Ce ne sont ni des frais non plafonnés (Werbungskosten) ni des frais plafonnés (Sonderausgaben).

Enfants : frais de modes de garde : jardin d'enfant (Kindergarten) ou assistante maternelle (Tagesmutter), frais de scolarité ou de soutien scolaire.

Logement : entretien de l'habitation (ou du jardin), travaux (artisans), gardien d'immeuble par du personnel rémunéré par virement bancaire. Le montant est plafonné.

Frais exceptionnels : certains frais exceptionnels (außergewöhnliche Kosten – agK) peuvent être déduits en cas de dépenses exceptionnelles et dans un montant important (10 % de vos impôts). C'est le cas des frais de santé non remboursés par votre caisse d'assurance-maladie, en cas de coûts exceptionnels comme un rapatriement non pris en charge par exemple.

> **Conseil pratique :**
> **« Mieux vaut déclarer trop de frais que pas assez »**
> *« La législation et la jurisprudence de la cour des finances fédérale (Bundesfinanzhof) évoluent très régulièrement, explique Dr. Christoph Wittekindt, avocat fiscaliste à Munich notamment sur la question du travail à domicile, des cotisations retraites, des frais de conseil fiscal ainsi que pour les déménagements à titre privé. Certaines dispositions de ces textes peuvent avoir un effet rétroactif. Dans ce cas, il est possible de récupérer un trop-perçu à partir de frais déclarés sur les années précédentes. L'application du nouveau texte est rétroactive à condition d'avoir déclaré ces frais l'année où ils ont été dépensés ».*
> Christoph Wittekindt, avocat fiscaliste à Munich
> Tél. : + 49 89 980 314
> wittekindt@ariathes.eu
> www.ariathes.eu

> **Conseil pratique :**
> **« Des frais auxquels les Français ne pensent pas toujours »**
> « Il existe un certain nombre de dépenses qui peuvent réduire le montant des impôts auxquels les résidents français ne pensent pas toujours, explique Marc M. Kürten, avocat fiscaliste à Düsseldorf. Il s'agit notamment :
> - des frais de double loyer, lorsque la famille ne suit pas le conjoint qui a trouvé un travail dès la prise de poste de ce dernier ;
> - certains frais de déplacement en France lorsque l'on y a encore des attaches fortes (parents, résidence secondaire…) ;
> - les frais d'entretien de son habitation (jardinier, gardiennage, artisans…) ».
> Marc M. Kürten, avocat fiscaliste à Düsseldorf
> Tél. : +49 211 416 048 20
> kuerten@bk-rheinanwaelte.de
> www.bk-rheinanwaelte.de

6. Par qui se faire aider ?

Le système d'imposition allemand est complexe. La législation est plus prolixe et les jurisprudences plus nombreuses qu'en France. De très nombreux Allemands font eux-mêmes appel à un professionnel ou à une association d'entraide pour remplir leur déclaration d'impôts.

Le centre des impôts de votre ville

Si vous vous débrouillez en allemand, vous pouvez poser les questions de base auprès de l'administration fiscale (Finanzamt).
Vous pouvez consulter les principaux textes sur les règles de fiscalité en Allemagne sur ces deux sites officiels :
– *www.bundesfinanzministerium.de* (en allemand) ;
– *www.steuerliches-info-center.de* (en allemand et en anglais).

Un professionnel du droit fiscal

Les conseillers fiscaux (Steuerberater) ou avocats fiscalistes (Rechtsanwalt bwz Fachanwalt für Steuerrecht) sont des professionnels qui s'occupent de réaliser votre déclaration en essayant de diminuer le montant de vos impôts, notamment par le système des frais déductibles.

Leurs honoraires sont calculés au forfait ou à l'heure. Comptez environ 100 à 150 €de l'heure. La somme peut paraître élevée mais l'intervention d'un professionnel est un investissement, dans la mesure où ses conseils permettent de bénéficier de déductions qu'il est parfois difficile de connaître pour les particuliers.

> **Où trouver des informations complémentaires ?**
> – Certains consulats proposent la liste des conseillers fiscaux ou avocats fiscalistes francophones. Pour accéder aux sites des consulats français : *www.botschaft-frankreich.de*.
> – L'ordre fédéral des conseillers fiscaux (Bundessteuerberaterkammer) a créé un site dédié à la recherche d'un conseiller fiscal (Steuerberater) sur lequel vous pouvez choisir les langues maîtrisées (Fremdsprache) et la ville (Stadt) dans laquelle vous êtes : *www.steuerberater-suchservice.de* (en allemand).
> – Sur le site de l'ordre fédéral des avocats (Bundesrechtsanwaltkammer), vous pouvez accéder aux sites des différents barreaux (Regionale Kammern). Chaque barreau offre un service de recherche d'avocats (Anwaltsuche) où il est possible d'indiquer la langue parlée (Fremdsprache) et la spécialité (Fachanwaltstitel) en droit fiscal (Steuerrecht).
> Site : *www.brak.de* (en allemand).

▬ Une association d'aide aux contribuables salariés (Lohnsteuerhilfeverein)

Il existe un grand nombre d'associations d'aide aux contribuables salariés (Lohnsteuerhilfeverein(e)) qui, en échange d'une adhésion, aident leurs membres à remplir leur déclaration. La plupart de ces associations sont regroupées en réseau au niveau régional ou national. Il est conseillé de privilégier celles qui disposent de la certification 77 700 :
– Nouvelle fédération des associations d'aide aux contribuables salariés (Neuer Verband der Lohnsteuerhilfevereine) : *www.nvl.de* (en allemand) ;
– Fédération nationale des associations d'aide aux contribuables salariés (Bundesverband der Lohnsteuerhilfevereine) : *www.bdl-online.de* (en allemand).

Attention : ces associations de contribuables n'aident que les salariés. Dès lors que vous ou votre mari/femme avez des revenus comme travailleur indépendant, vous ne pouvez pas y adhérer.

L'adhésion à une association est calculée en fonction de ses revenus, dans une fourchette allant environ de 100 à 300 € par an.

> **Comment choisir une association d'aide aux contribuables ?**
>
> « Certaines associations demandent à leurs adhérents de signer une autorisation, pour que le trop-perçu versé par l'administration fiscale soit versé à l'association et non à la personne imposée », met en garde Marc M. Kürten, avocat fiscaliste et conseiller d'une association d'aide au contribuable. « C'est une pratique qui n'est pas sécurisée, car l'adhérent n'a pas de moyens pour vérifier ce qui est versé comme trop-perçu. Il faut absolument éviter ce type de pratique. Il est conseillé de privilégier les associations regroupées en réseau et plus encore, celles qui ont la certification 77 700, véritable gage de qualité ».

7. Les autres impôts

À côté de l'impôt sur le revenu, il existe d'autres impôts que nous évoquons ici, sans être exhaustifs.

Revenus financiers

L'impôt sur les revenus financiers (intérêts, dividendes, plus-values) est prélevé à la source (Abgeltungsteuer) selon un seul mode de calcul. Vous n'avez rien à faire, c'est la banque qui prélève l'impôt et le verse à l'administration fiscale.

Cet impôt s'applique à tous les revenus quel que soit le support d'investissement : épargne, titres vifs, certificats, fonds d'investissements... Seuls deux produits d'épargne, qui ont un rendement intéressant à long terme (Riester-Sparpläne et les Fondsgebundene Rentenversicherung (FRV) ne sont pas soumis à l'imposition sur le revenu. Les revenus du patrimoine mobilier provenant d'investissement à l'étranger n'entrent pas dans ce système de prélèvement à la source et doivent être indiqués dans la déclaration d'impôts.

L'impôt est calculé de la manière suivante :
- 25 % des revenus du patrimoine mobilier ;
- + 5,5 % de 25 % des revenus du patrimoine mobilier au titre de la contribution obligatoire de solidarité (Solidaritätszuschlag) pour les résidents des Länder de l'Ouest ;
- + 8 % (ou 9 %) de 25 % des revenus du patrimoine mobilier au titre de l'impôt sur la religion (pour ceux qui sont déclarés de religion catholique, protestante, orthodoxe ou juive).

Le montant maximal d'imposition des produits mobiliers est plafonné à 29,8 %.

Si vos revenus financiers sont inférieurs à 801 € par personne (revenus 2009 déclarés en 2010), vous n'êtes pas imposable sur ces revenus. Vous devez alors solliciter auprès de votre banque un ordre d'exemption (Freistellungsauftrag) afin que celle-ci ne prélève pas d'impôts en deçà de ce montant.

Redevance audiovisuelle (GEZ)

Toute personne résidant en Allemagne et disposant d'un appareil radio ou télévision est assujettie à la redevance audiovisuelle, appelée « GEZ » du nom de la centrale de collecte de la redevance audiovisuelle (Gebühreneinzugs-zentrale – GEZ). Il est possible de s'inscrire sur le site internet : *www.gez.de*, rubrique « Anmelden » (site allemand).

Le montant de la redevance audiovisuelle est de 17,98 € par mois (en 2010) ou 5,76 € par mois si vous avez seulement une radio.

Revenus fonciers (location)

Le bénéfice ou déficit foncier pour toute habitation que vous louez à un tiers (en Allemagne ou à l'étranger) s'ajoute aux revenus du travail au moment de la déclaration d'impôts sur les revenus. Il faut remplir pour cela l'annexe V.

Vous avez la possibilité de déduire des frais spécifiques (Abschreibung) pour prendre en compte l'amortissement du bien.

Achat d'un bien immobilier

Au moment de l'achat d'un bien immobilier, vous devrez régler la taxe sur les mutations (Grunderwerbsteuer) qui correspond à 3,5 % du prix de vente. Chaque trimestre, vous paierez ensuite l'impôt foncier (Grundsteuer) qui varie selon les communes.

Impôt sur les chiens

Un impôt fixé par les Länder est à acquitter chaque année selon le nombre de chiens et leur race. La taxe varie entre une dizaine d'euros et près de 150 € Elle est plus élevée pour les chiens de combat et les chiens dangereux.

Héritage et succession

L'héritage pose de nombreuses questions aux Français installés en Allemagne, que ce soit en tant qu'héritier lors du décès ou du partage des biens de leurs parents ou encore pour ceux qui souhaitent préparer leur propre succession. Il est fortement conseillé de consulter un conseiller fiscal ou un avocat fiscaliste aguerri aux questions de fiscalité internationale dans ce type de situations. En matière d'héritage, deux principes sont à connaître :
– tous les biens immobiliers (habitations, terrains…) sont imposés dans le pays où se situe le bien ;
– les revenus mobiliers (dividendes, assurances-vie…) sont imposés dans le pays de résidence de l'héritier.
Il existe un nouveau traité bilatéral signé le 12 octobre 2006 entre la France et la RFA concernant la double imposition des successions et des donations (Vermeidung der Doppelbesteuerung der Nachlässe, Erbschaften und Schenkungen). Ce traité doit cependant encore être voté par le Bundestag avant d'entrer en vigueur.

8. L'imposition en France pour les non-résidents

Dès lors que vous ne résidez plus en France, vous êtes considéré comme non-résident par l'administration fiscale française. Vous pouvez cependant continuer à être redevable selon les revenus que vous percevez en France et vous pouvez bénéficier d'exonération sur certaines opérations réalisées en France.

Impôts à payer en France

Si vous louez un logement, vous continuez à être redevable des taxes foncières, de l'impôt sur les revenus fonciers et de l'impôt de solidarité sur la fortune.

Exonérations pour les non-résidents fiscaux en France

Si vous êtes non-résident fiscal en France, vous bénéficiez d'avantages fiscaux :
- exonération de l'impôt sur les plus-values de cessions d'actions ainsi que pour certains OPCMV (Organisme de placement collectif en valeurs mobilières) ;
- exonération de l'impôt sur les intérêts sur certains produits d'épargne traditionnels ;
- exonération de droits de succession sur les produits d'assurance-vie souscrits pendant la période de vie à l'étranger (sous certaines conditions).

> **Où trouver des informations complémentaires ?**
> - Adressez-vous au centre des impôts des non-résidents (CINR) :
>   TSA 10010
>   10, rue du Centre
>   93465 NOISY le Grand Cedex
>   Tél. : 33 1 57 33 83 00
>   cinr.paris@dgi.finances.gouv.fr
> - Consultez le site de l'administration fiscale française : *www.impots.gouv.fr*, rubrique « Particuliers », puis « Vivre hors de France ».

Lexique

Abgeltungsteuer : impôt forfaitaire prélevé à la source pour les revenus financiers (intérêts, dividendes, plus-values)
Außergewöhnliche Kosten – agK : frais exceptionnels qui peuvent être déduits du revenu imposable dans certaines circonstances
Durchschnittsbelastung : taux d'imposition moyen
Einkommenssteuer : impôt sur le revenu
Einkommensteuerbelastung : montant de l'impôt sur le revenu
Fristverlängerung : prolongation du délai pour réaliser sa déclaration d'impôts
GEZ (Gebühreneinzugszentrale) : Centrale de la collecte de la redevance audiovisuelle
Grenzebelastung : taux d'imposition maximal
Grundsteuer : impôt foncier
Grundtabelle : tableau de l'impôt sur le revenu pour les célibataires
Grunderwerbsteuer : taxe sur les mutations
Kirchensteuer : impôt sur la religion qui s'ajoute à l'impôt sur le revenu
Lohnsteuer : impôt sur le salaire
Lohnsteuerhilfeverein : association d'aide aux contribuables salariés
Pauschal : forfait
Rechtsanwalt bzw. Fachanwalt für Steuerrecht : avocat fiscaliste
Solidaritätszuschlag : contribution obligatoire de solidarité pour les résidents des Länder de l'Ouest
Sonderausgabe : frais pouvant être déduits du revenu imposable au moment de la déclaration d'impôt dans la limite d'un plafond
Splittingtabelle : tableau de l'impôt sur le revenu pour les couples mariés
Steuerberater : conseiller fiscal
Steuerbescheid : avis d'imposition envoyé au travailleur indépendant
Steuererklärung : déclaration d'impôt
Werbungskosten : frais qui peuvent être déduits du revenu imposable au moment de la déclaration d'impôt et pour lesquels il n'existe pas de plafond.

Chapitre 15

Assurance-maladie et couverture sociale

En France, tous les salariés dépendent de l'assurance-maladie du régime général de la sécurité sociale et peuvent décider en complément de souscrire ou non à une couverture complémentaire (type mutuelle). L'assurance-maladie du régime général de la sécurité sociale est gérée par un seul réseau : les CPAM (caisses primaires d'assurance-maladie). Le salarié n'a pas le choix de son interlocuteur pour le régime de base de sécurité sociale.

En Allemagne, le salarié a d'une part le choix entre une caisse d'assurance-maladie publique (Gesetzliche Krankenkasse) et une caisse d'assurance-maladie privée (Private Krankenkasse) en fonction de ses revenus. Il est également possible de choisir entre de nombreuses caisses d'assurance-maladie publiques. Si celles-ci appliquent pour les principaux soins les mêmes tarifs de remboursement, certaines prises en charge sont différentes de l'une à l'autre. Pour les caisses d'assurance privées, il est bien sûr possible de choisir entre plusieurs caisses d'assurance-maladie et au sein de la même caisse entre différents contrats. Il n'existe pas de couverture type pour les assurances privées. C'est le règne de la concurrence. Il faut comparer les offres en fonction du rapport qualité/prix des prestations proposées.

Autre différence avec la France, la couverture de l'incapacité de travail longue durée n'est pas couverte par le régime de base de sécurité sociale. Il est souvent nécessaire de s'assurer de manière complémentaire à titre individuel.

1. L'assurance-maladie selon votre situation

Voici le mode d'emploi de l'assurance-maladie en Allemagne selon votre situation.

▬▬▬ Vous êtes salarié d'une entreprise allemande

Vous devez choisir une caisse d'assurance-maladie au moment de votre embauche et en communiquer le nom à votre employeur. Les cotisations seront prélevées chaque mois sur votre salaire par votre employeur.

Privée ou publique ? Vous pouvez opter pour une caisse d'assurance-maladie privée si vos revenus sont supérieurs à 4 125 € bruts par mois, soit 49 500 € par an (en 2011).

▬▬▬ Vous êtes expatrié

Vous devez choisir une caisse d'assurance-maladie au moment de votre embauche et en communiquer le nom à votre employeur. Les cotisations seront prélevées chaque mois sur votre salaire par votre employeur.

Privée ou publique ? Vous pouvez opter pour une caisse d'assurance-maladie privée si vos revenus sont supérieurs à 4 125 € bruts par mois, soit 49 500 € par an (en 2011).

Votre employeur peut éventuellement vous proposer de souscrire pour vous et votre famille une couverture complémentaire.

▬▬▬ Vous êtes détaché

Vous continuez à dépendre du régime d'assurance-maladie français via la caisse des Français à l'étranger : *www.cfe.fr*.

ASSURANCE-MALADIE ET COUVERTURE SOCIALE

▬ Vous êtes frontalier

En tant que travailleur frontalier, qui réside en France et travaille en Allemagne, vous devez cotiser à une caisse d'assurance-maladie allemande, publique ou privée selon vos revenus. Vous avez cependant la possibilité de vous faire rembourser certaines prestations de santé par la caisse d'assurance-maladie française (CPAM) de votre lieu de domicile. Sur les dispositions spécifiques aux frontaliers en matière d'assurance-maladie, voir page 46.

▬ Vous êtes indépendant (selbständig)

Si vous êtes indépendant, vous pouvez choisir entre une caisse d'assurance-maladie publique et privée, quel que soit le niveau de vos revenus.

▬ Vous êtes étudiant

Votre situation vis-à-vis de l'assurance-maladie en Allemagne dépend de votre situation vis-à-vis de l'assurance-maladie en France (voir les informations spécifiques aux étudiants page 72).

▬ Vous êtes stagiaire

Votre situation est différente selon que vous êtes rémunéré ou non (voir les informations spécifiques aux stagiaires page 74).

▬ Vous êtes VIE

Ubifrance, qui est l'organisateur des VIE, souscrit pour vous une assurance-maladie spécifique. Attention : à la fin de votre volontariat international, votre couverture maladie s'arrête le jour suivant votre dernier jour de contrat. Vous devez souscrire à titre individuel une assurance-maladie si vous souhaitez rester en Allemagne.

▬▬ Vous êtes assistant de français

Pendant la durée de votre contrat, vos frais médicaux sont couverts par une assurance-maladie locale, souscrite par votre établissement d'accueil. Cette assurance s'interrompt le lendemain du dernier jour de votre contrat.

Si vous êtes toujours inscrit dans une université en France, vous pouvez continuer à bénéficier de l'assurance-maladie française comme un étudiant à l'étranger. Vous avez intérêt à demander une carte d'assurance-maladie européenne pour ne pas avoir à avancer les frais occasionnés (pour votre temps de présence hors de votre contrat d'assistant).

▬▬ Vous travaillez en mini-job

Si vous travaillez via le dispositif du mini-job, vous êtes assuré auprès d'une caisse d'assurance-maladie publique. C'est à vous de choisir votre caisse d'assurance-maladie comme pour tout salarié d'une entreprise allemande.

2. Le système d'assurance-maladie allemand

Le système d'assurance-maladie allemand est organisé différemment du système français :
– chaque personne choisit sa caisse d'assurance-maladie et peut en changer ;
– le développement de couvertures complémentaires (mutuelles) comme en France est très récent ;
– les caisses d'assurance-maladie publiques et les caisses d'assurance-maladie privées ont deux fonctionnements très différents.

ASSURANCE-MALADIE ET COUVERTURE SOCIALE

▬▬▬ Le paysage des caisses de sécurité sociale

En France, il existe un seul réseau de caisses d'assurance-maladie pour les salariés des entreprises privées : les CPAM. Un grand nombre de salariés optent également pour une couverture complémentaire, appelée couramment mutuelle, car le régime général de sécurité sociale ne rembourse qu'une partie des frais engagés.

En Allemagne, cohabitent deux systèmes : 90 % de la population est assurée par des caisses d'assurance-maladie publiques et 10 % auprès de caisses d'assurance-maladie privées.

A. Les caisses publiques

En Allemagne, il existe historiquement un grand nombre de caisses d'assurance-maladie publiques qui ont tendance à fusionner ces dernières années. Les 160 caisses d'assurance-maladie publiques sont des organismes autonomes de droit public qui fonctionnent selon le principe de l'autogestion, sous la tutelle du ministère du Travail et des Affaires sociales. La couverture proposée suit les règles du barème national pour tous les soins référencés. La prise en charge varie à la marge sur certaines prestations annexes.

Si la cotisation sociale prélevée sur le salaire est la même quelle que soit la caisse d'assurance publique (15,5 % du salaire au 1er janvier 2011), des compléments de cotisation (Zusatzbeiträge) peuvent être demandés en fonction de l'équilibre financier de la caisse. Les modalités et le montant de ces compléments de cotisations sont actuellement en cours de négociation.

B. Les caisses privées

Les caisses d'assurance-maladie privées proposent un système d'assurance avec des montants de remboursement distincts du barème national appliqué par les caisses d'assurance-maladie publiques. Les médecins sont payés à un tarif supérieur lorsqu'ils effectuent des actes pour un patient assuré privé. Cela explique que les patients assurés privés sont appréciés par les professionnels de santé et qu'un plus grand nombre d'examens et d'analyses est proposé aux patients assurés privés.

C. Les couvertures complémentaires

Jusqu'à présent, très peu d'assurés allemands souscrivaient une couverture complémentaire (mutuelle), car les caisses d'assurance-maladie publiques remboursaient quasiment la totalité des soins. L'instauration de restriction des soins a fait évoluer le paysage très rapidement ces dernières années. De plus en plus de salariés allemands souscrivent des assurances-santé complémentaires, notamment pour le remboursement des soins dentaires ou encore optiques pour lesquels le barème national ne prévoit que des soins de base. Des frais importants peuvent rester à la charge du patient.

Comparaison des caisses d'assurance-maladie privées et publiques

	Caisses publiques	Caisses privées
Cotisations	Cotisation mensuelle calculée sur les revenus + cotisation complémentaire	Cotisation mensuelle calculée en fonction des risques de l'assuré
Conjoint	Il est assuré à titre gratuit s'il ne travaille pas ou peu	Il cotise également en fonction de son âge et de ses risques
Enfants	Assurés à titre gratuit	Une cotisation complémentaire doit être versée pour chaque enfant
Participation de l'employeur	L'employeur paie la moitié des cotisations du salarié (ses ayants droit sont assurés sans cotisation supplémentaire)	L'employeur paie la moitié des cotisations du salarié et de ses ayants droit, dans la limite des cotisations à une caisse publique
Évolution du montant des cotisations	Le montant de cotisation évolue en fonction des revenus de l'assuré et de la gestion financière de la caisse	Le montant de la cotisation évolue en fonction de l'âge et des risques de l'assuré
Paiement des soins	Le patient n'avance pas de frais aux médecins. Il ne paie qu'une taxe de cabinet (10 € par trimestre) et un forfait de 5 à 10 € pour chaque médicament	Le patient avance les frais au médecin et se fait rembourser par sa caisse, selon le contrat qu'il a signé
Accès aux soins	Les assurés publics peuvent rencontrer des difficultés pour obtenir un rendez-vous, car des quotas par type de soins ont été instaurés	Les assurés privés n'ont généralement pas de difficultés pour obtenir un rendez-vous
Questionnaire médical	Non	Oui

Où trouver des informations complémentaires ?

– Des informations sur le régime d'assurance allemand (Deutsche Sozialversicherung) sont proposées en français sur un site réalisé par la Maison Européenne de la Protection Sociale (Deutsche Sozialversicherung Europavertretung) : *www.deutsche-sozialversicherung.de/fr* (site en français), rubrique « Assurance-maladie ».

ASSURANCE-MALADIE ET COUVERTURE SOCIALE

> – Le site du Cleiss (centre de liaisons européennes et internationales de sécurité sociale) explique dans le détail le fonctionnement du système de protection sociale allemand : *www.cleiss.fr* (site en français).
> – Ce site d'informations indépendant fournit des informations et des comparatifs sur les caisses publiques et privées : *www.krankenkassen.de* (site en allemand).

Les caisses d'assurance-maladie publiques

Il est possible de choisir entre 160 caisses d'assurance-maladie publiques. Si la cotisation prélevée sur salaire est la même pour tous, des versements complémentaires (Zusatzbeiträge) sont introduits à partir de l'année 2010 par certaines caisses d'assurance-maladie publique pour équilibrer leurs finances.

A. Cotisations : combien ça coûte ?

Depuis 2007, la cotisation d'assurance-maladie prélevée sur le salaire est identique pour toutes les caisses d'assurance-maladie publiques. Le taux de cotisation est de 15,5 % (au 1er janvier 2011). C'est une cotisation qui est prise en charge par le salarié (8,2 %) et par l'employeur (7,3 %). La cotisation est prélevée directement par l'employeur sur le salaire mensuel. Le plafond maximal sur lequel cette cotisation est prélevée est fixé à 3 712,50 € par mois (ou 44 550 € par an en 2011).

Pour équilibrer leurs finances, de plus en plus de caisses d'assurance-maladie publiques demandent à leurs adhérents des compléments de cotisation(Zusatzbeiträge). Le dispositif est donc très récent et est encore en pleine évolution.

B. Quelle différence entre les caisses publiques ?

Les remboursements et les prises en charge des caisses d'assurance-maladie publiques sont identiques pour les soins référencés dans le barème national. Les caisses se différencient sur certaines prestations complémentaires (activités sportives remboursées) et développent des programmes de prévention dans certains domaines.

C. Quelle participation financière de l'assuré aux soins ?

Auparavant, les caisses d'assurance-maladie publiques allemandes remboursaient 100 % du coût des frais de santé des assurés. Depuis quelques années, les assurés publics doivent verser des participations supplémentaires (Zuzahlung) pour l'obtention de soins : par exemple 10 € pour une consultation médicale (valable 3 mois), une participation aux médicaments (5 à 10 € par médicament), 10 € par jour d'hospitalisation...
Le total des participations supplémentaires (Zuzahlung) ne peut cependant pas dépasser 2 % de vos revenus bruts, et 1 % en cas de maladie chronique.

D. Critères de choix

Nous vous conseillons de choisir une caisse qui a des bureaux près de votre domicile ou de votre lieu de travail. Si vous êtes atteints de pathologie particulière, il est conseillé de vous renseigner sur la prise en charge spécifique de cette pathologie par plusieurs caisses, afin de comparer. C'est souvent sur les programmes dédiés à certaines maladies que les caisses se différencient. Dans le contexte actuel d'introduction de compléments de cotisation (Zusatzbeiträge) (versés par l'adhérent en plus de la cotisation prélevée sur le salaire), il est important de se renseigner sur ce point au moment de l'adhésion.

Où trouver des informations complémentaires ?

Les caisses d'assurance-maladie publiques sont organisées en réseau. Les sites Internet sont en allemand. De nombreux interlocuteurs peuvent cependant vous répondre en anglais :
- Réseau des caisses d'assurance-maladie publiques (Gesetzliche Krankenversicherung) : *www.g-k-v.de* (site en allemand)
- Allgemeine Ortskrankenkasse (AOK) : caisses locales générales : *www.aok.de* (site en allemand)
- Betriebskrankenkasse (BKK) : caisses d'entreprises.
- Bundesverband der Betriebskrankenkassen (BKK) : Association fédérale des caisses d'entreprises : *www.bkk.de* (site en allemand)
- Innungskrankenkassen (IKK) : caisses corporatives (créées par des corps de métiers). IKK-Bundesverband : association des caisses corporatives : *www.ikk.de* (site en allemand)

ASSURANCE-MALADIE ET COUVERTURE SOCIALE

> – Ersatzkassen : caisse d'employés
> Verband der Ersatzkassen (VDEK) : association des caisses d'employés : *www.vdek.com* (site en allemand)
> – Ce site d'informations indépendant fournit des informations et des comparatifs sur les caisses publiques et privées : *www.krankenkassen.de* (site en allemand)

▬▬▬ Les caisses d'assurance-maladie privées

10 % de la population allemande adhère à une caisse d'assurance-maladie privée. Parmi les adhérents, on compte de nombreux indépendants et salariés aux hauts revenus. Les résidents étrangers qui dépassent le plafond de revenus exigés pour s'assurer dans le privé peuvent également souscrire une assurance-maladie internationale.

A. Qui peut y adhérer ?

Tout le monde ne peut pas adhérer à une caisse d'assurance-maladie privée. Vous pouvez adhérer si vous êtes :
– indépendants quels que soient vos revenus ;
– salariés avec des revenus supérieurs à 4 125 € bruts par mois, soit 49 500 € par an (en 2011).

B. Coût de l'adhésion

La cotisation à une caisse d'assurance-maladie privée est calculée en fonction de l'âge de chaque assuré et des risques médicaux présentés par les adhérents. Un formulaire médical est rempli par un médecin et un dentiste. Plus on est jeune et en bonne santé, moins la cotisation est élevée. Plus on est âgé et avec des problèmes de santé, plus la cotisation est importante. À la différence d'une caisse d'assurance-maladie publique, toutes les personnes de la famille versent une adhésion.

La majorité des contrats fonctionnent avec un système de franchise (Selbstbehalt ou Selbstbeteiligung), seuil au-dessous duquel vous réglez vous-même vos frais de santé. La caisse d'assurance-maladie intervient si les frais dépassent la franchise. Le montant annuel de la franchise peut être de 300 à 800 € environ. Lorsque vos frais de santé dépensés pendant une année n'atteignent pas le niveau de cette franchise, la caisse vous verse souvent une prime.

À titre d'exemple : un homme de 35 ans peut verser une cotisation entre 200 et 400 € par mois s'il n'a pas de franchise (Selbstbehalt) ou entre 125 et 250 € s'il a une franchise. Une femme de 35 ans verse une cotisation entre 300 et 600 € par mois sans franchise et entre 225 et 350 € avec une franchise. La cotisation des enfants est souvent inférieure.

Le montant de la cotisation mensuelle est à comparer avec la cotisation à une caisse publique : 15,5 % du salaire net (au 1er janvier 2011). L'intérêt de choisir une caisse privée dépend donc du montant de vos revenus. Plus ils sont élevés, plus c'est une option à étudier, tout en prenant bien en compte votre situation familiale. Le conjoint qui ne travaille pas et les enfants paient chacun une cotisation dans une caisse privée, alors qu'ils sont assurés gratuitement dans une caisse publique.

> **Rôle des agents d'assurance et des courtiers**
>
> La majorité des contrats passés avec les caisses d'assurance-maladie privées se font par l'intermédiaire d'agents d'assurance (Versicherungsvertreter) et de courtiers (Versicherungsmakler), qui vendent aussi souvent d'autres contrats d'assurance. Les agents d'assurance peuvent travailler pour une seule ou plusieurs caisses, les courtiers travaillent généralement avec toutes les caisses d'assurance-maladie. Les études personnalisées à votre domicile qui sont proposées sont des services gratuits. L'intermédiaire reçoit ensuite une commission de la part de la caisse d'assurance-maladie privée à laquelle vous avez souscrit votre contrat.

C. Participation de l'employeur

L'employeur prend en charge comme pour les assurés publics la moitié des cotisations à l'assurance-maladie du salarié assuré privé et de ses ayant-droits, dès lors que la cotisation ne dépasse pas ce qui aurait été versé à une caisse publique.

D. Critères de choix

Il existe de nombreux types de contrats proposés par les caisses d'assurance-maladie privées. Le coût de la cotisation dépend de votre profil (âge, problèmes de santé), de la couverture choisie et de la franchise éventuelle que vous choisissez.

C'est la couverture des soins dentaires principalement, des soins optiques, la possibilité d'avoir une chambre individuelle en cas d'hospitalisation ou encore le montant des indemnités journalières en cas de maladie qui fait varier les tarifs. Cela correspond généralement à des prestations qui ne sont pas couvertes par les caisses d'assurance-maladie publiques. Ce sont sur ces domaines que se développent également les couvertures complémentaires.

E. En cas de baisse de revenus

Les caisses privées ne peuvent pas résilier le contrat d'assuré dont les revenus diminuent même fortement. Elles ont l'obligation de proposer une couverture de base à un tarif abordable (Basistarif), qui implique souvent l'existence d'une franchise.

F. Changement de situation

À ce jour, lorsqu'un assuré a quitté une caisse d'assurance publique pour une caisse d'assurance privée, il ne peut pas revenir en arrière.

Où trouver des informations complémentaires ?

- Il existe des comparateurs de tarifs pour les assurances maladie privées :
  www.versicherungsvergleich.de
  www.versicherungscheck-24.de
  www.krankenkasse.de
- Ce site d'informations indépendant fournit des informations et des comparatifs sur les caisses publiques et privées : *www.krankenkassen.de* (site en allemand).
- Association des assurances maladie privées (Verband der Privaten Krankenversicherung) :
  Site de l'association : *www.pkv.de* (site en allemand)
  Site dédié aux patients : *www.derprivatpatient.de* (site en allemand)

---

3. Accès aux soins et détail des prestations

Le parcours d'un assuré dans le système de santé allemand dépend fortement de la caisse d'assurance-maladie qu'il a choisie. C'est pourquoi nous détaillons ici la situation pour un assuré public et pour un assuré privé. Les honoraires perçus par le médecin sont différents selon qu'il soigne un assuré public ou un assuré privé. Les médecins ont par conséquent tendance à privilégier la clientèle privée et certains refusent de recevoir la clientèle publique.

Médecin généraliste

La consultation du médecin généraliste est la porte d'entrée du système de santé comme en France.

On vous demandera votre carte d'assurance-maladie (Krankenkarte ou Versicherungskarte) à votre arrivée au cabinet, pour voir notamment de quelle caisse vous dépendez.

A. Assuré public

Vous pouvez prendre rendez-vous avec le médecin généraliste de votre choix, à l'exception de ceux qui ne reçoivent que des assurés privés (Privatversicherte).

Lorsque vous prenez rendez-vous avec votre médecin ou que vous vous rendez à l'hôpital, vous devez verser une taxe de cabinet (Praxisgebühr) d'un montant de 10 € à votre arrivée (à l'exception des enfants et jeunes de moins de 18 ans). Si vous retournez chez votre médecin dans les trois mois, vous ne paierez pas cette taxe. Par contre, au-delà de trois mois, vous repayez cette taxe.

Après avoir réglé la taxe de cabinet, les assurés publics peuvent consulter leur médecin généraliste autant de fois qu'ils le souhaitent pendant une période de trois mois, ce qui explique un certain encombrement des cabinets médicaux et le fait qu'il faut souvent s'armer de patience même si l'on a pris un rendez-vous.

B. Assuré privé

Vous pouvez prendre rendez-vous avec le médecin généraliste de votre choix. Vous réglez votre consultation sur place ou, plus fréquemment, vous recevez ensuite la facture par la Poste et réalisez un virement bancaire. Vous transmettez ensuite la facture à votre caisse d'assurance-maladie pour vous faire rembourser, selon les dispositions prévues par votre contrat.

Pour des informations sur les médecins francophones, se reporter à l'annexe, en fin d'ouvrage.

Médecin spécialiste

A. Assuré public

Pour consulter un spécialiste, vous devez être orienté par votre médecin généraliste qui vous rédige un bon de transfert (Überweisung). Si vous consultez un spécialiste moins de trois mois après avoir consulté le médecin généraliste, vous ne payez pas la taxe de cabinet (10 €) et n'avez pas à régler la consultation.

B. Assuré privé

Il est d'usage d'être orienté chez un médecin spécialiste par son médecin généraliste, mais l'obligation n'est pas ferme comme pour les assurés publics dans la mesure où chaque consultation est réglée par le patient qui se fait ensuite rembourser par sa caisse d'assurance-maladie selon le contrat souscrit.

Dentiste

Le remboursement des soins dentaires a fortement évolué ces dernières années avec une tendance au déremboursement dans le régime de base. De plus en plus de soins dentaires sont à la charge des patients. Il se développe un grand nombre de couvertures complémentaires spécialisées sur les soins dentaires.

A. Assuré public

Vous avez droit à deux visites de contrôle et un détartrage par an. Vous ne versez la taxe de cabinet (10 €) au dentiste que si ce dernier réalise des soins ou traitements non prévus dans la visite de contrôle. Certains soins de base sont remboursés par les caisses publiques, d'autres restent à la charge du patient.

B. Assuré privé

Vous réglez votre consultation sur place ou, plus fréquemment, vous recevez ensuite la facture par la Poste et pourrez réaliser un virement bancaire. Vous vous faites ensuite rembourser par votre caisse selon les dispositions prévues par votre contrat.

Pharmacie

À la pharmacie, les assurés publics et privés déboursent de l'argent pour les médicaments, mais les uns et les autres ne versent pas les mêmes sommes.

A. Assuré public

Il existe une participation supplémentaire (Zuzahlung) versée par tous les assurés publics qui ont besoin de médicaments. À la pharmacie, vous réglez 10 % du prix des médicaments prescrits, avec un minimum de 5 € par article et un maximum de 10 € (à l'exception des médicaments prescrits aux enfants et jeunes de moins de 18 ans). Ces sommes restent à votre charge et ne sont pas remboursées, sauf si le total des participations supplémentaires (Zuzahlung) versées dans une année dépassait 2 % de vos revenus bruts ou 1 % en cas de maladie chronique.

B. Assuré privé

Vous réglez les médicaments à la pharmacie aux prix réels des médicaments et vous vous faites ensuite rembourser par votre caisse, selon les dispositions prévues par votre contrat.

Hospitalisation

A. Assuré public

Il existe une participation supplémentaire (Zuzahlung) versée par tous les assurés publics en cas d'hospitalisation. Vous réglez 10 € (sauf pour les enfants et jeunes de moins de 18 ans) par jour d'hospitalisation, avec un maximum de 28 jours.

B. Assuré privé

Vous réglez vous-même les frais d'hospitalisation et vous vous faites ensuite rembourser par votre caisse, selon les dispositions prévues par votre contrat.

Indemnités journalières

L'employeur continue à verser le salaire complet pendant les six premières semaines d'arrêt maladie.
La situation des assurés publics et privés est différente au-delà de six semaines d'arrêt maladie.

A. Assuré public

Au-delà de six semaines d'arrêt, votre caisse d'assurance-maladie verse des indemnités journalières, calculées en fonction de votre salaire, à hauteur de 90 % de votre salaire net. Le suivi et le contrôle des caisses d'assurance-maladie publiques sont très étroits sur le versement des indemnités journalières.

B. Assuré privé

Au-delà de six semaines d'arrêt, le montant de vos indemnités journalières dépend du contrat que vous avez souscrit avec la caisse d'assurance-maladie privée.

Soins à l'étranger

La prise en charge des soins à l'étranger est une décision prise par chaque caisse d'assurance-maladie. Il s'agit le plus souvent de la prise en charge des soins en cas d'urgence.

A. Assuré public

Le remboursement des frais médicaux d'urgence lors d'un séjour à l'étranger est souvent possible pour les pays de l'Union européenne et une douzaine d'autres pays, avec lesquels l'Allemagne a signé un accord. Renseignez-vous cependant auprès de votre caisse. Vous devriez faire établir avant votre départ une carte européenne d'assurance-maladie (Europäische Krankenversicherungskarte (EHIC)).

B. Assuré privé

La prise en charge de vos soins à l'étranger dépend du contrat que vous avez signé avec votre caisse. Les soins à l'étranger sont souvent compris dans les contrats, mais il est préférable de vérifier.

4. Accident du travail, incapacité longue durée et décès

La couverture des accidents du travail est automatique pour tous les salariés. Cette couverture n'est pas gérée par les caisses d'assurance-maladie, mais par des associations professionnelles dédiées.
Par contre, l'incapacité de travail longue durée n'est pas couverte par le système d'assurance sociale obligatoire. Il est conseillé d'en souscrire une à titre individuel.

L'assurance accident du travail obligatoire

Tous les salariés et stagiaires bénéficient d'une assurance accident du travail (Unfallversicherung), souscrite par l'employeur en cas d'accident du travail ou de maladie professionnelle. Ces assurances sont souscrites par les employeurs auprès des associations professionnelles de gestion des accidents du travail (Berufsgenossenschaft).

ASSURANCE-MALADIE ET COUVERTURE SOCIALE

> **Où trouver des informations complémentaires ?**
> L'association DGUV (Deutsche Gesetzliche Unfallversicherung) regroupe l'ensemble des institutions et des acteurs du monde de l'assurance accident du travail en Allemagne.
> Sur le site *www.dguv.de* (sur lequel une section en anglais est disponible), vous trouverez de nombreuses informations relatives entre autres à cette assurance, ce qu'elle couvre et les bénéfices financiers d'une telle couverture, ainsi que les démarches à suivre en cas d'accident.

L'assurance incapacité de travail facultative

L'incapacité de travail longue durée n'est pas couverte par le système d'assurance sociale obligatoire en Allemagne. Les salariés allemands souscrivent à titre individuel une assurance incapacité de travail (*Berufsunfähigkeitsversicherung*) en vue de percevoir un revenu, au cas où une maladie ou un accident sur une longue période empêche de travailler.

Le coût d'une assurance incapacité de travail dépend de l'âge au moment de la souscription du contrat, du travail exercé, du montant des revenus et de la hauteur des prestations proposées (montant de la rente par exemple). La fourchette se situe environ entre 60 à 180 € par an. Cette assurance se souscrit auprès des acteurs de l'assurance habitation ou automobile (voir page 234).

Capital-décès

Il est également conseillé de souscrire en complément du système d'assurance sociale obligatoire une assurance capital-décès (*Risikolebensversicherung*), notamment lorsque les revenus du foyer reposent sur une seule personne. Ce type de contrat permet aux proches de l'assuré d'être bénéficiaires d'une rente ou d'un capital en cas de décès de l'assuré. Les assurances capital-décès (Risikolebensversicherung) sont distinctes des assurances-vie (Lebensversicherung(en)) qui sont avant tout des produits d'investissement en vue de la retraite.

5. L'assurance dépendance

Le système d'assurance sociale obligatoire comprend également une cotisation obligatoire à l'assurance dépendance (Pflegeversicherung). Cette cotisation est versée aux caisses d'assurance-maladie publiques et privées en même temps que la cotisation à l'assurance-maladie. La cotisation (1,95 % en 2010) est prise en charge à 50 % par le salarié et à 50 % par l'employeur. La cotisation est plus élevée pour les personnes de plus de 23 ans qui n'ont pas d'enfant (2,2 % en 2010).

L'assurance dépendance fournit des prestations de type soins à domicile pour les assurés qui connaissent une perte d'autonomie, le plus souvent au moment de la vieillesse.

Lexique

Beitragsbemessungsgrenze : premier plafond de sécurité sociale sur lequel s'appliquent les cotisations sociales. Pour les revenus supérieurs à ce plafond, les cotisations ne sont prélevées que dans la limite de ce plafond. Il est fixé en 2011 à 3 712,50 € par mois, soit 44 550 € par an, dans tous les Länder.
Berufsunfähigkeitsversicherung : assurance incapacité de travail
Berufsgenossenschaft : associations professionnelles de gestion des accidents du travail
Betriebskrankenkasse (BKK) : caisse d'assurance-maladie publique d'entreprises. Elles ne sont cependant pas obligatoires. Le salarié peut choisir la caisse d'assurance-maladie de son choix.
Ersatzkasse : caisse d'assurance-maladie publique d'employés
Europäische Krankenversicherungskarte : carte d'assurance-maladie européenne
Gesetzliche Krankenkasse : caisse d'assurance-maladie publique
Gesetzliche Krankenversicherung : régime légal d'assurance-maladie
Innungskrankenkassen (IKK) : caisse d'assurance-maladie publique corporative (créée par des corps de métiers). Elles ne sont cependant pas obligatoires selon le métier exercé. Le salarié peut choisir la caisse d'assurance-maladie de son choix.
Jahresarbeitsentgeltgrenze ou JAE-Grenze : deuxième plafond annuel de la sécurité sociale. Les assurés qui ont des revenus supérieurs à ce plafond ne sont pas assurés obligatoirement à une caisse d'assurance-maladie publique. En 2011, ce plafond est fixé à 4 1250 € par mois soit 49 550 € par an.
Knappschaft : caisse d'assurance-maladie publique des professionnels des mines
Krankenkasse : caisse d'assurance-maladie (publique ou privée)
Krankenkarte : carte d'assurance-maladie
Krankenversicherung : assurance-maladie (publique ou privée)
Landwirtschaftliche Berufsgenossenschaften : caisses d'assurance-maladie publique des professionnels agricoles
Lebensversicherung : assurance-vie, produit de placement en vue de la retraite
Pflegeversicherung : assurance dépendance
Praxisgebühr : taxe de cabinet qui est demandé aux assurés publics pour une première consultation tous les trois mois
Seekrankenkasse : caisse d'assurance-maladie publique des gens de mer
Selbstbehalt, Selbstbeteiligung : franchise. C'est le montant de soins que vous réglez vous-même sans faire appel à la caisse d'assurance-maladie
Risikolebensversicherung : assurance capital décès
Private Krankenkassen : caisse d'assurance-maladie privée
Überweisung : bon de transfert rédigé par un médecin généraliste qui permet de consulter un médecin spécialiste sans reverser de taxe de cabinet
Unfallversicherung : assurance accident du travail
Versicherungskarte : autre nom de la carte d'assurance-maladie
Versicherungsmakler : courtier en assurance
Versicherungsvertreter : agents d'assurance
Zusatzbeitrag/-äge : complément de cotisation demandé aux adhérents des caisses d'assurance-maladie en plus des cotisations sociales prélevées chaque mois sur le salaire.
Zuzahlung : supplément ; participation supplémentaire versée par les assurés publics à la pharmacie ou à l'hôpital.

Chapitre 16

La retraite : cotiser et faire valoir ses droits

Le régime de retraite en Allemagne est construit selon une architecture distincte du français. Si tous les salariés cotisent à un régime de base obligatoire, il n'existe pas de régimes complémentaires obligatoires. Les pouvoirs publics encouragent la constitution d'une épargne privée, à titre individuel ou dans le cadre d'épargne d'entreprise.

Si les cotisations au régime de retraite obligatoire versées en Allemagne sont comptabilisées par la CNAV lors de la liquidation de votre retraite en France, il n'y a pas d'équivalent en Allemagne pour les retraites complémentaires (Agirc pour tous les salariés et Arcco pour les cadres). Il est important d'anticiper cette différence et d'étudier le meilleur mode de compensation à envisager selon votre situation. La situation est différente selon que vous envisagez un séjour à court terme ou à long terme. Pour une installation sur le long terme, les dispositifs d'épargne retraite qui bénéficient d'avantages fiscaux sont une solution. Pour une mobilité de quelques années, ce n'est par contre souvent pas le meilleur calcul.

1. Des cotisations selon votre situation

Votre situation vis-à-vis de l'assurance retraite dépend de votre situation professionnelle et familiale.

▬▬ Vous êtes salarié d'une entreprise allemande

Vous cotisez obligatoirement au régime de retraite allemand et pouvez cotiser à titre volontaire aux régimes de retraite français, mais cette double cotisation est coûteuse à titre individuel.

▬▬ Vous êtes expatrié

Vous cotisez obligatoirement au régime de retraite allemand. Votre employeur peut cotiser à titre volontaire aux régimes de retraite français. Vous pouvez aussi cotiser à titre volontaire aux régimes de retraite français, mais cette double cotisation est coûteuse si elle n'est pas prise en charge par votre employeur.

▬▬ Vous êtes détaché

Vous continuez à cotiser aux régimes de retraite en France : au régime de base et aux régimes complémentaires (Agirc pour tous les salariés et Arrco en complément pour les cadres) via une adhésion à la Caisse des Français à l'étranger : *www.cfe.fr*.

▬▬ Vous travaillez en mini-job

Si votre salaire mensuel régulier est inférieur à 400 €, seules les cotisations employeur (cotisations au taux de 15 %) au régime de retraite allemand sont obligatoires. Vous pouvez verser volontairement des cotisations salariales (4,5 %) pour ouvrir des droits plus importants.

Vous êtes salarié avec une activité inférieure à 2 mois ou 50 jours

Si vous travaillez pour une période de moins de 2 mois (ou moins de 50 jours), sur une année, ni vous ni votre employeur ne verse de cotisations retraite.

Vous êtes frontalier

Vous cotisez obligatoirement au régime de retraite allemand. Vous pouvez cotiser à titre volontaire au régime français, mais cette double cotisation est coûteuse à titre individuel.

Vous êtes indépendant

Certains indépendants sont assujettis obligatoirement au régime légal de l'assurance invalidité-vieillesse, d'autres le font à titre volontaire. Cela dépend du type d'activité et du niveau de revenus (voir les informations spécifiques sur les cotisations retraite des indépendants page 51).

Périodes d'éducation des enfants

Le parent, le père ou la mère, est affilié obligatoirement pendant la période d'éducation de l'enfant (jusqu'à ses trois ans) lorsqu'il ne travaille pas pendant cette période. Les cotisations sont versées par l'État fédéral.

2. Le système de retraite allemand

Le système de retraite allemand se décompose en deux niveaux :
– seul le premier niveau, qui est un régime par répartition, est obligatoire ;

– les niveaux complémentaires basés sur l'épargne sont facultatifs, même s'ils sont actuellement fortement encouragés par les pouvoirs publics du fait que les prestations du régime obligatoire vont connaître une tendance à la baisse au regard du déséquilibre entre les actifs et les pensionnés.

Le régime de retraite obligatoire

Tous les salariés cotisent à l'assurance pension allemande, qui est un système par répartition (Einteilungssystem), c'est-à-dire que les cotisations des actifs d'aujourd'hui servent à payer les pensions de retraite des retraités d'aujourd'hui.

A. Le montant de la cotisation

La cotisation à l'assurance pension allemande est fixée à 19,9 % (en 2011) du salaire ou du traitement brut. La cotisation est assise sur un maximum mensuel de 5 500 € par mois, soit 66 000 € par an dans les Länder de l'Ouest et de 4 800 € par mois, soit 57 600 € par an pour les Länder de l'Est, en 2011. La moitié de la cotisation est à la charge de l'employeur et l'autre moitié à celle de l'employé. Elles sont directement prélevées par l'employeur sur le salaire.

Les périodes de chômage, de maladie, de maternité et les périodes d'éducation des enfants ouvrent droit à des cotisations qui sont financées par les pouvoirs publics.

B. Âge de départ en retraite et calcul de la pension

L'âge légal de départ en retraite est fixé à 65 ans en Allemagne, mais il va être progressivement repoussé pour atteindre 67 ans à l'horizon 2029. Le montant de la pension est calculé en points (comme les régimes complémentaires obligatoires en France). Un nombre de points est attribué en fonction de la hauteur du salaire. Au moment du départ en retraite, le nombre de points acquis est multiplié par la valeur du point.

Il faut avoir cotisé au minimum 5 ans pour bénéficier d'une pension de retraite en Allemagne. Cependant si votre demande de retraite est faite en France, vous bénéficiez des cotisations versées pour les périodes inférieures à 5 années.

La retraite brute de base du régime général (gesetzliche Rentenversicherung) s'élevait en moyenne en 2008 à environ 1 000 € (1 217 € pour les hommes et 818 € pour les femmes), soit une retraite nette de 1 090 € pour les hommes et de 734 € pour les femmes.

C. Les autres prestations

L'assurance pension allemande propose également :
- des pensions de réversion (Witwenrente / Witwerrente) pour les couples dont l'un décède (couples mariés et non mariés) ;
- des pensions pour les orphelins ;
- des prestations pour les personnes en phase de réadaptation vers l'emploi.

> **Où trouver des informations complémentaires ?**
> - Le site sur l'assurance pension allemande (Deutsche Rentenversicherung Bund) propose des informations en français : *www.deutsche-rentenversicherung.de* (site en français), rubrique « L'assurance ».
> - La brochure « Vivre et travailler en Europe » se télécharge gratuitement ou peut être envoyée par courrier gratuitement à partir du site de l'assurance pension allemande.

D. Le partage des droits retraite

Il existe deux modes de répartition des prestations entre les deux personnes d'un couple. La personne survivante peut bénéficier d'une pension de réversion, selon des modalités proches du dispositif français ou le couple peut décider de partager en deux les droits acquis pendant la durée du mariage. Ce dispositif, appelé le Splitting, est notamment d'actualité au moment du divorce où les droits acquis par les deux ex-conjoints sont additionnés et divisés par deux.

L'épargne retraite volontaire

À la différence de la France où il existe un régime complémentaire obligatoire de retraite, basé comme le régime de base sur le principe de répartition, l'Allemagne a privilégié la mise en place de l'épargne retraite (Rentensparen) privée : au niveau de l'entreprise et à titre individuel. L'épargne retraite est un système de retraite par capitalisation. Les adhérents placent de l'argent en vue d'en bénéficier à l'âge de la retraite. Les pouvoirs publics encouragent fortement la constitution d'une épargne retraite privée via des avantages fiscaux.

Les produits d'épargne privée qui bénéficient d'avantages fiscaux, les produits dits « Riester », sont récents et toujours en évolution. Un conseil personnalisé est indispensable pour analyser l'intérêt d'y souscrire si vous prévoyez un séjour à court ou moyen terme en Allemagne. La constitution d'une épargne retraite en France est à étudier en parallèle avant de se décider.

A. L'épargne retraite d'entreprise

Les entreprises ont l'obligation depuis 2002 de proposer à leurs salariés de convertir une partie de la rémunération en épargne retraite dans le cadre d'un plan d'épargne d'entreprise (vermögenswirksame Leistung (VWL ou VL). Cependant, le montant de la contribution légale de l'employeur à la constitution d'une épargne retraite n'est pas fixé, ce qui engendre de grandes disparités : des dispositifs très intéressants de retraite d'entreprise dans les grandes entreprises contre des dispositifs quasi inexistants dans les petites entreprises.

Les retraités bénéficiant d'une retraite d'entreprise bénéficient d'une retraite moyenne nette (régime de base + retraite d'entreprise) en 2008 d'environ 2 000 € pour les hommes et 1 300 € pour les femmes (contre 1 090 € et 734 € pour le seul régime de base).

Le capital de l'épargne retraite d'entreprise est le plus souvent bloqué jusqu'à la retraite et les frais à engager pour quitter le dispositif sont coûteux. Ces placements d'entreprise sont à envisager prioritairement pour une installation définitive en Allemagne, à moins que la participation de l'employeur ne soit particulièrement intéressante.

B. L'épargne retraite individuelle

L'État soutient, sous la forme de primes et d'exonération fiscales, les particuliers qui se constituent une épargne retraite par capitalisation. Il peut s'agir de plan d'épargne bancaire, assurance retraite privée ou plan d'épargne basé sur un fonds commun de placement. Une partie des primes versées est déductible des revenus imposables. Les produits qui bénéficient d'avantages fiscaux sont appelés « Riester-Rente » (retraite Riester), du nom de l'ancien ministre des affaires sociales, Walter Riester.

On parle aussi de « Rürup-Rente » (retraite Rürup), du nom de l'expert des retraites Bert Rürup, pour des produits d'épargne privée qui ont la particularité de n'être versés que sous forme de rente, et non de capital. Si on parle dans le langage courant de « Basisrente » pour les produits d'épargne retraite « Rürup-Rente », il ne s'agit pas d'un équivalent de la retraite de base en France qui est, elle, obligatoire pour tous.

La disponibilité des fonds placés (parfois bloqués jusqu'à la retraite) est propre à chaque produit d'épargne privée. Il est indispensable de se renseigner sur les frais à engager pour quitter le dispositif (souvent coûteux) avant d'y souscrire. Ces produits sont également à envisager principalement pour une installation définitive en Allemagne.

3. Quelles démarches au moment de liquider sa retraite ?

Les démarches à mener pour liquider sa retraite sont différentes selon les pays dans lesquels vous avez vécu et le pays dans lequel vous vivez au moment du départ en retraite.

▬ Une retraite cotisée dans plusieurs pays

Les cotisations versées dans plusieurs pays sont prises en compte au moment du départ en retraite par la caisse qui assure la liquidation de la retraite, à condition qu'un accord ait été passé entre les deux pays. C'est le cas pour l'Allemagne et la France ainsi que tous les pays de l'Union européenne (UE) et de l'espace économique européen (EEE).

Important : les cotisations versées en Allemagne ne sont prises en compte que dans le régime de base de la retraite (CNAV). Pour les régimes complémentaires (Arrco et Agirc), aucune cotisation versée en

Allemagne n'est comptabilisée en France dans la mesure où il n'existe pas de régime complémentaire obligatoire en Allemagne.

A. Pays de l'Union européenne et de l'Espace économique européen

Au moment de la liquidation de votre retraite, les caisses de retraite de l'UE et de l'EEE intègrent les périodes d'assurance accomplies dans les autres pays de ces zones.

Une année d'assurance doit être normalement accomplie pour que ces périodes soient comptabilisées. Les caisses françaises et allemandes prennent cependant en compte les trimestres cotisés à l'étranger, si la durée est inférieure à un an et s'ils n'ouvrent pas de droit dans le pays. Vous devez remplir les conditions de liquidation de retraite dans chaque pays et notamment l'âge légal fixé par le pays. L'âge légal est fixé à 65 ans en Allemagne, mais il va être progressivement repoussé pour atteindre 67 ans à l'horizon 2029.

B. Pays hors de l'Union européenne et de l'Espace économique européen

La France a signé des accords internationaux de sécurité sociale avec 32 pays hors UE et EEE (en 2009) qui prévoient une coordination entre la France et le pays signataire.

Avoir été salarié à l'étranger permet de racheter des trimestres afin de bénéficier d'une pension de retraite plus élevée. Un calcul propre à chaque situation doit être réalisé pour juger de l'intérêt de cette démarche. Le site de la CNAV explique les modalités et le coût de ses rachats : *www.retraite.cnav.fr*.

Où déposer sa demande ?

La caisse de retraite à laquelle vous devez vous adresser lorsque vous avez travaillé dans plusieurs pays dépend du pays dans lequel vous vivez au moment de votre départ en retraite.

A. Si vous habitez en France

Vous devez vous adresser à la CNAV si vous avez été salarié en France. C'est la caisse de retraite française qui instruit le dossier et demande les informations nécessaires aux caisses des autres pays dans lesquels vous avez travaillé.

Vous devez également contacter les autres caisses de retraite auxquelles vous avez pu cotiser pour d'autres types d'activités que celles des salariés (indépendants, activités agricoles…) lors de la liquidation de votre retraite en France.

Du fait qu'il n'existe pas de régime complémentaire obligatoire par répartition en Allemagne, mais seulement un régime de base, les caisses Arrco (employés) et Agirc (cadres) ne calculent votre pension de retraite complémentaire que sur les cotisations versées en France. C'est un point important à prendre en compte lors d'une mobilité en Allemagne.

B. Si vous habitez en Allemagne

Si vous vivez en Allemagne au moment de la liquidation de votre retraite, c'est l'assurance pension allemande (Deutsche Rentenversicherung) qui est chargée de liquider votre pension et de se coordonner avec les caisses de retraite des autres pays de l'Union européenne dans lesquels vous avez cotisé, dont la France. Adressez-vous au bureau d'assurance retraite de l'administration de votre district (Kreis) ou de votre commune.

C. Si vous habitez dans un autre pays de l'Union européenne

C'est la caisse de retraite du pays dans lequel vous résidez qui instruit votre dossier. Le centre des liaisons européennes et internationales de sécurité sociale (Cleiss) tient à jour la liste des organismes à contacter par pays.

D. Si vous habitez hors Union européenne

Vous devez vous adresser au dernier pays de l'Union européenne dans lequel vous avez cotisé. Le centre des liaisons européennes et internationales de sécurité sociale (Cleiss) tient à jour la liste des organismes à contacter par pays.

> **Où trouver des informations complémentaires ?**
>
> – Consulter les brochures « Français de l'étranger : votre retraite de la sécurité sociale » et « Carrières en France et à l'étranger » sur le site de la CNAV : *www.retraite.cnav.fr*, rubrique : « Activités en France et à l'étranger », puis « Brochures ».
> – Consulter le site de l'assurance pension allemande (Deutsche Rentenversicherung Bund) : *www.deutsche-rentenversicherung.de* (site en français), rubrique « Les prestations » et « International ».
> – Centre des liaisons européennes et internationales de sécurité sociale (Cleiss) : *www.cleiss.fr*, rubrique « Documentation », puis « Les organismes de liaison et organismes utiles ».

4. Cotisations complémentaires volontaires en France

Pour compléter vos cotisations à l'assurance pension allemande obligatoire, vous avez la possibilité de cotiser volontairement aux régimes complémentaires en France, mais cela est assez coûteux.

▬ Régimes complémentaires Arrco et Agirc

Pour cotiser aux régimes complémentaires français (Arrco et Agirc), il faut continuer à cotiser au régime de retraite de base de la CNAV à titre volontaire via la CFE (Caisse des Français à l'étranger).

Important : ce choix ne vous dispense pas cependant de cotiser au régime de l'assurance pension allemande si vous êtes expatrié ou salarié d'une entreprise allemande. Seuls les détachés ne sont pas soumis aux cotisations retraite en Allemagne.

A. Cotisations à la retraite de base

L'adhésion volontaire au régime de retraite de base de la CNAV peut être financée par votre entreprise (si vous êtes expatrié) ou à titre individuel.

B. Cotisations Arrco et Agirc

Vous avez la possibilité si vous êtes salariés à l'étranger (expatrié ou sous contrat local) de continuer à cotiser aux régimes complémentaires Arcco (tous salariés) et Agirc (cadres). Cette adhésion volontaire peut être financée par votre entreprise (si vous êtes expatrié) ou à titre individuel.

Vous devez pour cela avoir déjà cotisé au régime Arrco et/ou Agirc lors d'une activité précédente.

La cotisation se fait par l'intermédiaire de la CRE et de l'Ircafex qui sont gérés par le groupe Novalis Taitbout :
– pour l'Arcco : la CRE (Caisse de retraite des expatriés) ;
– pour l'Agirc : l'Ircafex (Institution de retraite des cadres et assimilés de France et de l'extérieur).

> **Où trouver des informations complémentaires ?**
> – Informations disponibles sur le site de la caisse des Français à l'étranger : *www.cfe.fr*.
> – Le groupe Novalis Taitbout gère les cotisations à l'Arcco et à l'Agirc des Français installés hors de France : *www.novalistaitbout.com*.

Assurances privées

Vous pouvez également souscrire à des assurances retraites par capitalisation ou des assurances-vie. De nombreuses sociétés d'assurances et banques proposent des produits à destination des étrangers vivant hors de France.

La souscription de produits d'épargne complémentaires individuels est à étudier pour compenser le fait qu'il n'existe en Allemagne qu'un régime de retraite obligatoire de base, et que les épargnes retraites complémentaires facultatives ne sont pas conçues *a priori* pour des salariés ayant une mobilité hors de l'Allemagne.

Lexique

Beitragsbemessungsgrenze : *plafond annuel de la sécurité sociale pour l'assurance-retraite. Il est fixé en 2011 à 5 500 € par mois, soit 66 000 € par an dans les Länder de l'Ouest et à 4 800 € par mois, soit 57 600 € par an pour les Länder de l'Est.*
Gesetzliche Rentenversicherung : *régime de retraite obligatoire, l'équivalent du régime de retraite de base en France*
Einteilungssystem : *système par répartition*
Rente : *retraite*
Rentensparen : *épargne retraite*
Riester-Rente : *retraite Riester, produits d'épargne retraite privée du nom de l'ancien ministre des Affaires sociales, Walter Riester.*
Rürup-Rente : *retraite Rürup ou retraite de base (Basisrente), produits d'épargne privée qui ont la particularité de n'être versés que sous forme de rente, et non de capital, du nom de l'expert des retraites Bert Rürup.*
Vermögenswirksame Leistung : *plan d'épargne d'entreprise*
Splitting : *système de partage des cotisations retraite versées pendant la durée du mariage entre le mari et la femme, à titre volontaire ou au moment du divorce.*
Witwenrente, Witwerrente : *pension de réversion pour les femmes, pension de réversion pour les hommes.*

Chapitre 17

Formalités : naissance, mariage, papiers d'identité, nationalité et élections

Lors de différents événements de votre vie en Allemagne, vous aurez besoin de réaliser des formalités administratives, pour partie auprès des autorités allemandes et pour partie auprès des autorités françaises. Sans pouvoir être exhaustif, nous avons choisi de détailler les situations suivantes dans ce chapitre :
– naissance d'un enfant : déclaration et nom de famille ;
– mariage et Pacs ;
– carte d'identité et passeport ;
– actes d'état civil, actes notariés et casier judiciaire ;
– questions de nationalité ;
– élections allemandes et françaises.

1. Naissance d'un enfant : déclaration et nom de famille

Si vous êtes français et résidez en Allemagne, vous devez déclarer la naissance de votre enfant auprès de l'état civil allemand et auprès de l'état civil français. Nous donnons également des indications pour le choix du nom de famille dans le cas d'un couple français. Si vous et votre conjoint n'êtes pas de la même nationalité, il faut prendre en compte les deux réglementations.

Déclaration d'un enfant

La déclaration d'un enfant se déroule en deux étapes :
- **à l'état civil allemand :** vous devez vous rendre à la mairie de votre domicile en Allemagne dans un délai d'une semaine pour déclarer la naissance de votre enfant. Plusieurs actes de naissance (Geburtsurkunde(n)) vous seront délivrés. En fonction du nombre de copies que vous demandez, ils peuvent être payants. En vue d'inscrire ensuite votre enfant à l'état civil français, vous pouvez d'ores et déjà demander au service d'état civil une copie certifiée conforme à l'original du registre des naissances (beglaubigter Ausdruck aus dem Geburtenregister). Le document doit comporter l'heure de naissance (Geburtzeit) ;
- **à l'état civil français :** pour déclarer votre enfant à l'état civil français, vous devez demander auprès de l'ambassade de France en Allemagne une « transcription sur les registres de l'état civil consulaire français de l'acte de naissance ». Les formalités pour déclarer un enfant se font pour toute l'Allemagne auprès du service de l'état civil de l'ambassade de France à Berlin. Elles peuvent se faire par courrier. La liste des pièces à joindre au formulaire est téléchargeable sur le site internet du service de l'état civil de l'ambassade de France à Berlin (*www.consulfrance-berlin.org*). Il s'agit notamment des pièces suivantes :
  - livret de famille en français,
  - preuve de la nationalité française du ou des parents,

Formalités : naissance, mariage, papiers d'identité, nationalité et élections

- copie certifiée conforme à l'original du registre des naissances (beglaubigter Ausdruck aus dem Geburtenregister).

À noter que, depuis le 1er janvier 2009, ce document remplace la copie certifiée conforme de l'acte de naissance (beglaubigte Abschrift aus dem Geburtenbuch) qui n'est plus acceptée par le service de l'état civil de l'ambassade ; l'extrait de naissance international n'est pas accepté comme acte d'état civil par le service de l'état civil de l'ambassade.

Le formulaire à remplir est différent selon que l'enfant est né dans le cadre du mariage ou hors mariage. Des pièces complémentaires sont à fournir dans le cas d'une naissance hors mariage, notamment l'acte de reconnaissance paternelle (Vaterschaftsanerkennung) et si la mère n'est ni française ni allemande, l'acte de reconnaissance maternelle (Mutterschaftanerkennung).

> **Où trouver des informations complémentaires ?**
>
> – Toutes les formalités « françaises » se font auprès du service de l'état civil pour l'Allemagne de l'ambassade de France à Berlin : *www.consulfrance-berlin.org*, rubrique « Formalités et services », puis « Etat civil », « Formalités et services », puis « Nationalités ».
> – Les actes d'état civil sont réalisés en Allemagne par les officiers d'état civil (Standesbeamter) des communes.
> – Pour plus d'informations : Commission internationale de l'état civil : *www.ciec1.org* (site en français). À lire : « Guide pratique international de l'état civil ». Rubrique « Allemagne ».

Le nom de famille de l'enfant

C'est au moment de la déclaration de votre enfant que le choix du nom de famille de l'enfant intervient. La législation française sur les noms de famille a changé. Il est possible de choisir d'un commun accord entre les parents le nom que l'on souhaite transmettre à ses enfants. Ce choix est le résultat d'une démarche active de votre part, sans quoi les règles « par défaut » s'appliquent.

A. Le nom par défaut

Le nom transmis par défaut est différent selon que les parents sont mariés ou non :
- couple marié : si vous ne réalisez pas de démarche particulière, le nom donné à l'enfant sera celui du père ;
- couple non marié : si vous ne réalisez pas de démarche particulière, le nom donné à l'enfant sera :
  - celui du père, si celui-ci le reconnaît avant la naissance ou le jour de l'établissement de l'acte par les autorités allemandes ;
  - celui de la mère, si le père le reconnaît après l'établissement de l'acte de naissance.

B. Le choix volontaire d'un nom

Pour les enfants nés après le 1er janvier 2005, les parents, qu'ils soient mariés ou non, peuvent choisir d'un commun accord de donner le nom du père, le nom de la mère, le nom du père et celui de la mère ou le nom de la mère et celui du père. Ce choix doit intervenir dans les trois premières années de l'enfant.

Vous devez pour cela réaliser une déclaration de choix de nom au moment de la demande de transcription de l'acte de naissance auprès du service de l'état civil de l'ambassade de France en Allemagne (cf. *supra*).

2. Mariage et Pacs

Se marier ou se pacser dans un autre pays que le sien, c'est possible. Selon la nationalité des deux personnes du couple, les possibilités offertes et les formalités sont différentes et demandent une préparation minutieuse.

Le mariage civil

Le mariage civil est enregistré par des autorités différentes selon la nationalité des futurs époux. Il est conseillé de prévoir un laps de

FORMALITÉS : NAISSANCE, MARIAGE, PAPIERS D'IDENTITÉ, NATIONALITÉ ET ÉLECTIONS

temps conséquent pour les formalités préalables, avant de réserver une salle pour faire la fête.

A. Devant quelle autorité se marier ?

La situation est différente selon la composition du couple :
- **mariage entre deux ressortissants français :** si vous êtes tous les deux Français, vous avez le choix. Vous pouvez vous marier devant les autorités allemandes ou françaises. Si vous vous mariez devant les autorités allemandes, vous devez ensuite faire transcrire votre mariage dans les registres de l'état civil du ministère des Affaires étrangères afin que votre mariage soit reconnu en France ;
- **mariage entre un ressortissant français et un ressortissant allemand :** vous n'avez pas le choix, vous devez vous marier devant les autorités allemandes. Le ressortissant français doit cependant prendre contact avec le service de l'état civil à l'ambassade de France pour procéder aux formalités préalables au mariage et obtenir le certificat de capacité à mariage (Ehefähigkeitzeugnis) qui est à présenter aux autorités allemandes ;
- **mariage entre un ressortissant français et un ressortissant autre que français ou allemand :** vous pouvez vous marier devant les autorités françaises ou devant les autorités du pays de votre conjoint. Vous devez ensuite faire transcrire le mariage dans les registres de l'état civil du ministère des Affaires étrangères, afin que votre mariage soit reconnu en France.

B. Mariage devant les autorités allemandes

Des formalités préalables auprès des autorités françaises sont à réaliser avant de s'adresser aux autorités allemandes :
- **formalités auprès des autorités françaises :** les ressortissants français doivent demander un certificat de capacité à mariage (Ehefähigkeitzeugnis) auprès du service de l'état civil de l'ambassade de France en Allemagne. La liste des pièces à fournir et le formulaire à remplir sont disponibles sur Internet. Un délai minimal de trois semaines est nécessaire (contactez le service de l'état civil pour l'Allemagne à l'Ambassade de France à Berlin : *www.consulfrance-berlin.org*, rubrique « Formalités et services », puis « État civil ») ;

– **formalités auprès des autorités allemandes :** vous devez vous rendre au service d'état civil (Standesamt) de votre commune, en possession chacun de vos papiers d'identité, de vos actes de naissance, d'une déclaration de domicile et du certificat de capacité à mariage (Ehefähigkeitzeugnis) pour les ressortissants français.

Afin d'obtenir un acte de mariage français, vous devez ensuite faire transcrire l'acte de mariage délivré par les autorités allemandes dans le registre de l'état civil du ministère des Affaires étrangères. Les formalités peuvent se faire à distance auprès du service de l'état civil de l'ambassade de France en Allemagne.

La liste des pièces à fournir et le formulaire à remplir sont disponibles sur le site Internet de l'ambassade de France en Allemagne.

Attention :
– depuis le 1er janvier 2009, vous devez fournir une copie certifiée conforme à l'original du registre des mariages (beglaubigter Ausdruck aus dem Eheregister). Les extraits internationaux ne sont pas acceptés ;
– si le mariage date de plus de deux ans, des documents complémentaires sont demandés.

Vous pouvez vous adresser au service de l'état civil pour l'Allemagne (ambassade de France à Berlin : *www.consulfrance-berlin.org*, rubrique : « Formalités et services », puis « État civil »).

Que se passe-t-il si le mariage devant les autorités allemandes n'est pas retranscrit auprès des autorités françaises ? Si vous ne faites pas retranscrire votre mariage auprès des autorités allemandes sur les registres de l'état civil du ministère des Affaires étrangères, vous serez considéré comme célibataire auprès de l'État français.

C. Mariage devant les autorités françaises

La cérémonie du mariage devant les autorités françaises se déroule à l'ambassade de France en Allemagne, située à Berlin. Le service de l'état civil de l'ambassade doit procéder au préalable à la publication des bans qui nécessite un délai de 10 jours.

La liste des pièces à fournir et le formulaire à remplir pour solliciter la publication des bans sont disponibles sur le site Internet de l'ambassade. Pour en savoir plus sur le mariage civil en droit français, consultez le site du ministère de la Justice et le ministère de la Famille : *www.mariage.gouv.fr*.

PACS français et partenariat de vie allemand

Si vous ou votre conjoint, ou les deux, êtes de nationalité française, vous pouvez conclure un Pacs tout en vivant en Allemagne. Le partenariat de vie enregistré (eingetragene Lebenspartnerschaft) proposé en Allemagne ne s'adresse pour sa part qu'à deux personnes du même sexe.

A. Le PACS devant les autorités françaises

Il est possible de conclure un PACS (Pacte civile de solidarité) auprès des autorités françaises en Allemagne dès lors que l'un des deux conjoints est ressortissant français. Le Pacs peut avoir lieu entre deux personnes du même sexe ou entre deux personnes de sexe distinct.

La liste des pièces à fournir pour une demande de Pacs est disponible sur le site Internet de l'Ambassade de France à Berlin.

> **Où trouver des informations complémentaires ?**
>
> Vous pouvez consulter le portail de l'administration française : *www.service-public.fr*, en tapant « Pacs » comme mot-clé.

B. Le partenariat de vie enregistré pour les personnes du même sexe

Il est possible pour les personnes résidant en Allemagne de signer un partenariat de vie enregistré (eingetragene Lebenspartnerschaft) entre deux personnes du même sexe.

Ce partenariat de vie ouvre certains droits similaires au mariage en matière de changement de nom, d'héritage, de reprise de bail, d'assurance-maladie ou d'assurance invalidité-vieillesse. Par contre, les contractants ne bénéficient pas du régime fiscal des couples mariés auprès de l'administration fiscale, ni des mêmes droits en cas d'adoption.

Adressez-vous au service d'état civil (Standesamt) de votre commune.

> **Où trouver des informations complémentaires ?**
> La loi sur le partenariat de vie enregistré (Gesetz über die eingetragene Lebenspartnerschaft) est en ligne sur le site du ministère de la Justice (Bundesministerium der Justiz) intitulé « La loi en ligne » (Gesetze im Internet) : *www.gesetze-im-internet.de* (site en allemand).

3. Carte d'identité et passeports

Faire refaire sa carte d'identité ou son passeport est souvent un peu plus difficile quand on vit à l'étranger que lorsque l'on vit en France, car l'autorité compétente peut être éloignée de son domicile.

Les formalités pour la carte d'identité et pour le passeport sont gérées par trois centres en Allemagne : le consulat général de Munich, le consulat général de Francfort et la section consulaire de l'ambassade de France à Berlin.

Pour la carte d'identité, les formalités sont possibles dans d'autres grandes villes lors des tournées consulaires. Pour le passeport, il est indispensable de se déplacer dans l'un de ces consulats généraux. En fonction de votre lieu de résidence, vous devez vous adresser à l'un ou à l'autre de ces consulats généraux.

Carte d'identité

Les Français résidant en Allemagne doivent être inscrits au registre des Français établis hors de France (voir page 180) pour obtenir une carte d'identité qui est valable 10 ans.

Les formalités nécessaires à l'établissement ou au renouvellement de la carte nationale d'identité peuvent s'effectuer soit dans les locaux des services consulaires compétents (Munich, Francfort ou Berlin), soit au cours d'une tournée consulaire. Dans tous les cas, vous devez prendre contact avec l'une de ces trois antennes (voir tableau ci-dessous « À quel consulat s'adresser ? »).

Les photographies doivent répondre aux normes fixées par le ministère de l'Intérieur français que vous pouvez trouver sur le site :

Formalités : naissance, mariage, papiers d'identité, nationalité et élections

www.interieur.gouv.fr. Rubrique « À votre service », puis « Vos démarches ».

Depuis le 1er janvier 2009, si vous ne présentez pas votre ancienne carte nationale d'identité, vous devez verser un droit de timbre de 25 € ; sinon le renouvellement est gratuit.

La carte d'identité est délivrée 8 semaines après le dépôt du dossier complet.

À qui s'adresser ? Au service consulaire compétent selon votre lieu de résidence (voir tableau ci-dessous).

Passeports

Les modalités de délivrance des passeports ont changé depuis le 23 juin 2009 du fait des nouvelles règles liées au passeport biométrique. Il est désormais indispensable de se déplacer (sauf pour les enfants de moins de 6 ans) à deux reprises dans les services consulaires compétents. Vous devez vous présenter une première fois pour le dépôt de la demande, avec toutes les pièces demandées (liste accessible sur les sites des services consulaires) et une seconde fois pour la remise du passeport. La demande de passeport ne peut plus se faire lors des tournées consulaires organisées dans les grandes villes.

Les photographies doivent répondre aux normes fixées par le ministère de l'Intérieur français : *www.interieur.gouv.fr.* Rubrique « À votre service », puis « Vos démarches ».

Le tarif est de 88 € pour un adulte, 44 € pour un enfant de 15 à 18 ans et 19 € pour un enfant de moins de 15 ans. Le fait de réaliser la photo sur place a un coût supplémentaire de quelques euros par personne.

Le passeport est délivré trois semaines après le dépôt du dossier complet.

À qui s'adresser ? Au service consulaire compétent selon votre lieu de résidence (voir tableau ci-dessous).

À quel consulat s'adresser ?

Le service auquel vous devez vous adresser pour les demandes de cartes d'identité et de passeport dépend du Land dans lequel vous vivez.

Si vous résidez dans les Länder	Adressez-vous à	Site Internet
Berlin Hambourg Brême Basse-Saxe Brandebourg Mecklembourg-Poméranie antérieure Saxe Saxe-Anhalt Schleswig-Holstein et Thuringe	Section consulaire de l'Ambassade de France à Berlin Tél. : [49] (30) 590 03 90 00	www.consulfrance-berlin.org Rubrique « Formalités et services »
Hesse Rhénanie-Palatinat Rhénanie du Nord-Westphalie Sarre	Consulat général de Francfort Tél. : [49] (69) 795 09 60	www.botschaft-frankreich.de/frankfurt Rubrique « Formalités et services »
Bavière Bade-Wurtemberg	Consulat général de Munich Tél. : [49] (89) 41 94 110	www.botschaft-frankreich.de/muenchen Rubrique « Formalités et services »

4. Actes d'état civil, actes notariés et casier judiciaire

Les demandes d'actes d'état civil et d'extraits de casier judiciaire doivent être faites à des services différents, selon votre lieu de naissance ou le pays où s'est déroulé l'événement pour lequel vous souhaitez un acte d'état civil.

▰▰▰ Extrait d'acte d'état civil

En fonction du pays dans lequel s'est déroulé l'événement, vous pouvez faire la demande par Internet ou en vous adressant à la mairie compétente.
Pour un événement en France métropolitaine, dans un département ou territoire d'Outre-mer, vous pouvez réaliser votre demande :
– en ligne : *www.acte-etat-civil.fr* ;
– ou vous adresser directement à la mairie de votre lieu de naissance : *www.pagesjaunes.fr*.
Pour tout événement qui s'est déroulé en Allemagne, contactez le service de l'état civil de l'Ambassade de France en Allemagne, à Berlin. Les formulaires à renseigner sont disponibles sur le site Internet.

Formalités : naissance, mariage, papiers d'identité, nationalité et élections

> **Si vous n'habitez plus en Allemagne**
>
> Si la naissance, le mariage ou le décès s'est déroulé en Allemagne, mais que vous-même vous n'habitez plus en Allemagne au moment de la demande d'acte d'état civil, le service de l'état civil pour l'Allemagne vous demandera de vous adresser au service central d'état civil à Nantes (voir ci-dessous).
> Contactez le service de l'état civil pour l'Allemagne à l'Ambassade de France à Berlin : *www.consulfrance-berlin.org*, rubrique « Formalités et services », puis « État civil ».

Pour tout événement qui s'est déroulé à l'étranger, en dehors de l'Allemagne, vous devez vous adresser au service central d'état civil du ministère des Affaires étrangères. Les demandes peuvent être faites :
– en ligne à partir du site *www.france-diplomatie.fr*. Rubrique « Les Français et l'étranger » puis « Vos droits et démarches » puis « État civil » puis « Démarches relatives aux actes d'état civil » ;
– par courrier à l'adresse suivante :
Ministère des Affaires étrangères
Service central d'état civil
11, rue de la Maison Blanche
44941 Nantes Cedex 09

Actes notariés

Depuis le 1er janvier 2005, les services consulaires français en Allemagne n'assurent plus l'établissement d'actes notariés (contrats de mariage par exemple) pour les ressortissants français. Vous devez directement vous adresser à un notaire en France ou en Allemagne.

> **Où trouver des informations complémentaires ?**
>
> – Sur les actes notariés à l'étranger, consultez le site du ministère des Affaires étrangères et européennes : *www.diplomatie.gouv.fr*, rubrique « Les Français et l'étranger », puis « Vos droits et démarches », puis « Actes notariés ».
> – Sur les notaires en Allemagne, consultez le site de l'Ordre fédéral des notaires (Bundesnotarkammer) : *www.bnotk.de* (Pages en français).
> – Sur les notaires en France, consultez le site du Conseil supérieur du notariat (en France) : *www.notaires.fr*.

Extrait de casier judiciaire

Le lieu auprès duquel vous devez faire votre demande d'extrait de casier judiciaire dépend de votre lieu de naissance :
– si vous êtes né en France métropolitaine, dans un département d'Outre-mer ou à Saint-Pierre-et-Miquelon, vous pouvez réaliser votre demande en ligne : *www.cjn.justice.gouv.fr* ;
– si vous êtes né dans un territoire ou une collectivité d'Outre mer, vous devez vous adresser au tribunal de première instance de votre lieu de naissance ;
– si vous êtes né hors de France, vous pouvez réaliser votre demande par mail (*cjn@justice.gouv.fr*) en joignant les pièces demandées.
Pour en savoir plus sur les autres modalités de demande (sur place et par courrier) et pour connaître la liste des pièces demandées, consultez le site du ministère de la Justice (France) : *www.vos-droits.justice.gouv.fr*, rubrique « Formulaire pour les particuliers », puis « Casier judiciaire ».

> **Vos formalités par Internet**
>
> Il sera prochainement possible de réaliser un certain nombre de formalités via Internet grâce au guichet d'administration électronique, accessible aux Français inscrits au registre des Français établis hors de France. À ce jour, vous pouvez vérifier grâce à ce service si vous êtes bien inscrit sur les listes électorales.

En pratique, votre Numic (numéro d'identification consulaire) vous est demandé pour vous connecter au guichet d'administration électronique. Vous trouvez ce Numic sur les cartes d'inscription au registre des Français établis hors de France, éditées depuis 2006, ou en vous adressant aux services consulaires où vous vous êtes inscrit au registre. Consultez le site du ministère des Affaires étrangères et européennes : *www.diplomatie.gouv.fr*, rubrique « Les Français à l'étranger », puis « guichet d'administration électronique ».

FORMALITÉS : NAISSANCE, MARIAGE, PAPIERS D'IDENTITÉ, NATIONALITÉ ET ÉLECTIONS

5. Questions de nationalités

C'est souvent au moment de la naissance d'un enfant ou du mariage que les questions de nationalité se posent, notamment dans les couples binationaux.

Acquérir la nationalité française

La nationalité française peut s'obtenir notamment en naissant de parent(s) français ou par le mariage :
– **à la naissance de l'enfant :** un enfant né en Allemagne est français dès lors que l'un de ses parents est français. C'est au moment de la transcription dans le registre d'état civil de l'Ambassade de France en Allemagne que les services consulaires contrôlent l'identité du ou des parents et attribuent à l'enfant la nationalité française ;
– **mariage et nationalité française :** l'époux ou l'épouse d'un ressortissant français peut demander la nationalité française après plusieurs années de communauté de vie. Le conjoint étranger doit justifier d'une bonne connaissance de la langue française. Si le mariage a été célébré à l'étranger, l'acte de mariage doit avoir été transcrit dans les registres de l'état civil du ministère des Affaires étrangères. Par ailleurs, si le ressortissant français résidant à l'étranger n'est pas inscrit au registre des Français établis hors de France, la période de communauté de vie demandée est de 5 ans au lieu de 4 ans.

Où trouver des informations complémentaires ?

– Auprès du service de l'état civil pour l'Allemagne de l'Ambassade de France à Berlin : *www.consulfrance-berlin.org*, rubrique « Formalités et services », puis « Nationalités ».
– Sur le site du ministère des Affaires étrangères et européennes : *www.diplomatie.gouv.fr*, rubrique « Les Français et l'étranger », puis « Vos droits et démarches », puis « Nationalité française ».

Acquérir la nationalité allemande

Il est possible de devenir Allemand(e) à la naissance, par la vie commune avec un(e) Allemand(e) ou bien après plusieurs années de résidence dans le pays. Les règles qui régissent l'accès à la nationalité allemande ont en effet changé en 2000. Une personne qui réside dans le pays depuis huit ans peut désormais demander la naturalisation.

La loi sur la nationalité (Staatsangehörigkeitsgesetz, StAG) est entrée en vigueur le 1er janvier 2000 en remplacement de l'ancienne législation sur la nationalité dite « Reichs- und Staatsangehörigkeitsgesetz (RuStaG) ».

A. À la naissance de l'enfant

L'acquisition de la nationalité allemande à la naissance est différente selon que les ou l'un des parents est allemand ou non :

1) Enfant de parent(s) allemand(s)

Tout enfant qui naît d'au moins un parent allemand, acquiert la nationalité allemande quel que soit le pays de naissance de l'enfant. Si seul le père est allemand et que le couple n'est pas marié, une reconnaissance de paternité est nécessaire.

Adoption : au regard du droit allemand, un enfant adopté par un(e) Allemand(e) acquiert également la nationalité allemande, si cet enfant est encore mineur au moment de la demande d'adoption.

2) Enfant de parents résidant en Allemagne

La nouvelle loi sur la nationalité a instauré un « droit du sol ». Tout enfant de parents non-allemands obtient désormais automatiquement à sa naissance la nationalité allemande si au moment de la naissance :
– l'un de ses deux parents réside de façon habituelle et légale en Allemagne depuis au moins huit ans et dispose d'un droit de séjour permanent (Aufenthaltsberechtigung) ;
– ou si l'un des deux parents possède, depuis au moins trois ans, un permis de séjour à durée indéterminée (unbefristete Aufenthaltsgenehmigung).

Formalités : naissance, mariage, papiers d'identité, nationalité et élections

L'enfant acquiert la plupart du temps également la nationalité de ses parents. Entre 18 et 23 ans, il devra choisir quelle nationalité il conserve, si la deuxième nationalité n'est pas celle d'un pays de l'Union européenne. Pour les Français (et ceux qui ont la nationalité d'un État membre de l'Union européenne ou la nationalité suisse), il est possible de conserver les deux nationalités.

B. Par la vie en couple

Après deux ans de vie commune, le conjoint étranger d'un ressortissant allemand peut être naturalisé. C'est un droit qui ne peut être refusé que dans des cas exceptionnels. Le conjoint demandeur doit en principe justifier d'un séjour de trois ans en Allemagne, de connaissances suffisantes de la langue et justifier de son assimilation à la vie allemande.

Pour les Français (et ceux qui ont la nationalité d'un État membre de l'Union européenne ou la nationalité suisse), il est possible de conserver sa nationalité d'origine.

C. Vivre en Allemagne depuis 8 ans

Désormais, si vous résidez de manière régulière et légale pendant huit ans en Allemagne (au lieu de 15 ans auparavant), vous pouvez demander la nationalité allemande. Vous devez au moment de la demande accepter notamment les principes de la constitution allemande (Grundgesetz), présenter un casier judiciaire vierge, pouvoir garantir que vous disposez de moyens de subsistance, attester de connaissances suffisantes en allemand et passer un test de connaissance sur l'histoire et le système politique du pays.

Pour les Français (et ceux qui ont la nationalité d'un État membre de l'Union européenne ou la nationalité suisse), il est possible de conserver sa nationalité d'origine.

> **Pourquoi demander la nationalité allemande ?**
>
> Si vous venez d'arriver en Allemagne, la question de changer de nationalité n'est certainement pas une priorité. Par contre, après de nombreuses années dans le pays, et si votre conjoint est allemand, le fait de pouvoir voter ou encore d'être élu peut devenir important.
>
> Les étrangers qui résident en Allemagne et qui sont ressortissants d'un pays de l'Union européenne peuvent voter aux élections locales. Pour voter et être éligible à l'ensemble des élections allemandes, il faut bénéficier de la nationalité allemande.

Formalités pour acquérir la nationalité allemande

La demande de nationalité allemande nécessite plusieurs étapes. Il faut compter au total entre un à deux ans entre le début et la fin de la procédure.

A. La procédure de naturalisation

Pour une demande de naturalisation, vous devez remplir un formulaire et produire un certain nombre de pièces en suivant les instructions des ministères de l'Intérieur des différents Länder (titre de séjour, document d'identité, acte de mariage, attestation de revenu…). Le coût de la procédure est de 255 € au minimum.

Après le dépôt de votre demande de naturalisation, l'administration peut mener des enquêtes complémentaires pour vérifier en particulier la réalité de la vie conjugale et la maîtrise de la langue allemande. Les exigences des Länder à cet égard sont variables.

À qui s'adresser ? L'administration compétente varie d'un Land à l'autre. Le bureau de naturalisation (Aktionsbüro ou Einbürgerung) peut dépendre d'un niveau de compétence du Land appelé arrondissement (Landkreis ou Kreis) ou d'une ville à statut d'arrondissement – ville-arrondissement – (kreisfreie Stadt). L'administration de votre commune peut vous renseigner. Certains Länder ont créé des bureaux de naturalisation au niveau du Land.

> **Où trouver des informations complémentaires ?**
> Consultez le site du bureau de la naturalisation (Aktionsbüro Einbuergerung) en Rhénanie du Nord-Westphalie : *www.einbuergern.de* (site en allemand et anglais).
> NB : Certains des interlocuteurs que vous pouvez joindre au téléphone parlent français.

B. Le test de connaissances pour les étrangers

Depuis le 1er septembre 2008, les personnes qui demandent la naturalisation passent un test (en allemand), appelé « Einbürgerungstest », qui évalue le niveau de connaissance de l'histoire, de la culture, des valeurs et du fonctionnement des institutions de l'Allemagne fédérale.

Formalités : naissance, mariage, papiers d'identité, nationalité et élections

Le candidat doit répondre correctement à au moins 17 des 33 questions choisies au hasard sur un catalogue de 310 questions.

Le test est constitué de 33 questions (en allemand) du style : « Combien de citoyens compte la République fédérale ? », « Quel est le rôle de la police ? », « Pourquoi Willy Brandt s'est-il agenouillé en 1970 devant l'ancien ghetto juif de Varsovie ? », « Quelle est la date de création de la République fédérale d'Allemagne ? », « Quel est l'âge de la majorité en Allemagne ? », « Quel est le rôle de l'opposition au Parlement allemand ? ».

Les frais de participation aux tests sont de 25 €. Il est possible de le passer autant de fois que souhaité.

Des cours de langue et de culture sont organisés pour s'y préparer notamment dans les centres de formation comme « Volkshochschule » ou « Inlingua » (voir chapitre 7).

Il existe un catalogue de questions pour se préparer au test de naturalisation pour les étrangers (« Gesamtkatalog der für den Einbürgerungstest zugelassenen Prüfungsfragen ») sur le site du ministère de l'Intérieur (Bundesministerium des Innern) : *www.bmi.bund.de.*

Lien direct :

www.bmi.bund.de/cae/servlet/contentblob/123028/publicationFile/13216/Einburgerungstest_Allgemein.pdf

Zoom sur la double nationalité franco-allemande

La double nationalité franco-allemande peut s'acquérir à la naissance ou à l'âge adulte.

A. Double nationalité à la naissance

Un enfant qui naît d'un parent allemand et d'un parent français peut avoir les deux nationalités dès lors qu'il est déclaré dans les règles auprès des autorités allemandes et françaises. Il existe cependant des formalités complémentaires si vous n'êtes pas mariés :

– pour les autorités allemandes : si seul le père est Allemand et que le couple n'est pas marié, une reconnaissance de paternité est nécessaire ;
– pour les autorités françaises : en cas d'une naissance hors mariage, il est nécessaire de fournir un acte de reconnaissance paternelle (Vaterschaftsanerkennung).

B. Double nationalité à l'âge adulte

Il est possible d'acquérir la nationalité allemande sans perdre la nationalité française depuis le 22 décembre 2002. Les Français désirant acquérir la nationalité allemande doivent répondre aux mêmes conditions que les citoyens de l'Union européenne résidant en Allemagne :
– 8 ans de vie dans le pays et passage du test de connaissances pour les étrangers ;
– deux ans de vie commune avec un allemand et 3 ans de vie en Allemagne.

Où trouver des informations complémentaires ?

– Auprès du service de l'état civil pour l'Allemagne de l'Ambassade de France à Berlin : www.consulfrance-berlin.org, rubrique « Formalités et services », puis « Nationalités ».
– Sur le portail de l'administration française www.service-public.fr, rubrique « Étranger - Europe », puis « Étrangers en France », puis « Nationalité française », puis « Quel est le régime de la double nationalité ? ».

---

6. Les élections allemandes et françaises

Les possibilités de votes aux élections pour les résidents en Allemagne sont différentes selon votre nationalité et votre mode d'inscription sur les listes électorales pour les élections françaises.

▬ Voter aux élections allemandes

Les ressortissants français qui résident en Allemagne peuvent prendre part à certaines élections allemandes, comme tous les ressortissants de l'Union européenne habitant dans un autre pays de l'UE.

Formalités : naissance, mariage, papiers d'identité, nationalité et élections

Depuis le Traité de Maastricht, tout citoyen de l'Union européenne étant déclaré résident en Allemagne (Anmeldung) depuis au moins 3 mois peut voter dans sa commune de résidence pour les élections des députés européens et les élections municipales.

Dès lors que vous vous êtes déclaré à la commune du lieu où vous résidez, vous recevez les modalités de vote par courrier à votre domicile.

Il faut avoir la nationalité allemande pour voter aux élections nationales, aux élections législatives des députés au Bundestag ou encore aux élections qui désignent les gouvernements des Länder.

Voter aux élections françaises

Vous avez le choix entre plusieurs options pour participer aux élections françaises tout en résidant en Allemagne. Vous pouvez être inscrit sur une liste électorale consulaire et/ou sur une liste électorale en France. Le nombre d'élections auxquelles vous participez et les modalités de vote sont distincts dans ces deux cas.

A. Qui peut participer aux élections françaises ?

La possibilité de participer aux élections dépend de votre inscription sur des listes électorales, consulaires ou dans une commune française :
- **vous n'êtes pas inscrit au registre des Français établis hors de France :** vous ne pouvez pas participer aux scrutins français. Pour être inscrit sur la liste électorale consulaire, il faut être inscrit au registre des Français établis hors de France (voir page 180). La demande doit parvenir avant le dernier jour ouvrable de décembre pour être opérationnelle aux élections de l'année suivante ;
- **vous êtes inscrit au registre des Français établis hors de France :** vous êtes dans ce cas automatiquement inscrit sur la liste électorale consulaire. Vous pouvez voter à l'étranger (dans les consulats) pour l'élection du président de la République, les référendums et pour l'élection de l'Assemblée des Français de l'étranger ;
- **vous êtes inscrit au registre des Français établis hors de France et vous êtes inscrit sur une liste électorale en France :** pour s'inscrire sur une liste électorale en France, vous devez être inscrit au registre

des Français établis hors de France. Le lieu où vous pouvez vous inscrire varie selon que vous avez ou non une résidence en France :
- si vous avez une résidence en France pour laquelle vous êtes imposable, vous êtes inscrit sur la liste électorale de cette commune,
- vous n'avez pas de résidence en France, vous pouvez demander à être inscrit sur la liste électorale de la commune de votre choix, dès lors que vous répondez à l'un des critères suivants (commune de naissance, commune de vos ascendants, commune de votre dernier domicile…).

Vous pouvez voter pour tous les scrutins français ainsi que pour l'élection de l'Assemblée des Français de l'étranger.
À noter : pour les élections présidentielles et les référendums, vous avez la possibilité de voter au choix dans les bureaux de vote des consulats ou dans la commune où vous êtes inscrits, notamment par procuration.

> **Où trouver des informations complémentaires ?**
>
> Sur le site du ministère des Affaires étrangères et européennes : www.diplomatie.gouv.fr, rubrique « Les Français et l'étranger », puis « Vos droits et démarches », puis « Élections ».

B. Modalités de vote

Les modalités de vote ne sont pas les mêmes en fonction du type de scrutin et de votre inscription ou non sur une liste électorale en France.

	Élections présidentielles et référendums	Autres scrutins français	Élections de l'Assemblée des Français de l'étranger
Qui vote ?	Toutes les personnes inscrites sur une liste consulaire et/ou sur une liste électorale en France.	Les personnes inscrites sur une liste électorale en France.	Toutes les personnes inscrites sur une liste consulaire.
Où voter ?	À l'ambassade (ou dans un service consulaire) ou dans la commune dans laquelle vous êtes inscrit (si vous l'êtes).	Dans la commune dans laquelle vous êtes inscrit.	À l'ambassade ou dans un service consulaire. Un vote par correspondance est également proposé.
Vote par procuration	La personne mandatée doit être inscrite sur la même liste électorale que vous, que ce soit une liste électorale consulaire ou une commune française.		

Formalités : naissance, mariage, papiers d'identité, nationalité et élections

Vous trouverez des informations complémentaires sur le site du ministère des Affaires étrangères et européennes : *www.diplomatie.gouv.fr*, rubrique « Les Français et l'étranger », puis « Vos droits et démarches », puis « Élections ».

À noter : pour la première fois en 2012, des élections législatives de députés représentant les Français installés hors de France seront organisées par les services consulaires à l'étranger. C'est une nouvelle disposition de l'article 24 de la Constitution, issue de la révision constitutionnelle du 23 juillet 2008 (plus d'informations sur le site du Sénat à destination des Français installés à l'étranger : *www.expatries.senat.fr*).

L'Assemblée des Français de l'étranger

L'Assemblée des Français de l'étranger (AFE) est une institution créée en 2004 qui succède au Conseil supérieur des Français de l'étranger (CSFE). Sur les 183 membres de l'AFE, 150 des conseillers sont élus par les Français installés hors de France inscrits sur le registre du même nom. Cette assemblée est renouvelée par moitié tous les trois ans (cf. *www.assemblee-afe.fr*). Les prochaines élections pour la zone Europe auront lieu en 2012. Les 150 conseillers élisent ensuite douze sénateurs au Sénat (cf. *www.expatries.senat.fr*).

Lexique
Aktionsbüro Einbuergerung : bureau de naturalisation
Anmeldung : déclaration de domicile
Aufenthaltsberechtigung : droit de séjour permanent
Beglaubigter Ausdruck aus dem Eheregister : copie certifiée conforme à l'original du registre des mariages
Beglaubigter Ausdruck aus dem Geburtenregister : copie certifiée conforme à l'original du registre des naissances
Ehefähigkeitzeugnis : certificat de capacité à mariage
Einbürgerungstest : test de connaissance pour les étrangers demandant la naturalisation
Eingetragene Lebenspartnerschaft : partenariat de vie enregistré
Geburtsurkunde : acte de naissance
Geburtzeit : heure de naissance
Grundgesetz : constitution allemande
Mutterschaftanerkennung : acte de reconnaissance maternelle
Vaterschaftsanerkennung : acte de reconnaissance paternelle
Unbefristete Aufenthaltsgenehmigung : permis de séjour à durée indéterminée

Chapitre 18

Gérer les imprévus

Ce chapitre aborde différentes situations qui peuvent survenir au cours de la vie : accident du travail, chômage, divorce, décès, difficultés financières. Nous vous indiquons les principaux réflexes à avoir et les lieux où trouver des informations sur une situation particulière.

1. Accident du travail

Si vous êtes victime d'un accident du travail ou êtes touché par une maladie professionnelle, il existe en France, comme en Allemagne, une protection plus forte que pour un accident de la vie quotidienne.

Quelle couverture selon votre situation ?

La couverture dont vous disposez en cas d'accident du travail dépend de votre situation professionnelle :
– **vous relevez de l'assurance accident du travail du régime général de sécurité sociale français** si vous êtes détaché ;
– **vous relevez de l'assurance accident du travail obligatoire allemande** si vous êtes :

- expatrié : renseignez-vous également si votre employeur peut avoir souscrit une assurance complémentaire en France auprès de la caisse des Français de l'étranger,
- salarié local, y compris les salariés en mini-job,
- frontalier : il est cependant possible de vous faire soigner en France ;
- stagiaires et apprentis.

L'assurance accident du travail (obligatoire)

Tout salarié d'une entreprise allemande est couvert par l'assurance accidents du travail (Unfallversicherung) que souscrit obligatoirement tout employeur allemand. C'est une cotisation patronale qui est versée quel que soit le montant de votre rémunération, y compris pour les stagiaires et les apprentis. Cette assurance couvre les dommages corporels qui peuvent être causés lors d'accidents du travail, accidents de trajet pour aller travail et en cas de maladies professionnelles.

Adressez-vous aux associations professionnelles de gestion des accidents du travail (Berufsgenossenschaft).

L'employeur doit déclarer l'accident du travail dans un délai de trois jours.

L'assurance accident du travail prend en charge les prestations en nature liées à l'accident du travail (soins médicaux, médicaments, matériel médical, prothèses, soins hospitaliers…) et prévoit des prestations en espèces.

L'assurance incapacité de travail

Si vous ne pouvez plus travailler sur le long terme et avez souscrit à titre individuel une assurance incapacité de travail (*Berufsunfähigkeitsversicherung*), celle-ci vous versera un revenu de substitution. Son montant dépend du contrat que vous avez souscrit.

2. Allocations chômage

Si vous êtes salarié et connaissez une situation de chômage, vous bénéficiez d'allocations chômage dans la majorité des cas. Si vous travaillez en Allemagne, la question est de savoir quelle est la meilleure stratégie à adopter, si vous souhaitez quitter l'Allemagne pour résider en France. Si des facilités existent en cas d'expatriation (maintien d'un lien juridique avec une entreprise française), la situation est plus problématique si vous travaillez sous un contrat local.

▄▄▄▄ Votre couverture selon votre situation

Votre couverture en cas de période de chômage dépend de votre situation professionnelle et du pays dans lequel vous souhaitez vivre.

A. Vous êtes détaché

En tant que détaché, vous ne pouvez pas travailler en Allemagne et être rattaché à l'assurance-chômage française. Si le rattachement des détachés au système français est possible pour la sécurité sociale, il n'existe pas pour l'assurance-chômage pour les détachés dans ces pays de l'Union européenne. Autrement dit, pour l'assurance-chômage française, quelle que soit votre situation vis-à-vis de la sécurité sociale (détachement), vous êtes dans la même situation qu'un expatrié. L'organisme auquel vous devez vous adresser si vous rencontrez une situation de chômage dépend de votre intention de rester ou non en Allemagne, comme pour les expatriés ci-dessous.

B. Vous êtes expatrié

En tant que salarié expatrié en Allemagne (avec un lien juridique avec une entreprise française), vous adhérez au régime d'assurance-chômage allemand. Vous ne pouvez pas adhérer, ni vous ni votre entreprise même de manière volontaire, au régime d'assurance-chômage français dans la mesure où l'Allemagne est un pays de l'Union européenne.

Si vous rencontrez une situation de chômage, votre situation est différente selon que vous souhaitez rester ou non en Allemagne :

– **vous voulez rester en Allemagne :** vous dépendez du régime d'assurance-chômage allemand. Toutes les périodes de travail en Allemagne, en France et dans les pays membres de l'Union européenne sont prises en compte pour le calcul de vos droits. Adressez-vous à l'Agence pour l'emploi (Arbeitsamt) : *www.arbeitsagentur.de* (recherche de l'agence compétente en tapant votre code postal) ;
– **vous voulez rentrer en France :** vous pouvez vous inscrire comme demandeur d'emploi en France auprès de Pôle emploi. Le montant de vos allocations chômage varie selon que vous avez travaillé en France ou non à votre retour. Vos allocations seront plus importantes si vous retravaillez en France avant d'entamer la période de chômage.

C. Vous êtes salarié d'une entreprise allemande

La situation est différente selon que vous souhaitez rester ou non en Allemagne :

– **vous voulez rester en Allemagne :** vous dépendez du régime d'assurance-chômage allemand. Toutes les périodes de travail en Allemagne, en France et dans les pays membres de l'Union européenne sont prises en compte pour le calcul de vos droits. Adressez-vous à l'Agence pour l'emploi (Arbeitsamt) : *www.arbeitsagentur.de* (recherche de l'agence compétente en tapant votre code postal) ;
– **vous voulez rentrer en France immédiatement :** si vous vous inscrivez comme demandeur d'emploi au Pôle emploi sans avoir retravaillé en France, vous ne pourrez bénéficier que de l'allocation temporaire d'attente, qui est un minimum social (entre 300 et 350 € par mois) ;
– **vous voulez rentrer en France après avoir été indemnisé en Allemagne :** si vous restez d'abord en Allemagne pendant la première période de chômage, puis rentrez ensuite en France, Pôle emploi pourra vous indemniser pendant 3 mois maximum, sur la base des indications de l'Agence pour l'emploi allemand. Cette dernière devra renseigner le formulaire E 303.

À savoir : vous devez vous inscrire comme demandeur d'emploi en France dans les 7 jours qui suivent la date de votre radiation par l'Agence pour l'emploi en Allemagne.

D. Vous êtes frontalier

Votre situation est différente selon qu'il s'agisse d'un chômage partiel ou total :
- **chômage partiel :** le travailleur frontalier bénéficie des mêmes dispositions que le salarié résidant en Allemagne. Si vous versez vos impôts en France, sachez que le montant de l'allocation pour diminution de salaire (Kurzarbeitergeld) est calculé sur le salaire net comme si vous étiez imposé en Allemagne (l'impôt est prélevé sur le salaire), et non pas sur le salaire net réellement perçu (sur lequel vous payez ensuite des impôts en France). L'allocation chômage est moins élevée du fait de ce calcul ;
- **chômage total :** le travailleur frontalier, bien qu'ayant cotisé au régime d'assurance-chômage allemand, bénéficie des prestations de l'assurance-chômage de son pays de résidence, donc la France en cas de chômage total. Cette disposition concerne tous les frontaliers dès lors qu'ils exercent leur activité en Allemagne et résident en France, quelle que soit la zone d'habitation ou de travail. Bien qu'ayant versé vos cotisations à l'assurance-chômage en Allemagne, vous êtes considéré comme ayant droit de l'assurance-chômage française. Vous devrez faire remplir le formulaire E 301 (cf. *infra*) par l'Agence de l'emploi (Arbeitsamt) en Allemagne, pour faire ensuite valoir vos droits en France. Adressez-vous à l'agence Pôle emploi proche de votre domicile (en France).

> **Où trouver des informations complémentaires ?**
> – Consulter le site de Pôle emploi pour connaître les conditions d'indemnisation : *www.pole-emploi.fr*, rubrique « Droits et démarches », puis « Situations particulières », puis « Travailler en Europe ».
> – Lire le document de référence : Règlement (CEE) n° 1408/71 du Conseil, du 14 juin 1971, relatif à l'application des régimes de sécurité sociale aux travailleurs salariés et à leur famille qui se déplacent à l'intérieur de la Communauté.

Le formulaire E 301

Ce formulaire récapitule les périodes d'assurance ou d'emploi accomplies sur le territoire d'un État membre. Il est établi par l'institution du précédent pays d'emploi, afin de permettre, le cas échéant, à l'institution du nouveau pays d'emploi de tenir compte des périodes accomplies dans l'autre État pour examiner les droits au bénéfice de prestations d'assurance-chômage au regard de sa législation.

L'assurance-chômage en Allemagne

L'assurance-chômage en Allemagne est gérée par l'Agence pour l'emploi (Arbeitsamt). Tous les salariés cotisent et bénéficient de l'assurance-chômage, à l'exception des mini-jobs.

A. Cotisations

La cotisation à l'assurance-chômage versée par les salariés résidant en Allemagne est calculée sur 3 % de leurs revenus mensuels sur un plafond de 5 500 € par mois (66 000 € par an) dans les Länder de l'Ouest et 4 800 € par mois (57 600 € par an) pour les Länder de l'Est (en 2011). 1,4 % est versé par le salarié et 1,4 % par l'employeur. La cotisation est directement prélevée par l'employeur.

B. En cas de chômage total

Dans quel délai s'inscrire ? Vous devez vous inscrire au plus tard trois mois avant la fin de votre contrat de travail. Si vous n'aviez pas connaissance de la fin de votre contrat de travail trois mois avant, vous devez vous inscrire dans les trois jours qui suivent l'annonce de votre fin de contrat de travail.

Quelles sont les conditions pour être indemnisé ? Il faut avoir été affilié à l'assurance-chômage (c'est-à-dire verser des cotisations) pendant une période d'au moins douze mois au cours des deux dernières années.

Quel est le montant des indemnités ? La rémunération des chômeurs est calculée sur 60 % des revenus précédents, 67 % pour les personnes ayant au moins un enfant.

Pendant combien de temps sont-elles versées ? La durée du droit à l'allocation-chômage (Arbeitslosengeld I- (ALG I)) varie en fonction de la durée d'affiliation (période travaillée) et de l'âge de la personne (la durée s'allonge à partir de 50 ans). Elle varie au total entre 6 et

24 mois. Pour continuer à être indemnisé, il est nécessaire de prouver régulièrement les démarches effectuées pour retrouver un emploi.

Au-delà de la première période d'indemnisation, il est possible de bénéficier d'une allocation de solidarité, appelée « Arbeitslosengeld II », dont les dispositions ont été fixées par la loi Hartz IV.

C. Chômage partiel

Une allocation pour diminution de salaire (Kurzarbeitergeld) est versée aux salariés qui subissent une diminution de salaire en cas de réduction d'activité, notamment liée à la conjoncture économique. Des conditions pour en bénéficier existent comme la réduction d'au moins 10 % du salaire et le nombre de salariés de l'entreprise.

> **Où trouver des informations complémentaires ?**
>
> – Consulter le site de l'Agence fédérale pour l'emploi (Arbeitsagentur) : *www.arbeitsagentur.de* (site en allemand) et rechercher l'agence compétente en tapant votre code postal.
> – Le site du Cleiss (centre de liaisons européennes et internationales de sécurité sociale) explique dans le détail le fonctionnement du système de protection sociale allemand : *www.cleiss.fr* (site en français).

3. Divorce (Scheidung)

Sans pouvoir entrer dans le détail des textes ayant trait au divorce, voici quelques informations importantes.

Devant quelle juridiction ?

Plusieurs tribunaux sont compétents pour rendre une décision de divorce, notamment :
– les tribunaux allemands, si c'était la résidence principale du couple ;
– les tribunaux du pays où réside le défenseur ;

– les tribunaux français, si les deux conjoints ont la nationalité française. Si plusieurs tribunaux (en respectant les règles de compétence) sont saisis, c'est le premier tribunal saisi qui est considéré comme compétent.

> **Impôts et divorce**
>
> Lorsqu'un couple se sépare, il est toujours considéré comme marié par les impôts jusqu'à ce que le divorce soit prononcé. Si un couple séparé (non divorcé) reprend la vie commune, il reste considéré comme marié.
> À savoir : les frais de divorce (avocats et justice) ne sont pas déductibles de l'impôt sur le revenu.

Le divorce en droit français

Si le divorce est prononcé par un juge allemand, vous devez ensuite le faire reconnaître par la justice française comme l'indique le site de l'ambassade d'Allemagne : « en application du droit français, aussi longtemps que le divorce allemand n'a pas fait l'objet d'une procédure auprès du procureur de la République, vous êtes considéré comme marié et ne pouvez prétendre vous remarier ».

Si vous êtes marié en Allemagne (ou à l'étranger), vous devez saisir le Procureur du Tribunal de grande instance de Nantes (Loire-Atlantique) : Procureur de la République du Tribunal de Grande Instance de Nantes – Service Civil du Parquet – Quai François Mitterrand – 44921 NANTES CEDEX 9.

Si vous êtes marié en France, vous devez saisir le Procureur du Tribunal de grande instance du lieu du mariage.

Avance sur la pension alimentaire

Si le parent qui doit verser une pension alimentaire manque à ses obligations, l'autre parent peut solliciter des avances sur les pensions alimentaires (Unterhaltsvorschuss) auprès des autorités allemandes. Cette aide est possible pendant une période maximale de 72 mois et jusqu'aux 12 ans de l'enfant. Son montant est 133 €par mois pour un enfant de moins de 6 ans et 184 € pour un enfant de 6 à 12 ans (montants en 2010).

> **Où trouver des informations complémentaires ?**
> – Adressez-vous à l'administration du Land dans lequel vous résidez.
> – Consulter le site de la fédération des associations de pères et de mères qui élèvent seuls leurs enfants (Verband alleinerziehender Mütter und Väter Bundesverband e.V.) : *www.vamv.de* (site en allemand).

4. Décès (Sterbefall)

Voici quelques informations à connaître en cas de décès de l'un de vos proches.

▬▬ Formalités légales

Le décès doit être déclaré à l'administration de votre commune (Stadtverwaltung) qui vous délivrera un certificat de décès (Totenschein). Les services consulaires français en Allemagne peuvent vous aider en cas de décès d'un de vos proches. Ils peuvent notamment faciliter les démarches pour obtenir des rapports de police ou des rapports médicaux.

▬▬ Transcription de l'acte de décès

Si vous avez besoin d'un certificat de décès en français, ce sont les services consulaires français qui réalisent la transcription de l'acte de décès de l'allemand en français.
Contactez, où que vous habitiez en Allemagne, le service d'état-civil pour l'Allemagne de l'ambassade de France à Berlin : *www.consulfrance-berlin.org*.

▬▬ Déclarations aux assurances

Vous devez transmettre le certificat de décès aux différents organismes auprès desquels la personne décédée était assurée : assurance-maladie (assurance obligatoire), assurance-décès (assurance facultative), assurance-maladie…

À savoir : l'assurance accident du travail obligatoire prévoit une indemnité de décès complémentaire si le salarié décède suite à un accident du travail (voir page 300).

Pensions

Le régime d'assurance retraite allemand prévoit des pensions en cas de décès d'une personne cotisant à ce régime :
– **pension de veuf ou de veuve :** le conjoint survivant (non remarié) peut bénéficier d'une pension, si le conjoint décédé a cotisé pendant plus de 5 ans. Les personnes liées par un pacte de solidarité officiellement enregistré (en France ou en Allemagne) peuvent également en bénéficier ;
– **pension d'orphelin :** une pension est versée également jusqu'aux 18 ans de l'enfant, et jusqu'à ses 27 ans s'il poursuit notamment une formation ;
– **pension d'éducation :** le conjoint divorcé non remarié peut bénéficier d'une pension d'éducation s'il élève seul ses enfants et a lui-même cotisé à l'assurance invalidité-vieillesse. Les personnes qui vivaient dans le cadre d'un concubinage enregistré y ont également droit.

> **Où trouver des informations complémentaires ?**
> Le site de l'assurance pension allemande (Deutsche Rentenversicherung Bund) propose des informations en français sur le sujet : www.deutsche-rentenversicherung.de (site en français), rubrique « Les prestations ».

5. Difficultés financières

Si vous rencontrez des difficultés financières, vous pouvez solliciter des aides spécifiques du système allemand. Vous pouvez également prendre contact avec les services consulaires français qui peuvent vous orienter vers des associations d'aide aux Français en difficultés.

Aides du système allemand

L'aide sociale (Sozialhilfe) allemande prévoit différents types d'aides en cas de difficultés financières. Ces aides sont accessibles aux résidents en Allemagne quelle que soit leur nationalité. Il est cependant souvent demandé d'avoir travaillé en Allemagne pour en bénéficier. Le droit de séjour n'est accordé qu'aux personnes pouvant subvenir à leurs besoins. Par contre, vous pouvez y avoir droit si votre situation en Allemagne évolue.

Il existe par exemple une majoration pour enfants (Kinderzuschlag) qui peut être attribuée aux parents qui ont des enfants de moins de 25 ans vivant sous leur toit, en fonction de critères de ressources.

Il faut s'adresser à la caisse de prestations familiales (Familienkasse) au sein de l'agence pour l'emploi (Arbeitsamt), proche de votre domicile. Tapez votre code postal (Postleitzahl) sur la page d'accueil du site : *www.arbeitsagentur.de*.

> **Où trouver des informations complémentaires ?**
> – Consulter la brochure « La protection sociale en Allemagne » éditée en français par le ministère de l'Emploi et des affaires sociales (Bundesministerium für Arbeit und Soziales) : *www.bmas.de*. Dans le moteur de recherche, taper « protection sociale ».
> – Consulter le site du ministère fédéral de la Famille, des Seniors, des Femmes et des Jeunes (Bundesministerium für Familie, Senioren, Frauen und Jugend) : *www.familien-wegweiser.de* (site en allemand).

Aide aux Français en difficultés

Vous pouvez contacter, par l'intermédiaire des services consulaires de France en Allemagne, des associations d'aide aux Français en difficultés, comme par exemple :
La Société philanthropique en Rhénanie du Nord-Westphalie
Contact : Anne-Marie Klopp au 0211/9486309 ou anne-marie-klopp@t-online.de.

> **Lexique**
> **Arbeitslosengeld I** : allocation-chômage pendant la première période de chômage
> **Arbeitslosengeld II** : allocation-chômage pendant la deuxième période de chômage. On parle aussi d'allocations de solidarité, fixée par la loi Hartz IV
> **Arbeitslosigkeit** : chômage, situation de perte d'emploi
> **Arbeitsamt** : agence pour l'emploi
> **Berufsgenossenschaft** : association professionnelle de gestion des accidents du travail
> **Berufskrankheit** : prestations pour maladie professionnelle
> **Berufsunfähigkeitsversicherung** : assurance incapacité de travail
> **Kurzarbeitergeld** : allocation pour diminution de salaire, appelé aussi chômage partiel
> **Verletztengeld** : allocation pour incapacité
> **Teilhabe am Arbeitsleben** : prestations pour la réinsertion dans la vie professionnelle
> **Übergangsgeld** : allocation de transition
> **Verletztenrente** : pension d'invalidité

Chapitre 19

Vie quotidienne

Vous trouverez dans ce chapitre des informations sur la vie quotidienne en Allemagne afin de pouvoir vous repérer dans ce nouvel environnement et vous intégrer dans la vie allemande, tout en conservant des liens avec la France, notamment grâce aux médias.

1. Les médias français et allemands

Nous vous donnons ici des informations élémentaires sur la presse française en Allemagne et sur la presse allemande.

Médias et livres français en Allemagne

Internet ne remplaçant pas toujours la lecture des livres et revues en main propre, il est possible d'acheter ou de recevoir la presse française en Allemagne ou de la consulter dans les bibliothèques du réseau des instituts français :
– **la presse française dans les kiosques allemands :** les principaux quotidiens français et plusieurs hebdomadaires sont disponibles dans quelques kiosques des centres-villes allemands, dans les grandes gares et dans les aéroports ;

- **la presse française sur abonnement :** si vous souhaitez vous abonner à des journaux ou des magazines français en les recevant en Allemagne, vous pouvez contacter directement les supports qui proposent un tarif spécial pour l'étranger ou utiliser des sites (*www.unipresse.fr* et *www.viapresse.com*) spécialisés dans l'abonnement international ;
- **les bibliothèques françaises :** il existe des médiathèques françaises (presse, livres, CD, DVD…) dans la majorité des instituts français, centres culturels franco-allemands et antennes culturelles basés en Allemagne. La consultation des documents est gratuite. Leur emprunt nécessite une adhésion annuelle.

> **Où trouver des informations complémentaires ?**
>
> – Le réseau des instituts français est présent à : Berlin, Brême, Cologne, Dresde, Düsseldorf, Hambourg, Leipzig, Mayence, Munich, Stuttgart, Bonn, Erlangen, Essen, Fribourg, Rostock, Tübingen.
> – Toutes les coordonnées des médiathèques sont disponibles sur le site du réseau culturel français en Allemagne : *www.institut-francais.fr*, rubrique « Médiathèque ».

Médias francophones et multilingues en Allemagne

Il existe plusieurs médias plurilingues qui proposent des informations en français, en allemand, voire dans d'autres langues. Ce sont des sources d'informations intéressantes et un moyen de progresser en langue allemande en s'intéressant à l'actualité du pays :
- la Deutsche Welle : *www.dw-world.de*
  Langues : français, allemand, anglais…
  Les reportages (articles, audios et vidéos) sont réalisés par des rédactions qui travaillent dans de nombreuses langues différentes, dont l'allemand et le français.
- Arte : *www.arte.tv*
  Langues : français et allemand
  Informations sur la chaîne Arte et Web magazine

Vie quotidienne

- Le petit journal : *www.lepetitjournal.com*
  Langue : français
  Quotidien électronique gratuit francophone présent dans de nombreux pays étrangers. Il existe en Allemagne des éditions à Berlin, Hambourg et Cologne.
- La gazette de Berlin : *www.lagazettedeberlin.de*
  Langue : articles en français et quelques articles en allemand
  Journal francophone en Allemagne
- Paris Berlin : *www.magazine-paris-berlin.com*
  Langue : articles en français et articles en allemand
  Magazine mensuel en français et en allemand sur l'actualité des deux pays
- Deutschland : *www.magazine-deutschland.de*
  Langues : une version entièrement en français, l'autre entièrement en allemand
  Bimestriel édité en français et en allemand par l'éditeur Societäts-Verlagen en coopération avec le ministère des Affaires étrangères allemand.
- Rencontres : *www.rencontres.de*
  Langues : articles en français et en allemand
  Revue associative franco-allemande gratuite proposant des articles sur les thèmes suivants : politique, économie, société, histoire, culture…
- Le Cidal (centre d'informations et de documentation sur l'Allemagne) : *www.cidal.diplo.de*
  Langue : Français
  Actualités sur l'Allemagne en français. Possibilité de s'abonner gratuitement par mail.
  Rubrique : Actualité
- Revue de la presse allemande en français : *www.botschaft-frankreich.de*
  Langues : français et allemand
  L'Ambassade de France en Allemagne réalise chaque semaine une revue de presse de la presse allemande (en français) et une revue de presse de la presse française (en allemand).
  Rubrique « Espace presse » puis « Revue de presse »
- Revue Documents : *www.dokumente-documents.info*
  La revue du dialogue franco-allemand « Documents » en français et son alter ego « Dokumente » en Allemagne.

La presse allemande

De nombreux quotidiens qui comptent en Allemagne ne sont pas tous conçus à Berlin, mais dans toutes les grandes villes allemandes. Il y a par ailleurs dans chaque ville ou région plusieurs journaux concurrents.

A. Quotidiens régionaux d'envergure nationale

La presse allemande d'envergure nationale est composée en partie de quotidiens régionaux qui ont une audience nationale (Überregionale Tageszeitungen) :
– Süddeutsche Zeitung : *www.sueddeutsche.de*
– Frankfurter Allgemeine Zeitung (FAZ) : *www.faz.net*
– Frankfurter Rundschau : *www.fr-online.de*
– Die Welt : *www.welt.de*
– Die Bildzeitung (Bild) : *www.bild.de*
– Handelsblatt : *www.handelsblatt.com*
– Financial Times Deutschland : *www.ftd.de*
– Die Tageszeitung (TAZ) : *www.taz.de*

B. Quotidiens locaux

Il existe dans chaque grande ville plusieurs quotidiens régionaux ou locaux (Lokale Tageszeitungen).
Exemple à Düsseldorf :
– West Deutsche Zeitung : *www.wz-newsline.de*
– Rheinische Post : *www.rp-online.de*
– Neue Rhein Zeitung : *www.derwesten.de*
– West Deutsche Allgemeine (WAZ) : *www.derwesten.de*

C. Presse hebdomadaire

Quatre magazines hebdomadaires (Wochenzeitungen) généralistes sont particulièrement lus en Allemagne :
– Focus : *www.focus.de*
– Stern : *www.stern.de*
– Der Spiegel : *www.spiegel.de*
– Die Zeit : *www.zeit.de*

> **La culture allemande expliquée en français**
>
> Le portail collaboratif « Allemagne au Max » présente l'Allemagne et la culture allemande : musique, télévision, cinéma, sport, livres, fêtes, curiosités, cuisine, histoire...
> Vous pouvez consulter des fiches ou participer à des forums de discussion
> Pour en savoir plus : www.allemagne-au-max.com

2. Les transports

Sans pouvoir être exhaustif, voici des informations sur les modes de transport en Allemagne et entre la France et l'Allemagne.

Autoroutes

Les autoroutes sont gratuites en Allemagne. La vitesse est limitée sur de nombreuses portions d'autoroutes. Elle est non-limitée sur certaines portions, cependant la vitesse conseillée est de 130 km/heure.

Transports en communs

Les réseaux des transports en commun sont généralement de très bonne qualité en Allemagne. Il est facile de se passer d'une voiture pour les déplacements à l'intérieur des villes. Les connexions entre centres-villes sont également très aisées.
Vous rencontrerez principalement comme modes de transports :
– der Bus : c'est l'équivalent du bus ;
– die StrassenBahn ou die Bahn : c'est le tramway qui a des arrêts très fréquents ;
– die U-Bahn : c'est le métro, mais il n'est pas toujours sous-terre ;
– die S-bahn : c'est l'équivalent d'un train de banlieue, comme le RER parisien, que l'on trouve dans plusieurs grandes villes. Ses stations sont relativement espacées ;

– der Zug : le train qui peut être de différente catégorie :
  • les trains « RE » : ce sont des trains « Regionalexpress », l'équivalent des TER (trains express régionaux) en France,
  • les trains « IC » (InterCity) : ce sont des trains grandes lignes, correspondant au Corail,
  • les trains « ICE » (Inter City Express) : ce sont les trains les plus rapides, équivalent du TGV en France (bien qu'un peu moins rapides).

Pour un court trajet entre deux villes proches, prendre un train « IC » ou « ICE » vous reviendra plus cher que de prendre un train régional.

Réductions pour le train

Si vous utilisez régulièrement ou très régulièrement le train, des réductions existent. Il existe plusieurs types de carte ferroviaire (BahnCard) selon votre fréquence d'utilisation.

Vous pouvez trouver des explications en français sur ce sujet : *www.bahn.de* (site en français), rubrique « BahnCard ».

Billets de trains

Adressez-vous au bon interlocuteur pour réserver vos billets de train et surtout vous faire livrer vos billets de train en Allemagne :

– DB (Deutsche Bahn) : *www.bahn.de* (site proposé en français). Vous pouvez réserver et payer en ligne les billets de train pour un trajet interne à l'Allemagne, les trajets reliant l'Allemagne aux pays limitrophes, dont la France, et certains billets en France (mais sans les tarifs réduits de la SNCF).
Pour un trajet en France, vous devez vous rendre dans une agence DB (Deutsche Bahn) ;

– TGV Europe : *www.tgv-europe.de* (site en allemand). Sur ce site réalisé par la SNCF à destination des Allemands, il est possible de réserver et payer des billets de train (Thalys, TGV, Eurostar, TGV & ICE d'Allemagne vers la France, Corail, TER) et de se les faire livrer gratuitement en Allemagne ;

– SNCF France : *www.voyages-sncf.com* (site en français). Vous pouvez réserver (et payer) vos billets SNCF, mais ne pourrez pas vous les

faire livrer en Allemagne. À noter : vous pouvez réserver les billets électroniques (idTGV notamment) qui ne nécessitent pas d'envoi postal. Il est possible de retirer les billets SNCF réservés sur ce site à la boutique SNCF Rail Europe de Cologne (avec des frais de dossiers supplémentaires). Contact : verkauf@raileurope.com ;
– Thalys : *www.thalys.com* (site en français et en allemand). Vous pouvez réserver des billets entre les villes de Paris et Cologne (notamment) et vous les faire livrer en Allemagne. Il existe également un système de carte électronique qui permet de réserver un billet de manière entièrement électronique sans vous faire envoyer de billets. Vous n'avez qu'à présenter une carte dédiée à votre montée dans le train.

> **Tour d'Europe ou Tour d'Allemagne**
>
> Si vous planifiez de faire un tour d'Europe, les billets « Inter rail Global Pass » proposent des tarifs très avantageux. Il est possible de se faire livrer le Pass gratuitement dans 20 pays d'Europe dont la France et l'Allemagne. Un pass spécifique (One Country Pass) pour visiter toute l'Allemagne est également proposé à des tarifs très avantageux, mais uniquement pour les non-résidents en Allemagne. Informations et commande en ligne : *www.interrailnet.com* (site en français).

Trajets nationaux en bus

Plusieurs compagnies desservent l'Allemagne et l'Europe pour des trajets en bus aux tarifs assez bas :
www.berlinlinienbus.de
www.eurolines.fr
www.gullivers.de

Trajets en avion

Les liaisons entre les villes françaises et allemandes sont très nombreuses. Parmi les principales compagnies desservant la France et l'Allemagne :
www.airfrance.fr
www.lufthansa.com
www.airberlin.com
www.easyjet.com
www.klm.com
www.aua.com

www.swiss.com
www.britishairways.com
www.brusselsairlines.com
www.luxair.lu
Voici également quelques comparateurs de tarifs :
www.liligo.fr
www.alibabuy.com
www.edreams.fr

▬ Covoiturage

Il existe de nombreux site de covoiturage (Mitfahr(er)zentrale), le principal étant le site : *http://mitfahrclub.adac.de* (site en allemand). Pour un trajet entre l'Allemagne et la France, cliquez sur « Ausland ».

3. Jours fériés et vacances scolaires en Allemagne

Pour les jours fériés, comme pour les vacances scolaires, si certaines règles sont communes à tous les Länder, d'autres sont fixées au niveau de chaque Land.

▬ Les jours fériés en fonction des Länder

Certains jours fériés (Feiertag(e)) sont fériés au niveau fédéral et d'autres au niveau des Länder. Certains jours fériés sont à date fixe (nous vous indiquons dans ce cas la date), d'autres sont établis pour chaque année.

Pour connaître les dates des jours fériés de l'année en cours, consultez le portail de l'Allemagne : *www.deutschland.de* (site en français), rubrique « Coup d'oeil sur l'Allemagne / Plus de faits », puis « Vacances scolaires ».

Janvier	1ᵉʳ janvier : Nouvel an 6 janvier : Épiphanie (en Bade-Wurtemberg, Bavière et Saxe-Anhalt)
Avril	Vendredi saint (avant Pâques) Lundi de Pâques
Mai	1ᵉʳ mai : Fête du travail L'Ascension
Juin	Lundi de Pentecôte 11 juin : Fête-Dieu (en Bade-Wurtemberg, en Bavière, en Hesse, en Rhénanie-du-Nord-Westphalie, en Rhénanie-Palatinat, dans la Sarre, ainsi qu'en Saxe et en Thuringe dans des communes dont la majorité de la population est catholique)
Août	15 août : Assomption en Bavière (dans des communes dont la majorité de la population est catholique) et dans la Sarre
Octobre	3 octobre : Fête Nationale célébrant le jour de la réunification allemande (1990) 18 octobre : Buß und Bettag (en Saxe) (jour férié protestant) 31 octobre : jour de la Réforme (fête protestante) (au Brandebourg, dans le Mecklembourg-Poméranie-Occidentale, en Saxe-Anhalt ainsi qu'en Saxe et en Thuringe)
Novembre	1ᵉʳ novembre : la Toussaint (au Bade-Wurtemberg, en Bavière, en Rhénanie-du-Nord-Westphalie, en Rhénanie-Palatinat, dans la Sarre) Jour de jeûne et de prière (Saxe)
Décembre	25 et 26 décembre : Noël

▰▰▰ Les vacances scolaires

Les dates des vacances scolaires sont fixées par chaque Land. Tous les Länder ont des vacances de Pâques (dites de printemps), d'été, d'automne et de Noël. Les vacances d'hiver (en février) n'existent pas dans tous les Länder. Certains Länder ont une semaine de vacances au moment de l'Ascension en mai. Les vacances d'été durent environ un mois et demi et s'étalent selon les Länder de fin juin à mi-septembre (consulter le portail de l'Allemagne : *www.deutschland.de* (site en français), rubrique « Coup d'oeil sur l'Allemagne / Plus de faits », puis « Vacances scolaires »).

4. Téléphoner

Cela paraît rapidement évident après quelques semaines dans le pays mais, au départ, le bon usage des numéros de téléphone en Allemagne et entre les deux pays demande quelques éclaircissements.

Téléphoner de l'Allemagne vers l'Allemagne

Si vous appelez d'une région à une autre, vous devez obligatoirement taper le numéro en entier. Par exemple : 0 211 87 63 69 XX.

Si vous appelez un numéro dans une ville où vous-même habitez, vous n'êtes pas obligé de taper le zéro et les trois premiers chiffres, qui sont le numéro de la ville ou de la région (Vorwahl). Vous tapez seulement : 87 63 69 XX si vous appelez de la même ville.

Le numéro complet (0 211 87 63 69 XX) marche aussi si vous appelez un numéro dans une ville en appelant de la même ville. Par contre, si l'on vous communique un numéro court sans le numéro de la ville et que vous n'appelez pas de cette ville, vous devez rajouter le zéro et le numéro de la ville (trois chiffres), appelé « Vorwahl ».

À noter : les numéros d'urgences en Allemagne :
– police : composez le 110 ;
– secours médicaux et pompiers : composez le 112.

Où trouver des informations complémentaires ?

– Vous pouvez retrouver le numéro d'une ville (Vorwahl) où vous voulez appeler grâce au site : www.vorwahl.de
– Pages jaunes allemandes pour les professionnels : www.gelbeseiten.de
– Pages blanches allemandes pour les particuliers : www.telefonbuch.de

---

Téléphoner de l'Allemagne vers la France

Pour appeler de l'Allemagne vers la France, vous devez taper : 00 33 puis le numéro français en enlevant le 0 au début. Par exemple : 00 33 1 56 97 12 25 XX (pour le numéro : 01 56 97 12 25 XX).

Téléphoner de la France vers l'Allemagne

Pour appeler de la France vers l'Allemagne, vous devez taper : 00 49 puis numéro allemand en enlevant le 0. Soit par exemple : 00 49 211 87 63 69 XX (pour le numéro : 0 211 87 63 69 XX).

Si vous n'arrivez pas appeler un numéro allemand composé de seulement 6 ou 8 chiffres, c'est qu'il manque le numéro de la ville (Vorwahl), que vous pouvez retrouver sur le site : *www.vorwahl.de*.

5. Courriers

Le tarif pour l'envoi d'un courrier simple en Allemagne est de 0,55 €(en 2010).
Le tarif pour l'envoi d'un courrier simple d'Allemagne en France est de 0,70 € (en 2010).
Le tarif des envois varie en fonction du poids du courrier et de la taille des enveloppes. Une enveloppe de format (A5), la moitié d'une feuille A4 a un tarif supérieur à une enveloppe simple.

> **Où trouver des informations complémentaires ?**
> – Consulter le site de la Deutsche Post : *www.deutschepost.de* (site en allemand et en anglais).
> – Pour trouver un numéro de code postal (PLZ) en Allemagne : *www.postdirekt.de/plzserver/*.

6. Trier ses déchets

Le système de tri des déchets (Mülltrennung) est harmonisé pour l'ensemble de l'Allemagne. Il existe des contrôles et des amendes, si le tri est mal réalisé.
Malgré quelques différences sur la forme des contenants, le code couleur est partout le suivant :
– dans votre habitation :
- la poubelle marron : les matières organiques (légumes, fruits, café…),
- la poubelle jaune : tous les emballages qui portent un point vert (constitué de trois flèches), ce qui indique qu'ils sont recyclables (en dehors des papiers, cartons et verres),
- la poubelle noire ou grise : ce qui reste ;

– dans votre habitation ou dans des containers dans la rue :
- les papiers et les cartons : dans une poubelle bleue ou dans des containers dédiés, installés dans les rues,
- les verres : dans une poubelle verte ou dans des containers dédiés, installés dans les rues. Les verres sont souvent à trier selon leur couleur (blanc, vert ou marron).

> **Consignes sur les bouteilles en verre et en plastique**
>
> Les bouteilles en verre et en plastique sur lesquelles est imprimé un logo noir (une cannette et une bouteille accompagnée d'une flèche) peuvent être ramenées dans les magasins et échangées contre une petite somme d'argent (autour de 0,15 centime d'euros). Lorsque vous achetez une bouteille à l'unité, les prix sont affichés sans la consigne (ohne Pfand). Par contre, au moment de payer, on vous annonce le prix avec la consigne (mit Pfand). La boutique ou le stand où vous avez acheté la bouteille vous rend le montant de la consigne en échange de la bouteille vide.

7. Échange de services et d'objets

Les systèmes d'échanges et de dons permettent de se débarrasser d'objets inutiles et de rencontrer des personnes en échangeant de menus services.

Le système d'échange local

Les SEL (système d'échange local) sont appelés cercles d'échange (Tauschring(e)/Tauschkreis(e)) en Allemagne. Ces réseaux permettent d'échanger des services et des compétences sans échange d'argent. C'est un bon moyen de s'intégrer et de faire des connaissances dans son quartier et sa ville. En tant que Français, la conversation française est toujours très appréciée comme service.

Vous pouvez regarder sur ce site dédié s'il existe un système d'échange local dans votre ville ou à proximité, à partir de la liste des codes postales : *www.tauschring.de* (site en allemand), rubrique « Adressen ».

VIE QUOTIDIENNE

▬▬ Dons d'objets inutiles

Le réseau « Freecycle » regroupe des personnes qui offrent (et récupèrent) des objets gratuitement dans la ville où ils habitent (et aux alentours). Via une liste de discussion sur Internet, les groupes « Freecycle » mettent en relation des personnes qui souhaitent se débarrasser d'objets qui les encombrent avec des personnes qui en ont besoin.

Vous pouvez consulter le site de Freecycle dans le monde : *www.freecycle.org* (site en anglais).

Freecycle en Allemagne : *http://de.freecycle.org* (site en allemand).

Freecycle en France : *http://fr.freecycle.org* (site en français).

Chapitre 20

Attendre un enfant, congés et allocations

Attendre un enfant en Allemagne amène à se pencher en détail sur plusieurs aspects du système allemand : congé maternité, suivi de la grossesse, accouchement, formalités à la naissance, congé parental…

Si certaines de ces étapes peuvent être difficiles à réaliser dans une langue autre que sa langue maternelle, c'est aussi l'occasion de rencontres et d'échanges très riches avec les autres parents ou futurs parents.

1. Congé et allocation maternité (femmes qui travaillent)

Les femmes qui travaillent bénéficient d'un congé de maternité (Mutterschaft), assorti pour les salariées d'une allocation pour congé de maternité (Mutterschaftsgeld).

Les femmes qui ne travaillent pas ne bénéficient pas d'allocation pour congé de maternité, mais peuvent bénéficier d'une allocation de congé parental (Elterngeld) après la naissance de l'enfant (cf. *supra*).

Prévenir l'employeur de la grossesse

Même si vous n'y êtes pas contrainte par un texte juridique, vous avez intérêt à prévenir votre employeur assez tôt de votre grossesse. Cela vous permet de bénéficier des différentes mesures de protection de la femme enceinte (interdiction de travail de nuit, le dimanche et les jours fériés, interdiction de licenciement…).

Le congé maternité (Mutterschaft)

Les femmes salariées en Allemagne, y compris les apprenties et les stagiaires (quand le stage n'a pas lieu dans le cadre des études) ont le droit de prendre un congé de maternité pour la fin de la période de grossesse et la période post-natale. Ce congé est composé de 14 semaines, 6 semaines avant l'accouchement (la salariée a la possibilité d'y renoncer ou de l'écourter) et 8 semaines après l'accouchement (ce congé est obligatoire). Pour en bénéficier, vous devez présenter un certificat médical à votre employeur.

L'allocation pour congé de maternité (Mutterschaftsgeld)

Si vous êtes salariée en Allemagne, y compris en tant qu'apprentie ou stagiaire (quand le stage n'a pas lieu dans le cadre des études), vous pouvez percevoir une allocation de congé maternité pendant les 14 semaines du congé de maternité. La prise en charge est différente selon que la femme est assurée auprès d'une caisse publique ou d'une caisse privée.
Que vous soyez assurée privée ou publique, les conventions collectives (Tarifverträge) peuvent prévoir d'autres compléments de salaire ou primes en cas de maternité.

A. Assurée publique

En tant que salariée et adhérente à une caisse d'assurance-maladie publique, vous percevez 13 € par jour (en 2010) pendant la durée du congé maternité (et pendant une période plus importante en cas d'accouchement prématuré).

L'employeur vous verse la différence entre votre rémunération nette moyenne et la somme de 13 € par jour. Vous n'avez donc pas de baisse de revenus pendant cette période.

À noter que, si vous adoptez un enfant, vous ne pouvez pas bénéficier de l'allocation congé maternité (sauf disposition spécifique au Land). Vous pouvez cependant bénéficier d'un congé parental (voir ci-dessous « le congé parental »).

Si vous êtes en congé parental pour un premier enfant pendant une seconde grossesse, vous ne pouvez pas bénéficier de l'allocation congé maternité.

B. Assurée privée

Si vous êtes assurée auprès d'une caisse d'assurance-maladie privée, le montant des indemnités journalières versées par la caisse dépend du contrat que vous avez signé. Votre employeur a cependant l'obligation de maintenir votre salaire pendant la période de votre congé de maternité.

Le site Infobest propose des informations actualisées sur ces questions : *www.infobest.eu*.

Aide financière

Si vous êtes enceinte et exercez une activité professionnelle sans être adhérente à une caisse d'assurance-maladie publique, vous pouvez bénéficier d'une allocation maternité d'un montant maximal de 210 € (en 2010). Elle vient en déduction du salaire versé par l'employeur pendant le congé de maternité.

Pour plus d'informations :
Bundesversicherungsamt
Office fédéral des assurances sociales
Friedrich-Ebert-Allee 38
53113 Bonn
Tél. : 02 28/619 - 0
poststelle@bundesversicherungsamt.de
www.bundesversicherungsamt.de (pages en français)

2. Le suivi de la grossesse et la préparation de la naissance

Il existe quelques différences entre les systèmes d'accompagnement de la grossesse en France et en Allemagne. Le nombre d'examens pré-nataux obligatoires est moins élevé qu'en France.

Le suivi de la grossesse

Comme en France, le suivi pendant la grossesse est assuré par un gynécologue (Frauenartz) et/ou une sage-femme (Hebamme). Vous aurez en moyenne une visite chaque mois de grossesse. Trois échographies sont prévues pour les grossesses sans complication.

Le plus souvent, tous les examens (échographie, analyse de sang et d'urine…) se font au cabinet du gynécologue ou dans celui de la sage-femme. Les cabinets médicaux sont équipés d'un grand nombre d'appareils d'examens et il n'est souvent pas nécessaire d'aller dans un autre lieu.

Si vous êtes assurée par une caisse d'assurance-maladie privée, on vous proposera davantage d'examens qu'aux femmes assurées publiques. Explication : les professionnels médicaux sont rémunérés à l'acte pour les assurés privés, mais au forfait pour les assurés publics.

Si vous êtes assurée publique, vous pouvez demander, en les finançant vous-même, ces examens complémentaires, non pris en charge par les caisses d'assurance-maladie publique.

Si vous avez choisi un suivi médical par un gynécologue, vous pouvez en plus vous faire accompagner avant et après la naissance par une sage-femme (Hebamme). Cet accompagnement est très souvent pris en charge par les caisses d'assurance-maladie publiques ou privées. L'accompagnement peut se poursuivre jusqu'à la fin de l'allaitement.

> **Où trouver des informations complémentaires ?**
> – Réseau des gynécologues : *www.frauenaerzte-im-netz.de*
>   Le site propose une recherche de gynécologue en cliquant sur « Artzsuche ».
> – Réseau des sages-femmes : *www.hebammensuche.de*
>   Vous pouvez obtenir la liste des sages-femmes (Hebammen) à proximité de votre domicile en entrant votre code postal (PLZ). Il est précisé dans le commentaire (Sonstiges) lorsqu'elle parle le français ou l'anglais.
> – Vous pouvez trouver sur les sites Internet des services consulaires français en Allemagne une liste de médecins francophones, parmi lesquels se trouvent des gynécologues.
> – Vous pouvez également prendre contact avec les associations de Français en Allemagne, afin de leur demander des informations sur les praticiens francophones dans votre ville.

Choisir une maternité ou une maison de naissance

En Allemagne, vous pouvez accoucher dans une maternité (Entbindungsstation) qui est très souvent le service d'un grand hôpital ou bien dans une maison de naissance (Geburtshaus).

Pour choisir l'établissement, vous pouvez en premier lieu demander l'avis de votre gynécologue ou de votre sage-femme. Si ce dernier peut être rattaché à une maternité, vous devrez choisir cet établissement pour être accompagné par lui lors de la naissance. Si vous voulez accoucher dans une clinique particulière, demander à celle-ci les coordonnées des gynécologues et sage-femmes avec lesquels elle travaille.

L'accouchement dans une maison de naissance est assuré par des sages-femmes. À savoir : la prise en charge financière de l'accouchement peut être différente dans ce cas. Consultez votre caisse d'assurance-maladie.

> **Cours de préparation à l'accouchement**
> Comme en France, il est possible de suivre des cours de préparation à l'accouchement (Geburtsvorbereitungskurs). Ils sont proposés par la maternité où vous allez accoucher ou encore par d'autres structures ou praticiens indépendants. Les méthodes sont très variées : piscine, yoga, sophrologie, acupuncture, haptonomie…
> La prise en charge par les caisses d'assurance-maladie du coût de ces cours varie d'une caisse à une autre. Vous devez vous renseigner directement auprès de votre caisse d'assurance-maladie.

3. L'accouchement et le suivi post-grossesse

L'accouchement en Allemagne est moins médicalisé qu'en France. Il est important sur plusieurs points (péridurale, allaitement…) de bien expliquer vos choix aux professionnels qui vous accueillent et vous accompagnent.

La péridurale

Si vous souhaitez bénéficier d'une péridurale (Periduralanästhesie), vous devez l'indiquer dès votre arrivée à la maternité. La péridurale est aussi appelée PDA. Si le nombre de péridurales réalisées pour les accouchements est moins important en Allemagne qu'en France, la possibilité est offerte par toutes les maternités.

L'allaitement

Environ 90 % des femmes allemandes allaitent leur enfant. Ce chiffre bien supérieur à la moyenne française (moins d'une femme sur deux) explique que les équipes médicales allemandes sont très orientées sur l'allaitement :
- **si vous ne souhaitez pas allaiter :** cela ne vous empêche pas de faire votre propre choix, mais ne vous étonnez pas de vous sentir parfois incomprise par les équipes médicales. La délivrance des médicaments pour stopper la montée de lait est beaucoup moins courante qu'en France. Vous devez le demander très explicitement ;
- **si vous souhaitez allaiter :** vous allez normalement vous sentir très soutenue dans votre démarche. Si vous avez des questions sur l'allaitement et n'êtes pas encore assez aguerrie pour les poser en allemand, vous pouvez aussi contacter les associations françaises qui assurent un soutien et une aide par téléphone.

Où trouver des informations complémentaires ?
- La Leche League France : *www.lllfrance.org*
- Société européenne pour le soutien à l'allaitement maternel : *www.allaite.or*

Suivi médical de l'enfant de sa naissance à ses 6 ans

Après la naissance, le pédiatre de l'hôpital réalisera un examen appelé U1. C'est le premier de la liste de 9 examens de santé obligatoires (de U1 à U9) qui vont se dérouler entre sa naissance et l'entrée à l'école (6 ans). Un carnet de santé avec des pages pré-remplies pour ces examens vous sera alors remis ; ce dernier devra être présenté lors des examens suivants. Pour plus d'informations, rendez-vous sur le site *www.ich-geh-zur-u.de* (site en allemand, pages en anglais).

Accompagnement à domicile

Un suivi post-natal à domicile est assuré par les sages-femmes (Hebammen) pendant plusieurs semaines, en parallèle aux visites chez le pédiatre. Ce service est souvent pris en charge par les caisses d'assurance-maladie.

La sage-femme assure les soins nécessaires pour le bébé et répond à toutes vos questions, que ce soit sur le sommeil ou l'alimentation.

4. Formalités liées à la naissance

Après les déclarations officielles de naissance auprès des autorités des deux pays (cf. Chapitre 17), d'autres démarches sont à prévoir après la naissance d'un enfant.

Prévenir son employeur pour un congé parental

Si le père ou la mère souhaite prendre un congé parental, l'employeur doit être prévenu 7 semaines avant la date de départ en congé parental envisagé (cf. *infra* « le congé parental »).

> **Pas de congé de paternité en Allemagne**
>
> Il n'existe pas de congé de paternité en Allemagne. Les conventions collectives (Tarifvertäge) peuvent prévoir d'accorder quelques jours de congés aux jeunes pères.

Contacter sa caisse d'assurance-maladie

Vous devez déclarer l'arrivée de votre enfant à votre caisse d'assurance-maladie. L'impact financier est différent selon que vous êtes assuré public ou privé :
- **assuré public :** si les deux conjoints sont assurés dans le public, l'enfant sera assuré sans payer de cotisations supplémentaires. Envoyez pour cela le certificat de naissance à votre caisse d'assurance-maladie ;
- **assuré privé :** si l'un des deux conjoints est assuré dans le privé, l'enfant doit être assuré dans le privé. Vous verserez une cotisation spécifique pour chaque enfant. Outre un certificat de naissance, vous devez contacter votre caisse d'assurance-maladie pour choisir le montant de la cotisation de l'enfant (en fonction du niveau de la couverture souhaitée).

Les impôts

Vous avez intérêt à faire inscrire rapidement votre enfant sur vos deux cartes d'imposition (Lohnsteurkarte). Vous devez pour cela la retirer auprès du service du personnel de votre entreprise et vous présenter au service dédié de l'administration de votre commune.

Vous n'êtes pas obligé de vous déplacer à deux. Votre conjoint peut réaliser la modification pour vous. Il doit pour cela apporter votre pièce d'identité et une procuration (Vollmacht) que vous aurez signée. Il suffit d'indiquer sur une feuille blanche datée et signée : « Hiermit erteile ich Herrn/Frau XX die Vollmacht, unser Kind YY in meine Lohnsteuerkarte einzutragen », c'est-à-dire « J'autorise Monsieur/Madame XX, à inscrire mon enfant YY sur ma carte d'imposition ».

ATTENDRE UN ENFANT, CONGÉS ET ALLOCATIONS

▬▬▬ Les allocations familiales

Il est possible de percevoir différentes allocations familiales suite à la naissance d'un enfant. Les demandes d'allocations familiales sont à formuler auprès de l'agence pour l'emploi (Arbeitsamt) :
- **Kindergeld (allocation enfant)** : allocation enfant, attribuée à tous les parents jusqu'à la fin des études des enfants, quelles que soient les ressources de la famille et leur situation professionnelle ;
- **Elterngeld (allocation de congé parental)** : allocations pour les parents qui ne travaillent pas l'année suivant la naissance de l'enfant.

5. L'allocation enfant (Kindergeld)

L'allocation enfant (Kindergeld) est un élément important à connaître car, à la différence de la France, cette allocation familiale n'est pas soumise à des conditions de ressources :
- **qui peut percevoir l'allocation enfant ?** Tous les parents d'au moins un enfant résidant en Allemagne, qu'ils travaillent ou non, peuvent en bénéficier. Il n'y a pas de condition de ressources ;
- **quel est le montant de l'allocation enfant ?** En 2010, le montant de l'allocation enfant (Kindergeld) est de 184 € pour le premier et le deuxième enfant, 190 € pour le troisième et 215 € à partir du quatrième.
- **jusqu'à quel âge peut-on en bénéficier ?** Il est possible d'en bénéficier jusqu'aux 18 ans de l'enfant. De nombreuses règles (études, enfant sans activité professionnelle, handicap…) permettent d'en bénéficier au-delà.

Où trouver des informations complémentaires ?

- Il faut s'adresser à la caisse d'allocations familiales (Familienkasse) au sein de l'agence pour l'emploi (Arbeitsamt) proche de votre domicile. Tapez votre code postal (Postleihzahl) sur la page d'accueil du site : www.arbeitsagentur.de.
- Le formulaire à remplir est téléchargeable sur Internet. Le plus simple pour le trouver est de taper le terme « Antrag auf Kindergeld » (demande d'allocation enfant) dans un moteur de recherche.

> – Brochure en français : le ministère de l'Emploi et des Affaires sociales (Bundesministerium für Arbeit und Soziales) édite une brochure entièrement en français, intitulée « La protection sociale en Allemagne ». Pour la trouver sur le site *www.bmas.de*, taper « protection sociale » dans le moteur de recherche (Suche).
> – Questions et réponses en allemand : le ministère fédéral de la famille, des seniors, des femmes et des jeunes (Bundesministerium für Familie, Senioren, Frauen und Jungen) propose un service téléphonique (en langue allemande) pour répondre à toutes vos questions sur les aides dont vous pouvez bénéficier.
> Tél. : 0 1801 907050 – du lundi au jeudi de 7 h à 19 h.

6. Congé parental (Elternzeit) et allocation de congé parental (Elterngeld)

Il est important de distinguer le fait de prendre un congé parental (Elternzeit), qui est un droit opposable à l'employeur, et le fait de bénéficier d'une allocation de congé parental (Elterngeld) allouée par les caisses d'allocations familiales.

Prendre un congé parental (Elternzeit)

Si vous êtes salarié(e), vous pouvez prendre un congé parental jusqu'aux trois ans de l'enfant. Vous devez prévenir votre employeur 7 semaines avant la date souhaitée pour débuter le congé. Votre employeur ne peut pas s'y opposer. Le père et la mère peuvent tour à tour être en congé parental, jusqu'à trois changements possibles. Le congé parental peut être prolongé au-delà de trois ans, cette fois avec l'accord de l'employeur.
Vous n'êtes pas rémunéré(e) par votre employeur pendant la durée de votre congé parental. C'est à vous de faire une demande d'allocation de congé parental (Elterngeld).

> **Où trouver des informations complémentaires ?**
>
> Le site Infobest propose des informations actualisées sur ces questions : *www.info-best.eu*. Cliquez sur « Français », puis suivez le chemin : Infos pratiques > Emploi > Maternité et congé parental > ... si je travaille en Allemagne > Le congé parental d'éducation.

L'allocation de congé parental (Elterngeld)

Depuis 2007, une nouvelle allocation de congé parental, appelée Elterngeld, permet de compenser la perte du salaire si l'on s'arrête de travailler pendant l'année qui suit l'arrivée d'un enfant. Il existe un montant minimal versé également à ceux qui ne travaillaient pas avant la naissance.

Les parents résidant en Allemagne qui ont un nouveau-né et qui souhaitent s'arrêter de travailler après la naissance de leur enfant sont visés par ce dispositif qui s'adresse aux salariés comme aux indépendants.

Cette allocation est versée pendant 12 mois si un seul parent arrête et jusqu'à 14 mois au total si les deux parents s'arrêtent de travailler (l'un après l'autre).

Important : pour les femmes qui travaillent, les 8 semaines de congé maternité post-naissance se soustraient des 12 mois. Le congé parental « indemnisé » dure donc 12 mois au maximum.

Si vous travaillez avant le congé parental, vous percevez 67 % de votre rémunération nette chaque mois. Le montant minimum de l'allocation est de 300 € et le maximum de 1 800 €. Cette allocation est calculée sur le salaire net des 12 derniers mois. Si vous n'avez pas travaillé 12 mois complets, l'allocation sera donc moins élevée.

Si vous ne travailliez pas avant la naissance, vous percevez au minimum 300 € par mois.

Le montant de l'allocation est augmenté si vous avez des jumeaux, si vous avez déjà des enfants ou si vous aviez avant la naissance un revenu inférieur à 1 000 € par mois.

Il est possible de toucher une partie de cette allocation pour congé parental tout en retravaillant à temps partiel, jusqu'à 30 heures par semaine. Le montant de l'allocation perçue est réduit dans ce cas.

> ### Astuce fiscale pour les couples mariés
>
> Le montant de l'allocation pour congé parental est calculé en fonction du salaire net perçu. En changeant votre classe d'imposition (en passant de classe IV à classe III), vous pouvez augmenter votre net mensuel et augmenter ainsi le montant de l'allocation de congé parental. Vous pouvez faire la demande de changement de classe jusqu'à trois mois après la naissance, sans qu'il y ait d'impact. Si vous vous y prenez 5 mois après, il n'y a que 3 mois de rétroactivité.

7. Travailler à temps partiel après la naissance d'un enfant

Le travail à temps partiel (Teilzeit) est très répandu chez les parents, et notamment chez les mères qui travaillent en Allemagne.

L'obtention d'une réduction de son temps de travail est quasi automatique pour le salarié dès lors que l'entreprise a plus de 15 salariés et que le salarié a plus de 6 mois d'ancienneté. Vous devez faire votre demande dans un délai minimum de trois mois avant la date souhaitée pour réduire votre temps de travail. L'employeur ne peut refuser votre demande que pour des raisons spécifiées dans la loi allemande sur le temps de travail (Teilzeit- und Befristungsgesetz) du 21 décembre 2000, ainsi qu'éventuellement dans les conventions collectives. En cas d'absence de réponse ou de refus trop tardif (moins d'un mois avant la date souhaitée), la demande est réputée acquise pour le salarié.

Lorsque le travail à temps partiel est sollicité pendant la première année après la naissance, il est possible de toucher une partie de l'allocation de congé parental (Elterngeld) si vous travaillez moins de 30 heures par semaine.

Lexique

Dammschnitt : épisiotomie
Elterngeld : allocation de congé parental pour le ou les parents pendant la première année après la naissance de l'enfant
Elternzeit : congé parental
Entbinden : accoucher
Entbindungsstation : maternité
Familienkasse : caisse d'allocations familiales
Frauenarzt : gynécologue
Fruchtwasser : liquide amniotique
Fruchtwasserblasensprung haben : perdre les eaux
Geburt : la naissance
Geburtshaus : maison de naissance
Geburtsvorbereitungskurs : cours de préparation à la naissance
Hebamme : sage-femme
Infusion : perfusion
Kaiserschnitt : césarienne
Kindergeld : allocation enfant, accordée pour tout enfant, quels que soient les revenus du foyer
Muttermund : col de l'utérus
Mutterschaft : congé maternité pour les femmes qui travaillent
Mutterschaftsgeld : allocation pour congé de maternité pour les femmes salariées pendant leur congé de maternité
Periduralanästhesie ou PDA : péridurale
Schwanger : enceinte
Schwangerschaft : grossesse
Steisslage : présentation en siège
Teilzeit : temps partiel
Wehen : contractions

Chapitre 21

Modes de garde et activités de 0 à 6 ans

Les lieux d'accueil pour les enfants de moins de trois ans sont moins développés en Allemagne qu'en France et le développement du métier d'assistante maternelle (Tagesmutter) est relativement récent. Il est plus courant pour les femmes qui travaillent en Allemagne de s'arrêter une ou plusieurs années après la naissance d'un enfant qu'en France.

La situation n'est cependant pas uniforme dans toute l'Allemagne ; certaines villes développent très efficacement ces dernières années les lieux d'accueil pour la petite enfance et aident également financièrement les parents qui ont recours à une crèche ou une assistante maternelle (Tagesmutter).

Si la situation évolue très vite, les disparités restent grandes.

Si, dans votre couple, vous travaillez tous les deux ou avez tous les deux l'intention de travailler, la garde des enfants (notamment de moins de trois ans) est une question prioritaire à gérer. Cette question peut conditionner le choix de votre ville d'habitation (entre la ville principale et les villes limitrophes par exemple), car les politiques en la matière ne sont pas harmonisées.

Les « Kindertagesstätte », littéralement « accueil de jour pour les enfants », peuvent désigner à la fois des crèches (Krippe) ou des jardins d'enfants (Kindergarten). Les crèches accueillent des enfants jusqu'à trois ans et les jardins d'enfants accueillent majoritairement des enfants à partir de 3 ans, mais proposent également de plus en plus un accueil avant trois ans.

1. Les crèches (Krippe)

En Allemagne, les places en crèche (Krippe) sont encore peu nombreuses. Avec 250 000 places (chiffre de 2007), les crèches accueillent 14 % des enfants de moins de trois ans, contre 27 % en France. Cependant, la situation évolue et 500 000 nouvelles places en crèches doivent être créées d'ici 2013.

Les villes jouant un rôle très important dans la politique d'accueil des jeunes enfants, l'offre varie fortement d'un lieu d'habitation à l'autre. Il est important de visiter le site internet de la ville afin de consulter l'offre d'accueil pour les enfants de moins de trois ans.

Les différentes structures pour les moins de 3 ans

Il existe différents types de structures que l'on peut assimiler à des crèches pour l'accueil des enfants de 9 semaines à 3 ans :
- **crèches municipales (Städtische Kinderkrippen)** : renseignez-vous directement auprès de l'établissement ou auprès de l'administration de votre commune, en tapant « Krippe » ou « Kinderkrippe » dans le moteur de recherche du site internet de la ville ;
- **crèches d'initiative parentale (Eltern-Kind-Initiativen)** : ce sont des établissements gérés par des associations de parents. Renseignez-vous directement auprès de l'établissement ;
- **crèches privées (private Krippen)** : taper « Krippe » dans Google, qui fait apparaître les crèches autour de votre lieu d'habitation ;
- **crèches d'entreprises (Betriebskrippen ou Betriebskindergarten)** : elles accueillent les enfants des salariés. Renseignez-vous auprès de votre entreprise ou de celle de votre conjoint ;

– **jardins d'enfants (Kindergarten)** : ils peuvent parfois accueillir des enfants de moins de trois ans. Renseignez-vous directement auprès des jardins d'enfants (voir *infra*).

> **Où trouver des informations complémentaires ?**
> – Les communes éditent souvent un guide des lieux d'accueil de la petite enfance.
> – Les agences de relocation réalisent aussi ce type de liste pour leurs clients.
> – Les associations de Français réalisent également parfois des guides avec ces informations.
> – Vous pouvez taper « Krippe » et le nom de votre ville dans le moteur de recherche Google pour voir apparaître les structures proches de chez vous.

Les crèches en pratique

Quelques informations pratiques sur les crèches :
– **ouverture** : les crèches sont fermées en moyenne cinq semaines par an ;
– **tarifs** : les tarifs varient grandement selon le type de structures. Les crèches municipales tiennent compte des revenus de la famille, ce qui n'est souvent pas le cas des crèches privées. Le coût mensuel peut varier de quelques centaines d'euros pour les lieux publics à plus de 1 500 € pour les crèches privées ;
– **inscription** : il n'existe généralement pas d'inscriptions centralisées par ville. Chaque lieu d'accueil gère ses inscriptions et ses listes d'attente. Vous pouvez donc vous inscrire dans plusieurs crèches à la fois. Il est conseillé de s'inscrire le plus tôt possible ;
– **visites** : certains lieux d'accueil proposent des visites personnalisées. D'autres organisent des journées portes ouvertes ;
– **critères** : le fait que les deux parents travaillent n'est pas un critère obligatoire. Chaque lieu d'accueil fixe ses critères et ses priorités d'accueil. La nationalité des parents ou la langue parlée à la maison ne sont pas des critères discriminant pour obtenir une place.

> **Des lieux d'accueil franco-allemands**
> Il existe un certain nombre de lieux d'accueil franco-allemands (crèches, jardins d'enfant...) dans lesquelles les deux langues sont pratiquées.
> Vous pouvez trouver des adresses :
> – sur le site de certains consulats dans la rubrique « Vie pratique » ou « En pratique » de chaque consulat ou service consulaire : *www.botschaft-frankreich.de* ;

> – sur le site des Français et francophones en Allemagne « Connexion Française » : *www.connexion-francaise.com*, rubrique « Famille / enfants » puis « Crèches et jardins d'enfants en Allemagne » ou en tapant crèche dans le moteur de recherche ;
> – auprès des associations françaises et francophones de votre ville.

2. Les jardins d'enfants (Kindergarten)

S'il est difficile de trouver une structure d'accueil avant trois ans, la situation s'éclaircit à partir de trois ans avec un plus grand nombre de places en jardin d'enfants (Kindergarten). Une loi du 1er janvier 1999 stipule que chaque enfant a droit, dès l'âge de trois ans et jusqu'à son entrée dans le système scolaire, à une place en jardin d'enfants. Il faut cependant s'inscrire dès que possible, et il n'est pas toujours possible de bénéficier de la cantine dès l'inscription, car le nombre de places est plus limité pour ce service.

Différents types de structures pour les enfants de 3 à 6 ans

Il existe plusieurs types de structures pour l'accueil des enfants de 3 à 6 ans. Ces lieux d'accueil ne dépendent pas de l'école qui commence à l'âge de 6 ans :
- **jardins d'enfants communaux** (Städtische Kindergarten) : ils sont gérés directement par les communes. Renseignez-vous auprès de l'établissement ou auprès de l'administration de votre commune ;
- **jardins d'enfants confessionnels** (catholiques, évangéliques, judaïques…) : ce sont des établissements fondés et gérés par les différentes églises. Si le fait d'appartenir à la confession peut faciliter l'accès au jardin d'enfant, ces structures sont ouvertes à tous ;
- **jardins d'enfants d'initiative parentale** (Eltern-initiativ-Kindergarten ou Eltern-initiativ- Kindertagesstätte). Ce sont des établissements gérés par des associations de parents ;
- **jardins d'enfants Montessori ou Waldorf :** certains jardins d'enfants adoptent la pédagogie Montessori ou la pédagogie Waldorf. Ils peuvent

être rattachés à des écoles primaires ou être indépendants (pour en savoir plus sur les établissements Montessori et Waldorf, voir *infra* page 405).

Les jardins d'enfants des entreprises accueillent rarement des enfants au-dessus de l'âge de trois ans. Des exceptions sont cependant possibles.

▬ Les jardins d'enfants en pratique

A. Horaires

Les Kindergarten ouvrent généralement leurs portes assez tôt, souvent à partir de 7 h. Ils sont ouverts jusque dans l'après-midi, entre 14 h et 17 h selon les structures. Ils peuvent (mais c'est plus rare) ouvrir jusqu'à 18 h ou 18 h 30 dans certaines villes.

B. Contrats

Il existe souvent deux types de contrats : un contrat d'accueil à plein-temps et un contrat d'accueil à mi-temps. Le tarif varie selon l'amplitude horaire choisie.

C. Tarifs

Le coût des jardins d'enfants dépend largement de la politique menée par la municipalité de votre ville. Le plus souvent, le prix, y compris pour les jardins d'enfants confessionnels, est fixé par la ville et varie en fonction des revenus des parents. Le coût peut osciller selon les revenus entre quelques dizaines d'euros à quelques centaines d'euros par mois. Certaines villes ont récemment rendu gratuit l'inscription aux jardins d'enfants pour les enfants de plus de trois ans. Dans ce cas, seul le coût des repas est à la charge de la famille (autour de 30 à 50 € par mois).

D. Organisation

Les jardins d'enfants accueillent souvent plusieurs groupes de 20 enfants (environ) qui accueillent des enfants d'âges différents – entre 3 et 6 ans. L'enfant reste dans le même groupe et avec les mêmes éducateurs pendant trois ans. Le groupe est renouvelé d'un tiers chaque année avec le départ des enfants entrant à l'école et l'arrivée des enfants de trois ans. Les professionnels des jardins d'enfants ne sont pas des enseignants. Les jardinières d'enfants (Kindergärtnerin) suivent une formation spécifique proche de celle des éducateurs de jeunes enfants en France. La profession compte majoritairement des femmes.

E. Activités

Les activités sont variées (chant, lecture, jeux, sport). Certains jardins d'enfants ont un projet à l'année qui structure fortement les activités. Les temps de jeu libre (Freispiel), durant lesquels les enfants choisissent eux-mêmes l'activité qu'ils veulent faire, sont très importants. Les apprentissages scolaires (lettres, chiffres…) se font essentiellement sous la forme de jeux. Les enfants qui entrent à l'école l'année d'après (Vorschulkinder) ont des activités spécifiques différentes du reste du groupe. L'objectif des jardins d'enfants vise moins l'apprentissage de savoirs que l'apprentissage de la vie collective.

F. Langues

Les jardins d'enfants ont l'habitude d'accueillir des enfants ne parlant pas ou très peu l'allemand. L'intégration des enfants ayant une autre langue à la maison ne pose généralement pas de problème. Il existe dans certaines villes des cours de soutien en allemand, proposés aux enfants dans le cadre du jardin d'enfant (Kindergarten).

3. Les écoles françaises ou internationales

Les écoles françaises et les écoles internationales proposent le plus souvent un accueil dès l'âge de 3 ans. Tout dépend cependant de la ville ou de la région dans laquelle vous allez vivre.
Les écoles françaises ferment environ deux mois chaque été ainsi que pour les vacances scolaires (automne, Noël, février, Pâques). Les périodes

de vacances scolaires représentent en moyenne 8 semaines dans l'année, en plus des deux mois d'été (voir page 398).

4. Les assistantes maternelles (Tagesmütter)

Bien que moins répandue qu'en France, la profession d'assistante maternelle / nourrice (Tagesmutter) se structure ces dernières années, avec dorénavant un agrément obligatoire, assorti d'une formation. Le métier existe également au masculin sous le terme « Tagesvater ».

Un métier en développement

Le métier connaît un fort développement ces dernières années et est de plus en plus encadré. L'activité des assistantes maternelles (Tagesmütter) est organisée par l'administration dédiée à la jeunesse (Jugendamt) de chaque commune. Le service est souvent appelé « accueil de jour d'enfant » (Kindertagespflege). Il aide concrètement les familles à chercher une assistante-maternelle et tient à jour un annuaire complet des assistantes maternelles agréées.

Les assistantes maternelles doivent disposer d'un agrément/licence en soins (Pflegeerlaubnis) pour accueillir des enfants à leur domicile dès lors que l'accueil est régulier et sur le long terme.

La formation des assistantes maternelles contient des cours de premiers secours. La formation dure 30, 80 ou 160 heures de cours selon le nombre d'enfants accueillis par l'assistante maternelle (jusqu'à 5).

Tarifs et contacts

Les tarifs des assistantes maternelles se situent autour de 3 à 5 € de l'heure par enfant. Certaines villes prennent en charge jusqu'à la moitié de ce tarif. Les situations sont très variables d'une ville à l'autre en la matière.

Certaines villes proposent un service d'aide pour trouver une assistante maternelle pour votre enfant. Vous pouvez aussi prendre des contacts par vous-même en vous assurant que les personnes bénéficient bien de l'agrément nécessaire.

> **Où trouver des informations complémentaires ?**
> - Contacter l'administration de la jeunesse (Jugendamt) de votre commune et consulter leur site Internet.
> - Portail d'information sur les assistantes maternelles : www.tagesmutter.net (site en allemand). Ce portail est une initiative privée mais s'avère très complet.
> - Les contacts de Tagesmütter s'échangent entre connaissances, notamment à travers les associations françaises et francophones.

5. Les nourrices à domicile (Kinderfrau)

La solution de la nourrice à domicile est également envisageable en Allemagne. Les nourrices à domicile (Kinderfrau) n'ont pas besoin d'agrément/licence en soins (Pflegeerlaubnis) pour travailler au domicile des parents.

Si la rémunération de la nourrice à domicile ne dépasse pas 400 € par mois, vous pouvez l'employer sous le statut de mini-job qui facilite les formalités en tant qu'employeur (voir page 85).

Portail d'information sur le mini-job : www.minijob-zentrale.de, site en allemand.

Vous pouvez faire passer une offre d'emploi pour trouver une nourrice à domicile *via* les associations de Français et de francophones en Allemagne.

6. Les babysitters

Si vous cherchez une personne pour s'occuper ponctuellement de vos enfants, en journée ou en soirée, le système des babysitters fonctionne très bien en Allemagne. Étant donné le grand nombre de Français en Allemagne, il est souvent possible de trouver une baby-sitter de langue française si vous habitez dans une grande ville.

Les babysitters qui gardent occasionnellement vos enfants à votre domicile peuvent également être rémunérées (jusqu'à 400 €par mois) avec le statut de mini-job (voir page 85).

N'hésitez pas à contacter les associations de Français et francophones en Allemagne qui transmettent souvent à leurs membres des listes de babysitters. Celles-ci/ceux-ci étant souvent les enfants des membres des associations.

7. Les jeunes filles au-pair (Au-Pair-Mädchen)

Le système de jeune fille au-pair ne peut vous concerner que si l'allemand est pratiqué couramment dans votre famille. La famille d'accueil d'une jeune fille au-pair (Au-Pair-Mädchen) doit en effet, au regard du cadre juridique allemand, parler couramment allemand au sein de la famille si aucun des deux parents n'est de nationalité allemande.

Les jeunes filles au pair (Au-Pair-Mädchen) ne constituent pas un mode de garde à part entière. Celles-ci doivent avoir un emploi du temps qui leur permet de suivre des cours d'allemand.

L'allemand est parlé couramment dans votre famille

La famille d'accueil d'une jeune fille au-pair doit, au regard du cadre juridique allemand, parler couramment et régulièrement allemand même si aucun des deux parents n'est de nationalité allemande.

Quelques règles à connaître :
- la jeune fille au pair reçoit un argent de poche de 260 € par mois minimum (en 2010) ;
- elle doit consacrer 30 heures par semaine à la famille d'accueil (par exemple 5-6 heures par jour et deux soirs par semaine) ;
- elle doit être logée dans une chambre à part (8 m^2 minimum) ;
- elle est entièrement nourrie ;

– elle doit pouvoir suivre des cours d'allemand ;
– un seul séjour au-pair est possible.

> **Où trouver des informations complémentaires ?**
>
> – « Au-pair Society » est la fédération allemande des agences « au pair » (Bundesverband der Au-pair Vermittler, Gasteltern und Au-pairs) : *www.au-pair-society.de* (en allemand).
> – « Au-pair World » est un portail international pour trouver une jeune fille au-pair sans agence : *www.aupair-world.net* (en français). Rubrique « Visas et règlements » puis « Allemagne ».

▬ L'allemand n'est pas parlé couramment dans votre famille

Si la famille d'accueil ne parle pas couramment allemand, il n'est pas possible de signer un contrat « au-pair », au regard du cadre juridique allemand.

Il n'est pas non plus possible de signer un contrat au-pair avec une jeune fille de nationalité allemande.

8. Les groupes de jeux (Spielgruppen)

Les groupes de jeux (Spielgruppen) sont très répandus en Allemagne. Ce ne sont pas à proprement parlé des modes de garde, mais des lieux de rencontre importants pour les jeunes mamans et pour les enfants qui ne sont pas dans une crèche ou dans un jardin d'enfants.

▬ Fonctionnement

Les parents (souvent les mamans en réalité) se retrouvent quelques heures par semaine pour que les enfants dès le premier âge se côtoient et jouent ensemble. On parle de « Krabbelgruppen » pour les groupes de jeux accueillant des bébés. C'est aussi un moment privilégié pour nouer des contacts avec d'autres jeunes mamans après la naissance.

Certains groupes de jeux permettent aux parents de laisser l'enfant durant une courte durée. Ce n'est pas systématique et ce n'est pas l'esprit – *a priori* – du groupe de jeux.

Ils peuvent être d'initiative individuelle ou organisés par des centres de formation généralistes. Le coût varie en fonction des frais engagés (location d'un lieu, rémunération d'une animatrice…).

Groupes de jeux franco-allemands

Il existe des groupes de jeux franco-allemands (Deutsche und französische Spielgruppen) dans plusieurs grandes villes, notamment à Munich ou Düsseldorf. La langue de jeux est souvent le français. Ces groupes sont fréquentés en grande partie par des couples mixtes qui souhaitent renforcer chez leur enfant la pratique de la langue française dans un cadre ludique. L'organisation du groupe peut également faire cohabiter les deux langues.

> **Où trouver des informations complémentaires ?**
>
> – Les centres familiaux (Familienzentrum) ou centres maternels (Mutterzentrum) de votre ville ou de votre région peuvent vous renseigner.
> – Les centres de formations qui proposent par ailleurs des cours de langues pour adultes ou toute autre discipline, proposent souvent des groupes de jeux (voir page 162).
> – Les magazines destinés aux familles avec enfants, comme Kidsgo (www.kidsgo.de) que l'on trouve dans plusieurs grandes villes, publient des informations concernant les groupes de jeux.
> – Des groupes de jeunes mamans se constituent souvent au sein des associations de Français et de francophones en Allemagne.
> – Les associations françaises, francophones et franco-allemandes en Allemagne peuvent initier ou répertorier ce type d'initiatives.

Lexique

Au-Pair-Mädchen : jeune fille au pair
Betriebskrippen, Betriebskindergarten : crèche et jardin d'enfant d'entreprise
Eltern-Kind Initiative : crèche d'initiative parentale
Jugendamt : service de la jeunesse
Kinderfrau : nourrice à domicile
Kindertagesstätte : accueil de jour pour les enfants, cela peut être une crèche ou un jardin d'enfants
Kinderbetreuung : garderie
Kindergarten : jardin d'enfants
Kindergärtnerin : jardinière d'enfants, nom des éducateurs qui encadrent les enfants de 3 à 6 ans
Krabbelgruppen : groupes de jeu pour les très jeunes enfants
Krippe : crèche
Pflegeerlaubnis : agrément/licence en soins des assistantes maternelles
Private Krippe : crèche privée
Spielgruppe : groupe de jeux
Städtische Kinderkrippe : crèche municipale
Städtische Kindergarten : jardin d'enfants municipal
Tagesmutter : assistante maternelle
Tagesvater : assistant maternel

Chapitre 22
L'école en Allemagne

En fonction de votre ville d'implantation, de l'âge de vos enfants, de vos projets de mobilité à l'international ou encore de la durée de votre séjour, vous pouvez avoir à choisir entre plusieurs systèmes scolaires : l'école publique allemande, les écoles françaises, les écoles européennes ou internationales ou encore les écoles privées allemandes. Il existe seulement deux établissements franco-allemands en Allemagne (à Sarrebruck et Fribourg) où les enseignements se font dans les deux langues. Il existe par contre des sections franco-allemandes, pour préparer l'AbiBac dans des écoles françaises et des écoles allemandes.

1. L'école publique allemande

En Allemagne, l'école commence à 6 ans et est obligatoire jusqu'à 16 ans. Pour un accueil de vos enfants avant 6 ans dans le système allemand, il faut s'adresser notamment aux jardins d'enfants (Kindergarten) ou à une assistante maternelle (Tagesmutter) (cf. Chapitre 21 sur les modes de garde).
En Allemagne, l'éducation est une compétence des Länder. Des différences importantes existent entre les systèmes éducatifs des différents Länder bien que l'État fédéral ait engagé un mouvement d'harmonisation ces dernières années. Il n'existe pas de ministère fédéral de l'éducation, équivalent de l'Éducation nationale en France.

De 6 à 10 ans : l'école primaire (Grundschule)

L'école primaire (Grundschule) accueille les élèves de 6 à 10 ans dans les classes allant de la 1re classe (équivalent du CP) à la 4e classe (équivalent du CM1). Un enseignant suit généralement la même classe pendant ces quatre années.

Les cours se déroulent le plus souvent entre 8 h et 13 h 30. Des activités peuvent se dérouler l'après-midi, au sein de l'école, on parle alors d'école toute la journée (Ganztagschule). La situation est très différente d'une ville à l'autre. Ce sont souvent les villes ou des associations qui proposent les activités de l'après-midi.

En principe, un enfant qui a fait sa rentrée en août 2010 a eu 6 ans au 30 juin 2010 pour entrer à l'école. Il est cependant possible en fonction de la maturité de l'enfant de solliciter une inscription si l'enfant est né quelques mois avant la date.

Chaque Land peut avoir des modalités d'inscriptions à l'école qui lui sont spécifiques. Il est courant de déposer un dossier d'inscription dans l'école où l'on souhaite inscrire son enfant. Si vous formulez plusieurs choix, le dossier sera ensuite transmis par l'établissement aux autres écoles.

Vorschulkinder : on appelle ainsi les enfants âgés de 5 à 6 ans qui entrent à l'école primaire à la rentrée suivante. Lors de la dernière année de jardin d'enfant (Kindergarten), ces enfants réalisent des activités préparant l'entrée à l'école, bien qu'ils restent intégrés à un groupe d'enfants de 3 à 6 ans.

Après 10 ans : plusieurs filières

En Allemagne, les élèves suivent tous la même filière entre 6 et 10 ans. Il existe ensuite trois grandes filières à partir de 10 ans : le lycée (Gymnasium), le collège d'enseignement général (Realschule) et l'école secondaire générale (Hauptschule).

Cette phase d'orientation est très importante et doit être prise en compte par les parents qui souhaitent inscrire un enfant de langue française quelques années seulement avant ses 10 ans.

A. L'orientation à l'âge de 10 ans

À l'issue de la classe 4 (CM1), les élèves sont orientés en fonction de leurs capacités entre les trois principales filières présentées ci-dessous. L'orientation vers l'une de ces trois filières est décisive pour la suite du parcours de l'élève : vers des études supérieures longues pour ceux qui entrent au Gymnasium, pour des études courtes et appliquées pour la Realschule, ou vers une voie d'apprentissage pour la Hauptschule. Des passerelles sont ensuite possibles, mais elles restent l'exception. L'avis des parents est prépondérant dans certains Länders. Dans d'autres, c'est celui des enseignants qui prime.

B. Le Gymnasium (lycée)

Le lycée (Gymnasium) est la voie suivie par les élèves qui présentent de bonnes aptitudes pour des études supérieures longues. L'enseignement général du Gymnasium est qualifié d'intense. Il va de la classe 5 (CM2) à la classe 13 (Terminale). Lors de la 13e année, les élèves préparent l'Abitur (équivalent du baccalauréat : cf. encadré).

L'Abitur est le sésame pour poursuivre des études supérieures, du moins les filières les plus élitistes. Dans certains Länder, l'Abitur se prépare dès la classe 12. On parle de G 8, c'est-à-dire du Gymnasium en 8 ans.

L'Abitur

Si l'on dit souvent que l'Abitur (Allgemeine Hochschulreife) est l'équivalent du baccalauréat, il présente cependant de fortes différences. L'Abitur n'est pas un diplôme national, les épreuves sont propres à chaque Land. Le nombre d'élèves qui passent l'Abitur est bien inférieur au nombre d'élèves qui passent le baccalauréat, du fait de l'orientation des élèves à partir de 10 ans dans trois filières : celle menant à des études longues, celle menant à des études courtes et celle menant à l'apprentissage.

C. Collège d'enseignement général (Realschule)

Cette voie est accessible aux élèves qui se destinent à faire des études courtes et appliquées. L'enseignement général est qualifié d'approfondi. Il commence à la 5e classe (CM2) et se termine à la 10e classe (3e). Les enseignements sont plus complets qu'en Hauptschule (ci-dessous), mais moins intensifs qu'au Gymnasium (ci-dessus). L'obtention du certificat de fin d'études (Realschulabschluss ou Mittlere Reife dans certains Länder) permet d'intégrer des filières de formation professionnelle (Fachoberschule) qui permettent ensuite de suivre des études supérieures spécialisées en Fachhochschule (voir Chapitre 23 sur les études). Il est également possible pour les meilleurs élèves de rejoindre le Gymnasium pour passer l'Abitur et accéder à l'université.

D. École secondaire générale (Hauptschule)

La Hauptschule accueille les élèves entre les classes 5 (CM2) et 9 (4e). La formation comprend des cours théoriques et de nombreux cours pratiques. Cette filière a pour objectif de préparer les élèves à l'apprentissage (Lehre). L'obtention du certificat de fin de scolarité (Hauptschulabschluss) permet de poursuivre ensuite une formation professionnelle avec comme objectif d'entrer rapidement sur le marché du travail.

E. Écoles polyvalentes (Gesamtschule)

Il existe également quelques écoles générales intégrées (Gesamtschule). Elles ont la particularité de réunir les trois filières scolaires (Hauptschule, Realschule et Gymnasium) et ont été créées pour éviter une orientation trop précoce des élèves.

> **Où trouver des informations complémentaires ?**
>
> Consultez la brochure « Le système éducatif en Allemagne » en français réalisé par le CIDAL. Téléchargeable sur le site : *www.cidal.diplo.de*, rubrique « Brochures et fiches ».

2. L'enseignement franco-allemand

L'enseignement franco-allemand regroupe des parcours et filières assez différents. La particularité de l'enseignement franco-allemand est qu'il est proposé grâce à un partenariat entre l'État français et les autorités allemandes. Pour s'y retrouver :
- l'AbiBac : c'est un double diplôme franco-allemand préparé dans des dizaines d'établissements français et allemands basés en Allemagne (ainsi qu'en France) ;
- établissements franco-allemands : il y en a très peu. Ce sont des établissements homologués par les deux systèmes éducatifs français et allemand.

L'AbiBac en Allemagne

L'AbiBac est un double diplôme franco-allemand. Les élèves qui passent et réussissent l'AbiBac se voient délivrer le diplôme du baccalauréat et celui de l'Abitur. Les programmes d'histoire-géographie et de littérature sont définis en commun par les autorités compétentes des deux pays. L'AbiBac permet l'accès aux établissements d'enseignement supérieur en France et en Allemagne.

A. L'AbiBac dans les lycées français en Allemagne

L'AbiBac peut être préparé par des élèves qui suivent leur scolarité dans un établissement français en Allemagne :
- **préparation** : les élèves suivent à partir de la classe de seconde des cours en allemand en plus des cours correspondant à leurs séries (ES, L ou S). Le cours d'histoire-géographie (4 heures hebdomadaires) et un enseignement de 3 heures hebdomadaires de littérature allemande sont dispensés en allemand ;
- **examen** : les candidats présentent toutes les épreuves du baccalauréat de leur série, à l'exception de l'histoire et de la géographie, matière pour laquelle ils passent l'épreuve en allemand (la note compte pour les deux diplômes). Ils passent en plus une épreuve de littérature allemande, en langue allemande, prise en compte pour la délivrance de l'Abitur seulement.

B. L'AbiBac dans les lycées allemands en Allemagne

L'AbiBac peut être préparé par des élèves qui suivent leur scolarité dans un établissement allemand en Allemagne :
- **préparation** : les élèves suivent l'enseignement en vigueur dans le Land où ils sont scolarisés pour préparer l'Abitur, plus un enseignement d'histoire ou d'une autre discipline de sciences sociales (à l'écrit) et de littérature française, en français (à l'écrit et à l'oral) ;
- **examen** : les candidats présentent les épreuves en allemand comptant pour l'Abitur et les épreuves en français qui comptent à la fois pour l'Abitur et le baccalauréat.

> **Où trouver des informations complémentaires ?**
>
> Informations sur l'AbiBac et liste des établissements allemands préparant à l'AbiBac en Allemagne sur :
> – le site pédagogique de l'Éducation nationale : Eduscol : *www.eduscol.education.fr* (site en français). Rubrique « Europe international » puis « coopération bilatérale » puis « coopération franco-allemande » puis « Dispositifs franco-allemand » ;
> – le site du Centre international d'études pédagogiques : *www.ciep.fr/abibac* (site en français).

Zoom sur les sections bilingues des établissements allemands

Les cours préparant à l'AbiBac dans les établissements allemands sont dispensés dans des sections dites bilingues. Seulement une partie de ces sections bilingues propose la préparation de l'AbiBac. Il existe une centaine de sections bilingues en Allemagne.

Les sections bilingues franco-allemandes sont intégrées dans le système scolaire allemand. Elles sont le plus souvent ouvertes dans les lycées (Gymnasien) mais aussi dans certaines écoles polyvalentes (Gesamtschulen) ou collèges d'enseignement général (Realschulen). Il n'existe pas de sections bilingues dans toutes les régions. Elles sont plus nombreuses dans l'Ouest du pays.

Les sections bilingues commencent généralement en 5e classe (CM2). Les élèves choisissent le français comme LV 1 (première langue vivante). L'enseignement en français est renforcé pendant plusieurs années et prépare les élèves à suivre à partir de la 8e classe (5e) le plus souvent l'enseignement d'autres disciplines en français (géographie, histoire, éducation civique). À partir de la 8e classe (3e), les élèves choisissent un cours fondamental enseigné en français (géographie, histoire, sciences sociales, éducation civique ou plus rarement éducation physique et enseignement artistique) jusqu'à la fin du parcours scolaire menant à l'Abitur.

Chaque établissement allemand est jumelé avec un établissement français sur la base d'un projet pédagogique commun qui donne lieu à des échanges entre élèves, souvent plusieurs fois au cours de la scolarité.

> **Où trouver des informations complémentaires ?**
> – Fédération des lycées à section bilingue franco-allemande en Allemagne (Arbeitsgemeinschaft der Gymnasien mit zweisprachig deutsch-französischem Zug in Deutschland - AG Franz-Biling) : *www.franz-biling.de*.
> – Site des sections bilingues francophones dans le monde : *www.lefildubilingue.org*, rubrique « S'informer », puis « Liste des pays ».

Les établissements franco-allemands

Les établissements franco-allemands fonctionnent avec des programmes et des objectifs pédagogiques élaborés en commun et acceptés par la France et par l'Allemagne. Ils ont vocation à accueillir des enfants bilingues ou visant à le devenir. Les enseignements se font dans les deux langues.

Il existe trois lycées franco-allemands dans le monde (cf. *www.dfglfa.net*, en français et en allemand) : deux en Allemagne à Sarrebruck et à Fribourg, et un en France à Buc (Yvelines). Les programmes sont élaborés d'un commun accord par les deux pays.

Les élèves sont répartis en deux sections, l'une française et l'autre allemande. La réalisation des cours en commun se fait progressivement au fil du parcours scolaire : quelques cours en primaire, davantage au collège, puis quasiment tous les cours au lycée, sauf pour l'enseignement de la langue maternelle.

Les élèves des lycées franco-allemands passent un diplôme qui est spécifique à ces trois lycées, intitulé le baccalauréat d'enseignement franco-allemand, appelé plus couramment baccalauréat franco-allemand. Ils accueillent les élèves dès le niveau collège (voire une année avant) car, en Allemagne, le lycée (Gymnasium) accueille les élèves dès la classe 5 (CM2).

Il existe également une école franco-allemande à Stuttgart, mais uniquement pour les classes élémentaires.

3. Les écoles françaises en Allemagne

Il existe des écoles françaises menant au baccalauréat dans plusieurs grandes villes allemandes : Berlin, Hambourg, Munich, Düsseldorf, Francfort, Sarrebruck et Fribourg (ces deux dernières étant des lycées franco-allemands). Il existe également à Bonn et Stuttgart des écoles françaises pour le niveau élémentaire.

▬▬▬ Paysage des écoles françaises en Allemagne

Les établissements, couramment appelés les « écoles françaises », délivrent un enseignement conforme aux programmes fixés par le ministère de l'Éducation nationale français.

A. Qu'appelle-t-on une école française ?

Toutes les écoles françaises homologuées ne sont pas financées par l'État français, mais elles répondent toutes à des critères fixés par le décret n° 93-1084 du 9 septembre 1993 et se soumettent régulièrement à une procédure de vérification de ces critères.
Parmi les critères, il y a notamment :
– l'ouverture aux enfants français résidant hors de France ;
– le respect des programmes applicables dans les établissements d'enseignement public français ;
– la préparation aux mêmes examens et diplômes qu'en France ;
– le contrôle du respect de ces critères par l'inspection générale de l'éducation nationale.

B. Les écoles françaises en Allemagne

L'homologation peut-être attribuée à une ou quelques classes de l'établissement et non toujours à l'ensemble de l'établissement. Le tableau récapitulatif n'entre pas dans ce détail. Se renseigner auprès de chaque établissement.

L'ÉCOLE EN ALLEMAGNE

Land	Ville	Maternelle	Élémentaire	Collège	Lycée	AbiBac ou bac Fr/All	Gestion	Etablissement franco-allemand	Scolarité (par an)	Contact
Bade-Wurtemberg	École maternelle de Stuttgart George Cuvier	*					Conventionnée		1 836 €	bleuenmorvan@hotmail.com
Bade-Wurtemberg	École élémentaire franco-allemande de Stuttgart-Sillenburch		*				Gestion directe	*	Gratuit	www.dfgs-stuttgart.de
Bade-Wurtemberg	École maternelle franco-allemande de Fribourg	*					Conventionnée	*	1 320 €	www.ecole92.com
Bade-Wurtemberg	École franco-allemande de Fribourg		*				Directe	*	Gratuit	www.dfgs.fr.bw.schule.de
Bade-Wurtemberg	Lycée franco-allemand de Fribourg			*	*	*	Directe	*	Gratuit	www.dfgjfa.net
Bade-Wurtemberg	École française Pierre et Marie-Curie d'Heidelberg	*	*				Conventionnée		2 200 à 2 325 €	www.ecole.de
Bade-Wurtemberg	École française de Sarrebruck	*	*				Conventionnée		1 761 €	www.efsd.de
Bade-Wurtemberg	Lycée franco-allemand de Sarrebruck			*	*	*	Directe	*		www.dfgs-lfa.org
Bavière	Lycée Jean Renoir de Munich	*	*	*	*	*	Directe		3 050 à 3 910 €	www.lycee-jean-renoir.de
Berlin	Berlin (Collège Voltaire)	*	*	*			Directe		3 830 €	www.collegevoltaire.de
Berlin	Lycée français de Berlin (appelé collège français)		*	*	*	*	Directe		Gratuit	www.fg-berlin.de
Berlin	École élémentaire Judith Kerr (enseignement en Fr et en All)		*				École publique européenne, hors réseau AEFE		Gratuit	www.efsd.de/www.judith-kerr-schule.de
Berlin	Markische Grundschule (enseignement en Fr et en All)		*				École publique européenne, hors réseau AEFE		Gratuit	www.staatliche-europa-schule.de
Hambourg	Lycée Antoine de Saint-Exupéry de Hambourg	*	*	*	*	*	Conventionnée		1 670 à 4 111,80 €	www.lfh.de
Hesse	Lycée Victor-Hugo de Francfort	*	*	*	*	*	Directe		3 180 à 4 030 €	www.lycee-francais-francfort.com
Rhénanie du Nord-Westphalie	Lycée français de Düsseldorf	*	*				Conventionnée		3 69 € à 5 413 €	www.lfd.de
Rhénanie du Nord-Westphalie	Bonn : École Degaulle-Adenauer	*	*				Conventionnée		2 080 à 2 730 €	www.ecole-bonn.de

Source : Le guide des établissements de l'AEFE (Agence pour l'enseignement français à l'étranger) : www.aefe.fr.

C. La place de l'allemand dans l'enseignement

Outre l'enseignement classique de l'allemand comme langue vivante, les écoles françaises à l'étranger mettent généralement fortement l'accent sur les langues, avec des enseignements en langue allemande spécifique dès l'école maternelle. Le choix de renforcer les enseignements et activités en allemand relève du projet pédagogique de chaque établissement. Toutes les écoles françaises en Allemagne, lorsqu'elles ont un niveau lycée, préparent à l'AbiBac ou au bac franco-allemand.

> **Où trouver des informations complémentaires ?**
>
> Sur le site de l'AEFE (agence pour l'enseignement français à l'étranger), vous trouvez pour chaque établissement :
> – s'il propose une demi-pension ;
> – s'il propose un internat ;
> – si des transports scolaires le desservent ;
> – l'effectif total et le nombre d'élèves français accueillis ;
> – les classes homologuées.
> Agence pour l'enseignement français à l'étranger : *www.aefe.fr*, rubrique « Guide des établissements ».

Les différents types d'établissements

Les établissements homologués comme « école française » en Allemagne peuvent être des établissements avec des statuts et des fonctionnements différents.

A. Les établissements gérés directement par l'AEFE

Certains établissements sont gérés directement par l'AEFE (agence pour l'enseignement français à l'étranger) qui est rattachée au ministère des Affaires étrangères français. L'AEFE assure directement la rémunération des personnels titulaires qui y exercent.

B. Les établissements gérés par des associations de parents

Certains établissements sont gérés par des associations de droit privé français ou étranger. Les écoles françaises sont administrées par un conseil d'administration composé de parents d'élèves élus et de personnalités.

Parmi ces établissements en gestion associative, certains sont « conventionnés », cela signifie qu'ils passent avec l'AEFE un accord portant sur les conditions d'affectation et de rémunération des enseignants ou du personnel d'encadrement titulaire, sur l'attribution de subventions et sur le versement de bourses scolaires pour les élèves français. Tous les établissements français en Allemagne sont conventionnés, à l'exception des deux écoles publiques européennes de Berlin. Ces dernières sont homologuées par l'État français sans faire partie du réseau AEFE.

C. Les établissements franco-allemands

Alors que les établissements français homologués ne répondent qu'aux critères fixés par la France en matière d'enseignement, les établissements franco-allemands fonctionnent avec des programmes et des objectifs pédagogiques reconnus conjointement par la France et par l'Allemagne. Ils ont vocation à accueillir des enfants bilingues ou visant à le devenir.

Les frais de scolarité

Les frais de scolarité des « écoles françaises » varient grandement d'un établissement à l'autre, comme indiqué dans le tableau ci-contre. En plus des bourses qui existent depuis de nombreuses années, un nouveau dispositif de prise en charge des frais de scolarité existe depuis 2007.

Pour bénéficier des bourses ou d'une prise en charge des frais de scolarité, il est indispensable d'être inscrit au registre des Français installés hors de France (voir page 180).

A. Prise en charge des frais de scolarité

Depuis 2007, les frais de scolarité d'une partie des enfants français scolarisés dans les établissements français à l'étranger peuvent être pris en charge par l'État français. Depuis la rentrée 2009, les élèves de seconde, première et terminale peuvent y prétendre.

> **Où trouver des informations complémentaires ?**
>
> Consultez le document « Instruction spécifique sur la prise en charge de la scolarité des lycées français scolarisés dans un établissement d'enseignement français à l'étranger » sur le site de l'AEFE (Agence pour l'enseignement du français à l'étranger) : *www.aefe.fr*, rubrique « L'aide à la scolarisation ».

B. Bourses

Des bourses peuvent être octroyées aux familles des enfants français scolarisés dans des établissements français à l'étranger en fonction des ressources de la famille. Tous les niveaux de scolarité sont concernés. Le fait de réaliser une demande de bourses déclenche automatiquement une demande de prise en charge des frais de scolarité.

4. Les écoles européennes

Il existe des écoles européennes à Francfort, Munich et Karlsruhe. Les écoles européennes sont des établissements d'enseignement créés conjointement par plusieurs États membres de l'Union européenne. Les écoles proposent des enseignements en plusieurs langues : allemand, français, italien, anglais... Le diplôme de fin d'études est le baccalauréat européen.
Les frais de scolarité varient entre 2 500 et 5 000 € l'année. La scolarité est gratuite pour les enfants du personnel des communautés européennes et pour certaines entreprises qui ont signé des accords spécifiques.
Consultez les sites Intenet des trois écoles européennes en Allemagne :
– École européenne de Francfort : *www.esffm.org* (site en français) ;
– École européenne de Munich : *www.esmunich.de* (site en français) ;

– École européenne de Karlsruhe : *www.eskar.org* (site en français).
Pour plus de renseignements, vous pouvez consulter les sites suivants :
– secrétariat général des écoles européennes : *www.eursc.eu* (site en français) ;
– réseau des anciens des écoles européennes : *www.euresco.org* (site en français).

5. Les écoles anglophones

Les écoles internationales anglophones s'adressent à des enfants qui parlent couramment l'anglais. Les frais de scolarité varient entre 5 000 à 10 000 € l'année.

Il existe 38 établissements proposant des programmes de cours en anglais en Allemagne. Ces établissements peuvent dispenser l'un ou les trois programmes suivants :
- le programme primaire (PP) de 3 à 12 ans ;
- le programme de premier cycle secondaire (PPCS) de 11 à 16 ans ;
- le programme du diplôme (Dip) de 16 à 19 ans.

Le baccalauréat international (International Baccalaureat - IB) délivré au terme de la scolarité est commun à toutes les écoles internationales dans le monde.

Ces programmes internationaux sont dispensés également par des lycées allemands (Gymnasien) qui ont des classes spécifiques pour ce programme, notamment pour le programme du diplôme (de 16 à 19 ans) préparant le baccalauréat international.

Tous les établissements proposant ces programmes sont répertoriés par l'organisation du baccalauréat international (IBO). Les principales écoles internationales sont regroupées au sein de l'association des écoles internationales en Allemagne (Association of German international schools – « Agis »).

Les principales écoles internationales en Allemagne se situent dans les Länder/villes suivant(e)s :

Où existe-t-il des écoles internationales (anglophones) en Allemagne ?

Länder	Dans les villes suivantes
Bade-Wurtemberg	Stuttgart, Sindelfingen, Neu-Ulm, Kandern, Heidelberg
Basse-Saxe	Hannovre
Bavière	Munich, Augsbourg, Erlangen
Berlin	Berlin
Brême	Brême
Hambourg	Hambourg
Hesse	Francfort
Rhénanie du Nord-Westphalie	Düsseldorf, Cologne, Bonn
Saxe	Dresde, Leipzig
Thuringe	Weimar

Pour avoir la totalité des établissements proposant des programmes d'enseignement international, vous pouvez utiliser le moteur « Rechercher une école du monde de l'IB » sur le site de l'IBO. La liste indique très clairement quelle école/quel établissement propose quel programme :
– Organisation du baccalauréat international (International Baccalauréat Organisation - IBO) : *www.ibo.org* (site en français, anglais et espagnol) ;
_ Association des écoles internationales en Allemagne / Association of German international schools (Agis) : *www.agis-schools.org* (site en anglais).

Ne pas confondre IBO et OIB

IBO : c'est le baccalauréat international (International Baccalauréat – IB), appelé aussi baccalauréat de Genève. C'est un diplôme propre aux écoles internationales.
Pour en savoir plus : *www.ibo.org* (site en français).

OIB : c'est le baccalauréat option internationale (ou option internationale du baccalauréat – OIB). C'est un baccalauréat français avec une option internationale qui se prépare dans les lycées français à section internationale. Il existe en 12 langues dont l'allemand. Il existe des sections internationales pour l'allemand en France, mais aucune dans les lycées français en Allemagne.
Pour en savoir plus : Centre international d'études pédagogiques : *www.ciep.fr/oib*.

6. Les écoles privées allemandes

Il existe également des écoles privées en Allemagne. La majorité de ces écoles privées sont gratuites pour le niveau élémentaire (Grundschule), lorsqu'elles sont conventionnées. Si les méthodes d'enseignement s'appuient sur des pédagogies spécifiques, les écoles conventionnées respectent toutes le même programme élaboré par le Land.

Vous pouvez consulter le site de la Fédération des écoles privées allemandes (Verband : Deutscher Privatschulverbände) : *www.privatschulen.de* (page en français).

Les écoles confessionnelles

On parle d'écoles confessionnelles pour désigner les établissements financés et gérés par les différentes églises :
- enseignement catholique : *www.katholische-schulen.de* (site en allemand) ;
- enseignement protestant : *www.evangelische-schulen-in-deutschland.de* (site en allemand).

Les écoles Montessori

Il existe 400 écoles Montessori en Allemagne. La pédagogie de Maria Montessori a pour objectif de permettre à l'enfant de réaliser des activités autonomes en lui proposant un environnement adapté à son étape de développement de l'enfant (cf. *www.montessori-deutschland.de*, site en allemand, *www.montessori-france.asso.fr*, site en français).

Les écoles Waldorf (Waldorfschulen)

Il existe plus de 200 écoles Waldorf, qui sont organisées selon la pédagogie de Rudolf Steiner. Ces écoles centrent les enseignements sur le développement créatif et personnel de l'enfant (cf. *www.waldorfschule.info*, site en allemand).

Lexique

AbiBac : double diplôme franco-allemand préparé dans des dizaines d'établissements français et allemands basés en Allemagne (ainsi qu'en France)
Abitur (Allgemeine Hochschulreife) : certificat général d'accès à l'enseignement supérieur. C'est l'équivalent – malgré des différences – du baccalauréat
Evangelische : protestant
Fachoberschule : filières de formation professionnelle entre l'âge de 15 et 18 ans environ
Fachhochschule : études supérieures spécialisées (filières courtes)
Ganztagschule : école toute la journée
Gymnasium : collège et lycée allant de la sixième au baccalauréat
Grundschule : école primaire
Hauptschule : école secondaire générale
Hauptschulabschluss : certificat de fin de scolarité de l'école secondaire générale
Kindergarten : jardin d'enfants
Lehre : apprentissage
Mittlere Reife : autre nom du certificat de fin d'études du collège d'enseignement général
Realschule : collège d'enseignement général
Realschulabschluss : certificat de fin d'études du collège d'enseignement général
Tagesmutter : assistante maternelle
Vorschulkinder : enfants rentrant à l'école primaire l'année suivante
Waldorfschulen : les écoles Waldorf

Chapitre 23
Étudier en Allemagne

Le système des études en Allemagne diffère fortement du système français. L'université reste la voie royale pour un grand nombre de métiers et est toujours considérée comme la filière la plus prestigieuse. La mise en place de l'architecture des études préconisée par les accords de Bologne LMD (Licence – Master – Doctorat) n'est pas achevée dans toutes les universités allemandes qui conservent encore leurs propres diplômes. À côté de l'université, les formations spécialisées en trois ans ont particulièrement la cote ces dernières années auprès des étudiants et des entreprises.

1. Accéder à l'enseignement supérieur en Allemagne

La voie d'accès à l'enseignement supérieur en Allemagne dépend essentiellement de votre parcours préalable. Dans tous les cas, vous devrez prouver votre niveau de maîtrise de la langue allemande.

Vous étiez préalablement élève ou étudiant en France

Le choix de votre formation et de votre université sera très différent, selon que vous souhaitez étudier une année ou réaliser l'ensemble de votre parcours en Allemagne :

– **vous voulez passer un an en Allemagne :** la manière la plus simple d'étudier un an en Allemagne est de réaliser un échange dans le cadre de la formation que vous suivez en France. Le premier interlocuteur à contacter est le service international ou scolarité de votre établissement pour connaître les programmes d'échange auxquels vous pouvez prendre part ;

– **vous souhaitez réaliser plusieurs années d'études en Allemagne :** si vous souhaitez étudier au-delà d'un an en Allemagne, c'est-à-dire construire votre parcours universitaire en fonction de la langue allemande, deux options sont possibles :

- choisir un parcours bilingue en suivant un cursus de l'UFA (Université franco-allemande, voir pages 414-415),
- vous inscrire directement dans un établissement d'enseignement supérieur en Allemagne.

Dans les deux cas, vous devrez avoir réussi le test DaF (Deutsch als Fremdsprache) en allemand, voir page 414.

Vous étiez préalablement élève ou étudiant en Allemagne

Si vous avez suivi votre parcours scolaire en Allemagne, vos possibilités de vous inscrire pour des études supérieures dépendent du diplôme que vous avez passé :

– **vous avez l'Abitur :** en possession de l'Abitur – « Allgemeine Hochschulreife » qui est l'équivalent du baccalauréat – vous pouvez vous inscrire à l'université ou dans une école supérieure spécialisée (Fachhochschule) de votre choix. Certaines filières sont cependant très sélectives avec l'existence d'un numerus clausus (cf. *infra*). NB : l'AbiBac ou le bac franco-allemand permettent également de s'ins-

crire à l'université allemande, comme dans une école supérieure spécialisée ;
- **vous avez un bac professionnel (Fachabitur) :** le bac professionnel (Fachhochschulereife) – appelé « Fachabitur » parfois à l'oral – qui sanctionne la fin des études professionnelles, permet de s'inscrire dans toutes les écoles supérieures spécialisées (Fachhochschulen) et dans certaines universités. Chaque université fixe ses critères.

Vous reprenez des études en Allemagne

Que vous travailliez en Allemagne ou que vous ayez suivi votre conjoint, pour vous inscrire dans un établissement, vous devez être titulaire du baccalauréat et avoir réussi le test Daf (Deutsch als Fremdsprache) en allemand (voir ci-dessous) pour vous inscrire dans un établissement d'enseignement supérieur.

A. Faire reconnaître ses études en France

Si vous voulez poursuivre ou reprendre des études en Allemagne sans recommencer au niveau de la première année, vous devrez demander à être dispensé des premières années d'études auprès de l'établissement visé. Il existe des accords entre les deux pays pour faciliter la mobilité (voir *infra*). Les dispenses ne sont cependant pas accordées de manière automatique.

B. Déduire ses frais de formation de ses impôts

Pour les salariés, il n'existe pas de congé individuel de formation comme en France, mais vous pouvez déduire de vos revenus imposables les coûts de la formation suivie dans le cadre d'un projet professionnel si la formation n'est pas financée par votre entreprise.

> **Où trouver des informations complémentaires ?**
>
> – Pour les sciences, lettres et arts, sciences humaines : « Accord entre le gouvernement de la République française et le gouvernement de la République fédérale d'Allemagne sur les dispenses de scolarité, d'examens et de diplômes pour l'admission aux études universitaires dans le pays partenaire » du 10 juillet 1980 (texte français / texte allemand).
> – Pour les sciences économiques, gestion et sciences politiques et juridiques. Accord additionnel signé le 27 octobre 1986 qui donne des précisions sur l'application du premier accord dans le domaine des études en (texte français / texte allemand).
> – Pour les formations technologiques supérieures et les sciences de l'ingénieur : un deuxième accord supplémentaire a été signé pour élargir et préciser l'application du premier accord à ces domaines (texte français / texte allemand).
> Le texte complet de ces accords est disponible en français et en allemand sur le site du Daad : Office allemand des échanges universitaires (Deutscher Akademischer Austausch Dienst) : *http://paris.daad.de*, rubrique « Études en Allemagne » puis « Reconnaissance de diplômes en Allemagne ».
> – Présentation de la formation professionnelle en Allemagne sur le site *www.centre-inffo.fr* (site en français).

À qui s'adresser ?

Il existe plusieurs organismes de référence pour trouver des informations sur la réalisation d'études supérieures en Allemagne :
– **l'Office allemand des échanges universitaires** (Deutscher Akademischer Austausch Dienst), appelé aussi Daad, est la représentation de l'enseignement supérieur allemand en France. Cet organisme renseigne les étudiants français qui souhaitent poursuivre des études en Allemagne. Le site internet est très complet et les questions complémentaires peuvent être posées par téléphone et mail : *http://paris.daad.de* (site en français). À lire : le guide « L'Allemagne au quotidien, guide à l'intention des étudiants étrangers » (en français) ;
– **le site Studienwahl (Choix des études) :** ce site est réalisé par les Länder et l'Agence nationale pour l'emploi (Bundesagentur für Arbeit) ; il propose une information complète en français sur les différents types de diplômes délivrés par les établissements d'enseignement supérieur et l'organisation des études par discipline (médecine et santé, sciences sociales, sciences de l'ingénieur…). À la différence du site du Daad, il s'adresse en priorité à des personnes vivant déjà en Allemagne. Cependant, il est également utile à des étudiants français souhaitant

venir étudier en Allemagne. Pour plus de renseignements : *www.studienwahl.de* (site en français).

2. L'enseignement supérieur en Allemagne

Le paysage de l'enseignement supérieur allemand est composé d'universités et d'écoles supérieures spécialisées. L'enseignement supérieur est une compétence des Länder. Chaque Land a sa propre organisation et il peut exister des différences importantes entre les universités.

Les universités et les écoles supérieures spécialisées

Il existe deux types principaux d'établissements en Allemagne : les universités et les écoles supérieures spécialisées (Fachhochschulen). Les 350 établissements d'enseignement supérieur sont répartis dans 170 villes. Il existe à côté de ces deux principales filières des établissements spécifiques pour certaines disciplines comme les beaux-arts, la musique, le cinéma ou le théâtre.

A. Les universités

Les universités accordent une grande place à la recherche fondamentale et appliquée. Certaines disciplines sélectionnent leurs étudiants à partir de leur note à l'Abitur ou bien à partir de dossiers de motivation.

La structure des études sous le format LMD (Licence Master Doctorat), institué par les accords de Bologne, se développe actuellement dans les universités allemandes, même si les autres diplômes continuent à exister pour le moment. Les études durent au minimum 3 à 5 ans pour acquérir une qualification professionnelle. Elles sont souvent plus longues.

B. Les écoles supérieures spécialisées (Fachhochschulen)

L'enseignement y est dispensé en petits groupes et largement tourné vers la pratique professionnelle. Les cursus sont plus courts qu'à l'université. Il est possible d'acquérir une qualification professionnelle en trois ou quatre ans. Les cursus comprennent souvent des semestres d'expérience en entreprise (Praxissemester/Praktikum).

> **Où trouver des informations complémentaires ?**
>
> Consultez la brochure en français « Les Fachhochschulen en Allemagne » réalisée par le ministère fédéral de l'Éducation et de la Recherche (Bundesministerium für Bildung und Forschung) : *www.bmbf.de* (site en allemand et en anglais).
> Rubrique « Service », puis « Publikationen », puis « Hochschulbereich ». Accès direct au document : *www.bmbf.de/pub/les_fachhochschulen_en_allemagne_2005.pdf*.

C. Où étudier quelle matière ?

	À l'université	Dans une école supérieure spécialisée (Fachhochschule)
Médecine	*	
Santé et thérapie		*
Sciences exactes	*	
Sciences de l'ingénieur	*	*
Architecture	*	*
Les lettres	*	
Les sciences humaines	*	
Les sciences sociales	*	*
Le droit	*	
Les sciences économiques	*	*
Les sciences agronomiques	*	
La théologie	*	
L'administration	*	*
Les mathématiques	*	*
L'informatique	*	*
Et aussi : les techniques d'information et de communication, l'art, le design et la restauration, la traduction, la muséologie, la bibliothéconomie, le commerce du livre et l'édition.		*

Source : Daad : http://paris.daad.de.

Il existe également en Allemagne des écoles supérieures privées (private Hochschulen) notamment dans les domaines du management, de la communication, des télécoms, de l'informatique. Les frais de scolarité sont élevés par rapport aux établissements d'enseignement supérieur publics.

Pour plus de renseignement, rendez-vous sur le site de l'Association des écoles supérieures privées (Verband der Privaten Hoschschulen) : *www.private-hochschulen.net* (site en allemand), rubrique « Die Mitglieder » (les membres).

Des *numerus clausus* pour certaines disciplines

Certaines filières font l'objet d'un numerus clausus, c'est-à-dire que l'université fixe un nombre de places limitées pour s'inscrire dans la filière. Les matières concernées par les numerus clausus peuvent être la médecine, la biologie, la pharmacologie, mais les filières soumises au numerus clausus varient d'une université à l'autre et d'une année à l'autre. La sélection peut se faire en fonction des notes de l'Abitur ou encore sur dossier.

> **Où trouver des informations complémentaires ?**
>
> Renseignez-vous directement auprès de l'établissement universitaire visé ou adressez-vous à l'office central pour l'attribution des places à l'Université (Zentralstelle für die Vergabe von Studienplätzen) pour les candidats issus de l'espace économique européen : *www.hochschulstart.de*.

Comment trouver une formation ?

Si la formation que vous cherchez est rare et n'est pas dispensée par tous les établissements, vous pouvez recourir à un moteur de recherche spécialisé, appelé « l'atlas des cursus d'études » (Hochschulkompass) qui répertorie toutes les filières possibles. Consultez le site internet de l'atlas des cursus d'études : *www.hochschulkompass.de* (site en allemand).

▬ Classement des universités allemandes

Outre les classements internationaux des universités, qu'il est toujours utile de consulter, vous pouvez aussi consulter les deux classements de référence en Allemagne, l'un dédié à l'enseignement supérieur et l'autre à la recherche. Se renseigner sur la cote de la formation suivie est d'autant plus important que vous envisagez des études longues en Allemagne.

Le classement dédié à **l'enseignement supérieur** est réalisé par le CHE (Centrum für deutsche Hochschulentwicklung) et le magazine Stern auprès de 16 000 professeurs d'universités et 300 000 étudiants de 110 universités et de 145 écoles supérieures (Hochschulen) : *www.che-ranking.de* (en allemand et en anglais).

Le classement dédié à **la recherche** est réalisé par la Fondation allemande pour la recherche (DFG) : *www.dfg.de/ranking* (en allemand et en anglais).

3. Niveau d'allemand exigé et reconnaissance du niveau d'études en France

Le niveau requis pour suivre des études en Allemagne est celui du test DaF (Deutsch als Fremdsprache) ou de l'examen DSH (Deutsche Sprachprüfung für den Hochschulzugang).

Les établissements peuvent fixer des critères spécifiques, mais d'une façon générale, il faut avoir obtenu le niveau intermédiaire du test DaF, soit le niveau TDN-4 pour le DaF, ce qui correspond au niveau DSH-2 pour l'examen DSH. Ces deux résultats correspondent au niveau C1 du CECR (cadre européen commun de référence), soit un niveau d'utilisateur expérimenté de la langue.

Dans le cadre de certains échanges universitaires, les exigences sur les niveaux des langues peuvent être plus souples. Si vous suivez une formation dispensée en langue anglaise, le niveau exigé pour la langue allemande peut être également plus conciliant.

> ## Un cursus entièrement bilingue avec l'université franco-allemande
>
> L'UFA (université franco-allemande) est un réseau de 162 établissements en France et en Allemagne qui proposent des cursus qui se déroulent dans les deux pays, dans les deux langues et aboutissent à un double diplôme (un diplôme français et un diplôme allemand). Les cursus proposés sont très variés : sciences de l'ingénieur, économie et gestion, droit, sciences humaines et sciences sociales... Les étudiants ne versent des frais de scolarité que dans un pays. Des aides à la mobilité sont proposées pour financer les séjours et les déplacements à l'étranger des étudiants de ces cursus. En termes de niveau d'allemand exigé, le test DaF est requis pour postuler, mais des exceptions sont possibles en fonction des filières.

Questions à Jochen Hellman, secrétaire générale de l'Université franco-allemande
Quel est le profil des étudiants de l'UFA ?
Les 5 000 étudiants de l'UFA sont des jeunes très motivés par une carrière franco-allemande ou internationale. À la différence d'un séjour d'une année dans un pays étranger, ils réalisent la moitié de leur cursus dans un pays et la moitié dans l'autre pays.
Qu'apporte un cursus à l'UFA ?
En étudiant une discipline dans deux univers académiques différents, les étudiants sont d'abord étonnés puis s'enrichissent de ces deux bains culturels. En France, la mémorisation des données est très importante, en tout cas jusqu'à la licence. En Allemagne, le développement d'un esprit critique, y compris à l'encontre de l'enseignement délivré fait partie des objectifs pédagogiques. Le fait d'évoluer et de se développer au contact de ces deux cultures est une qualité très recherchée par les employeurs qui souhaitent des profils pour travailler dans une équipe multiculturelle.
Quel est le niveau exigé pour intégrer l'UFA ?
Si le dossier de l'étudiant doit être excellent, le niveau d'allemand peut être rapidement rattrapé pour des candidats motivés. Ce n'est pas un critère discriminant à l'entrée. Ensuite, il est certain qu'il faut s'y mettre plus que sérieusement. Des préparations linguistiques sont prévues avant le départ dans le pays étranger.
Pour en savoir plus : Université franco-allemande, *www.dfh-ufa.org* (site en français)

4. Coût des études, inscriptions et bourses

Le coût des études et les modalités d'inscriptions sont très différents selon que vous réalisez une année d'échange dans le cadre d'une formation en France ou non.

▄▄▄ Vous réalisez des études en dehors d'un échange

A. Droits universitaires

Depuis quelques années, les universités allemandes ont instauré des droits universitaires (Studiengebühren ou Studienbeiträge). Le montant de ces droits varie d'un Land à l'autre. À la rentrée 2010, la majorité des frais universitaires avoisinaient 500 € par semestre. Ces sommes comprennent un titre de transport pour les transports en commun de la ville et de la région.

> **Où trouver des informations complémentaires ?**
>
> Le site « Studis-online » tient à jour un tableau des frais universitaires demandés dans chaque Land.
> Studis-online : www.studis-online.de (site en allemand). Rubrique « Studiengebühren ».
> Le tableau comparatif est également disponible en anglais. Pour le trouver, taper « fees » dans le moteur de recherche pour lire l'article intitulé « Tuition fees in Germany ».

B. Modalités d'inscription

Plus d'une centaine d'universités ont créé un dispositif commun (uni-assist) pour l'inscription des candidats internationaux aux études supérieures en Allemagne hors échanges universitaires.
Quand s'adresser à ce service ?
– si l'université choisie est rattachée au service uni-assist (liste disponible sur le site) ;
– si vous êtes titulaire d'un diplôme de fin d'études secondaires obtenu à l'étranger (baccalauréat, le High School Diploma, A-levels etc.) ;
– si vous n'avez pas encore suivi d'études supérieures en Allemagne ;
– pour certaines disciplines spécifiques [clôturées par un Master] où uni-assist est responsable de l'examen des candidatures.

Le coût du service en 2010 était de 30 € pour les étudiants ressortissants de l'UE pour l'inscription à un semestre dans une université et 15 €supplémentaires par université et par trimestre supplémentaire en cas de demande d'inscription multiple.

C. Bourses pour les résidents en Allemagne

Les jeunes Français (ou ressortissants de l'Union européenne) résidant en Allemagne (si leurs parents y sont également installés) peuvent bénéficier des bourses du système allemand s'ils répondent aux critères de revenus du dispositif et ne bénéficient pas de bourses en France. La loi sur les bourses étudiantes est intitulée « BAföG » (Bundesausbildungsförderungsgesetz).

> **Où trouver des informations complémentaires ?**
> – Sur le site Studienwahl : *www.studienwahl.de* (site en français), rubrique « Étudiants étrangers », puis « Possibilités de subventions ».
> – Sur le site des associations étudiantes (Studienwerk) : *www.studentenwerke.de* (site en allemand), rubrique « Internationales », puis « BAföG im Ausland ».

■ Vous réalisez un échange universitaire

Dans le cadre d'un échange universitaire de type Erasmus, vous n'avez pas à verser de droits universitaires à l'université d'accueil en Allemagne. Vous réglez simplement vos droits à l'université ou à l'établissement dans lequel vous êtes inscrit en France. Il est également possible de solliciter des aides (différentes des bourses sous conditions de revenus) pour les frais engendrés par le séjour à l'étranger.

Erasmus est un programme d'échange entre établissements universitaires qui permet de passer une année universitaire dans un établissement allemand, partenaire de l'établissement français.

Les informations sur les échanges Erasmus sont disponibles auprès du service international de votre établissement. Les inscriptions au programme sont également gérées par ce dernier (vous trouverez des informations générales sur le programme Erasmus sur le site de l'agence 2E2F (Europe Education Formation France), ex-agence Socrates-Leonardo : *www.europe-education-formation.fr*, rubrique « Erasmus »).

Les bourses pour étudier en Allemagne

L'interlocuteur de référence sur le sujet des bourses pour étudier en Allemagne est l'Office allemand des échanges universitaires (Deutscher Akademischer Austausch Dienst – Daad). Il propose un grand nombre de bourses. Elles s'adressent principalement à des étudiants souhaitant étudier en Allemagne au niveau Master 1 et Master 2. Des compétences linguistiques de haut niveau sont demandées. Le Daad propose également des bourses pour des cours de langues en Allemagne, ainsi que de nombreuses bourses de recherche.

Le Daad publie également chaque année en octobre une brochure intitulée « Bourses d'études et de recherche en Allemagne ». Ce document en français détaille les bourses d'études et de recherche du Daad ainsi que de tous les autres programmes proposés par différents organismes franco-allemands. Toutes les informations sont également disponibles sur Internet : *http://paris.daad.de*, rubrique « Bourses ».

Lexique

Akademisches Auslandsamt (AAA) : service des étudiants étrangers. C'est l'interlocuteur des étudiants étrangers sur les campus allemands. Ils sont spécialisés dans la réponse aux difficultés rencontrées par les étudiants étrangers
Allgemeiner Studierendenausschuss (AstA) ou encore Unabhängiger Studierendenausschuss (Usta) ou StudentInnenrat (StuRa) : associations étudiantes qui défendent leurs intérêts et les renseignent sur les aspects pratiques (cours, jobs, logement...)
Aufbaustudium : troisième cycle de formation à l'université
Bildung : éducation
Daad Deutscher Akademischer Austausch Dienst : Office allemand des échanges universitaires
Deutsche Sprachprüfung für den Hochschulzugang (DSH) : examen de connaissance de la langue allemande conditionnant l'accès des étrangers à l'enseignement supérieur en Allemagne
Fachabitur : bac professionnel
Fachbereich : association des étudiants par département
Fachhochschulereife : bac professionnel
Fachhochschule : école supérieure spécialisée
Fachschaft : association des étudiants d'une même discipline
Forschung : recherche
Hochschulkompass : atlas des cursus d'études
Grundstudium : premier cycle de formation à l'université
Hauptstudium : deuxième cycle de formation à l'université
Praxissemester : semestre de stage en entreprise
Praktikum : stage en entreprise
Private Hoschschule : école supérieure privée
Semesterticket : titre de transport semestriel pour les étudiants
Staatsexamen : examen d'État, diplôme délivré aux futurs enseignants, médecins, pharmaciens ou encore juristes
Studentenwerk (Deutches Studentenwerk) : service allemand des étudiants. C'est l'équivalent du CROUS (Centre régional des oeuvres universitaires et scolaires). Ce service des étudiants gère les restaurants et les résidences universitaires : www.studentenwerke.de (site en allemand et en anglais)
Studiengebühren ou Studienbeiträge : droits universitaires
Test DaF (Deutsch als Fremdsprache) : test d'allemand langue étrangère utilisé pour tester le niveau des étudiants étrangers souhaitant s'inscrire à l'université
UFA : Université franco-allemande
Zentralstelle für die Vergabe von Studienplätzen : office centrale pour l'attribution des places à l'Université

Chapitre 24

Quitter l'Allemagne : check-list

Voici une check-list des principales démarches à effectuer lorsque vous quittez l'Allemagne pour la France ou un autre pays.

Domaine	Démarche	Commentaire	Informations complémentaires
Logement	Résilier son bail	Vous devez informer votre propriétaire le plus souvent par courrier avec accusé de réception en respectant un délai de préavis de 3 mois. La procédure de résiliation de votre bail immobilier se trouve normalement inscrite dans celui-ci.	Chapitre 9, page 203
Registre des habitants	Se désinscrire de la commune d'habitation (Abmeldung)	Que vous déménagiez pour la France ou en Allemagne, vous devez prévenir votre commune de résidence qui vous communiquera une attestation de désinscription (Abmeldung). Les formalités sont à réaliser auprès du même service où vous aviez déclaré votre résidence (Anmeldung). En les réalisant en avance, cela vous permettra de fournir le document de désinscription (Abmeldung) à vos différents interlocuteurs (fournisseur, assureur...).	Chapitre 8, page 180
Eau, électricité, téléphone et câble	Résilier les contrats de services	Nous vous conseillons de prévenir les compagnies qui vous fournissent ces services au moins 3 mois avant votre départ par courrier recommandé. Vous recevrez alors une confirmation de vos fournisseurs, ainsi que les différentes formalités à suivre pour l'arrêt du service. Un déménagement à l'étranger ne devrait pas poser de problème particulier, mais certaines compagnies vous demanderont de leur fournir une copie de votre attestation de désinscription (Abmeldung), lire ci-dessus, afin de vérifier que vous avez effectivement quitté votre logement.	

Domaine	Démarche	Commentaire	Informations complémentaires
Téléphone portable	Résilier son contrat	La résiliation d'un contrat de téléphone portable ne peut s'effectuer qu'à date anniversaire du contrat (12, 24, 36 ou 48 mois). Vous devez envoyer votre courrier généralement 3 mois avant cette date anniversaire. Dans le cas d'un départ de l'Allemagne, votre opérateur ne vous demandera pas de respecter la date d'anniversaire, cependant une copie de votre « Abmeldung » peut vous être demandée comme preuve.	
Assurances	Résilier vos contrats d'assurance	Le départ à l'étranger constitue une raison valable de rupture de contrat d'assurance. Nous vous conseillons, là aussi, d'en informer les différents prestataires au moins 3 mois avant votre départ par courrier avec accusé de réception. Une fois la résiliation effective, vous recevrez normalement un remboursement du trop-perçu sur votre police. Pensez à réclamer à votre assureur automobile une attestation de votre bonus, si vous en possédez un. Celui-ci pourra vous être utile lors de la contraction d'une assurance pour votre véhicule en France.	
Assurance-maladie	Résilier votre contrat	Si vous êtes assuré auprès d'une caisse d'assurance-maladie publique, la fin de votre adhésion à l'assurance-maladie est associée à la fin de votre contrat de travail. Renseignez-vous auprès de votre caisse d'assurance-maladie pour savoir si la couverture est prolongée de quelques mois au cas où votre contrat de travail ne démarre pas tout de suite en France (ou dans un autre pays). Si vous êtes assuré auprès d'une caisse d'assurance-maladie privée, vous devez contacter votre caisse pour connaître les modalités à accomplir pour résilier votre contrat. Un départ vers l'étranger est un mobile valable, mais plusieurs mois de préavis peuvent être exigés.	
Impôts	Annoncer votre départ	Contactez l'administration fiscale (Finanzamt) de laquelle vous dépendez pour annoncer votre nouvelle adresse. Cette démarche est à réaliser un à deux mois avant votre départ.	
Redevance télévision et radio	Se désinscrire	Vous pouvez télécharger sur le site de la redevance télévision et radio (GEZ) le formulaire pour vous désinscrire (abmelden). À vous de l'envoyer ensuite par voie postale ou par fax. Désinscrivez-vous plus d'un mois avant votre départ, car tout mois commencé est dû intégralement.	Chapitre 14, page 281
Registre des Français installés hors de France	Indiquer les changements	Que vous rentriez en France ou déménagiez dans un autre pays, vous avez intérêt à faire enregistrer ces changements auprès du registre des Français installés hors de France.	Chapitre 8, page 180
Allocations familiales	Annoncer votre départ	Prévenez la caisse d'allocations familiales (Familienkasse) de votre départ plusieurs mois avant la date, afin qu'ils puissent faire cesser les virements en temps voulu.	

QUITTER L'ALLEMAGNE : CHECK-LIST

Domaine	Démarche	Commentaire	Informations complémentaires
Banque	Clôturer votre compte	Clôturer son compte n'est pas une priorité, car vous pouvez en avoir encore besoin pour des transferts financiers et des trop-perçus. Nous vous conseillons de conserver votre compte plusieurs mois après votre départ.	
Retraite obligatoire		Vous n'avez pas de formalités particulières à accomplir. Au moment de prendre votre retraite, la caisse de retraite compétente contactera les différentes caisses européennes auxquelles vous avez cotisé. Par précaution, veillez à conserver les justificatifs de cotisation que vous envoie la caisse de retraite allemande.	Chapitre 16, page 315
Retraite facultative		Si vous avez souscrit des plans d'épargne retraite, qu'ils soient individuels ou réalisés dans le cadre de votre entreprise, vous devez vous renseigner pour savoir quelles sont les clauses de sortie et quelle est la meilleure option pour vous : clôturer ces plans ou continuer à les abonder.	Chapitre 16, page 314
Suivi du courrier		La Deutsche Post propose un service de suivi de courrier (Nachsendeservice) pendant une année après le déménagement. Il est préférable de s'en occuper deux à trois semaines avant et au minimum une semaine avant. Informations : *www.deutschepost.de*. Rubrique « Private Post », puis « Service & Beratung », puis « Umzugservice ».	
Voiture		Si vous souhaitez ramener votre véhicule immatriculé en Allemagne en France, vous pouvez demander des plaques d'immatriculation provisoires encore appelées plaques export (Ausfuhrkennzeichen). La demande se fait auprès du bureau d'immatriculation (Kfz-Zulassungsstelle) à qui vous indiquerez également que vous ne résiderez plus en Allemagne, afin de ne plus verser la taxe automobile (Kfz-Steuer) l'année qui suit votre départ.	Chapitre 13, page 253

Où trouver des informations complémentaires ?

- La Deutsche Post propose un site dédié au déménagement avec de nombreuses informations sur le déménagement en Allemagne et vers l'étranger : *www.umziehen.de* (en allemand).
- Si vous avez des questions au moment de la résiliation d'un contrat ou pour le rapatriement de votre voiture en France, le centre européen des consommateurs est une association franco-allemande qui peut vous aider (à titre gracieux) à trouver des solutions aux problèmes que vous rencontrez : *www.europe-consommateurs.eu* (en français).

ANNEXES

1. Foire aux questions

2. Carnets d'adresses

Annexe 1
Foire aux questions

Voici une liste de questions sur l'Allemagne, qui sera complétée régulièrement sur le site *www.travailler-en-allemagne.com*.
N'hésitez pas à nous faire part de vos questions complémentaires.

1. Quels sont les anciens et les nouveaux Länders allemands ?

Les nouveaux Länder sont les Länder issus de l'ex-RDA (République démocratique d'Allemagne), dite « Allemagne de l'Est ».

Berlin	*www.berlin.de*
Brandebourg (Brandenburg)	*www.brandenburg.de* (site en anglais)
Le Mecklembourg-Poméranie-Occidentale (ou antérieure) (Mecklenburg Vorpommern)	*www.mecklenburg-vorpommern.eu* (site en allemand et en anglais)
La Saxe (Sachsen)	*www.sachsen.de* (site en français)
La Saxe-Anhalt (Sachsen-Anhalt)	*www.sachsen-anhalt.de* (site en français)
La Thuringe (Thüringen)	*www.thueringen.de* (site en français)

Les anciens Länder sont les Länder issus de la RFA (République fédérale d'Allemagne), dite auparavant « Allemagne de l'Ouest ».

Le Bade-Wurtemberg (Baden-Württemberg)	*www.baden-wuerttemberg.de* (site en français)
La Bavière (Bayern)	*www.bayern.de*
Brême (Bremen)	*www.bremen.de* (site en anglais)
Hambourg (Hamburg)	*www.hamburg.de* (site en anglais)
La Hesse (Hessen)	*www.hessen.de* (site en allemand)
La Rhénanie du Nord-Westphalie (Nordrhein-Westfalen)	*www.nrw.de* (site en allemand)
La Rhénanie-Palatinat (Rheinland-Pfalz)	*www.rheinland-pfalz.de* (site en français)
La Sarre (Saarland)	*www.saarland.de* (site en français)
La Basse-Saxe (Niedersachsen)	*www.niedersachsen.de* (site en français)
Le Schleswig-Holstein	*www.schleswig-holstein.de* (site en français)

A N N E X E S

2. Où trouver un professionnel francophone ?

A. Un avocat francophone

– Consultez la liste des avocats francophones mise en ligne par les services consulaires français : *www.botschaft-frankreich.de*
Coordonnées complètes des services consulaires, page 433.
– Sur le site de l'ordre fédéral des avocats (Bundesrechtsanwaltskammer – BRAK), vous pouvez accéder aux sites des différents barreaux (Regionale Kammern). Chaque barreau offre un service de recherche d'avocats (Anwaltssuche), où il est possible d'indiquer la langue parlée (Fremdsprache) et la spécialité (Fachanwaltstitel ou Fachgebiet).
Site : *www.brak.de* (en allemand).

B. Un médecin francophone

– Consulter la liste des médecins francophones mis en ligne par les services consulaires français : *www.botschaft-frankreich.de*.
– Contactez les associations de Français et francophones en Allemagne.
– Le site de l'Ordre fédéral des médecins (Bundesärztekammer) vous oriente vers les sites des ordres régionaux des médecins : *www.bundesarztekammer.de* (site en allemand). Rubrique « Arztsuche ».

C. Un notaire francophone en Allemagne

– Consultez la liste des notaires francophones sur les sites Internet des services consulaires français en Allemagne : *ww.botschaft-frankreich.de*.
– La chambre fédérale des notaires d'Allemagne propose un annuaire des notaires allemands pouvant lire et/ou rédiger des actes en langues étrangères, dont le français, sur le site : *www.deutsche-notarauskunft.de*.

D. Un traducteur ou un interprète ?

Les sites Internet des consulats généraux réalisent une liste des traducteurs et interprètes assermentés. Les documents juridiques traduits par ces derniers ont force juridique dans la langue dans laquelle ils sont traduits : site à consulter : *www.botschaft-frankreich.de*.

> **Où trouver des statistiques
> et des textes juridiques sur l'Allemagne ?**
>
> – Statistiques sur l'Allemagne en français : *www.insee.fr/fr/regions/alsace*, rubrique « STAT'Suisse Allemagne ».
> – Textes de loi allemands sur le site du ministère de la Justice (Bundesministerium der Justiz) : *www.gesetze-im-internet.de* (site en allemand).
> – La loi fondamentale pour la République fédérale d'Allemagne en français est sur le site du gouvernement fédéral : *www.bundesregierung.de*, rubrique « Français », puis « La loi fondamentale ».

3. Des questions sur la langue allemande

A. Quel dictionnaire franco-allemand utilisé sur Internet ?

Le plus connu et le plus utilisé est le dictionnaire LEO qui propose un dictionnaire français-allemand agrémenté de forums pour discuter des différents usages possibles.

Pour en savoir plus : *http://dict.leo.org*.

B. Comment traduire un texte en allemand sur Internet ?

Cette aide n'est pas comparable en qualité avec les services d'un traducteur, mais peut être utile pour décrypter quelques textes :
– *www.google.fr/language_tools*
– *www.reverso.net*
– *www.systranet.fr*
– *www.lexilogos.com* (rubrique « Traduction »)
– *www.freetranslation.com*
– *www.pons.eu*

ANNEXES

Annexe 2
Carnet d'adresses

Nous vous communiquons ici les coordonnées de nombreuses institutions et organisations qui vous seront utiles lors de votre installation et votre séjour en Allemagne : institutions allemandes, organismes franco-allemands, institutions françaises, associations ou réseaux de Français en Allemagne, associations professionnelles spécialisées, institutions de recherche...

1. Les institutions allemandes

A. Le gouvernement fédéral et les ministères fédéraux

Gouvernement et ministères	Site internet
Le gouvernement fédéral (die Bundesregierung)	www.bundesregierung.de (site en français)
Ministère fédéral des Affaires étrangères (Auswärtiges Amt)	www.auswaertiges-amt.de (site en français)
Ministère fédéral de l'Intérieur (Bundesministerium des Innern)	www.bmi.bund.de (site en allemand et en anglais)
Ministère fédéral de la Justice (Bundesministerium der Justiz)	www.bmj.bund.de (site en allemand et en anglais) Site du ministère : la loi en ligne (Gesetze im Internet) : www.gesetze-im-internet.de
Ministère fédéral des Finances (Bundesministerium der Finanzen)	www.bundesfinanzministerium.de (site en allemand et en anglais) Site du ministère la douane en ligne : www.zoll.de (site en français)
Ministère fédéral de l'Économie et de la Technologie (Bundesministerium für Wirtschaft und Technologie)	www.bmwi.bund.de (site en français) Site du ministère : portail de la création d'entreprise : www.existenzgruender.de (site en français)
Ministère fédéral du Travail et des Affaires sociales (Bundesministerium für Arbeit und Soziales)	www.bmas.bund.de (site en allemand)
Ministère fédéral de l'Alimentation, l'Agriculture et de la Protection des Consommateurs (Bundesministerium für Ernährung, Landwirtschaft und Verbraucherschutz)	www.bmelv.de (site en allemand et en anglais)
Ministère fédéral de la Défense (Bundesministerium der Verteidigung)	www.bmvg.de (site en français)

429

Ministère fédéral de la Famille, des Personnes âgées, de la Femme et de la Jeunesse (Bundesministerium für Familie, Senioren, Frauen und Jugend)	www.bmfsfj.de (site en allemand)
Ministère fédéral de la Santé (Bundesministerium für Gesundheit)	www.bmg.bund.de (site en allemand et en anglais)
Ministère fédéral des Transports, de la Construction et des Affaires urbaines (Bundesministerium für Verkehr, Bau und Stadtentwicklung)	www.bmvbs.de (site en allemand et en anglais)
Ministère fédéral de l'Environnement, de la Protection de la Nature et de la Sécurité atomique (Bundesministerium für Umwelt, Naturschutz und Reaktorsicherheit)	www.bmu.de (site en allemand et en anglais)
Ministère fédéral de l'Éducation et de la Recherche (Bundesministerium für Bildung und Forschung)	www.bmbf.de (site en allemand et en anglais)
Ministère fédéral de la Coopération économique et du Développement (Bundesministerium für wirtschaftliche Zusammenarbeit und Entwicklung)	www.bmz.de (site en anglais et en allemand)

B. Les institutions fédérales allemandes

Institutions fédérales	Sites internet
L'assurance pension allemande (Deutsche Rentenversicherung)	www.deutsche-rentenversicherung-bund.de (site en français)
L'agence fédérale pour l'emploi (Bundesagentur für Arbeit)	www.arbeitsagentur.de (site en allemand)
L'office allemand d'échanges universitaires (Deutscher Akademischer Austausch Dienst)	www.daad.de (site en français) Représentation de l'enseignement supérieur allemand en France
Centrale allemande du tourisme (Deutsche Zentrale für Tourismus)	www.allemagne-tourisme.com (site en français)
Office fédéral pour la circulation des véhicules à moteur (Dienstleistungsbehörde Kraftfahrt-Bundesamt / KBA)	www.kba.de (site en allemand et en anglais)

C. Les Länder et les grandes villes allemandes

Länder	Site internet du länder	Capitale du länder	Site internet de la capitale	Grandes villes du länder	Site internet des grandes villes
Le Bade-Wurtemberg (Baden-Württemberg)	www.baden-wuerttemberg.de (site en français)	Stuttgart	www.stuttgart.de (site en anglais)		
La Bavière (Bayern)	www.bayern.de	Munich (München)	www.muenchen.de (site en français)		
Berlin	www.berlin.de À télécharger : le guide « Bienvenue à Berlin » en français				

ANNEXES

Brandebourg (Brandenburg)	www.brandenburg.de (site en anglais)	Postdam	www.postdam.de (site en anglais)		
Brême (Bremen)	www.bremen.de (site en anglais)				
Hambourg (Hamburg)	www.hamburg.de (site en anglais)				
La Hesse (Hessen)	www.hessen.de (site en allemand)	Wiesbaden	www.wiesbaden.de (site en anglais)	Franfort-sur-le-Main (Frankfurt am Main)	www.frankfurt.de (site en français)
Le Mecklembourg-Poméranie occidental (ou antérieure) (Mecklenburg Vorpommern)	www.mecklenburg-vorpommern.eu (site en allemand et en anglais)	Schwerin	www.schwerin.de (site en anglais)		
La Rhénanie-du-Nord-Westphalie (Nordrhein-Westfalen)	www.nrw.de (site en allemand)	Düsseldorf	www.duesseldorf.de (site en anglais)	Cologne (Köln) Dortmund Essen	www.koeln.de (site en allemand) www.dortmund.de (site en français) www.essen.de (site en anglais)
La Rhénanie-Palatinat (Rheinland-Pfalz)	www.rheinland-pfalz.de (site en français)	Mayence (Mainz)	www.mainz.de (site en français)		
La Sarre (Saarland)	www.saarland.de (site en français)	Sarrebruck (Saarbrücken)	www.saarbruecken.de (site en français)		
La Saxe (Sachsen)	www.sachsen.de (site en français)	Dresde (Dresden)	www.dresden.de (site en anglais)	Leipzig	www.leipzig.de (site en français)
La Saxe-Anhalt (Sachsen-Anhalt)	www.sachsen-anhalt.de (site en français)	Magdebourg (Magdeburg)	www.magdeburg.de (site en français)		
La Basse-Saxe (Nieder Sachsen)	www.niedersachsen.de (site en français)	Hannovre (Hannover)	www.hannover.de (site en français)		
Le Schleswig-Holstein	www.schleswig-holstein.de (site en français)	Kiel	www.kiel.de (site en français)		
La Thuringe (Thuringen)	www.thueringen.de (site en français)	Erfurt	www.erfurt.de (site en français)		

D. Les institutions allemandes en France

– **L'ambassade d'Allemagne en France :** *www.paris.diplo.de*
– **Le Cidal** (Centre d'information et de documentation sur l'Allemagne) : *www.cidal.diplo.de* (en français)
Le Cidal est le centre d'informations de l'Ambassade d'Allemagne. Il est possible de s'y rendre sur place, à Paris, ou bien de poser des questions par téléphone ou par mail. Tél. : +33(0)1.44.17.31.31

E. Les sites Internet officiels sur l'Allemagne

– **Le portail franco-allemand :** *www.france-allemagne.fr* (en français)
Site d'actualité et d'informations réalisé par les ministères des Affaires étrangères français et allemands.

- **Le portail de l'Allemagne :** *www.deutschland.de* (en français)
  Annuaire des sites Internet allemands (Education, santé, culture, chiffres...) réalisé par le ministère fédéral des Affaires étrangères (Auswärtiges Amt).

2. Les organismes franco-allemands

- **Office franco-allemand de la jeunesse (OFAJ)**
  Deutsch-französisches Jugenwerk (AFJ)
  www.ofaj.org (en français)
- **L'Université franco-allemande (UFA)**
  Deutsch-französische Hochschule (DFH)
  www.dfh-ufa.org
- **Chambre franco-allemande de commerce et d'industrie**
  Deutsch-französische Industrie- und Handelskammer
  www.francoallemand.com (en français)

Pour les organismes de recherche, voir ci-dessous, page 441.

3. Les institutions françaises

A. Les institutions françaises pour les Français dans le monde

- **Ministère des Affaires étrangères et européennes :**
  www.diplomatie.gouv.fr
- **Maison des Français de l'étranger :** *www.mfe.fr*
  Service du ministère des Affaires étrangères et européennes qui informe les Français envisageant de partir vivre ou travailler à l'étranger.
  À consulter sur le site gratuitement :
  • « le livret du français à l'étranger » sur la page d'accueil ;
  • le dossier pays « Allemagne » dans la rubrique « Portails pays ».
- **Assemblée des Français de l'étranger :** *www.assemblee-afe.fr*
- **Site du Sénat pour les Français de l'étranger :** *www.expatries.senat.fr*

A N N E X E S

B. L'ambassade de France en Allemagne et les services consulaires

Les sites Internet des services consulaires français en Allemagne fournissent un grand nombre d'informations pratiques aux Français installés en Allemagne.

L'Ambassade de France à Berlin	Pariser Platz 5 - 10117 Berlin Tél. : [49] (30) 590 03 90 00 www.botschaft-frankreich.de
Les services consulaires et les consulats généraux	Services consulaires de l'Ambassade de France à Berlin Pariser Platz 5 - 10117 Berlin Entrée du public : Wilhelmstrasse 69) Tél. : [49] (30) 590 03 90 00 www.consulfrance-berlin.org consulat.berlin-amba@diplomatie.gouv.fr
	Consulat général de Düsseldorf Poststrasse 24 - 40213 Düsseldorf Tél. : [49] (211) 82 85 460 www.consulfrance-dusseldorf.org consulfrance-duesseldorf@t-online.de
	Consulat général de Francfort sur le Main Zeppelinallee 35 - 60325 Frankfurt am Main Tél. : [49] (69) 795 09 60 www.consulfrance-francfort.org mel.francfort-de@diplomatie.gouv.fr
	Consulat général de Hambourg Heimhuder Strasse 55 - 20148 Hamburg Tél. : [49] (40) 41 33 25 0 www.consulfrance-hambourg.org hamburg@botschaft-frankreich.de
	Consulat général de Munich Heimeranstrasse 31 - 80339 München Tél. : [49] (89) 41 94 110 www.consulfrance-munich.org muenchen@botschaft-frankreich.de
	Consulat général de Sarrebruck Am Ludwigsplatz 10 - 66117 Saarbrücken Tél. : [49] (681) 927 99 86 0 www.consulfrance-sarrebruck.org saarbruecken@botschaft-frankreich.de
	Consulat général de Stuttgart Diemershaldenstrasse 11 - 70184 Stuttgart Tél. : [49] (711) 239 25 50 www.consulfrance-stuttgart.org stuttgart@botschaft-frankreich.de

Il existe également des consuls honoraires dans les villes suivantes :
– Aix-la-chapelle (Aachen) ;
– Brême (Bremen) ;
– Cologne (Köln) ;
– Fribourg (Freiburg) ;
– Hannovre (Hannover) ;
– Mannheim (Mannheim) ;
– Nuremberg (Nürnberg) ;
– Sarrelouis (Sarrlouis).
Pour consulter leurs coordonnées : *www.botschaft-frankreich.de/konsulate*.

C. Les institutions culturelles françaises en Allemagne

– **Les instituts français**
Ce sont des services extérieurs de l'État français qui assurent de nombreuses missions : expositions, bibliothèques, cours de français, partenariats, théâtre, cinéma…
Où les trouver ? Berlin, Hambourg, Brême, Düsseldorf, Cologne, Mayence, Francfort, Munich, Dresde, Leipzig.
Site Internet : *www.institut-francais.fr*

– **Les centres culturels franco-allemands**
Leur rôle est proche de ceux des instituts français (organisation de cours de français), mais il s'agit ici d'organismes de droit local.
Où les trouver ? Aix la chapelle, Bonn, Erlangen, Essen, Fribourg, Karlsruhe, Rostock et Sarrebruck.
Site Internet : *www.institut-francais.fr*

– **Les antennes culturelles**
Ces structures organisent des événements culturels franco-allemands, mais ne dispensent pas de cours de français.
Où les trouver ? Erfurt, Hanovre, Kiel
Site Internet : *www.institut-francais.fr*

4. Les associations ou réseaux de Français et de francophones en Allemagne

A. Les accueils de Français et de francophones

Les accueils de Français et francophones sont des associations qui organisent des activités artistiques, sportives et culturelles ainsi que des rencontres conviviales… Ces associations regroupent des Français installés depuis longtemps en Allemagne, des « expatriés » venus pour quelques années, des ressortissants d'autres pays francophones, ainsi que des Allemands francophiles et francophones.

Activités et services : atelier photographie, cuisine, généalogie, initiation aux langues étrangères, rencontres de jeunes parents, guide pratique sur l'Allemagne et la ville, liste de babysitters, randonnées, bricolage, cercles de lectures, œnologie, visite de la ville, ateliers pour les enfants, visite en français d'expositions temporaires, chant…

ANNEXES

Structure : ces associations sont gérées et animées par leurs membres, tous bénévoles. Les accueils sont fédérés au sein de la FIAFE (Fédération internationale des accueils français et francophones à l'étranger). Les accueils ne fonctionnent qu'avec les cotisations.

Questions à Marie Cortey-Dumont, présidente de la FIAFE
Quelles sont les activités des accueils ?
Le cœur des activités est le même partout : informations pour les nouveaux arrivants, pot d'accueil, activités conviviales, cafés-rencontres… Certaines activités existent dans certaines villes et pas dans d'autres. Tout dépend des envies et du dynamisme des membres actifs.
Qui fréquente les accueils ?
Les âges sont assez variés selon les villes. On assiste à un fort rajeunissement de l'âge des membres en Allemagne.
Combien de membres y-a-t-il en moyenne ?
Chaque association en Allemagne compte entre 100 et 300 membres.
Les accueils sont-ils mixtes ?
Oui, à l'inverse de ce que beaucoup croient encore. Traditionnellement, les accueils étaient davantage des associations réunissant des femmes. Les choses ont changé. Les associations sont maintenant mixtes. Les statuts de la FIAFE ont changé il y a deux ans pour permettre aux hommes, ainsi qu'aux francophones, d'être élus dans le bureau de ces associations.
Quel est le tarif d'adhésion ?
Le tarif est fixé par les associations locales. Il varie selon les accueils et tourne autour de 30 €par année.

Où les trouver ?

Lieu	Land	Nom	Site	À savoir
Berlin	Berlin	Berlin Accueil	www.berlin-accueil.de	
Braunschweig	Basse-Saxe	Groupe contact de Braunschweig	www.fiafe.org	Structure légère qui informe les francophones mais ne propose pas autant d'activités régulières que les accueils
Cologne-Bonn	Rhénanie-du-Nord-Westphalie	Accueil des Français(es) Cologne-Bonn	www.accueil-koeln-bonn.de	
Düsseldorf	Rhénanie-du-Nord-Westphalie	Amitié des Françaises de Düsseldorf	www.amitiedesfrancaises.com	
Francfort	Hesse	Francfort accueil	www.francfortaccueil.de	
Hanovre	Basse-Saxe	Le carrefour de Hanovre et de sa région	www.lecarrefour.de	
Munich	Bavière	Munich Accueil	www.munichaccueil.de	
Stuttgart	Bade-Wurtemberg	Stuttgart Accueil	www.stuttgart-accueil.de	

> **Où trouver des informations complémentaires ?**
>
> Les coordonnées téléphoniques des accueils sont disponibles sur le site de la FIAFE ou en leur demandant directement. Les coordonnées téléphoniques des associations peuvent changer du fait du renouvellement des membres actifs des accueils.
>
> FIAFE (Fédération Internationale des Accueils Français et francophones à l'Etranger) : *www.fiafe.org*, rubrique « Rechercher un accueil ».

B. Les clubs des affaires franco-allemands

Les clubs des affaires franco-allemands sont des lieux de rencontres et d'échange à visée professionnelle et conviviale qui réunissent des Français, des Allemands et des francophones.

Activités : les clubs organisent des conférences-débats sur des thèmes économiques, culturels, scientifiques, des visites d'entreprises, ainsi que des événements conviviaux (dégustation de vin, dîner, événements sportifs...). Des événements plus informels du type « Stammtisch » (réunion des habitués) sont également organisés. Les membres se retrouvent dans le même lieu un jour fixe de chaque mois pour discuter et échanger librement. Les nouveaux adhérents ou personnes souhaitant faire connaissance avec le club et ses membres y sont les bienvenus. Certaines manifestations sont organisées en coopération avec d'autres clubs ou associations.

Langue : si la langue principale est souvent le français, les intervenants lors des conférences peuvent également être de langue allemande ou anglaise.

Coût des activités : la plupart des activités sont réservées aux membres, qui peuvent inviter leur partenaire, un collègue ou ami. D'autres manifestations sont plus ouvertes aux amis et connaissances des membres. La majorité des événements sont payants, en plus de l'adhésion annuelle qui est de 100-120 €en moyenne.

Junior : plusieurs clubs proposent un club des affaires junior, qui accueille de jeunes professionnels jusqu'à 30-35 ans (selon les clubs). La cotisation est réduite pour ces juniors.

Pas de bureau de recherche d'emploi : les clubs des affaires ne sont pas des services de l'emploi. Lorsqu'ils sont contactés par des personnes en recherche d'emploi, ils ne peuvent pas proposer d'accompagnement particulier. Si les adhérents en recherche d'emploi sont les bienvenus, il est important d'y respecter les règles de savoir-vivre du réseau.

Structure : les clubs des affaires ne fonctionnent qu'avec les cotisations de leurs adhérents. Certains disposent d'un secrétariat avec une personne sala-

ANNEXES

riée, mais la majorité des activités et des missions du club sont assurées par les membres à titre bénévole.

Les 10 clubs des affaires franco-allemands implantés en Allemagne et les 10 clubs implantés en France sont des associations indépendantes qui organisent une fois par an un événement commun.

Questions à Odile Auvray, vice-présidente du club des affaires en Rhénanie-du-Nord-Westphalie

Qui fréquente le club des affaires en Rhénanie-du-Nord-Westphalie ?

Ce sont des personnes actives. Il y a presque autant de Français que d'Allemands francophones ou francophiles. S'il n'y a pas de « critère » en termes d'activité pour adhérer aux clubs des affaires, tous les adhérents sont des actifs, pour la plupart cadres et cadres supérieurs et travaillent dans des secteurs économiques très variés au sein d'entreprises principalement (mais pas uniquement) françaises ou allemandes. Avant tout fréquenté par des hommes il y a encore quelques années, le club des affaires de Rhénanie-du-Nord-Westphalie accueille de plus en plus de femmes actives.

Combien de membres participent aux activités du club des affaires ?

Environ 300 personnes sont adhérentes au club des affaires de NRW. Davantage de personnes participent aux activités pour les événements « ouverts ».

Quelles sont les activités les plus marquantes de l'an passé ?

Sans vouloir faire une liste exhaustive car les activités ont été multiples, on peut citer par exemple la conférence de Monsieur Bachmüller – PDG de Katjes –, celle de Monsieur Von Boch – PDG de Villeroy & Boch –, ou de Monsieur Caparros, PDG de REWE. Mais aussi la visite du site Bayer CropScience ou celle de la Foire de Düsseldorf.

Quels sont les liens avec les autres clubs des affaires ?

Outre la Rencontre Internationale des clubs d'affaires franco-allemands, organisée chaque année, les membres d'un club des affaires sont adhérents de fait des autres clubs des affaires. Ils peuvent donc participer à leurs activités à l'occasion d'un déplacement ou prendre contact à l'occasion d'un voyage.

Où les trouver ?

Lieu	Land	Site internet
Berlin	Berlin	www.cda-berlin.de
Düsseldorf, Cologne	Rhénanie-du-Nord-Westphalie	www.club-des-affaires-nrw.org
Francfort	Hesse	www.clubaffaires-hesse.de
Hambourg	Hambourg	www.amicale-hambourg.de
Leipzig	Saxe	www.clubs-des-affaires.org
Munich	Bavière	www.clubeco.de
Stuttgart	Bade-Wurtemberg	www.club-d-affaires.de
Sarrebruck	Sarre	www.clubaffaires.de
Rostock	Mecklembourg-Poméranie occidentale	www.clubs-des-affaires.org

Portail des clubs des affaires franco-allemands (site en cours de refonte) : *www.clubs-des-affaires.org.*

C. Les Stammtisch et rencontres informelles

Il existe de nombreux réseaux de Français et francophones qui organisent des rencontres conviviales informelles. Il ne s'agit pas d'associations constituées et les rencontres sont ouvertes à tous. Ces réseaux utilisent des listes de discussion par ville, les réseaux sociaux Facebook et Xing, ainsi que le site Connexion française (voir ci-après) pour communiquer les dates des rencontres aux personnes intéressées.
– Les réseaux par ville :
Berlin : *www.frankreich-in-berlin.de*
Munich : *www.munich-french-connection.net*
Düsseldorf : *francais-duesseldorf@gmx.de*
– Tous les réseaux sur le site de Connexion française :
www.connexion-française.com
Rubrique « Agenda », « Régions » ou « Forums »
– Les réseaux sur Facebook : *www.facebook.com*
Pour les rencontres en France et en Allemagne : groupe Connexion franco-allemande / Deutsch-Französische Gruppe
Par ville (la liste peut évoluer) :
Groupe franco-allemand de Stuttgart
Groupe franco-allemand de Berlin
Groupe franco-allemand de Cologne, Bonn, Düsseldorf
– Les réseaux sur Xing : *www.xing.com*
Groupe franco-allemand de Berlin
Groupe franco-allemand de Francfort et Hesse
Groupe franco-allemand du Bade-Wurtemberg
Groupe franco-allemand de la Sarre
Groupe franco-allemand de NRW (Nordrhein-Westphalen)
Groupe franco-allemand de Dresde et Leipzig
Club franco-allemand de Hambourg

D. Réseaux de Munich et de Bavière

– **Munich French Connection**
Cette association réunit des Français de Munich et gère un site Internet très détaillé sur la vie en Allemagne pour les Français, et plus particulièrement ceux qui vivent à Munich.
Munich : *www.munich-french-connection.net*

A N N E X E S

— **Framuc : le réseau des Français et francophones de Munich et de Bavière**
Ce groupe Yahoo informe ses membres des événements français se déroulant à Munich ou en Bavière, et met en contact ceux qui recherchent des informations ou souhaitent en diffuser : activités des associations, vie pratique, offres d'emploi, annonces logement, covoiturage et autres échanges en tout genre.
Site : *http://de.groups.yahoo.com/group/Framuc.*

> **Connexion française : l'incontournable**
>
> Le site Connexion française, créé en 2004, est devenu le site incontournable pour tout Français qui arrive en Allemagne. Ce site qui couvre toute l'Allemagne fédère de nombreuses initiatives francophones et franco-allemandes qui existent dans les différents Länder et villes d'Allemagne.
> Il propose des informations pratiques, des bons plans et des témoignages très vivants sur la vie en Allemagne. Les nombreux forums de discussion organisés par région permettent d'entrer en contact avec les Français, francophones et francophiles de sa région.
> Site internet : *www.connexion-francaise.com*

5. Les associations professionnelles franco-allemandes spécialisées

Il existe un grand nombre d'associations franco-allemandes à visée professionnelle spécialisées par activité. Nous en citons quelques-unes :

A. Les enseignants et professeurs de langues

– Association de développement de l'enseignement de l'allemand en France (ADEAF) : *www.adeaf.fr*
– Association des germanistes de l'enseignement supérieur (AGES) : *www.ages-info.org*
– Association des professeurs de langues vivantes (APLV) : *www.aplv-languesmodernes.org*

B. Stagiaires

AFASP (Association franco-allemande pour les stagiaires professionnels) DEFTA (Deutsch-französische Vereinigung für Teilnehmer an Arbeitsaufenthalten) : *www.afasp.net* (en français et en allemand)

Offres de stages et d'emplois en France et en Allemagne, rencontres de stagiaires (Stammtisch) dans les villes françaises et allemandes.

C. Assistants parlementaires

L'association franco-allemande des assistants parlementaires regroupe les jeunes Français et Allemands qui ont été stagiaires au Parlement à Bonn/Berlin ou à Paris dans le cadre du « Programme franco-allemand d'échange d'assistants parlementaires » : *www.afaap.org*

6. Les associations politiques

Les associations suivantes ont un rôle d'information à destination des Français établis hors de France et présentent des candidats aux élections de l'Assemblée des Français de l'étranger. Ce sont des associations reconnues d'utilité publique par les autorités françaises. L'association Union des Français de l'étranger (UFE) est proche de la droite française et l'association Français du monde – Association Démocratique des Français à l'Etranger (ADFE) de la gauche française.

A. L'Union des Français de l'étranger

Les représentations de l'UFE basées en Allemagne organisent des événements conviviaux ainsi que des cours de français pour les enfants scolarisés dans le système allemand. Elles délivrent également des conseils sur les questions pratiques liées à l'installation et à la vie en Allemagne.
À savoir : l'Union des Français de l'étranger et le Rassemblement des Français de l'étranger (également de droite) ne constituent plus qu'un seul groupe d'élus au sein de l'AFE.
Où se trouvent les représentations de l'UFE en Allemagne ? Fribourg, Karlsruhe, Munich, Berlin, Bonn, Stuttgart, en Hesse et en Sarre.
Site Internet de l'Union des Français de l'étranger : *www.ufe.org*. Rubrique « Annuaire ».

B. Français du monde – Association Démocratique des Français à l'Étranger (ADFE)

Les sections de Français du monde en Allemagne organisent des rencontres (Stammtisch), des événements conviviaux (bourses aux livres en français) ou encore des activités pour enfants.

ANNEXES

> **Où se trouvent les sections en Allemagne ?**
> Bade Palatinat : *www.adfe-bp.de*
> Basse Franconie (Bavière)
> Berlin : *www.adfe.org/berlin*
> Düsseldorf
> Francfort : *www.adfehessen.de*
> Hambourg
> Munich : *www.adfm-munich.de*
> Stuttgart : *www.adfe.org/stuttgart/*
> Heildelberg
> Site internet : *www.francais-du-monde.net*, rubrique « Le coin des adhérents », puis « Nos sections dans le monde ».

7. Les institutions de recherche

DFI	Institut franco-allemand de Ludwigsburg Deutsch-französisches Institut Centre de recherche et de documentation franco-allemand en sciences sociales basé à Ludwigsbourg, près de Stuttgart	*www.dfi.de (en français)*
Centre Marc Bloch	Centre franco-allemand de recherche en sciences sociales	*www.cmb.hu-berlin.de*
CIERA	Centre interdisciplinaire d'études et de recherches sur l'Allemagne	*www.ciera.fr*
CIRAC	Centre d'information et de recherche sur l'Allemagne contemporaine Le Cirac est un membre associé du Ciera	*www.cirac.u-cergy.fr*
GIRAF-IFFD	Groupe interdisciplinaire de recherche Allemagne-France (Interdisziplinäre Forschungsgemeinschaft Frankreich–Deutschland) Association de chercheurs en littérature, sciences humaines et sociales dont les travaux concernent la France et les pays de langue allemande	*http://giraf-iffd.ways.org*
CERFA / IFRI	Comité d'études et des relations franco-allemandes de l'Institut Français des Relations Internationales. Le site propose des informations sur l'Allemagne (économie, politique...) et sur des thématiques étudiées en France et en Allemagne	*www.ifri.org* Rubrique « Recherche » puis « Comité d'études des relations franco-allemandes »

441

BIBLIOGRAPHIE

– « Allemagne – Faits et réalités », réalisé par Societäts-Verlag en coopération avec le Ministère fédéral des Affaires étrangères : *www.tatsachen-ueber-deutschland.de.*
– « Guide pratique » de l'association Munich Accueil : *www.munichaccueil.de.*
– « La protection sociale vue d'ensemble », brochure en français du ministère fédéral du Travail et des Affaires sociales (Bundesministerium für Arbeit und Soziales) : *www.bmas.bund.de.*
– « Guide pratique des affaires en Allemagne » de la CCFA (Chambre de Commerce et d'Industrie française en Allemagne) : *www.cfa.de.*
– Le dossier pays « Allemagne » réalisé par la Maison des Français de l'étranger : *www.mfe.org.*
– « Le déménagement en Allemagne » réalisé par le réseau Infobest : *www.infobest.org.*
– « Guide d'information pour frontaliers » réalisé par le réseau Eures-transfrontalier Oberrhein / Rhin supérieur : *www.eures-t-oberrhein.com.*
– Les publications du CIDAL (Centre d'information et de documentation sur l'Allemagne) dont « Découvrez l'Allemagne », « Le système éducatif », « Emplois et stages » et l'ensemble du site Internet : *www.cidal.diplo.de.*
– « Vivre et travailler en Allemagne » réalisé par la direction régionale de Rhénanie Palatinat l'agence fédérale pour l'emploi (Bundesagentur für Arbeit) en collaboration avec le Pôle emploi et le réseau Eures.
– « S'installer en Allemagne », Angelika Bross et Marianne Maier-Frey, Guide pratique Rebondir.
– Le site de l'Ambassade de France en Allemagne et les sites des consulats : *www.botschaft-frankreich.de.*
– Le site de l'Ambassade d'Allemagne en France : *www.paris.diplo.de.*
– Le site des Français et des francophones en Allemagne : *www.connexion-francaise.com.*

INDEX

A

Abitur (équivalent du baccalauréat), 394
AbiBac, 395
Abmeldung (démarche à accomplir en cas de changement de ville ou de départ d'Allemagne), 179
Accident du travail, 244, 300, 339
Accueil des Français et francophones à l'étranger, 434
Acte d'État civil (acte de naissance, acte de décès…), 326
Actes notariés en Allemagne, 327
AEFE (Agence pour l'enseignement du français à l'étranger), 400
AFE (Assemblée des Français de l'étranger), 337
Agence immobilière, 191
AGIRC (Association générale des institutions de retraite des cadres), 314
ARRCO (Association pour le régime de retraite complémentaire des salariés), 314
Allocations chômage (*Arbeitslosengeld ou Arbeitslosenunterstützung*), 341
Allocation de congé parental (*Elterngeld*), 365, 374
Allocation pour congé de maternité, 366
Allocations familiales, 373
Ambassade de France, 433
Anmeldung (déclaration de domicile), 178
Animaux, 183
Annonces immobilières, 189
Arbeitsamt (Agence pour l'emploi), 95
Assistant(e) de langue française, 82
Assistante maternelle (*Tagesmutter*), 385
Associations de Français et de francophones, 434
Associations de locataires, 205
Assurance-automobile obligatoire, 239
Assurance habitation, 237
Assurance protection juridique, 243
Assurance-maladie, 285 et s.
Assurance responsabilité civile, 236
Avocat francophone, 427

B

Bail (location), 193
Banques, 219 et s.
Bénévolat, 64
Bourses scolaires (école française), 402
Bourses universitaires, 417

C

Cabinet de recrutement, 103
Câble (*Kabel*), 214
Cadre européen commun de référence (CECR), 169
Caisse d'assurance-maladie publique, 291
Caisse d'assurance-maladie privée, 293
Candidature en Allemagne, 113 et s.
Carte bancaire, 223
Carte d'identité, 324
Carte grise, 253
Carte fiscale (*Lohnsteuerkarte*), 267
CECR (Cadre européen commun de référence), 169
Certificat de langue allemande, 169
CFE (Caisse des Français de l'étranger), 314
CIDAL (Centre d'information et de documentation sur l'Allemagne), 431
Charges locatives, 199
Chômage, 341
Classe d'imposition, 267
Club des Affaires franco-allemandes, 436

Colocation, 196
Compte bancaire, 219 et s.
Congé de maternité, 365
Congés maladie, 136, 299
Congés payés, 135
Conjoint, 59
Consulats français en Allemagne, 434
Contrat de travail, 138
Contrôle technique (automobile), 251
Convention collective, 136
Convention de stage, 76
Cours d'allemand en France et en Allemagne, 157 et s.
Coût de la vie, 30
Covoiturage, 358
Crèche, 380
CV (*Lebenslauf*), 117

D

Décès, 347
Déclaration d'impôt, 271
Déclaration de domicile (*Anmeldung*), 178
Déclaration de naissance, 318
Dépôt de garantie (location), 200
Détaché, 42
Différences interculturelles, 151 et s.
Difficultés financières, 348
Diplôme de langue allemande, 169
Divorce, 345
Dossier de candidature, 113 et s.
Douane, 182
Droit du travail, 131 et s.

Index

E

École allemande, 391 et s.
École européenne, 402
École française, 398
École internationale (anglophone), 403
EC-Karte, 224
Eingetragene Lebenspartnerschaft (partenariat de vie enregistré), 323
Élections allemandes, 334
Élections françaises, 335
Elterngeld (Allocation de congé parental), 375
Enfants (modes de garde), 379 et s.
Enfants (écoles), 391 et s.
Enseignement supérieur, 407 et s.
État des lieux (location), 197
Études supérieures, 407 et s.
Étudiant, 407 et s.
Expatrié, 39

F

Fachhochschule (école supérieure spécialisée), 412
Finanzamt (centre des impôts), 270
Fiscalité, 261 et s.
Frontalier, 45

G

Garde d'enfants, 379 et s.
GEZ (*Gebühreneinzugs zentrale*) (redevance télévision et radio), 281
Goethe-Institut, 157
Groupe de jeux (*Spielgruppe*), 389

Gymnasium/-en (lycée(s) allemand(s)), 393

I

Immatriculation / déclaration de résidence, 178
Immatriculation (véhicule), 249
Importation d'animaux, 183
Importation d'un véhicule, 219
Impôt sur le revenu, 264
Impôt sur la religion, 270
Impôt sur les chiens, 282
Indépendant (*selbstständig*), 51
Institut français, 432
Inscription au registre des Français installés à l'étranger, 180
Intérim, 144
Internet (connexion), 213

K

Kabel (câble), 214
Kfz-Steuer (taxe automobile), 255
Kindergeld (allocation enfant), 373
Kindergarten (jardin d'enfants), 382
Kinderfrau (nourrice à domicile), 386
Kinderbetreuung (mode de garde), 379
Krippe (crèche), 380

J

Jardin d'enfants (*Kindergarten*), 382
Jeune fille au pair, 387
Journaux allemands, 354

Journaux français, 352
Jours fériés, 358

L

Land, Länder (région(s) allemande(s)), 432
Licenciement, 140
Listes électorales, 335
Location, 193
Logement, 187 et s.
Loyer, 193
Lycée français en Allemagne, 398
Lycée franco-allemand en Allemagne, 397

M

Makler (agent immobilier), 191
Mariage, 320
Médecin francophone, 427
Mini-job, 85
Mode de garde (*Kinderbetreuung*), 379

N

Nationalité allemande, 330
Nationalité française, 329
Nom de famille, 319
Notaire francophone, 427
Numéros d'urgence, 360
Nourrice à domicile, 386

O

Offres d'emploi, 99

P

Pacs, 320
Passeport, 324
Période d'essai, 135
Permis de conduire, 245
Plaques d'immatriculation, 249 et s.
Poubelles, 361 et s.
Poste (tarif courriers), 361
Préavis (location), 204
Préavis (droit du travail), 140
Presse allemande, 354
Presse française, 352

R

Reconnaissance des diplômes, 127
Redevance télévision et radio, 281
Régime de retraite allemand, 307 et s.
Registre des Français installés à l'étranger, 180
Responsabilité civile, 236
Retour en France, 421

S

Selbständig (travailleur indépendant), 51
Sites Internet d'offres d'emploi, 99
Spielgruppe (groupe de jeux), 389
Stagiaire, 74
Syndicats d'employeurs, 148
Syndicats de salariés, 146

INDEX

T

Tagesmutter (assistante maternelle), 385
Taxe automobile (*Kfz-Steuer*), 255
Téléphone fixe, 211
Téléphone mobile, 215
Téléphoner, 360
Temps de travail, 135
Test DaF (test de langue allemande pour entrer à l'université), 170-171
Traducteurs assermentés, 427
Train (billets), 356
Transports en commun, 355
Travail temporaire, 144
Travailleur indépendant (*Selbständig*), 51
Tri des déchets, 361
TÜV (certification automobile), 251

U

Université, 407 et s.
UFA (Université franco-allemande), 415
Umweltzone (zone environnementale), 256

V

Vacances scolaires, 359
Vaccins pour les animaux domestiques, 183
VIE (Volontaire international en entreprise), 78
Virement bancaire, 226
Virement transfrontalier, 229
Volkshochscule – VHS (centre de formation, notamment en langue allemande), 163
Volontaire franco-allemand, 81
Vote par procuration, 336

X

Xing (réseau social professionnel germanophone), 105

Z

Zertifikat Deutsch (Certificat de langue allemande), 169

447

Cet ouvrage a été achevé d'imprimer en UE par PPF.
Numéro d'impression : 005
Dépôt légal : janvier 2011
Imprimé en UE